westermann

Doris Frintrop-Bechthold (Hg.)

Erarbeitet von
Doris Frintrop-Bechthold

Wirtschaft Politik

Für Gymnasien
in Nordrhein-Westfalen

Das Werk wurde begründet von Franz Josef Floren, der über Jahrzehnte alleiniger Herausgeber war. Fortgeführt und weiterentwickelt wird die Reihe nun von Doris Frintrop-Bechthold.

Update-Service

Für ausgewählte Diagramme und Schaubilder in diesem Band überprüfen wir regelmäßig, ob es neue Daten gibt, und aktualisieren diese entsprechend.
Die aktuellen Grafiken findet man mit dem Webcode **WES-129794-001** unter
https://www.westermann.de/webcode.

Druck A[1] / Jahr 2025
Alle Drucke der Serie A sind im Unterricht parallel verwendbar.

Umschlaggestaltung: LIO Design, Braunschweig
Umschlagfotos: iStockphoto.com/simoncarter (links und hinten), iStockphoto.com/GeorgeRudy (rechts)
Druck und Bindung: Westermann Druck GmbH, Georg-Westermann-Allee 66, 38104 Braunschweig

ISBN 978-3-14-**129794**-2

Inhaltsverzeichnis

Hinweis:
In unseren eigenen Texten folgen wir beim Gendern den Empfehlungen des amtlichen Regelwerks für die deutsche Rechtschreibung. In allen Fremdtexten belassen wir aus rechtlichen Gründen die originale Schreibweise.

Hinweise zur Arbeit mit diesem Buch

Liebe Schülerinnen und Schüler,

vor euch liegt euer neues Buch für „Wirtschaft-Politik". Ihr erfahrt darin viel über das Verhalten eurer Mitmenschen und könnt sie so besser verstehen und besser mit ihnen umgehen. Ihr erhaltet viele Informationen über die Gesellschaft, in der ihr lebt, und könnt euch somit auch leichter in ihr zurechtfinden und sie dann auch besser mitgestalten. Und habt ihr schon einmal etwas von der „Wirtschaft" gehört? Ihr werdet wirtschaftliche Zusammenhänge so durchschauen lernen, dass dann die Wirtschaft für euch „kein Buch mit sieben Siegeln" mehr ist.

Dabei hilft euch die Arbeit an den einzelnen Kapiteln dieses Buches, die wir für euch – so meinen wir – interessant und nach bestimmten Prinzipien gestaltet haben.

Doppelseite zum Einstieg

Jedes Kapitel beginnt mit einer Doppelseite. Auf der linken Seite haben wir zur „Einstimmung" Bilder ausgesucht, die mit den Inhalten dieses Kapitels zu tun haben und euch schon erste Hinweise geben. Es lohnt sich also, sich mit ihnen zu beschäftigen. Außerdem wird ausgewiesen, welcher Teilbereich (Politik, Soziologie, Wirtschaft) bei der Bearbeitung des Themas im Vordergrund steht. Auf der rechten Seite („Darum wird es gehen") verraten wir euch dann, was euch erwartet.

Fallbeispiel/Spiel oder Ähnliches zum Einstieg

Mit Beispielen, Spielen oder Ähnlichem kann man sehr gut verdeutlichen, worum es geht. Deshalb steigen wir in jedes Kapitel mit einem solchen Material ein, das euch etwas „Lust" machen soll auf das, was noch kommt.

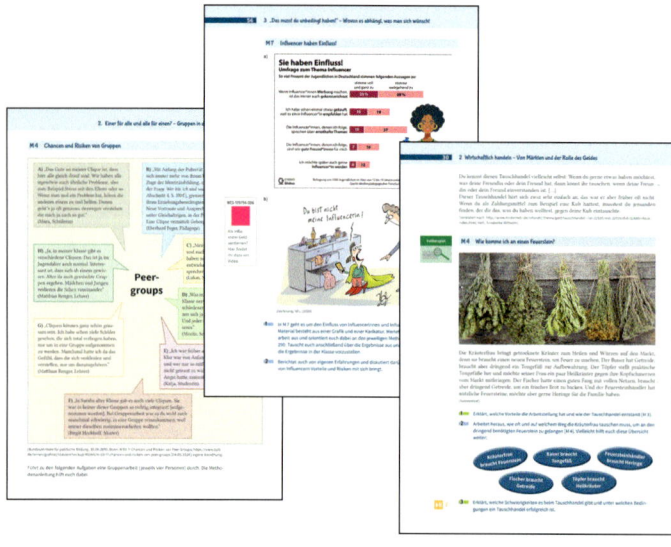

Materialien

Die einzelnen Kapitel bieten dann Materialien ganz unterschiedlicher Art an: Texte, die euch Informationen liefern, Karikaturen, die zum Nachdenken anregen, Schaubilder, die etwa Befragungsergebnisse zusammenfassen, oder Texte, in denen unterschiedliche Positionen deutlich werden. Einige dieser Materialien haben wir mit kleinen Bildern (Piktogrammen) gekennzeichnet, sodass ihr sofort erkennen könnt, um welche Art es sich handelt (Zum Einstieg, Fallbeispiel, Pro-und-Kontra-Positionen, ein Thema aus „unterschiedlichen Blickwinkeln" betrachtet, Praxisbezug).

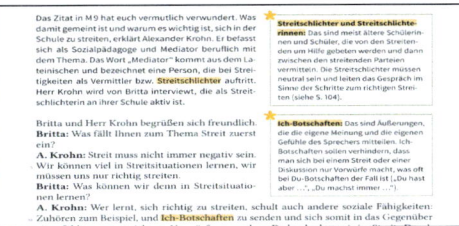

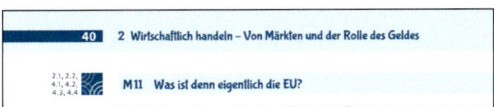

Worterklärungen

Manchmal kommen in den Materialien schwer verständliche Wörter oder Fremdwörter vor. Diese haben wir gelb gekennzeichnet und in einem kleinen Kästchen erklärt.

Medienkompetenzen

An den entsprechenden Stellen wird darauf hingewiesen, welche Medienkompetenzen ihr mit einem bestimmten Material oder Abschnitt erwerben könnt.

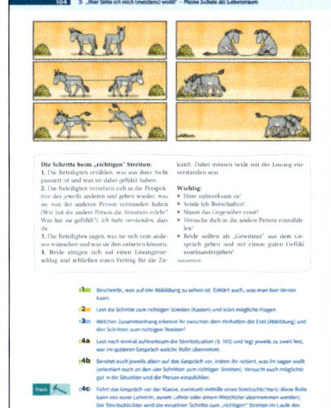

Unterschiedliche Aufgabentypen

Bei den Aufgaben, die wir euch zur Bearbeitung vorschlagen, haben wir auch ganz unterschiedliche Typen ausgesucht und diese auch jeweils farbig gekennzeichnet:

- *Orange:* Das sind in der Regel Aufgaben, die sich sehr eng auf das Material beziehen: Ihr sollt dann z. B. bestimmte Aspekte auflisten, das angesprochene Problem benennen oder einfach etwas herausschreiben.
- *Grün:* Bei „grünen" Aufgaben sollt ihr z. B. das im Text genannte Problem mit eigenen Worten erläutern. Dabei könnt ihr dann auch eigene Erfahrungen mit einbringen oder eigene Beispiele anführen.
- *Blaue* Aufgaben gehen häufig über das Material hinaus. Wir bitten euch beispielsweise um eigene Beurteilungen, um die Vorbereitung von Diskussionen, um die Zusammenstellung von Pro- und Kontra-Argumenten, um die Vorbereitung und Durchführung von Präsentationen oder Internetrecherchen oder wir schicken euch auf „Erkundungsreise" außerhalb der Schule.
- *Vertiefungsaufgaben* **V** sind Aufgaben, mit denen ihr ein bestimmtes Thema vertiefend erarbeiten könnt.

Besondere Seiten

- **Methodenseiten:** Auf diesen Seiten stellen wir euch eine Methode vor, mit der ihr ein Thema erarbeiten bzw. mit der ihr eine Aufgabe leichter lösen könnt oder mit der ihr eure Ergebnisse präsentieren könnt.
- Zum Schluss eines jeden Kapitels findet ihr weitere besondere Seiten: Mit **„Was ihr wisst – was ihr könnt – wie ihr es seht"** könnt ihr eure Lernergebnisse überprüfen. Auf den Seiten **„Wenn ihr noch mehr lernen wollt"** wird zusätzliches Material angeboten, mit dem sich besonders Interessierte beschäftigen können.

Erklärfilme  F

Zu einigen Materialien und Aufgaben stehen euch **Erklärfilme** zur Verfügung. Gebt dazu auf **www.westermann. de/wirtschaft-politik-129794** den Online-Schlüssel ein, den ihr auf der hinteren Umschlaginnenseite eures Buchs findet.

WES-129794-008

Über Webcodes gelangt ihr zu Zusatzinformationen und Zusatzmaterialien im Internet. Dazu müsst ihr auf der Seite **www.westermann.de/ webcode** den jeweiligen Code eingeben.

1

Wirtschaft-Politik – Was kann man in diesem Fach lernen?

Darum wird es gehen

Wirtschaft-Politik ist für euch ein neues, noch unbekanntes Fach. In diesem kurzen einleitenden Kapitel sollt ihr erfahren, worum es in diesem Fach geht.

Zunächst sollen euch die Fotos dazu anregen, darüber nachzudenken, was ihr selbst unter den Begriffen „Wirtschaft" und „Politik" versteht. Betrachtet sie genau und überlegt, was die jeweilige Situation mit Politik oder mit Wirtschaft zu tun haben könnte.

Schreibt wie im folgenden Muster einige Begriffe oder kurze Sätze in euer Heft, die euch dazu einfallen.

„Wenn ich etwas von Wirtschaft höre, denke ich an …"

„Wenn ich etwas von Politik höre, denke ich an …"

Das Kapitel startet mit dem Inselspiel. Ihr werdet als „Überlebende" eines Schiffsunglücks mit anderen Menschen auf einer Insel stranden. Und ihr werdet merken, dass es ohne Regeln schwierig ist, diese Situation zu bewältigen. Außerdem müsst ihr planen, wie eure Versorgung auf der Insel erfolgen soll. Dabei werdet ihr erfahren, was man unter „politischem" und „wirtschaftlichem" Handeln versteht und wie wichtig es ist, „politisch" und „wirtschaftlich" zu handeln.

1. Das Inselspiel

Zum Einstieg:

M1a Das Inselspiel: Gestrandet!

Stellt euch vor, …

… ihr seid gemeinsam mit fünfzig anderen Menschen auf einer Kreuzfahrt an Bord eines stolzen Schiffes, als das Unvorstellbare passiert: Euer Schiff gerät in einen gigantischen Sturm und versinkt schließlich in den Fluten. Ihr könnt euch, zusammen mit den fünfzig anderen Passagieren, gerade noch an den Strand einer kleinen, einsamen Insel retten, 5 die ohne funktionierendes Funknetz im Pazifischen Ozean liegt.

Als ihr euch etwas erholt habt, erkundet ihr die Insel und findet eine Reihe interessanter Dinge: eine Quelle mit Trinkwasser, jede Menge essbare Früchte und Tiere, die ihr jagen könnt. Euer Überleben ist also zunächst gesichert. Nachdem ihr tagelang verzweifelt auf Rettung gewartet habt, beginnt ihr euch langsam mit der Situation abzufinden und euer 10 Leben auf der Insel längerfristig zu planen.

(Autorentext)

Buchtipp:

Der englische Schriftsteller William Golding erzählt in seinem Buch „Herr der Fliegen" (1954) die Geschichte einer Gruppe von englischen Schuljungen, die nach einem Flugzeugabsturz auf einer Insel im Pazifischen Ozean stranden. Kein Erwachsener überlebt. Die Jungen müssen ihr Über- und Zusammenleben daher alleine regeln, was nicht immer konfliktfrei abläuft.

Wie geht es weiter? Um als „Überlebende" eine Antwort auf diese Frage zu erhalten, wird euch zunächst die Methode „Simulation" vorgestellt. Danach findet ihr in M 1 b die für die Durchführung des Inselspiels im Rahmen einer Simulation erforderlichen Anleitungen.

Methode   **Simulation**

Eine Simulation ist der Versuch, eine Situation, die in der Wirklichkeit tatsächlich vorkommen kann, in einem Spiel möglichst wirklichkeitsnah abzubilden. Die Teilnehmerinnen und Teilnehmer übernehmen dabei bestimmte Rollen. Sie versuchen gemeinsam, Antworten auf Fragen zu finden, die aufgrund der Ausgangslage beantwortet werden sollen. Außerdem versuchen sie Probleme spielerisch zu lösen. Damit diese Antworten und Problemlösungen auch realistisch sind, ist es wichtig, dass alle ihre Rolle ernst nehmen und sich in die Spielsituation vertiefen.
Eine Simulation besteht aus **mehreren Phasen:**
1. Einführungsphase: Hier werden die Ausgangssituation und die Ausgangsfragen vorgestellt. Es wer-

den die Rollen verteilt und weitere wichtige Vorgaben geklärt (z. B. die Zeit, die zur Verfügung steht). Jetzt ist auch noch Zeit zu fragen, wenn noch etwas unklar geblieben ist.
2. Spielphase: Nun geht es darum, sich an die Bearbeitung der Ausgangsfrage zu machen. Meistens werden zuerst Ideen gesammelt, die dann später bearbeitet werden.
3. Auswertungsphase: In dieser Phase werden die Ideen ausgewertet und die Ergebnisse präsentiert. Dann werden die Teilnehmerinnen und Teilnehmer nach ihrer Meinung zur Zusammenarbeit gefragt und die eigene Arbeit wird bewertet.

(Autorentext)

M1b   Das Inselspiel als Simulation

1. Einführungsphase: Wie ihr ja schon wisst, konntet ihr euch nach einem Schiffsunglück auf eine einsame Insel retten. Ihr habt schon eine Quelle mit Trinkwasser gefunden und auch Früchte und Tiere, die ihr jagen könnt. Aber wie
5 könnt ihr auf dieser Insel überleben? Wie könnt ihr euer Zusammenleben organisieren? Das sind die Ausgangsfragen, mit denen dieses Spiel beginnt und die ihr in Gruppen von vier bis sechs Schülerinnen und Schülern lösen sollt.

2. Spielphase:

10 **a) Erste Schritte:** Überlegt zunächst, was getan werden muss. Ihr könnt dazu die Liste A. in euer Heft übertragen und eigene Vorschläge hinzufügen. Besprecht dann, in welcher Reihenfolge ihr die Handlungsschritte bearbeiten wollt. Begründet, warum ihr einige Schritte wichtiger findet
15 als andere.

b) Welche Regeln sollen gelten? Zunächst seid ihr alle sehr zufrieden auf der Insel. Aber leider kommt es mit der Zeit zu Streitigkeiten. Diebstähle und sogar einige Gewalttaten stören den fried-
20 lichen Alltag. Immer mehr Inselbewohnerinnen und -bewohner verhalten sich so, wie es ihnen gerade passt. Als die Zustände immer schlimmer werden, entscheidet ihr euch zusammenzukommen, um eine Lösung für diese Probleme zu finden.
25 Ihr sollt Regeln für euer Zusammenleben aufstellen und für alle deutlich sichtbar auf ein Plakat schreiben (siehe B.). Folgende Fragen müsst ihr dabei beantworten:

> **A. Möglichkeiten für erste Handlungs-schritte:**
> - Arbeit verteilen
> - eine Anführerin/einen Anführer bestimmen
> - Unterkünfte bauen
> - Boote bauen, um die Insel verlassen zu können
> - Regeln für das Zusammenleben festlegen

- Wer bestimmt, was gemacht wird? Wie werden Entscheidungen getroffen?
30 - Welche Arbeiten müssen verrichtet werden und wie sind die Aufgaben zu verteilen?
- Soll grundsätzlich alles geteilt werden oder soll der am meisten bekommen, der am meisten leistet?
- Was macht ihr mit denen, die nicht arbeiten, also keinen Beitrag zur Sicherung eures Überlebens leisten können (z. B. ältere oder kranke Menschen)?
35 - Was macht ihr mit denen, die sich nicht an eure Regeln halten wollen?

Beachtet, dass euer Regelwerk für alle Inselbewohnerinnen und -bewohner gelten soll, das heißt, es sollten möglichst alle damit einver-
40 standen sein. Die einzelnen Regeln (Gesetze) müssen deshalb von euch erklärt und nachvollziehbar begründet werden können.
Überlegt euch, wie über euer Regelwerk abgestimmt werden soll: Müssen z. B. alle Inselbe-
45 wohner zustimmen oder nur einige? Begründet eure Entscheidung.

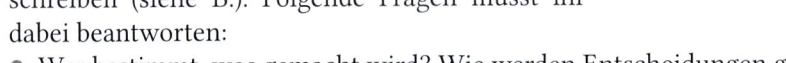
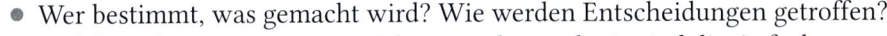

B. Regeln auf unserer Insel
1. *Die erbeutete oder ge-*
   sammelte Nahrung wird mit
   allen Inselbewohnern geteilt.
2. …
3. …
4. …

3. Auswertungsphase:

a) Natürlich wollt ihr alle Überlebenden von euren Regeln überzeugen. Bereitet euch deshalb gut auf die Präsentation eures Plakats vor. Teilt die Redebeiträge so ein, dass alle
Gruppenmitglieder zu Wort kommen.

b) Wie habt ihr in eurer Kleingruppe zusammengearbeitet? Übertragt die folgenden Vorgaben für das Gruppenprotokoll (C.) auf einen Zettel. Fasst in wenigen Sätzen zusammen, wie ihr euch in der Gruppe auf die Regeln geeinigt habt.

C. Gruppenprotokoll zu unserer Gruppenarbeit

Datum: ...
Namen aller Gruppenmitglieder: ...

So haben wir uns auf die Regeln geeinigt: ...

Hat eure Gruppenarbeit gut funktioniert? ...
Konntet ihr euch schnell einigen oder hat es lange gedauert (z. B. weil ihr über einzelne Aspekte lange diskutiert habt)? ...
Woran lag das? ...
Was würdet ihr beim nächsten Mal anders machen? ...

(Autorentext)

> Die Politik regelt das geordnete Zusammenleben der Bürgerinnen und Bürger.

> Die Wirtschaft muss die Menschen in einem Land mit Gütern versorgen.

Erkennt ihr einen Zusammenhang zwischen dem Fach Wirtschaft-Politik und dem Inselspiel? Was hat das Spiel eurer Meinung nach mit Politik zu tun? Und hat es auch etwas mit Wirtschaft zu tun?

2. „Wirtschaft" und „Politik" – Was geht das euch an?

M 2 Was Schülerinnen und Schüler von „Wirtschaft" und „Politik" halten

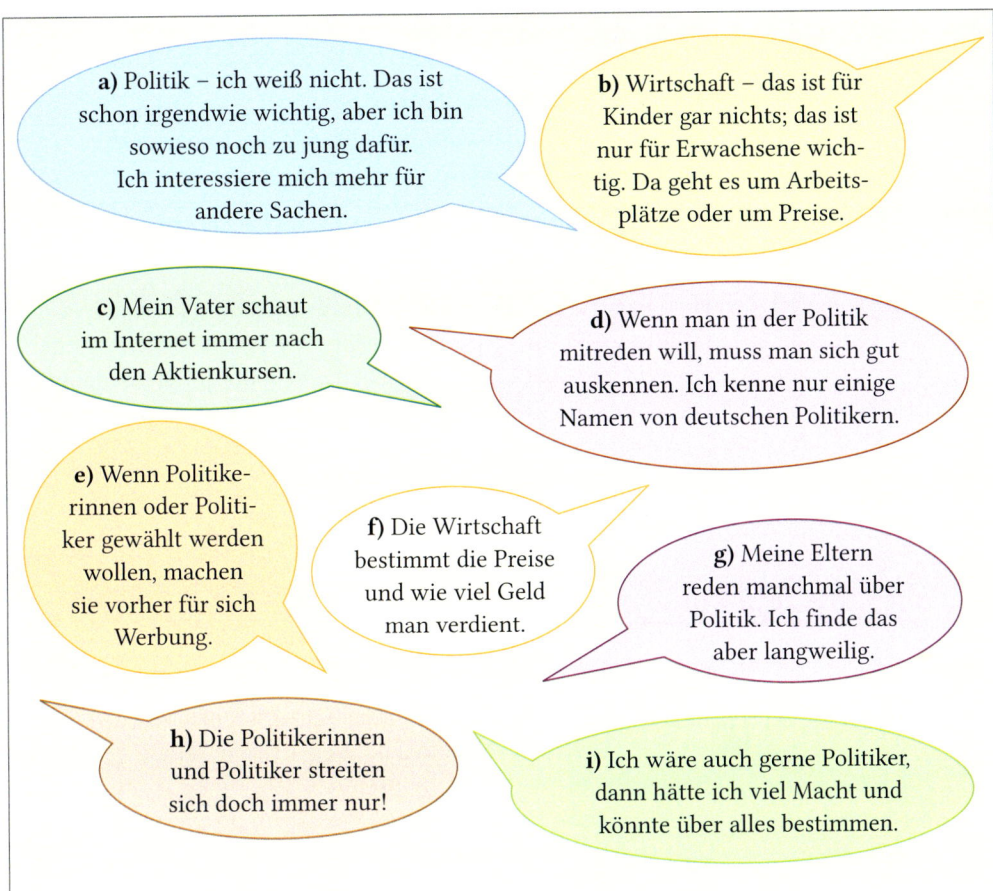

a) Politik – ich weiß nicht. Das ist schon irgendwie wichtig, aber ich bin sowieso noch zu jung dafür. Ich interessiere mich mehr für andere Sachen.

b) Wirtschaft – das ist für Kinder gar nichts; das ist nur für Erwachsene wichtig. Da geht es um Arbeitsplätze oder um Preise.

c) Mein Vater schaut im Internet immer nach den Aktienkursen.

d) Wenn man in der Politik mitreden will, muss man sich gut auskennen. Ich kenne nur einige Namen von deutschen Politikern.

e) Wenn Politikerinnen oder Politiker gewählt werden wollen, machen sie vorher für sich Werbung.

f) Die Wirtschaft bestimmt die Preise und wie viel Geld man verdient.

g) Meine Eltern reden manchmal über Politik. Ich finde das aber langweilig.

h) Die Politikerinnen und Politiker streiten sich doch immer nur!

i) Ich wäre auch gerne Politiker, dann hätte ich viel Macht und könnte über alles bestimmen.

(Schüleräußerungen, Sammlung in einer 6. Klasse)

1 In M 2 äußern Schülerinnen und Schüler, die etwa in eurem Alter sind, ihre Meinung und Einstellungen zu „Wirtschaft" und „Politik". Wie sind die Äußerungen: ablehnend oder uninteressiert oder verständnisvoll oder …?

2 Setzt euch mit diesen Äußerungen auseinander. Welchen Äußerungen stimmt ihr zu, welchen könnt ihr gar nicht zustimmen? Begründet.

3 Was hättet ihr selbst geantwortet?

Vielleicht habt ihr bei eurer Bearbeitung von M 2 gedacht: „So genau weiß ich eigentlich auch nicht, was mit ‚Politik' und ‚Wirtschaft' gemeint ist. Was geht mich das in meinem Alter auch an? Das ist eher was für Erwachsene."
Auf den nächsten Seiten werdet ihr sehen, dass „Wirtschaft" und „Politik" nichts ist, was für euch weit weg ist, sondern etwas, von dem auch ihr unmittelbar betroffen seid.

Findet euch zu zweit zusammen, um M 3 a und M 3 b arbeitsteilig mithilfe der folgenden Arbeitsaufträge zu bearbeiten.

1 **Zu M 3 a:** Erkläre deinem Partner/deiner Partnerin,
- woher der Begriff Wirtschaft stammt,
- worin das wesentliche Merkmal von Wirtschaft besteht,
- warum Wirtschaft früher und heute vergleichbar ist,
- warum auch ihr ein Teil der Wirtschaft seid.

2 **Zu M 3 b:** Erkläre deinem Partner/deiner Partnerin,
- woher der Begriff Politik stammt,
- worin das wesentliche Merkmal von Politik besteht,
- warum es ohne Politik im menschlichen Zusammenleben einfach nicht geht,
- warum auch ihr von Politik betroffen seid.

3 Stellt euch gegenseitig eure Ergebnisse vor. Wenn ihr nicht ganz sicher seid, schaut gemeinsam in eure jeweiligen Materialien.

3.1
4 Erstellt abschließend für einen Kurzvortrag vor eurer Klasse (methodische Hinweise dazu findet ihr auf Seite 262) ein Plakat (vgl. methodische Hinweise auf Seite 228) oder eine Präsentation. Darin sollt ihr erklären, was Wirtschaft und Politik jeweils bedeuten und was ihr selbst damit zu tun habt. Für die Gliederung könnt ihr euch an den Spiegelpunkten eurer Arbeitsaufträge orientieren.

M 3 „Wirtschaft" und „Politik" – was bedeutet das?

M 3 a Wirtschaft – was heißt das eigentlich?

Das Wort **Wirtschaft** hat wie das Wort Politik einen (alt-)griechischen Ursprung. Neben dem Begriff Wirtschaft verwendet man heute auch das Wort Ökonomie, und zwar dann, wenn von der Wirtschaft allge- 5 mein gesprochen wird.

Vor ca. 2300 Jahren bezeichnete der griechische Philosoph Aristoteles mit dem Wort „oikonomia" das Bemühen, mit den vorhandenen Mitteln (zum Beispiel mit den 10 Produkten der Natur) gut zu „**hauswirtschaften**". Diese Mittel sind grundsätzlich knapp, denn die Einkommen der Menschen und der Familien sind begrenzt und die weltweiten Lebensmittelvorräte sind nicht unendlich groß. Die Mittel sollen so eingesetzt werden, dass man damit seine **Bedürfnisse** 15 (vgl. dazu auch Kapitel 3) erfüllen kann. Entweder konnte man sich seine Höhle, seine Hütte oder sein Haus selbst bauen oder aber nicht. Wenn man dies nicht konnte, musste man eben mit dem, was man sonst hatte oder konnte, tauschen oder aber Geld verdienen, um z. B. ein Haus kaufen zu können.

Wenn man die bestehenden Wünsche mit den zur Verfügung stehenden Mitteln planvoll 20 erfüllt, handelt man „ökonomisch". Man setzt das, was man hat oder kann, so ein, dass so viele Wünsche wie möglich erfüllt werden können. Ein Grundproblem der Wirtschaft, das uns zum Handeln zwingt, ist die **Knappheit der Güter**.

Natürlich unterscheiden sich mittlerweile unsere Wünsche und Mittel von denen in
²⁵ früheren Zeiten enorm, aber früher wie heute ging bzw. geht es um dieselbe Sache. Und
jeder, der nach dem oben beschriebenen Prinzip handelt, ist ein Teil der Wirtschaft.
Auch ihr seid davon **unmittelbar betroffen**. Denkt nur daran, dass das Taschengeld
(mehr dazu findet ihr in Kapitel 4), das ihr erhaltet, von euren Eltern zuvor verdient werden muss. Und ihr müsst überlegen, ob und wie ihr mit dem Taschengeld eure Wünsche
³⁰ erfüllen könnt oder wie ihr euch vielleicht noch etwas hinzuverdienen könnt. Oder ihr
überlegt, woran gespart oder auf was verzichtet werden müsste, damit größere Anschaffungen (zum Beispiel ein Handy oder ein neues Fahrrad) möglich sind.
Und dann stellt ihr vielleicht sogar fest, dass man das gewünschte Handy zu unterschiedlichen Preisen bekommen könnte. Wie kann das sein? Wer legt die Preise eigent-
³⁵ lich fest? Muss es unbedingt das Handy der Firma „AB" sein, die Firma „XY" bietet ein
vergleichbares viel günstiger an! Wie ist das möglich? Dies ist nur eine kleine Auswahl
von Fragen, die eine „Wirtschaftsexpertin" oder ein „Wirtschaftsexperte" beantworten
kann. Aber dazu muss man schon Unterricht im Fach Wirtschaft-Politik gehabt haben.

(Autorentext)

M 3 b Politik – was ist das?

Das Wort **Politik** kommt von dem alt-
griechischen Wort „Polis". So bezeichnete
man im alten Griechenland (vor mehr als
2000 Jahren) eine selbstständige Stadt, in
⁵ der alle erwachsenen Bürger daran beteiligt
waren, **Regeln (Gesetze) für das friedliche Zusammenleben** zu beschließen. Die
Frauen durften sich damals allerdings nicht
beteiligen. Auch die Versorgung der Men-
¹⁰ schen mit Gütern und mit Einrichtungen, die allen zur Verfügung stehen (zum Beispiel

Sportplätze, Theater, Tempel usw.), sollte damit sichergestellt werden. Daran wird deutlich: Politik hat ganz wesentlich damit zu tun, dass man für das Zusammenleben einer
großen Zahl von Menschen Regeln braucht und dass man **sich darüber einig werden**
muss. Warum ist das so? Ganz einfach: Nicht alle Menschen haben dieselben Vorstellun-
¹⁵ gen davon, wie das Zusammenleben aussehen soll, was wichtig oder unwichtig ist, was
man gern haben möchte usw. Ihre persönlichen Interessen sind oft ganz unterschiedlich.
Häufig schließen sie sich dann zu Gruppen zusammen, die **unterschiedliche Interessen** haben, und jede Gruppe versucht ihre Interessen durchzusetzen. Zur Politik gehört
deshalb oft auch **Streit**, und es muss darüber entschieden werden, an welche Regeln sich
²⁰ alle halten müssen, damit das Zusammenleben „funktioniert".
Auch ihr habt es ja in eurem **Alltagsleben** immer wieder mit solchen Regeln zu tun.
Das beginnt schon morgens, wenn ihr zur **Schule** kommt: Ab wann dürft ihr das Schul-
gebäude betreten? Wie lange muss man die Schule besuchen, um das Abitur zu machen?
Dürfen euch die Lehrerinnen und Lehrer Strafarbeiten geben? Welche Rechte hat die
²⁵ Schülervertretung (SV)? Auch in eurer **Freizeit** stoßt ihr schnell auf Regeln aller Art,
zum Beispiel, wenn ihr bestimmte Filme nicht ansehen dürft, weil sie für eure Alters-
stufe nicht freigegeben sind. Wer bestimmt diese Regeln eigentlich und wobei könnt
ihr mitbestimmen? Das – und noch viel mehr – erfahrt ihr im Unterricht des Faches
Wirtschaft-Politik.

(Autorentext)

M 4   Wirtschaft und Politik überall!?

(„Logbuch Politik" der Bundeszentrale für politische Bildung, Bonn 2013, Arbeitsblatt 07; Autoren: Anja Besand, Mark Arenhövel [Bestell-Nr. 5339])

1 Sucht jeweils fünf Begriffe aus, die eurer Ansicht nach a) mit Wirtschaft und b) mit Politik zu tun haben. Begründet! Einige Begriffe sind nicht eindeutig zuzuordnen.

2 Findet ihr auch Begriffe, die eindeutig nichts mit Wirtschaft oder Politik zu tun haben? Begründet ebenfalls!

Ihr seht: Wirtschaft und Politik gehen uns alle an. Es gibt sie nicht nur „im Großen", sondern auch „im Kleinen". Auf diesen Unterschied werden die folgenden Beispiele (M 5, M 6) noch näher eingehen.

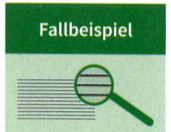

Fallbeispiel

M 5   Eine Schulklasse hat ein (politisches) Problem

Der Englischlehrer hat für kommenden Montagmorgen seit Längerem einvernehmlich mit der Klasse eine Klassenarbeit vorgesehen. Jetzt melden sieben Schüler und Schülerinnen Bedenken an und wollen eine Mehrheit dafür gewinnen, dass der Termin geändert wird. Als Mitglieder eines Sportvereins haben sie kurzfristig Gelegenheit bekommen, über das Wochenende zu einer großen Wettkampf-Veranstaltung zu fahren. In Pausengesprächen ist keine Einigung zu erzielen.

1. Eine der sieben Personen, die am Wettkampf teilnehmen möchten:
Wir konnten im Vorfeld nicht damit rechnen, dass wir es als Mannschaft schaffen, uns für den Wettkampf zu qualifizieren, bei dem nur die Besten gegeneinander antreten. Wir freuen uns riesig und wären sehr enttäuscht, wenn wir nicht teilnehmen könnten. Für das erfolgreiche Schreiben der Englischarbeit müssten wir uns aber auf jeden Fall am Wochenende noch einmal vorbereiten.

2. Die Klassensprecherin, die die Unterstützung von sechs weiteren Mitschülerinnen und Mitschülern hat:
Ich bin absolut dagegen, die Englischarbeit zu verschieben. In derselben Woche wird auch noch eine Mathearbeit geschrieben. Die Leistungsschwächeren sind froh, wenn die Englischarbeit dann schon geschrieben ist. Hinzu kommt, dass die Verschiebung der Arbeit um eine Woche bedeuten würde, dass zwei Fremdsprachenarbeiten, nämlich Englisch und Latein, in einer Woche geschrieben werden. Das ist nicht zumutbar.

3. Der Sportlehrer, der zugleich Mitglied des Sportvereins ist:
Ich bin stolz auf die sieben Mädchen und Jungen, die Qualifikation für diesen Wettbewerb allein ist schon großartig. Eine erfolgreiche Wettbewerbs-Teilnahme wäre eine große Ehre für unseren Sportverein. Wir sollten die sportlichen Leistungen unserer Mitglieder würdigen und ihnen keine Steine in den Weg legen.

4. Der Englischlehrer: Ich habe den Termin für die Englischarbeit seit Langem mit euch vereinbart. Wenn wir die Arbeit verschieben, habe ich weniger Zeit zum Korrigieren bis zu den Zeugniskonferenzen. Ich habe ja auch noch Arbeiten anderer Klassen zu korrigieren. Außerdem sollt ihr kontinuierlich lernen und nicht erst am Wochenende vor der Arbeit.
Der Englischlehrer überlegt, ein „Machtwort" zu sprechen und sich auf keine Diskussionen mehr einzulassen ...

5. Ein Schüler, der für das Verschieben der Arbeit ist:
Wieso verschieben wir die Arbeit nicht? Wir haben doch dann alle mehr Zeit zum Lernen und mir persönlich macht es nichts aus, selbst wenn wir einmal ausnahmsweise drei Arbeiten in einer Woche schreiben würden.

(Zusammengestellt nach: Bernhard Sutor/Joachim Detjen: Politik – Ein Studienbuch zur politischen Bildung, Schöningh Verlag, Paderborn 2001, S. 29; Verf.: B. Sutor)

In M 3 b habt ihr gelernt, dass es in der Politik ganz wesentlich ist, dass Menschen unterschiedliche Interessen vertreten. Deshalb muss es bei der Auseinandersetzung darüber, welche Interessen denn nun berücksichtigt werden sollen, feste Regeln für eine Einigung geben, die von allen anerkannt werden. Untersucht unter diesem Gesichtspunkt das Beispiel der Schulklasse (M 5):

1a Wie ist eure Meinung? Sollte die Klassenarbeit verschoben werden? Äußert spontan eure Meinung, ohne sie zu diskutieren.

1b Haltet nun die unterschiedlichen Interessen und Argumente, die in M 5 deutlich werden, in einer Tabelle fest.

2 Welche Lösung würdest du bevorzugen? Prüfe die unterschiedlichen Argumente daraufhin, für wie überzeugend du sie hältst, und gib an, welche Lösung du aus welchem Grund vorschlagen würdest.

3 Wie soll die Lösung dieses Problems erfolgen? Diskutiert Möglichkeiten.

Blick-winkel

3. Politik in Stadt und Land

M6   Ohne Politikerinnen und Politiker geht es nicht

Als ihr auf der Einstiegsseite dieses Kapitels (S. 9) dazu aufgefordert wurdet, das aufzuschreiben, was euch zum Begriff „Politik" einfällt, habt ihr vermutlich nicht zuerst an die Schule als politisches Betä- 5 tigungsfeld gedacht, sondern an Politiker. Vielleicht habt ihr sogar einige Namen und Funktionen von Politikerinnen und Politikern nennen können.

Doch auch in der **Schule** und konkret in 10 einer Schulklasse gibt es immer wieder kleinere und größere Probleme und Konflikte, für die Lösungen in Form von verbindlichen Regelungen gefunden werden müssen. 15

In einer Stadt oder in einem Land betreffen bestimmte Probleme und Konflikte viele Bürger und Bürgerinnen und nicht nur eine eher kleine Gruppe wie eine Schulklasse. Diese Probleme können nicht 20 von allen Beteiligten selbst geregelt werden. Das ist leicht einzusehen: Eine Stadt hat bekanntlich viele tausend Einwohner, Nordrhein-Westfalen hat über 18 Millionen und ganz Deutschland fast 84 Millio- 25 nen Einwohnerinnen und Einwohner. Deshalb muss es Menschen und Gruppierungen geben, die stellvertretend für alle Einwohner einer Stadt, eines Bundeslandes oder eines ganzen Staates politische 30 Entscheidungen überlegen, diskutieren und schließlich treffen – eben die Politikerinnen und Politiker. Dabei ist ganz entscheidend, dass dies Leute sind, die im Auftrag des Volkes handeln und entscheiden. Diesen Auftrag erhalten sie, indem sie vom Volk gewählt werden. Eine solche politische 35 Ordnung nennt man **Demokratie.**

(Autorentext)

Demokratie bedeutet „Volksherrschaft" und kommt von altgriechisch *demos* = „das Volk" und *kratein* = „herrschen".

1 Erklärt, warum es ohne Politikerinnen und Politiker nicht geht.

2 Sowohl in der Schule als auch in der Stadt bzw. in einem Land wird politisch gehandelt. Versucht folgende Beispiele den genannten Ebenen zuzuordnen:
Umweltpolitik – Bau eines Schwimmbades – Schülerrat – Wahl der Bürgermeisterin bzw. des Bürgermeisters – Schulkonferenz – Streitschlichter – Landtagswahlen

M7   „Wenn ich Kanzlerin oder Kanzler von Deutschland wäre …"

Es gibt ein Lied von Rio Reiser, das „König von Deutschland" heißt. Hier ein Auszug:

Jede Nacht um halb eins, wenn das Fernsehen rauscht,
leg ich mich aufs Bett und mal mir aus,
wie es wäre, wenn ich nicht der wäre, der ich bin,
sondern Kanzler, Kaiser, König oder Königin.
5 (Refrain)
Das alles, und noch viel mehr,
würd ich machen,
wenn ich König von Deutschland wär.

(„König von Deutschland", Text: Rio Reiser, Copyright © SATV Group Germany GmbH)

In dem Lied geht es darum, was man machen würde, wenn man Kanzlerin bzw. Kanzler von Deutschland wäre. Stellt ein (Regierungs-)Programm zusammen, das aufzeigt, was ihr als Kanzlerin bzw. Kanzler tun würdet. Nennt die Punkte, die euch ganz besonders wichtig wären, gleich zu Beginn.

2.1, 2.2

Tipps für Internetseiten, Fernseh- und Radioprogramme

Es gibt Internetseiten sowie Fernseh- und Radioprogramme speziell für Kinder, die sich auch mit wirtschaftlichen und politischen Fragen beschäftigen, Kindern und Jugendlichen Nachrichten erklären oder auf entsprechende Themen verweisen. Hier eine kleine Auswahl:

WES-129794-002

Hier könnt ihr die Links direkt anklicken.

> **Internetseiten:**
> - https://www.fragfinn.de/: Suchmaschine speziell für Kinder
> - https://www.helles-koepfchen.de/: Suchmaschine speziell für Kinder
> - https://www.helles-koepfchen.de/reportage/: Nachrichten aus Deutschland und der Welt, geschrieben für Kinder und Jugendliche in verständlicher Sprache und mit Erklärungen von Zusammenhängen
> - https://schule.helles-koepfchen.de bzw. https://schule.helles-koepfchen.de/reportage/: werbefreie Schulvarianten von helles-koepfchen.de
> - https://www.hanisauland.de: Jugendseite der Bundeszentrale für politische Bildung
> - https://www.kindersache.de: Internetangebot des Deutschen Kinderhilfswerkes e. V. für Kinder und Jugendliche
> - https://www.kindernetz.de: Kinderseite des SWR (Südwestrundfunk)
> - https://seitenstark.de/: gemeinnütziger Verein und Netzwerk der Kinderseiten
>
> **Fernsehen:**
> - https://www.zdf.de/kinder/logo: Kinder- und Jugendseite des ZDF
>
> **Radio/Audiothek:**
> - https://www.ardaudiothek.de/rubrik/fuer-kinder/42914714/: Dort gibt es auch eine Rubrik „Kindernachrichten".
> - https://kinder.wdr.de/radio/kiraka/index.html: einzelne Sachberichte unter dem Menü-Stichwort „Themen"
>
>

Was ihr jetzt wissen und können solltet:

- ✓ **M** **S** **U** **H** ein Simulationsspiel durchführen;
- ✓ **M** **S** **U** **H** erklären, wofür ein Simulationsspiel geeignet ist;
- ✓ **M** **S** **U** **H** erklären, was die Begriffe „Wirtschaft" und „Politik" bedeuten;
- ✓ **M** **S** **U** **H** begründen, dass man auch z. B. in der Schule „politisch" handeln muss;
- ✓ **M** **S** **U** **H** erklären, was ihr mit der Wirtschaft zu tun habt;
- ✓ **M** **S** **U** **H** begründen, warum Wirtschaft auch für Kinder wichtig ist;
- ✓ **M** **S** **U** **H** erklären, warum es Politikerinnen und Politiker geben muss

Was ihr wisst – was ihr könnt – wie ihr es seht

1. Was bedeuten die Begriffe?   M S U H

▬▬▬ Vervollständigt in eurem Heft: *Wirtschaft* und *Politik* sind Wörter aus der ??? Sprache.

Formuliert in eigenen Worten:
- ● Wirtschaft meint/ bedeutet …
- ● Politik meint/ bedeutet …

2. Stellung nehmen   M S U H

Nehmt zu folgenden Aussagen Stellung:

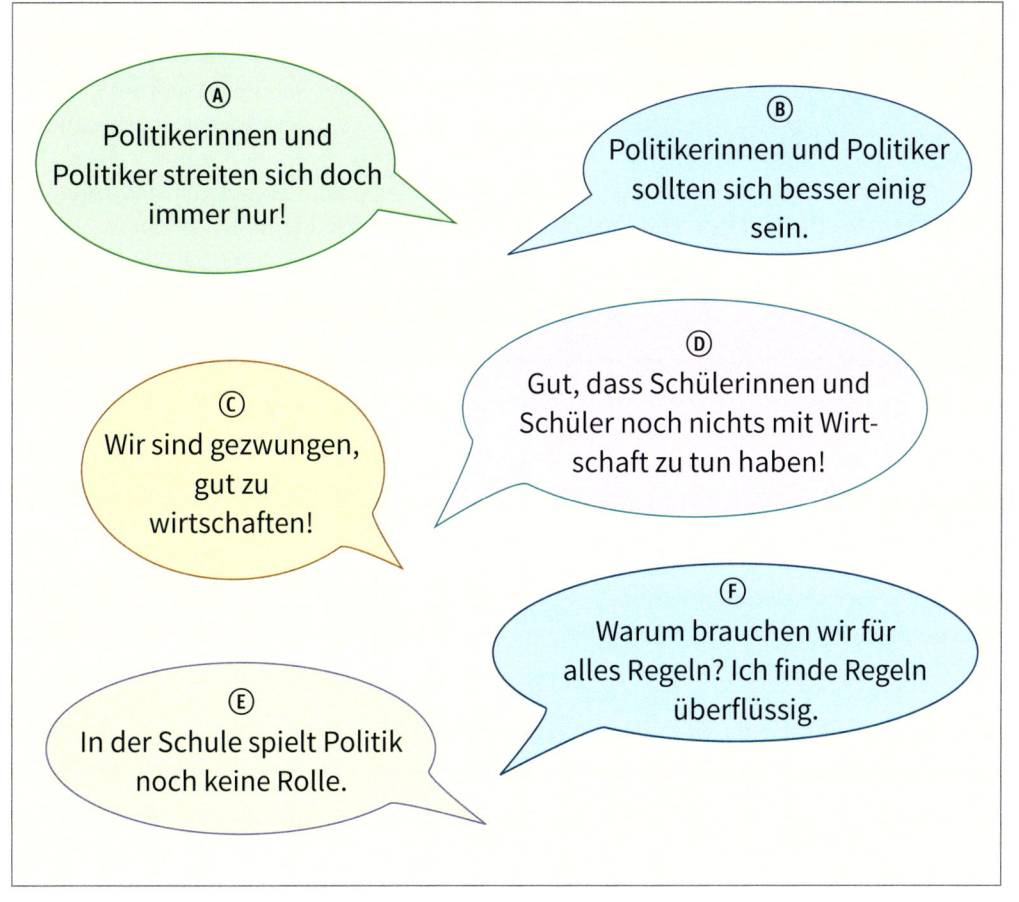

Wenn ihr noch mehr lernen wollt …

D1   Der geheime Handel – ein wirtschaftliches und politisches Problem?

Vier Jungs ziehen an ihrer Schule ein Geschäft mit Süßkram auf, ohne Erlaubnis. Dann fliegen sie auf.

[…] Diese Geschichte beginnt vor zwei Jahren in der Adventszeit. Justus geht seit einem halben Jahr in die siebte Klasse einer Schule im Südwesten ₅ Deutschlands. Und er heißt übrigens nicht Justus. Denn am Ende hat er dermaßen viel Ärger bekommen, dass er seinen echten Namen lieber nicht verraten will.

In jenem Dezember, als alles beginnt, herrscht in ₁₀ der Schülerschaft seiner Schule Frust. Der Kiosk ist zu. Das heißt: kein Pausenverkauf, keine Snacks. Als einer von Justus' Freunden einen Adventskalender mit in die Schule bringt, ist das Interesse natürlich groß. 24 Türchen und hinter jedem Türchen eine kleine Dose Chips. Könnte ₁₅ man da vielleicht eine abkaufen? Für die Pause? Gegen den Hunger? „Der hat dann die Chips verkauft", erzählt Justus. „Daraus entstand dann die Idee, dass wir ein Geschäft aufziehen."

Zusammen mit dem Chips-Kumpel und zwei weiteren Freunden heckt Justus einen Plan aus: Sie besorgen Süßes und verkaufen es an ihre Mitschülerinnen und Mitschüler. Für ₂₀ die ersten Einkäufe knapst jeder von seinem Taschengeld etwas ab – das Startkapital.

Der Gewinn: Ein paar Euro pro Tour
„Zuerst hatten wir ein festes Sortiment, das wir in einem kleinen Laden in der Nähe der Schule eingekauft haben. Dafür hatten wir einen Zettel mit einer Liste von Produkten, aus denen man auswählen konnte", erzählt Justus. „Ab Februar haben wir es dann an- ₂₅ ders gemacht. Wir haben schon am Tag vorher Bestellungen aufgenommen, eingekauft und dann am nächsten Tag in der Schule verkauft." Das machen die vier zweimal die Woche für bis zu zehn Aufträge. Schnell spricht sich herum, dass man bei Justus und seinen Freunden Süßigkeiten bekommen kann – erst in der eigenen Klasse, dann auch in der Parallelklasse. Für die Jungs wird das ein einträgliches Geschäft. Schließlich schla- ₃₀ gen sie auf den Preis, für den sie die Süßigkeiten einkaufen, immer auch ein bisschen was drauf. **Gewinn** nennt man das. Mal kommen 30 Cent obendrauf, mal sogar 50, immer abhängig vom Produkt und seinem Preis. Pro Tour kommen da schon mal drei oder fünf Euro zusammen. Nicht riesig viel, aber es sammelt sich. Das müssen die Jungs allerdings durch vier teilen und davon das Startkapital abbezahlen. Erst danach bleibt ₃₅ wirklich Geld bei ihnen hängen.

Die Strategie: Teamwork und genaue Planung
Damit das Pausengeschäft reibungslos klappt, muss viel organisiert werden. Dafür verteilen die vier untereinander Aufgaben: Einer nimmt die Bestellungen auf. Einer verwaltet die Ware und macht das Lager. Einer kassiert. Und einer – Justus – hat die Finanzen ₄₀ im Blick. Denn jede neue Bestellung müssen die vier erstmal von ihrem eigenen Geld

bezahlen, also in Vorkasse gehen. Erst später bekommen sie das Geld wieder zurück. „Wir mussten schon schauen, dass wir nicht zu sehr ins Minus kommen", erklärt Justus und sagt, dass sie deshalb eine Obergrenze für die Aufträge eingeführt haben. [...] Justus
45 entwickelt ein eigenes System auf einem Notizblock mit drei Spalten: Einkaufspreis, Verkaufspreis, Profit (= Gewinn). Darunter schreibt er für den Monat die gesamte Gewinnsumme – wie in der Buchhaltung eines echten Unternehmens.

Von Anfang an geschieht das Ganze heimlich. In den Pausen werden unter der Hand die Bestellungen aufgegeben. Am nächsten Tag kann die Ware abgeholt werden. „Wir sind
50 mit den Kunden zum Spind gegangen, da haben wir die Süßigkeiten gelagert. Dann haben die uns das Geld gegeben, wir haben das Geld in den Spind gelegt und den Spind dann wieder zugemacht, als wäre nichts gewesen", beschreibt Justus. Wie in einem Krimi. „Wir hatten schon die Sorge, dass die Lehrer das verbieten, wenn sie es mitbekommen", sagt Justus und gibt zu, dass das geheime Pausengeschäft aufregend war. [...]

55 **Das Problem: ein Kunde, der nicht zahlt**
Alles läuft hervorragend. Bis etwas schiefgeht. „Wir haben von einem Mitschüler eine größere Bestellung bekommen, der aber das Geld gar nicht hatte." [...] Weil der Kunde seine Bestellung nicht wie alle anderen sofort bezahlt, geraten die Finanzen ins Minus. [...] Nach einer Woche erinnern sie den Jungen daran, dass noch eine Rechnung offen
60 ist. Der redet sich raus. Daraufhin machen die vier Druck. Und einen schriftlichen Vertrag. Der Kunde muss unterschreiben, dass er ihnen noch Geld schuldet. [...] Damit er mit der Rückzahlung nicht trödelt, verlangen sie auch noch **Zinsen:** Alle zwei Tage kommen jetzt noch mal 50 Cent Schulden drauf. „Das war ein Fehler", sagt Justus. „Dadurch wurde ja noch klarer, dass er es nicht bezahlen kann." Der Junge unterschreibt
65 den Vertrag [...]. Vier Jungs auf dem Schulhof, die von einem Mitschüler Geld fordern und ihn drängen, einen **Schuldvertrag** zu unterschreiben. Irgendwer beobachtet das. Irgendwer erzählt es seinen Eltern oder dem Lehrer. Und dann gibt es die ersten Gerüchte: Manche Eltern fragen nach, die Lehrer und die Schulleitung ebenfalls. Wer weiß schon, was genau die da verkaufen? Vielleicht verticken die ja auch andere Sachen als
70 Süßigkeiten? Dürfen die das eigentlich? Braucht man dafür nicht eine Genehmigung? Laufen hier illegale Sachen? Es brodelt in der Schule.

Der Fehler: Alles zu verheimlichen
Justus' Klassenlehrerin schreitet ein. Sie verkündet vor der Klasse, sie wisse, dass es einen Pausenverkauf in der Schule von Schülern der Klasse gäbe, allerdings nicht, wer ge-
75 nau beteiligt sei. Der Pausenverkauf sei jedenfalls ab jetzt untersagt. Punkt. Schluss! [...]

(Ole Löding, in: weil. Das Wirtschaftsmagazin für Kinder, Ausgabe 02/2023: Das wird was!, brand eins/Carlsen, Hamburg 2023, S. 16 ff.)

1 Erzählt zunächst, worum es in dieser Geschichte geht.

2 In dem Text sind drei Begriffe blau unterlegt. Erläutert, was mit diesen Begriffen gemeint ist.

3 Am Schluss dieser Geschichte steht: Der Fehler war, alles zu verheimlichen. Seid ihr auch dieser Meinung? Diskutiert diese Aussage.

4 Begründet, warum diese Geschichte etwas mit Wirtschaft und Politik zu tun hat. Belegt eure Meinung anhand entsprechender Textstellen.

5 V Recherchiert, unter welchen Bedingungen Schülerinnen und Schüler einen Pausenverkauf in der eigenen Schule durchführen könnten.

 2.1, 2.2

2

Wirtschaftlich handeln – Von Märkten und der Rolle des Geldes

Darum wird es gehen

*Sicherlich habt ihr schon einmal etwas vom „Ötzi" gehört oder gelesen. Mit seiner interessanten Geschichte beginnt das vorliegende Kapitel. Denn „Ötzi" hat schon vor über 5000 Jahren wirtschaftlich gehandelt. Was das genau bedeutet, wird im **ersten Abschnitt** dieses Kapitels geklärt.*

Zum wirtschaftlichen Handeln braucht man Handelsplätze. Wir nennen sie heute Märkte. Was geschieht auf Märkten? Wie entstehen Preise und wovon werden sie beeinflusst? Das zu verstehen, dabei hilft euch Asterix, den ihr ja sicher auch kennt. Und wie man aus Sachtexten die wichtigsten Informationen herausarbeitet, dazu erhaltet ihr hilfreiche Tipps.

*Im **zweiten Abschnitt** erfahrt ihr, wie die Menschen mit Waren gehandelt haben, als es noch kein Geld gab. Das funktionierte auch, war aber nicht ganz so einfach.*

Mit der Erfindung des Geldes hat der Handel eine rasante Entwicklung genommen. Dass man mit Geld noch mehr machen kann, als nur zu bezahlen, erfahrt ihr ebenfalls, denn es hat auch viele andere Aufgaben. In vielen europäischen Ländern gibt es mittlerweile eine einzige Währung, d. h. man kann in vielen Ländern mit ein und demselben Geld bezahlen, nämlich dem Euro. Wie dieser aussieht und was man unter der Europäischen Union, der EU, versteht, dazu bekommt ihr auch Informationen, die ihr aber mit einer eigenen Recherche ergänzen sollt. Eure Ergebnisse könnt ihr dann in einer digitalen Präsentation vorstellen. Worauf man achten muss, wenn man eine solche Präsentation erstellt, dazu findet ihr eine methodische Anleitung.

1. „Ötzi" und Asterix handeln wirtschaftlich: Arbeitsteilung – Tauschhandel – Märkte und Preise

M1   „Ötzi" und die Wissenschaft

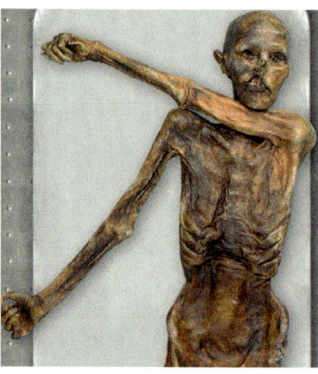

Links: So soll „Ötzi" nach neuesten Erkenntnissen (2023) ausgesehen haben (Rekonstruktionszeichnung).

Im September 1991 machten deutsche Touristen in Südtirol einen spektakulären Fund: Im Eis des Similaun-Gletschers in den Ötztaler Alpen entdeckten ⁵ sie eine Mumie – die Leiche eines Mannes, der vor ungefähr 5300 Jahren gelebt hat. Diese Zeit nennt man **Jungsteinzeit.** Wegen des Fundortes wur- ₁₀ de die Mumie „Ötzi" genannt. „Ötzi" ist bis heute der einzige bekannte Mensch aus der Endphase der Jungsteinzeit. Seine Leiche blieb als gefriergetrocknete Mumie im Eis erhalten. Der Fund war eine Sensation.

(Autorentext)

M2a   Was hat „Ötzi" mit Wirtschaft zu tun?

Ein Dach über dem Kopf zu haben und im Supermarkt Lebensmittel einzukaufen, erscheint uns heute völlig selbstverständlich. Aber die längste Zeit ihres Daseins haben die Menschen eigentlich als Jäger und Sammler gelebt, und sie mussten sich jeden Tag aufs Neue darum kümmern, irgendwie an Nahrung und Kleidung zu gelangen. Ungefähr bis zum Jahr 5.800 vor Christus lebten die Menschen in Europa als umherziehende ⁵ Jäger und Sammler.

Als unsere Vorfahren sesshaft wurden, war das wahrscheinlich die folgenreichste Entscheidung, die sie jemals getroffen haben. Ihnen begegneten nämlich Hirten, die aus Westeuropa eingewandert waren. Diese Hirtenvölker besaßen Schafe und Ziegen, stellten Keramik her und führten ein bäuerliches Leben. Sie machten auf die Jäger einen ₁₀ gewaltigen Eindruck. Und aus diesem Grund schauten sie sich bei den Einwanderern deren Lebensweise ab und lernten von ihnen. Aus den Jägern und Sammlern wurden nun rasch sesshafte Bauern. Sie lebten in Dörfern und stellten Gefäße aus Keramik her. Sie errichteten Häuser, bauten Emmer, Einkorn und Gerste (drei verschiedene Getreidesorten) an und hielten Hunde, Rinder, Schweine, Schafe und Ziegen als Haustiere.   ₁₅

Aber von der Landwirtschaft leben zu können, erforderte planvolles Handeln: Land musste gerodet und Äcker mussten bestellt werden. Die Tiere brauchten Ställe und Futter für die Wintermonate; Saatgut für das Frühjahr musste aufbewahrt werden. Es entwickelten sich Handwerke, die für ein Dorfleben erforderlich waren.

Ein langfristiges, planvolles Handeln und Arbeiten heißt aber nichts anderes als wirt- ₂₀ schaften können!

Was hat das nun mit „Ötzi" zu tun? – Vieles haben die Wissenschaftler inzwischen über ihn herausfinden können. Vieles deutet darauf hin, dass er ein typischer Vertreter seiner Zeit
25 war. Denn die Untersuchung ergab unter anderem einen hohen Gehalt an Schwermetall in seinen Lungen – ein typisches Zeichen dafür, dass er in einem Dorf im Tal gelebt haben muss, in dem z. B. Kupfer verarbeitet wurde, das mit über 1000 Grad geschmolzen wurde. Vielleicht war er ein Kupferfachmann und
30 handelte mit verarbeiteten Kupferstücken, um Kleidung, Nahrung und andere Dinge für sich oder andere einzutauschen. Der Fund seiner Mumie in den Alpen hat „Ötzi" zum bekanntesten Handlungsreisenden aus dieser Zeit gemacht.

(Autorentext)

Im Jahr 2023 haben Wissenschaftlerinnen und Wissenschaftler, die sich auch 30 Jahre nach dem Fund von „Ötzi" noch mit seinem Erbgut beschäftigt haben, neue Erkenntnisse über seine Herkunft gewonnen. Im Gegensatz zu den bisherigen Darstellungen, die ihn mit langem, zerzaustem Haar und blasser Haut zeigen, ist wohl eher anzunehmen, dass er sehr wenig Kopfhaar, dunkle Augen und eine viel dunklere Haut hatte. Als Herkunftsregion werden Nordafrika, Tunesien oder die Türkei angenommen.

(Autorentext)

1 Schreibt auf, wie die Menschen bis ca. zum Jahr 5800 vor Christus gelebt haben.

2 Beschreibt, wie sich das Leben verändert hat, als unsere Vorfahren entschieden, sesshaft zu werden.

3 Erklärt, warum die Menschen nun planvoll handeln mussten und warum das etwas mit „Wirtschaften" zu tun hat.

4 Begründet, warum „Ötzi" als ein wirtschaftlich handelnder Mensch angesehen werden kann.

5 Diskutiert, ob es richtig ist, dass Wissenschaftler sehr viel Geld und Zeit aufwenden, um etwas über „Ötzi" und seine Zeit herauszufinden. Begründet eure Meinung.

Tipp:

Wenn ihr noch mehr über „Ötzi" wissen wollt: Im Südtiroler Archäologiemuseum in Bozen ist seine Mumie ausgestellt und man kann sehr viel über seine Zeit und die Lebensgewohnheiten erfahren. Dort wird „Ötzi" sehr ausführlich als „archäologischer Kriminalfall" vorgestellt. Mehr Informationen unter: https://www.iceman.it/de/

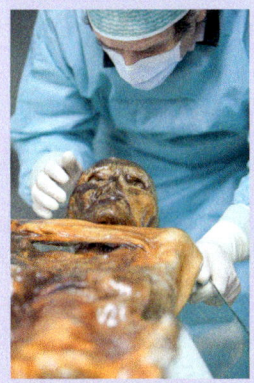

Auf Röntgenbildern wurde 2001 die Todesursache entdeckt: Der Mann aus dem Eis starb an einer Pfeilschussverletzung. Es war Mord.

Rekonstruktion: Adrie und Alfons Kennis aus den Niederlanden haben im Auftrag des Südtiroler Archäologiemuseums eine möglichst lebensechte Rekonstruktion des Mannes aus dem Eis angefertigt.

Sehr viele Wissenschaftlerinnen und Wissenschaftler haben sich seit dem Fund von „Ötzi" mit ihm, der möglichen Todesursache und der Zeit, in der er gelebt hat, beschäftigt. Deshalb gibt es dazu mittlerweile sehr viele Texte, Bücher und Filme. Wer sich aus Texten über „Ötzi" informieren will, muss eine Methode beherrschen, mit der man gut die wichtigsten Informationen sammeln kann: die Methode „Sachtexte erschließen". Dazu findet ihr im Folgenden eine kurze Anleitung.

Methode   Sachtexte erschließen

Sachtexte dienen dazu, bestimmte Sachverhalte oder Vorgänge darzustellen. Damit ihr euch solche Texte, die manchmal schwer zu verstehen sind, leichter erschließen könnt, findet ihr hier einige praktische Tipps. Ihr könnt diese Tipps am besten umsetzen, wenn ihr eine **Kopie** des zu bearbeitenden Textes vor euch liegen habt.

1. Klärt zunächst das **Thema** des Textes. Die Überschrift gibt häufig gute Anhaltspunkte.
2. Nach der genauen Lektüre des Textes (am besten zweimal lesen) markiert ihr nur seine **Schlüsselwörter**. Das sind zentrale Begriffe (Signalwörter) oder Fachbegriffe (meist Nomen oder Verben) zum jeweiligen Thema. Diese sind wichtig, weil sie dabei helfen, den Inhalt zu erschließen und zu „entschlüsseln". Aber Vorsicht: bitte wirklich auf die wichtigsten beschränken!

3. Versucht die **Gliederung** (den **Gedankengang**) eines Sachtextes zu verstehen. Der Text hilft euch dabei durch Abschnitte und bestimmte Wörter („zuerst", „daraufhin", „dann", „aber", „im Gegenteil" usw.). Benennt die einzelnen Textabschnitte am Rand in Stichworten oder sucht passende Überschriften. Wenn ein Text nicht in Abschnitte untergliedert ist, könnt ihr das auch selbst versuchen.
4. An den Textrand könnt ihr **kleine Zeichen** setzen, zum Beispiel „!" für besonders Wichtiges oder „?" für Unverständliches bzw. zu Klärendes.
5. Klärt euch **unbekannte Begriffe** mithilfe eines Wörterbuchs oder des Internets.

(Autorentext)

In M 2 b wird am Beispiel des Textes M 2 a gezeigt, wie eine solche Texterschließung aussehen könnte und warum sie dabei helfen kann, die wichtigsten Aussagen herauszufinden.
Den 4. Abschnitt des Textes sollt ihr dann selbst bearbeiten, und bei M 6 b (S. 33/34) könnt ihr die Methode auf einen gesamten Text anwenden.

M 2 b Was hat „Ötzi" mit Wirtschaft zu tun? (bearbeiteter Text)

!
Jäger und Sammler

1. Abschnitt (Z. 1 – Z. 6): Die Menschen als Jäger und Sammler
Ein Dach über dem Kopf zu haben und im Supermarkt Lebensmittel einzukaufen, erscheint uns heute völlig selbstverständlich. Aber die längste Zeit ihres Daseins haben die Menschen eigentlich als **Jäger und Sammler** gelebt, und sie mussten sich jeden Tag aufs Neue darum kümmern, irgendwie an Nahrung und Kleidung zu gelangen. 5
Ungefähr **bis zum Jahr 5.800 vor Christus** lebten die Menschen in Europa als umherziehende Jäger und Sammler.

!
sesshaft

2. Abschnitt (Z. 7 – Z. 15): Unsere Vorfahren werden sesshaft
Als unsere Vorfahren sesshaft wurden, war das wahrscheinlich die folgenreichste Entscheidung, die sie jemals getroffen haben. Ihnen begegneten nämlich Hirten, die aus 10
Westeuropa eingewandert waren. Diese Hirtenvölker besaßen Schafe und Ziegen, stellten Keramik her und führten ein bäuerliches Leben. Sie machten auf die Jäger einen gewaltigen Eindruck. Und aus diesem Grund schauten sie sich bei den Einwanderern deren Lebensweise ab und lernten von ihnen. Aus den Jägern und Sammlern wurden nun rasch **sesshafte Bauern**. Sie **lebten in Dörfern** und stellten Gefäße aus Keramik 15
her. Sie errichteten Häuser, bauten Emmer, Einkorn und Gerste (drei verschiedene Getreidesorten) an und hielten Hunde, Rinder, Schweine, Schafe und Ziegen als Haustiere.

!
planvolles Handeln

3. Abschnitt (Z. 16 – Z. 21): Planvolles Handeln ist nötig!
Aber von der Landwirtschaft leben zu können, erforderte **planvolles Handeln**: Land musste gerodet und Äcker mussten bestellt werden. Die Tiere brauchten Ställe und 20

Futter für die Wintermonate; Saatgut für das Frühjahr musste aufbewahrt werden. Es entwickelten sich Handwerke, die für ein Dorfleben erforderlich waren.
Ein langfristiges, planvolles Handeln und Arbeiten heißt aber nichts anderes als wirtschaften können!

25 **4. Abschnitt (Z. 22 – Z. 33): Überschrift ?????????**
Was hat das nun mit „Ötzi" zu tun? – Vieles haben die Wissenschaftler inzwischen über ihn herausfinden können. Vieles deutet darauf hin, dass er ein typischer Vertreter seiner Zeit war. Denn die Untersuchung ergab unter anderem einen hohen Gehalt an Schwermetall in seinen Lungen – ein typisches Zeichen dafür, dass er in einem Dorf im
30 Tal gelebt haben muss, in dem z. B. Kupfer verarbeitet wurde, das mit über 1000 Grad geschmolzen wurde. Vielleicht war er ein Kupferfachmann und handelte mit verarbeiteten Kupferstücken, um Kleidung, Nahrung und andere Dinge für sich oder andere einzutauschen. Der Fund seiner Mumie in den Alpen hat „Ötzi" zum bekanntesten Handlungsreisenden aus dieser Zeit gemacht.
(Autorentext)

1 Seid ihr mit der vorgenommenen Gliederung (Abschnittseinteilung) des Textes (M 2 b) einverstanden? Begründet!

2 Erläutert, warum es besser ist, sich auf die Kennzeichnung nur weniger, aber wichtiger Signalwörter zu beschränken.

3 Inwiefern sind die grün gekennzeichneten Wörter für das Verständnis des Textes auch wichtig? Erläutert!

4 Den vierten und letzten Abschnitt sollt ihr nun (auf einer Kopie) selbst bearbeiten: Findet eine Überschrift, markiert Signalwörter und nehmt Randkennzeichnungen vor (z. B. Ausrufezeichen, Fragezeichen oder Stichworte).

M 3   Arbeitsteilung hat viele Vorteile

Als die Menschen anfingen, in größeren Gemeinschaften zu leben und Dörfer zu errichten, stellten sie fest, dass es sehr
5 günstig ist, die Arbeit untereinander aufzuteilen. Denn meist kann der eine etwas anderes besser als der andere. Und damit begann der **Tauschhandel**.
10 So konnte zum Beispiel der eine sehr gut Jagdwaffen herstellen, während der andere ein erfolgreicher Jäger war. Der Waffen-

schmied konnte seine Speerspitzen aber nicht essen. Und der Jäger kam ohne gute Waf-
15 fen mit viel zu wenig Beute von seiner Jagd zurück.
Die beiden tauschten also. Der Waffenschmied erhielt seine Nahrung vom Jäger, der wiederum mit den Speerspitzen des Schmieds viel mehr Beute machen konnte. Dieser Tausch, *Ware gegen Ware*, wird „Naturalwirtschaft" genannt.

Du kennst diesen Tauschhandel vielleicht selbst: Wenn du gerne etwas haben möchtest, was deine Freundin oder dein Freund hat, dann könnt ihr tauschen, wenn deine Freun- 20 din oder dein Freund einverstanden ist. […]

Dieser Tauschhandel hört sich zwar sehr einfach an, das war er aber früher oft nicht. Wenn du als Zahlungsmittel zum Beispiel eine Kuh hattest, musstest du jemanden finden, der dir das, was du haben wolltest, gegen deine Kuh eintauschte.

(Verändert nach: kindernetz.de, Südwestrundfunk, Stuttgart; http://www.kindernetz.de/infonetz/thema/geld/tauschhandel/-/id=32926/nid=32926/did=32888/r86ijk/index.html; Verf.: Friederike Wilhelmi [21.03.2019])

Fallbeispiel

M 4   Wie komme ich an einen Feuerstein?

Die Kräuterfrau bringt getrocknete Kräuter zum Heilen und Würzen auf den Markt, denn sie braucht einen neuen Feuerstein, um Feuer zu machen. Der Bauer hat Getreide, braucht aber dringend ein Tongefäß zur Aufbewahrung. Der Töpfer stellt praktische Tongefäße her und möchte seiner Frau ein paar Heilkräuter gegen ihre Kopfschmerzen vom Markt mitbringen. Der Fischer hatte einen guten Fang mit vollen Netzen, braucht 5 aber dringend Getreide, um ein frisches Brot zu backen. Und der Feuersteinhändler hat nützliche Feuersteine, möchte aber gerne Heringe für die Familie haben.

(Autorentext)

1 ▬ Erklärt, welche Vorteile die Arbeitsteilung hat und wie der Tauschhandel entstand (M 3).

2 ▬ Arbeitet heraus, wie oft und auf welchem Weg die Kräuterfrau tauschen muss, um an den dringend benötigten Feuerstein zu gelangen (M 4). Vielleicht hilft euch diese Übersicht weiter:

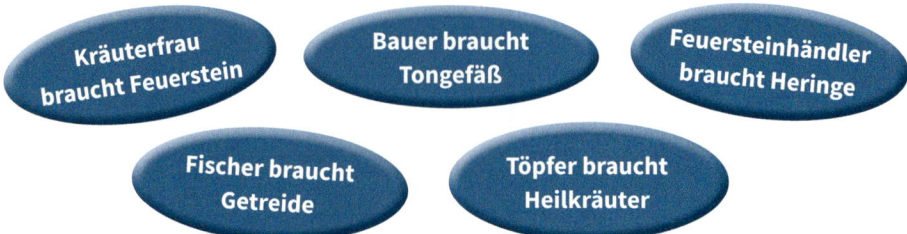

 F   **3** ▬ Erklärt, welche Schwierigkeiten es beim Tauschhandel gibt und unter welchen Bedingungen ein Tauschhandel erfolgreich ist.

M 5 Zum Tauschen braucht man Märkte

Man kann viel Zeit sparen, wenn man weiß, wer welches Produkt gegen welches eintauschen möchte. Aber wo und wie findet man am schnellsten jemanden, der überschüssige Produkte gegen Mangelware eintauscht? Heutzutage findet man das ganz schnell heraus: Man kann im Internet suchen, Zeitungen aufschlagen, in den Supermarkt oder in andere Geschäfte gehen. Aber früher, als es das alles noch nicht gab, setzte sich die Idee durch, sich auf Marktplätzen zu treffen. Und zwar überall auf der Welt.

Im Jahre 744 erließ der fränkische König Pippin der Jüngere (das war der Vater von Karl dem Großen) eine Verordnung, in allen größeren Siedlungen des Reiches Wochenmärkte einzurichten. Nun hatten Handwerker, Bäuerinnen und Bauern, Händlerinnen und Händler einen offiziellen Ort, an dem sie ihre Produkte und Dienste anbieten konnten.
5 Sie bauten ihre Stände dort auf oder legten ihre Waren einfach auf dem Boden aus, um zu zeigen, was sie verkaufen wollten. Sie handelten Preise mit den interessierten Käuferinnen und Käufern aus, die entweder in Münzen oder aber mit anderen Tauschgütern die Waren bezahlen konnten. Zu der Zeit waren Münzen noch nicht weit verbreitet, aber die Menschen fanden einen Weg, Güter miteinander zu tauschen. Und dieses Prinzip
10 funktioniert auf der ganzen Welt, früher so wie heute: Wer etwas anzubieten hat, sucht einen Käufer, und wer etwas kaufen will, sucht einen Verkäufer, sei es auf dem Wochenmarkt, im Supermarkt, auf einem Flohmarkt, an der Börse oder im Internet.

(Autorentext)

1 Erklärt, warum der Handel durch die Schaffung von Marktplätzen deutlich erleichtert wurde.

2 Versucht vor der Beschäftigung mit M 6 einmal, Antworten auf die folgenden Fragen zu finden. Wenn euch das gelingt, seid ihr einem wichtigen Gesetz der Wirtschaft auf der Spur.

1. Warum sind Schoko-Weihnachtsmänner nach Weihnachten billiger als vor Weihnachten?
2. Was bedeutet eigentlich „Sale" und warum findet er in vielen Geschäften statt?
3. Warum kosten Erdbeeren im Winter viel mehr als im Sommer?
4. Warum muss man für ein Handy, das gerade neu auf den Markt gekommen ist, mehr bezahlen als für das Vorgängermodell?
5. Was bedeutet „Limited Edition" und warum haben zum Beispiel Schuhe oder Süßigkeiten mit diesem Aufdruck häufig einen höheren Preis?

▶❚❚ F   **M 6   Wie Preise zustande kommen**

M 6 a Im Gallischen Dorf steigen die Fischpreise

Ihr kennt sicher alle die Comicreihe von Asterix und Obelix, die 50 Jahre vor Christus in Gallien lebten. Ganz Gallien war zwar von den Römern besetzt, aber das kleine Dorf von Asterix und Obelix hatte erfolgreich Widerstand geleistet. Die Römer ärgerte das sehr. Sie wollten dieses Dorf immer wieder erobern, doch Asterix schaffte es mit seinem Zau-
5 bertrank und Obelix mit seinen übermenschlichen Kräften immer wieder, den Römern ein „Schnippchen" zu schlagen und ihrem Dorf die Freiheit zu erhalten.
Einmal wollten die Römer rund um das Dorf eine Siedlung bauen, den schützenden Wald fällen und stattdessen einen Park anlegen. Die Bauarbeiter aus Rom und ihre Familien mussten nun also im Dorf von Asterix und Obelix einkaufen. Auf den Bildern
10 (S. 32) könnt ihr sehen, was nun passiert!
(Autorentext)

▬▬ Erklärt, warum im Dorf der Preis für Fische plötzlich steigt:
 ● Wie war der Preis, bevor die Römer im Dorf einkauften?
 ● Was hat zur Preissteigerung geführt?
 ● Wie werden sich die Preise wohl weiterentwickeln?

M 6 b Wovon Preise beeinflusst werden

Auf allen Märkten ist ein solches Verhalten wie im gallischen Dorf zu beobachten. Jeder, der etwas verkaufen will (Anbieter), will es
5 so teuer wie möglich verkaufen, und jeder, der etwas kaufen will, will es zum günstigsten Preis kaufen.
Alles hat seinen **Preis**, und der
10 hängt vom Angebot und von der Nachfrage ab.
Angebot und Nachfrage werden von unterschiedlichen Faktoren beeinflusst: Im Winter kosten z. B.
15 die Erdbeeren mehr als zur eigentlichen Erntezeit im Frühsommer, wenn das **Angebot** groß ist. Ist das Angebot groß, ist der Preis niedrig, ist das Angebot niedrig,
20 ist der Preis hoch. Das stellt auch die Grafik dar: Ein großes (= schweres) Angebot führt bei einer geringen (= leichten) Nachfrage zu einem fallenden Preis.
25 Auch die **Nachfrage** hat Auswirkungen auf den Preis: Wenn das Interesse für die Minions-Stickeralben zurückgeht, werden auch die Preise dafür sinken, und zwar
30 so tief, wie es sich noch lohnt, sie

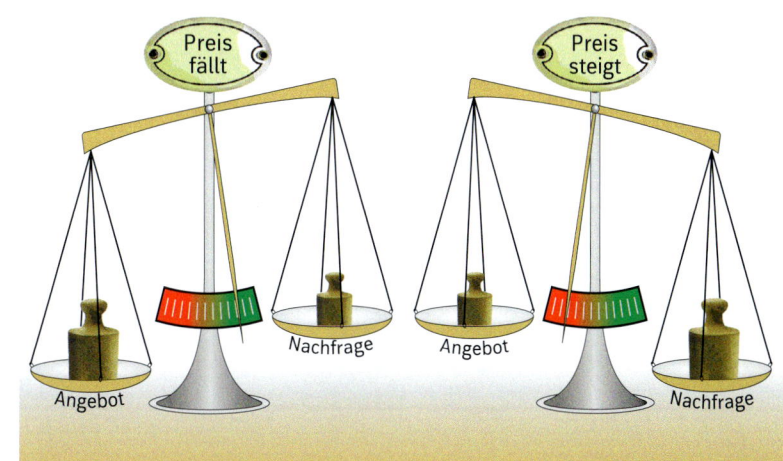

überhaupt zu verkaufen.

Denn die **Produzenten** haben ja bei

35 der Herstellung der Alben auch Kosten, und die müssen auf jeden Fall durch den Verkauf abge-

40 deckt werden, sonst macht der Produzent ein Verlustgeschäft. Die Rohstoffe, die Arbeitslöhne,

45 die Werbung, der Transport – alles

muss bei der Preisfestsetzung einbezogen werden. Der Gewinn, den der Unternehmer erzielen will, um selbst entlohnt zu werden, und den er auch benötigt, um sein Unternehmen weiterführen zu können, der beginnt erst dann, wenn alle Kosten bezahlt sind.

50 Auch der **Käufer** muss planen: Kann ich mir die Ware bei meinem Einkommen leisten? Hat sie für mich einen so großen Nutzen, dass ich bereit bin, diesen Preis zu bezahlen? Er muss versuchen, mit seinem Einkommen seine Bedürfnisse so gut wie möglich zu befriedigen (vgl. Kap. 3).

Der Nutzen, den ein Gut hat, ist von Mensch zu Mensch ganz unterschiedlich. Der einen

55 ist es besonders wichtig, ein tolles Auto zu fahren, ein anderer legt z. B. viel mehr Wert auf Kleidung oder moderne technische Geräte. Dem einen genügt irgendeine Jeans, bei dem anderen muss es unbedingt eine bestimmte Marke sein. Das muss jede und jeder für sich selbst entscheiden.

Welche Preise dabei auf dem Markt entstehen, das bestimmen Angebot und Nachfrage.

60 Sie gleichen den „Kampf" zwischen möglichst billig einkaufen und möglichst teuer verkaufen aus. Der Preis bringt Angebot und Nachfrage in ein Gleichgewicht, oder anders gesagt: Angebot und Nachfrage bestimmen den Gleichgewichtspreis. Und das ist das **„wichtige Gesetz der Wirtschaft"**, dessen Spur ihr schon auf S. 31 (nach M 5) aufgenommen habt!

(Autorentext)

1 Erschließt den Text M 6 b mithilfe der Methode „Sachtexte erschließen" (S. 28).

2 Stellt euch vor, ihr geht als Gemüsehändlerin oder -händler (Anbieter/-in) auf den Markt und wollt eure Produkte verkaufen. Stellt dar, was ihr alles berücksichtigen müsst, wenn ihr eure Preise für die Kartoffeln, den Spargel oder den Salat festlegen wollt.

3 Umgekehrt: Ihr seid nun Käuferin oder Käufer (Nachfrager/-in) und wollt für das Wochenende Gemüse kaufen. Stellt dar, auf was ihr achten müsst, wenn ihr die Preise miteinander vergleicht.

4 Begründet, warum das Bild mit der Waage so gut geeignet ist, um zu erklären, wie Preise entstehen.

2. Seit wann es Geld gibt und wofür es nützlich ist

M7 Spannend: die Geschichte des Geldes F

WES-129794-003

Hier findet ihr einen Podcast, ein Erklärvideo und interaktives Material zur Unterstützung eurer Erarbeitung.

In den farbigen Kästchen wird jeweils über eine zeitliche Station der Bezahlung berichtet. **Die Kästchen sind aber in der Reihenfolge durcheinandergeraten!**
Bildet Gruppen mit je vier Mitgliedern.

- Jedes Mitglied bearbeitet zunächst zwei der farbig unterlegten Kästchen.
- Dann stellt ihr in der Gruppe vor, was ihr über die Art und Weise der Bezahlung „eurer" zeitlichen Stationen erarbeitet habt.
- Abschließend bringt ihr die Stationen in die zeitlich richtige Reihenfolge.

Vielleicht kann eure Lehrerin oder euer Lehrer auch eine Kopie des Materials anfertigen (im Lehrermaterial vorhanden) und die jeweiligen Stationsschnipsel an euch aushändigen.

a) Papiergeldhandel – Geld als Papierzettel mit Garantie

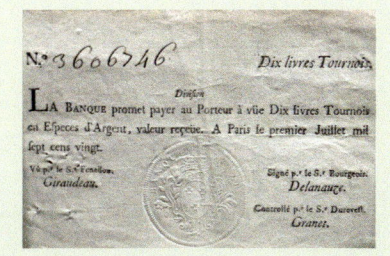

Als das erste Papiergeld in Umlauf kam, misstrauten viele Menschen dieser neuen Zahlungsart. Kein Wunder, denn Papier hatte anders als die Metallmünzen keinen echten Materialwert. Anfang des 18. Jahrhunderts erfand dann der Schotte John Law ein Tauschsystem, das das Vertrauen der Menschen in Papiergeld stärkte. Er gab Papierzettel mit einer Garantie heraus. Sie garantierte, dass der auf dem Papierschein genannte Wert jederzeit gegen Münzen oder Edelmetall eingetauscht werden konnte. Später wurde dieses Prinzip dann auf echte Geldscheine übertragen. Bei uns garantiert heute die Bundesbank, d. h. der Staat, den Wert der ausgegebenen Geldscheine.

b) Die ersten Münzen

Die Lyder, ein Volk in Kleinasien, gelten als Erfinder der ersten Geldmünzen. Bereits um 650 v. Chr. stellten sie einheitlich große Metallstücke mit dem Wappen ihres Königs „Krösus" her. Aus dieser Zeit stammt auch der Vergleich „reich wie Krösus". Später übernahmen die Griechen und Römer dieses Bezahlsystem aus Münzen und verfeinerten es noch. Seitdem gibt es Münzen mit verschiedenem Wert.

c) Die ersten Banknoten [in Europa]

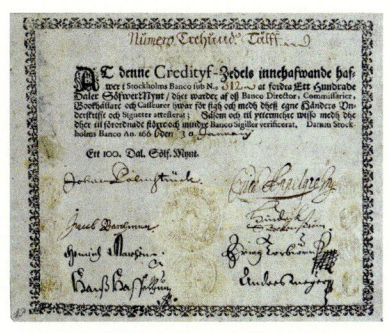

Das erste Papiergeld – die erste Banknote – soll 1661 im Königreich Schweden ausgegeben worden sein. Die Vorgeschichte: Für Johann Palmstruch, einen erfolgreichen Kaufmann aus Riga (im heutigen Lettland), war der Handel mit den großen und schweren Münzen viel zu mühsam. Ganz besonders natürlich, wenn er sehr viel zu verkaufen hatte oder große Mengen an Waren erwerben wollte. Vom schwedischen König erhielt er die Erlaubnis, eine eigene Bank zu gründen – die „Stockholm

Banco". Voraussetzung: Die Hälfte des Geldes ging an das schwedische Finanzministerium. Dafür durfte er für große Kupfermünzen Quittungen ausstellen. Das waren die ersten gedruckten Banknoten. [...]

d) Bargeldloser Zahlungsverkehr

[...] Um den Handel zu vereinfachen, wurde im 20. Jahrhundert der bargeldlose Zahlungsverkehr eingeführt. Bargeldlos heißt: Das Geld bleibt in den meisten Fällen unsichtbar. Zum Beispiel, wenn das Gehalt ausgezahlt wird, wenn die monatliche Miete vom Konto abgebucht wird oder wenn man mit der EC- oder Kreditkarte einkauft. Bei all diesen Zahlungen wird das Geld lediglich als „Buchgeld" gebucht, d. h. registriert.

e) Erster Tauschhandel

Vor vielen tausend Jahren, als die Menschen noch in kleinen Siedlungen wohnten, war jeder Tag ein neuer Kampf ums Überleben. Um genug Essen zu haben, gingen sie auf die Jagd, fingen Fische und sammelten wilde Früchte. Statt das Fleisch und die Felle, die Fische und die Beeren zu verkaufen, wurde untereinander getauscht. Für ein Fell erhielt man zum Beispiel Salz oder selbst angefertigte Speerspitzen, für Kräuter Fisch oder für Beeren Kleidungsstücke. Statt mit Geld zu bezahlen, wurde also mit Naturalien gehandelt.

f) Bezahlung in Natural- und Wägegeld

Vor etwa 4000 Jahren war in China, Nordafrika und Südostasien die Kaurimuschel ein verbreitetes Naturgeld. Diese Muschel war klein, leicht zu zählen und zu transportieren. Und sie war etwas Besonderes: Es gab sie nur in begrenzter Menge. Das Gleiche galt für die Kakaobohnen, mit denen die Majas in Lateinamerika bezahlten. Bei manchen Völkern wurde auch mit besonders schönen Steinen bezahlt. Ein beliebtes Naturgeld waren später Kupfer, Silber und Gold. Dieses erste Metallgeld

wurde häufig in Barren, Ringe und Stäbe gegossen. Je nach Wert der Ware wurde ein entsprechend großes Stück abgehackt und exakt gewogen.

(Michael Fischer, wissen.de: Spannende Geschichte des Geldes; https://www.wissen.de/spannende-geschichte-die-geschichte-des-geldes; Leinfelden-Echterdingen, ohne Datum; leicht verändert, Reihenfolge verändert [05.06.2024])

g) Das erste Papiergeld

Im Jahr 1023 gab China das erste Papiergeld aus. Marco Polo kam als erster Europäer auf seiner Reise nach China mit Banknoten in Berührung. Er erzählte in seinem Reisebericht gegen Ende des 13. Jahrhunderts davon, dass der Herrscher Kublai Khan „Münzen", wie er sie nannte, aus einem Papier herstellen ließ, das in mehreren Stufen aus der Rinde des Maulbeerbaumes gewonnen und schließlich auseinandergeschnitten wurde.

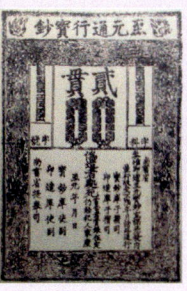

h) Online- und Mobile-Banking

Durch das Internet können heutzutage Bankgeschäfte auch über den Computer abgewickelt werden. Online-Banking ermöglicht es den Kundinnen und Kunden beispielsweise, zu jeder Zeit und ortsunabhängig Rechnungen zu bezahlen, Kontostände abzurufen, Aktien zu kaufen oder zu verkaufen. Das ist auch mit Smartphones oder Tablets unter Nutzung spezieller Mobile-Banking-Apps möglich. Ohne Bargeld oder Kreditkarte im Supermarkt oder im Restaurant zu bezahlen, ist mithilfe der internetfähigen Geräte kein Problem.

(Autorentext)

M8   Die Aufgaben des Geldes   ▶❚❚ F

Ihr wisst jetzt, dass das Vorhandensein von Geld den Austausch von Gütern äußerst vereinfacht und die wirtschaftliche Entwicklung ermöglicht und vorangetrieben hat. Was die Geldsorten anbelangt – der Einfallsreichtum der Menschen ist groß!
Aber das Geld übernimmt noch weit mehr Aufgaben als nur die Bezahlung von Rech-
5 nungen:
- Mithilfe des Geldes können wir Waren oder Dienstleistungen verschiedenster Art miteinander vergleichen, zum Beispiel einen Computer mit einem Pfund Bananen. Aber *um wie viel* der Computer mehr wert ist, das können wir erst mithilfe des Geldes ausdrücken. Geld dient also als **Wertmaßstab** und **Rechenmittel**.
10 - Mit Geld kann man sich Güter (z.B. Kleidung) und Dienstleistungen (z.B. einen neuen Haarschnitt) kaufen. Man tauscht also quasi eine Leistung gegen eine andere ein. Geld ist somit auch ein allgemein anerkanntes **Tauschmittel**.
- Als **Zahlungsmittel** wird es benutzt, wenn zum Beispiel Steuern zu bezahlen sind oder eure Eltern euch das Taschengeld ausbezahlen, also kein unmittelbarer Tausch
15 von Gütern und Dienstleistungen vorliegt.
- Geld kann auch als **Wertaufbewahrungsmittel** dienen. Niemand muss sein erworbenes Geld sofort wieder gegen Ware eintauschen. Er kann es auch aufbewahren, zum Beispiel bei einer Bank sparen.
- Die Bank wiederum kann dieses gesparte Geld – gegen Zinsen – an Menschen wei-
20 tergeben, die sich Geld leihen wollen oder müssen; dann wird Geld zu einem **Kreditmittel**.

(Autorentext)

Zinsen: Sie sind einerseits der Preis, den man zahlen muss, wenn man sich Geld von einer Bank leiht (einen Kredit aufnimmt). Andererseits bekommt man Zinsen, wenn man sein Geld einer Bank oder Sparkasse für eine bestimmte Zeit zur Verfügung stellt (leiht).

Kredit: Das ist eine Geldsumme, die eine Bank einem Kunden leihweise zur Verfügung stellt. Das Wort „Kredit" kommt von dem lateinischen Wort „credere", das bedeutet „glauben, vertrauen".

M9   Welche Aufgaben des Geldes sind gemeint?

1. Tim will sich ein Skateboard kaufen. Dafür spart er jeden Monat 5 Euro.

2. Leonies Eltern müssen demnächst wieder die Kraftfahrzeugsteuer bezahlen.

3. Geschafft! Endlich kann sich Friederike für 800 Euro das lang ersehnte Fahrrad kaufen.

4. Paul erbt von seinem Onkel aus Amerika 5000 Dollar.

5. Wieder einmal wollen die Freundinnen Ayse und Sarah Kleidungsstücke tauschen. Ayse hätte gern Sarahs neue Hose und bietet ihr dafür ihr Lieblings-Top an. Sarah ist jedoch nicht einverstanden, denn die Hose hat 90 Euro gekostet.

6. Firma Bentfeld will neue Maschinen kaufen, um damit ihren Gewinn zu erhöhen. Da sie dafür im Moment aber nicht genug Geld hat, braucht sie Geld von ihrer Bank.

7. Damit Familie Möller im Sommer endlich den lange geplanten Urlaub in Kanada machen kann, überweist Frau Möller seit einem Jahr monatlich 200 Euro auf ein spezielles Konto.

(Autorentext)

 Erläutert die in M8 dargestellten Aufgaben des Geldes an weiteren Beispielen.

F **2** Überlegt, wie in den in M9 aufgeführten Beispielen Geld eingesetzt wird: als Zahlungsmittel – Wertmaßstab und Rechenmittel – Tauschmittel – Kreditmittel – Wertaufbewahrungsmittel.

M10   Unser Geld – der Euro

In den meisten Ländern der Europäischen Union, die aus 27 Ländern besteht, wird der Euro als gemeinsame Währung benutzt. Es sind mittlerweile 20 Länder (Stand 2025), die die sogenannte **Euro-Zone** bilden.

Der Euro wurde „erfunden", damit man bei Reisen in die EU-Länder nicht immer wieder Geld umtauschen muss. Vorher hatte nämlich jedes Land seine eigene Währung. In 5
Deutschland zum Beispiel gab es die Deutsche Mark, in Frankreich den Franc.

Eingeführt wurde der Euro 1999 zunächst in elf Ländern, aber es wurden nur die Handelsgeschäfte in Euro verrechnet (bargeldlos); die Bürgerinnen und Bürger selbst erhielten die Euro-Geldscheine und -münzen erst im Jahr 2002. Später führten mehr und mehr Länder den Euro ein, zuletzt Kroatien im Jahr 2023. 10

WES-129794-004

Hier findet ihr interaktive Grafiken zu den jeweiligen Ländern mit weiteren Informationen.

Die folgenden Mitgliedstaaten der Europäischen Union haben den Euro eingeführt (Stand Anfang 2025):
Belgien, Deutschland, Estland, Finnland, Frankreich, Griechenland, Irland, Italien, Kroatien, Lettland, Litauen, Luxemburg, Malta, Niederlande, Österreich, Portugal, Slowakei, Slowenien, Spanien, Zypern

In 7 EU-Ländern gibt es den Euro noch nicht (Stand Anfang 2025):
Bulgarien, Dänemark, Polen, Rumänien, Schweden, Tschechien, Ungarn

In 6 kleinen Ländern, die nicht zur EU gehören, bezahlt man dagegen auch mit dem Euro,
so etwa in Andorra oder im Vatikanstaat.

Es gibt acht verschiedene Münzen: 1, 2, 5, 10, 20 und 50 Cent sowie 1 Euro und 2 Euro. Alle Euro-Münzen haben jeweils eine gemeinsame und eine nationale Seite. Die nationale Seite gibt Auskunft darüber, in welchem Land das Geldstück ausgegeben wurde.

Banknoten gibt es in sechs Ausführungen: 5, 10, 20, 50, 100 und 200 Euro. Auf der Vorderseite der Scheine sind (real nicht existierende) Gebäude unterschiedlicher Baustile zu sehen; auf der Rückseite sind Brücken abgebildet als Symbol für die Verständigung zwischen den Menschen in Europa sowie zwischen Europa und der übrigen Welt.
(Autorentext)

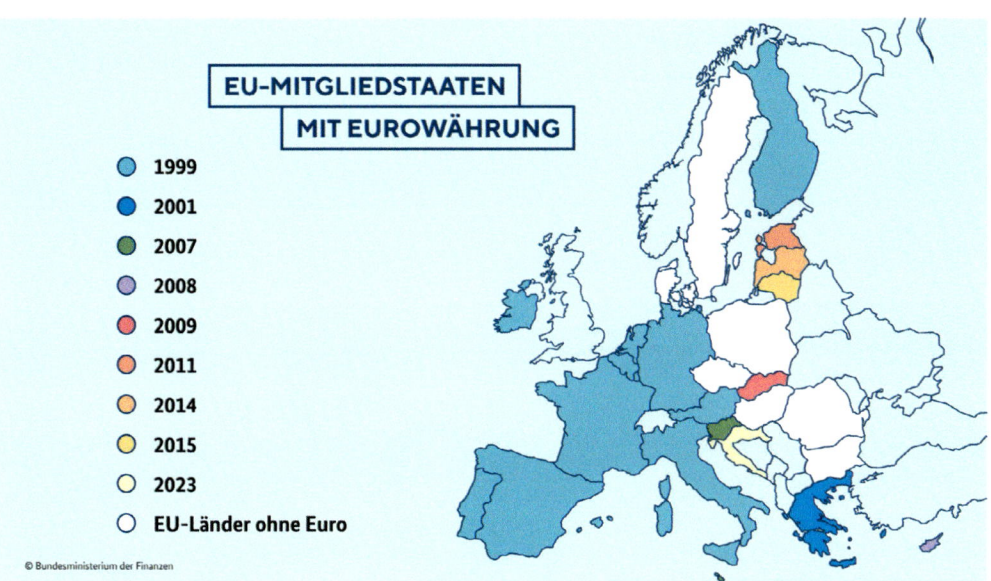

1. Bearbeitet den Text M 10 mithilfe der Methode „Sachtexte erschließen" (S. 28).

2. Erklärt dabei auch den Unterschied zwischen EU-Ländern und Euroländern.

3. Erarbeitet anhand der abgebildeten Karte „EU-Mitgliedstaaten mit Eurowährung", welche Länder ab welchem Jahr die Eurowährung hatten.

4. Tragt in eine Kopie dieser Karte (eine Vorlage gibt es im Band mit den Materialien für Lehrerinnen und Lehrer) die jeweiligen Ländernamen ein. Es könnte eine Hilfe sein, sie neben das farbige Exemplar im Buch zu legen.

2.1, 2.2,
4.1, 4.2,
4.3, 4.4

M 11 Was ist denn eigentlich die EU?

Die EU – Was ist das?

Ihr habt jetzt schon recht viel über das Geld gelernt, mit dem in den Ländern der Europäischen Union bezahlt wird. 5 Aber was wisst ihr über die Europäische Union oder die EU, wie die Abkürzung lautet? Wir schlagen vor, euch darüber zu informieren und dazu 10 eine digitale Präsentation zu erstellen. Ihr könnt euch zum Beispiel in einer Gruppe auf ein bestimmtes Thema spezialisieren oder vielleicht auch 15 einzelne Länder der EU unter die Lupe nehmen. Unter dem Webcode findet ihr entsprechende Links.

WES-129794-005

Eure Ergebnisse sollt ihr dann 20 in einem Vortrag – unterstützt durch eure Präsentation – in der Klasse vorstellen. Methodische Hinweise dazu findet ihr im Folgenden.

Europa und der Stier

Die Bedeutung der EU-Flagge

(Autorentext)

Methode | **Eine digitale Präsentation erstellen**

Mit Präsentationsprogrammen wie z. B. *Power-Point*, *Keynote* oder *Prezi* kann man digitale Präsentationen erstellen. Mit diesen könnt ihr Vorträge unterstützen. Bevor ihr entscheidet, ob ihr euren Vortrag mit einer Präsentation unterstützen wollt, solltet ihr euch über die Vor- und Nachteile austauschen.

Es ist sehr wichtig, eine digitale Präsentation richtig aufzubauen und zu gestalten. Im Vordergrund des Vortrages steht immer die vortragende Person und nicht die digitale Präsentation.

Digitale Präsentationen können multimedial sein. Das bedeutet, dass man neben Text auch Medien wie Bilder (z. B. Fotos, Zeichnungen, Diagramme), Ton und Videos einbinden kann.

Vorsicht: Wenn die Präsentation veröffentlicht wird (z. B. auf der Schulhomepage) oder wenn ihr sie außerhalb des Klassenraums zeigt, dann braucht ihr die Erlaubnis vom Ersteller des Bildes, des Tons oder des Videos. Wenn ihr multimediale Inhalte benutzt, die gemeinfrei (= frei verfügbar) sind oder die unter einer sogenannten *Creative-Commons*-Lizenz angeboten werden, müsst ihr den Ersteller nicht um Erlaubnis bitten. Sagt aber immer, wem der Inhalt gehört und wo ihr ihn gefunden habt.

Der Aufbau einer digitalen Präsentation

1. **Titelfolie**

   Auf der ersten Folie stehen der Titel der Präsentation und die Namen der Präsentierenden. Wenn ihr möchtet, könnt ihr einen Untertitel und ein passendes Bild hinzufügen. Die Titelfolie sollte das Interesse der Zuhörenden wecken. Aber nicht übertreiben. Das lenkt vom Inhalt ab!

2. **Gliederung**

   Die Gliederung zeigt dem Publikum, worüber ihr sprechen werdet. Sie sollte kurz und knapp sein und dem Publikum nur einen groben Überblick geben.

3. **Inhalt**

   Auf die nächsten Folien schreibt ihr die wichtigsten Stichpunkte, die ihr in eurem Vortrag erwähnt. Haltet euch so kurz wie möglich. Den Rest erzählt ihr frei, Bilder und Videos können eure Aussagen zusätzlich unterstützen und/oder veranschaulichen.

4. **Zusammenfassung**

   Zum Schluss führt ihr die wichtigsten Aussagen des Vortrags auf. Die Zusammenfassung sollte kurz sein und keine unnötigen Einzelheiten enthalten.

5. **Quellen**

   Schreibt auf die letzte Folie die Quellen aller Bilder, Töne und Videos, die ihr nicht selbst erstellt habt. Nennt den Ersteller und wo ihr den Inhalt gefunden habt.

(© Westermann Gruppe; leicht verändert)

Was ihr jetzt wissen und können solltet:

✓ M S U H erklären, was unter „wirtschaftlichem Handeln" zu verstehen ist und ab welcher Zeit man davon sprechen kann;

✓ M S U H aus Texten zielgerichtet Informationen gewinnen;

✓ M S U H den Begriff „Tauschhandel" erläutern und begründen, warum Tauschhandel eine weitere Stufe wirtschaftlichen Handelns ist;

✓ M S U H erläutern, welche Bedeutung Märkte für wirtschaftliches Handeln haben;

✓ M S U H erklären, wie Preise zustande kommen;

✓ M S U H begründen, warum die Teilnehmerinnen und Teilnehmer auf Märkten unterschiedliche Interessen haben;

✓ M S U H begründen, warum das Geld den Tauschhandel enorm erleichtert hat;

✓ M S U H wichtige Stationen der Geschichte des Geldes benennen;

✓ M S U H unterschiedliche Aufgaben des Geldes beschreiben und erläutern;

✓ M S U H viele Fakten über die EU kennen und präsentieren;

✓ M S U H mithilfe einer selbst erstellten digitalen Präsentation Arbeitsergebnisse vortragen und erläutern;

✓ M S U H begründen, ob eine „Welt ohne Geld" funktionieren könnte

Was ihr wisst – was ihr könnt – wie ihr es seht

M S U H   **1. Elefant gegen Fahrschein**

Auf einer Insel im Indischen Ozean haben die Menschen das Geld abgeschafft. Aber bei der Umsetzung gab es doch allerhand Schwierigkeiten. Davon berichtet der folgende in der Zeitung abgedruckte Leserbrief.

Sehr geehrte Redaktion!

Seit einigen Tagen ist das Geld abgeschafft worden. Alle Bürgerinnen und Bürger haben diesen wichtigen Schritt sehr begrüßt und mit Festen gefeiert.
5 *Auch ich bin froh, dass die gute alte Tauschwirtschaft wieder da ist. Doch ich habe das Gefühl, dass noch nicht alle die Rückkehr zu den Tauschformen unserer Vorväter schon ganz verstanden haben. Als Beweis für diesen Verdacht schildere ich Ihnen ein*
10 *Erlebnis, das ich gestern in unserem Bus hatte.*
Ich wollte ins Nachbardorf fahren und ging deshalb zum Bahnhof. Weil ich im Nachbardorf viele Tauschgeschäfte machen wollte, nahm ich ein großes Tauschgut (früher hätten wir gesagt: einen großen Geldschein) mit auf den Weg. Das große Tauschgut war ein Elefant. An der Bushaltestelle verlangte ich einen Fahrschein zum Nachbardorf und wollte zugleich mein großes
15 *Tauschgut, den Elefanten, in kleinere Tauschgüter wechseln lassen. Der Busfahrer war zunächst sehr freundlich und tauschte meinen Elefanten gegen einen Fahrschein ein. Der Elefant war jedoch viel mehr wert als die Fahrt. Also bekam ich etwas heraus, nämlich 20 Tauben, 1 zahmen Tiger, 1 Fass Petroleum, 1 Ziege, 18 Hühner, 1 Kater und einige Puppen.*
So weit, so gut. Doch als ich nun mit den Tauben, dem Tiger, dem Petroleum, der Ziege, den
20 *Hühnern, dem Kater und den Puppen in den Bus wollte, schimpften die Mitreisenden, und auch der Fahrer wollte mich nicht hereinlassen. Wir stritten miteinander. In dieser Zeit fing der Kater sich eine der Tauben und fraß sie. Die 19 anderen Tauben flogen ängstlich weg. Der Tiger schnurrte um meine Beine. Dabei kippte er das Fass Petroleum um. Als die Ziege im Öl stand, meckerte sie. Eines der Hühner legte ein Ei. Als ich es gerade vorsichtig aufheben wollte, fuhr*
25 *der Bus ohne mich davon.*
Nun stand mein Elefant, der mir nicht mehr gehörte, an der Bushaltestelle. Ich hatte einen Fahrschein und dazu einen zahmen Tiger, eine Ziege, 18 Hühner, einen satten Kater, Puppen und ein Ei. Um mich herum standen schimpfende Leute, die sich über das ausgelaufene Petroleum beschwerten. Und mit meinem Fahrschein konnte ich nichts anfangen, weil der Bus weg war.
30 *Ich frage mich nun, warum früher, als wir noch das Geld hatten, das nun zum Glück abgeschafft ist, bestimmte Geschäfte einfacher waren.*

Mit vorzüglicher Hochachtung
Ihr Steffen Rotapfel
(Autorentext)

1▬   Gebt die Erfahrungen wieder, die der Verfasser des Leserbriefes mit dem Tauschhandel gemacht hat.

2▬   Erläutert, warum es einfacher ist, mit Geld Geschäfte zu machen.

2. Billig einkaufen – teuer verkaufen M S U H

1. Auf einem Markt treffen sich Menschen, die entweder **???** oder **???** wollen.
2. Es hängt von **???** und **???** ab, wie hoch der Preis ist.
3. Ist das Angebot klein und die Nachfrage groß, ist der Preis **???** .
4. Im Preis sind die Kosten der Herstellerin bzw. des Herstellers enthalten, das sind z. B. **???** , **???** , **???** .
5. Die anbietende Person will aber auch noch einen **???** erzielen.
6. Die nachfragende Person muss überlegen, welchen **???** die Ware bei diesem Preis für sie hat.
7. Jeder Haushalt (Nachfragende/Konsumenten) wird versuchen, mit seinem zur Verfügung stehenden Geld seine **???** möglichst gut zu befriedigen.
8. Für den Ausgleich zwischen möglichst teuer verkaufen und möglichst billig einkaufen muss der **???** sorgen.

1 Wenn ihr M 6 b sorgfältig gelesen habt, dann könnt ihr die Sätze ganz leicht ergänzen. Übertragt sie in euer Heft und füllt die Leerstellen aus.

2 Erläutert anschließend vor der Klasse, warum ihr die ausgewählten Begriffe eingesetzt habt.

3. In welchen Ländern ist der Euro eingeführt? M S U H

In dieser Buchstabenbox sind (senkrecht und waagerecht) die 20 Namen der EU-Länder versteckt, in denen nach dem derzeitigen Stand der Euro als Bargeld eingeführt ist. Gehe auf die Suche und kennzeichne (auf einer Kopie!) die Ländernamen durch Umrandungen oder notiere sie in deinem Heft.

R	A	U	F	I	N	N	L	A	N	D	E	M	E	E	X	U
N	U	X	S	R	A	L	B	C	H	E	V	Z	S	Q	Y	M
I	Q	R	A	L	U	X	E	M	B	U	R	G	T	G	Z	S
E	H	I	J	A	G	K	L	M	N	T	O	P	L	R	Y	T
D	S	T	U	N	R	V	W	X	A	S	Y	Z	A	B	P	L
E	C	D	E	D	I	F	G	E	H	C	J	I	N	F	E	I
R	K	L	M	E	E	N	O	P	Q	H	I	R	D	R	R	T
L	R	P	T	U	C	V	S	E	W	L	X	A	Y	A	N	A
A	O	O	A	B	H	C	P	I	T	A	L	I	E	N	A	U
N	A	R	E	F	E	G	A	H	I	N	J	K	L	K	D	E
D	T	T	N	O	N	P	N	Q	R	D	P	S	T	R	M	N
E	I	U	B	E	L	G	I	E	N	Q	C	D	E	E	A	X
V	E	G	C	F	A	I	E	K	M	F	P	Q	R	I	L	D
W	N	A	D	G	N	J	N	L	N	I	A	O	U	C	T	A
X	Z	L	E	H	D	S	L	O	W	A	K	E	I	H	A	Y
Y	O	E	S	T	E	R	R	E	I	C	H	V	L	K	E	M
U	V	W	X	S	L	O	W	E	N	I	E	N	A	B	C	O
M	U	Z	T	L	E	T	T	L	A	N	D	Y	L	Q	I	N

Wenn ihr noch mehr lernen wollt …

D1   Ein Gedankenspiel: Eine Welt ohne Geld!

Stellt euch einmal Folgendes vor: Abends in der Nachrichtensendung im Fernsehen hört ihr: „Das Geld wird abgeschafft! Ab morgen leben wir in einer Welt ohne Geld."

„Toll!", denkst du sofort. Endlich ist das leidige Thema 5 Taschengeld kein Problem mehr zwischen dir und deinen Eltern. Endlich kannst du dir in den Läden einfach all das holen, was du dir immer schon gewünscht hast. Alles umsonst!

Und wie praktisch es ist, einfach zum Bäcker zu gehen und sich ein Brötchen oder Kuchen zu holen, ohne 10 Geld in der Tasche haben zu müssen.

Und dem Bäcker wird das auch gefallen, denn der muss ja nun für Mehl, Zucker und all die anderen Zutaten kein Geld mehr ausgeben und auch keine Löhne mehr 15 zahlen. Wunderbar!

Der Müller kann zum Bauern gehen und sich das Getreide, das er zum Mahlen des Mehls braucht, auch umsonst holen. Und seine Arbeiter wollen nun auch kein Geld mehr von ihm haben. Brauchen sie ja auch nicht, es gibt ja alles frei in allen Geschäften. Miete muss auch niemand mehr zahlen, für Zug und Bus braucht man keinen Fahrschein 20 mehr, im Schwimmbad ist der Eintritt genauso frei wie im Theater. Mittags können alle Menschen essen gehen, in der Familie muss niemand mehr kochen. Wie schön für alle! Das müsste doch eigentlich klappen, oder?

(Autorentext)

1 Was meint ihr? Überlegt in Partnerarbeit, ob eine „Welt ohne Geld" funktionieren könnte. Vielleicht hilft euch auch die Abbildung dabei. M 8 (S. 37) könnte ebenfalls eine Hilfe sein. Notiert eure Ergebnisse stichwortartig.

2 Stellt eure Überlegungen in der Klasse vor und diskutiert sie.

D2   Für kein Geld der Welt

Du kannst einen Schirm kaufen, der dich und deine Freunde vor Regen schützt. Oder ein Fahrrad, mit dem du schnell fahren kannst. Doch die wirklich wertvollen Dinge kann man nirgends kaufen – zum Glück!

Du kannst viel mehr kaufen, als du denkst. Nicht nur Dinge, also ein Fahrrad, einen Regenschirm oder eine Armbanduhr, sondern zum Beispiel auch Dienste. Ein Koch kocht 5 für dich, oder jemand mäht für dich den Rasen, wenn du ihn dafür bezahlst. Doch obwohl du so viel kaufen kannst, gibt es Dinge, die du nicht kaufen kannst. Und die können sehr kostbar sein. Du kaufst zum Beispiel einen Regenschirm. Der schützt dich zwar vor Regen, aber sonniges Wetter kannst du damit nicht kaufen und auch keine gute Laune. […]

10 Du kannst Geld sparen für ein tolles Fahrrad mit einer super Gangschaltung. Aber du kaufst damit keine Ausdauer, um weiter oder schneller als andere zu fahren. Dafür brauchst du Übung. Dafür musst du trainieren. Das ist zwar anstrengend und mühselig, aber kostenlos – und ein schönes Gefühl, wenn du schließlich nach viel Üben dein Ziel erreichst.

15 Wenn du deine Freunde zum Picknick einlädst, kannst du einen riesigen Korb kaufen, der voller Leckereien steckt. Aber du kannst nicht dafür bezahlen, dass dein Sommerpicknick gelingt. Du kannst nicht kaufen, dass sich alle deine Freunde weglachen, weil sie so glücklich sind. Wenn du jemanden dafür bezahlen willst, dass sie oder er gute Laune hat oder dich mögen soll, machst du dich meist ziemlich unbeliebt.

20 Oder nehmen wir die Armbanduhren: Sie sehen sehr schön aus, und für einige Menschen sind sie richtig wichtig. Sie zahlen manchmal so viel Geld für eine Uhr wie für einen Porsche. Manche wollen damit angeben, andere möchten die Uhrzeit wissen, und einige sind einfach begeistert von den vielen kleinen Rädchen und Federn in der Uhr. Aber egal, ob du so eine Uhr hast oder nicht – für alle gilt dieselbe Uhrzeit. Niemand

25 kann Zeit kaufen oder gar verkaufen, auch wenn man sich manchmal wünscht, dass die Zeit schneller oder langsamer vergeht: Wie du die Zeit empfindest, liegt allein an dir und daran, wie du die Zeit verbringst. Nicht an der Uhr.

Gefühle kann man genauso wenig kaufen wie Zeit. Stell dir vor, du gehst in einen Supermarkt und fragst nach einem Liter Angst oder fünf Kilogramm Freude. Die Leute werden

30 denken, du tickst nicht richtig. Aber du hoffst natürlich, dass ein gutes Fahrrad zu guten Fahrradtouren führt und ein gefüllter Picknickkorb zum allerbesten Picknick.

Wir können mit unserem Geld etwas kaufen, aber erst danach kommt das Wichtige! Es gibt Menschen, die das durchschaut haben: Menschen, die auch ohne Picknickkorb das beste Picknick haben, die trotz altem Fahrrad eine super Kondition haben. Wenn es reg-

35 net, haben sie Geduld. Statt zum Regenschirm zu greifen, warten sie, bis die Sonne wieder scheint. Oder sie ziehen Regenkleidung an und laufen durch den Regen. Ohne Regenschirm durch den Sommerregen zu laufen und Spaß haben: Das ist unbezahlbar schön.

40 Eigentlich können wir doch gar nicht so viel kaufen. Hinter jedem Kauf steckt nämlich etwas, das nicht zu kaufen ist, wie Erinnerungen oder Gefühle. Viele der Dinge, die ihr gekauft habt, haben irgendwann eine Ge-

45 schichte, die niemand kaufen kann. Beruhigend, findet ihr nicht auch?

Geld ist wichtig, aber das Wichtigste kann man nicht kaufen. [...]

(Frank Berzbach: Für kein Geld der Welt, in: weil. Das Wirtschaftsmagazin für Kinder, 01/2023, brand eins Medien AG und CARLSEN Verlag GmbH, Hamburg 2023, S. 78 ff.)

1 In dem Text wird folgende These aufgestellt: Man kann zwar viel kaufen, aber nicht alles! Arbeitet heraus, was man nach der Meinung des Autors nicht kaufen kann. Ergänzt, wenn euch noch mehr dazu einfällt.

2 „Doch die wirklich wertvollen Dinge kann man nirgends kaufen – zum Glück!" (Z. 2 f.) Warum ist es ein Glück, dass man die wirklich wichtigen Dinge nicht kaufen kann? Diskutiert diese Meinung und berichtet – wenn ihr mögt – von eigenen Erfahrungen.

3

„Das musst du unbedingt haben!" – Wovon es abhängt, was man sich wünscht

Darum wird es gehen

Das habt ihr bestimmt schon oft erlebt: Der Wunsch, etwas ganz Bestimmtes zu haben, war besonders groß! Fast alles hättet ihr dafür gegeben, es zu besitzen.

*Wovon hängt es ab, was wir uns gerade wünschen und welche Bedürfnisse wir haben? Welche Personen sind dabei besonders wichtig? Und was sind eigentlich Bedürfnisse? Dieser Frage wird im **ersten Abschnitt** nachgegangen. Hier lernt ihr auch eine Methode kennen, mit der man viele Informationen zu einem Thema ordnen kann: die **Mindmap**.*

*Im **zweiten** Abschnitt werdet ihr erfahren, dass sich Menschen bei ihren Wünschen auch an anderen Personen orientieren, vor allem dann, wenn sie ihnen wichtig sind, wie z. B. Freundinnen/Freunde und Familie. Hier lernt ihr soziologische Fachbegriffe kennen, die man braucht, um ganz bestimmte Aspekte in der Gesellschaft zu beschreiben, z. B. „Peergroup", „Meinungsführer" und „Influencer": Was Influencer sind, davon habt ihr vielleicht schon eine Ahnung, aber warum man bei ihnen ganz genau hinschauen muss, auch das erfahrt ihr in diesem Abschnitt.*

*Im **dritten Abschnitt** geht es darum zu zeigen, dass sich die Wirtschaft um Kinder und Jugendliche in besonderem Maße bemüht, weil sie für die Wirtschaft wichtig sind. Sie verfügen nämlich über viel Geld. Außerdem haben sie auch auf das Kaufverhalten ihrer Eltern einen großen Einfluss. Mit bestimmten Maßnahmen gelingt es vielen Unternehmen immer wieder, unsere Wünsche und unser Verhalten so zu beeinflussen, dass wir bereit sind, viel Geld für bestimmte Produkte auszugeben, obwohl wir sie eigentlich gar nicht benötigen. Einige dieser Maßnahmen werdet ihr hier kennenlernen und dann feststellen, wie ihr manchmal ziemlich „ausgetrickst" werdet.*

1. „Das finde ich cool!" – Von den Bedürfnissen der Menschen

„Swiftie":
Bezeichnung für die Fans von Taylor Swift, der bisher erfolgreichsten amerikanischen Pop-Sängerin der Welt.

M 1   „Ich bin ein Swiftie!"

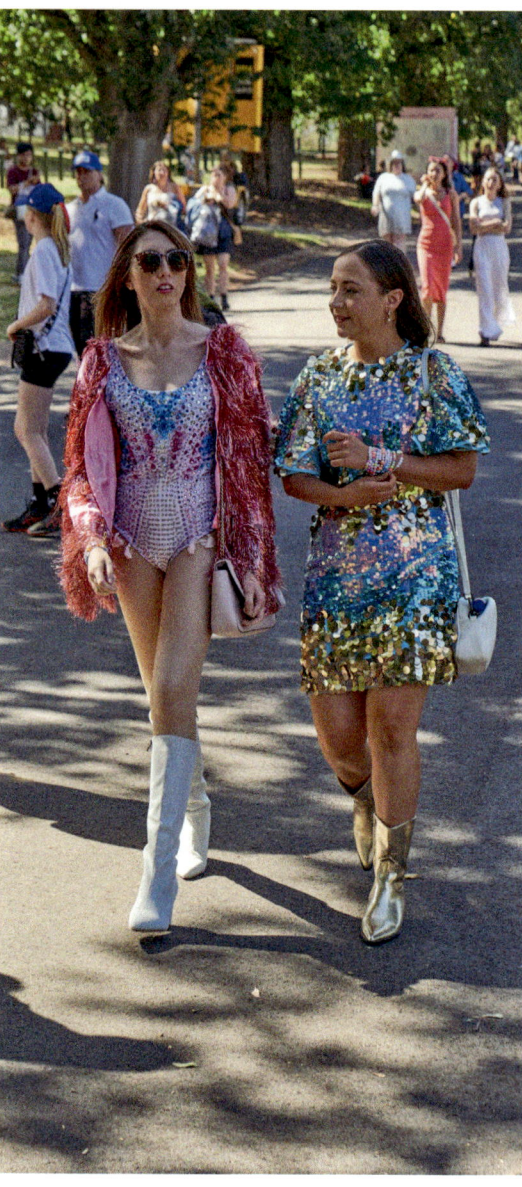

1 Ihr kennt sicher alle Taylor Swift und wisst, was ein „Swiftie" ist. Schaut euch die Bilder an und erzählt von euren Gedanken. Klärt dabei, was es mit dem Tragen der vielen Armbänder auf sich hat.

2 Stellt Vermutungen an, was „Swifties" wohl mit dem Thema dieses Kapitels zu tun haben könnten.

Das folgende Material enthält eine Vielzahl von Informationen zum Thema Bedürfnisse. Um diese alle zu erfassen, eignet sich eine Methode ganz besonders, nämlich die Erstellung einer Mindmap, einer Gedanken-Karte. Was es damit auf sich hat, wird euch in den methodischen Hinweisen nach M 2 erklärt. Danach könnt ihr sie dann selbst ausprobieren.

M 2   Was sind Bedürfnisse?

Man spricht bei Menschen dann von „Bedürfnissen", wenn sie das Gefühl haben, dass ihnen etwas fehlt.

Menschen haben ganz unterschiedliche Bedürfnisse. Einige müssen wir befriedigen, um überhaupt leben zu können. Der <mark>Soziologe</mark> Abraham H. Maslow (1908 – 1970) hat ver-

5 schiedene Ebenen von Bedürfnissen unterschieden:

- So braucht jeder Mensch zum Beispiel Essen und Getränke, Kleidung und ein Dach über dem Kopf, das sind seine **Grundbedürfnisse**.
- Sobald diese befriedigt sind, entstehen neue Wünsche: Der Mensch sucht nach Sicherheit, Geborgenheit, Schutz, Angstfreiheit. Er fühlt sich wohl in geordneten Ver-

10 hältnissen, die durch Regeln und Gesetze geschaffen werden **(Sicherheitsbedürfnisse).**

- Wenn die Grundbedürfnisse und auch die Sicherheitsbedürfnisse zufriedengestellt sind, tauchen die Bedürfnisse nach Liebe, Zuneigung, Geborgenheit und Zugehörigkeit auf. Sie

15 werden als **soziale Bedürfnisse** bezeichnet. Man sucht nach liebevollen Beziehungen zu anderen Menschen und leidet unter der Abwesenheit geliebter Personen.

- Außerdem haben alle Menschen in einer Gesellschaft das Bedürfnis oder den Wunsch nach einer festen, gewöhnlich

20 recht hohen **Anerkennung** der eigenen Person.

- Und wenn all diese Bedürfnisse befriedigt sind, sucht der Mensch nach Möglichkeiten, das tun zu können, wofür er als Individuum besonders geeignet ist. Mu-

25 siker müssen Musik machen, Künstlerinnen müssen malen oder Bücher schreiben, Sportler müssen Sport treiben können. Was ein Mensch gut kann, das will er am liebsten tun, er

30 will sich **„selbst verwirklichen"**.

(Autorentext)

> **Soziologie:** Das ist die Wissenschaft, die sich mit dem gesellschaftlichen (Zusammen-) Leben der Menschen befasst und zum Beispiel das Verhalten des Menschen in der Gesellschaft oder in einer Gruppe untersucht.

Selbstverwirklichung

Anerkennung

Freundschaft, Liebe, Gruppenzugehörigkeit

Schutz und Sicherheit

Grundbedürfnisse

1 Erläutert einem Partner oder einer Partnerin, was unter Bedürfnissen zu verstehen ist und welche unterschiedlichen Bedürfnisarten es gibt.

2 Erklärt dabei auch, warum die Grafik in Form einer Pyramide angelegt ist.

3 Diskutiert, welche Bedürfnisse die „Swifties" mit ihrem Verhalten befriedigen könnten.

4 Verdeutlicht an Beispielen, welche Bedürfnisse von Kindern auf den unterschiedlichen Stufen der Bedürfnispyramide anzusetzen wären.

Methode   Eine Mindmap erstellen

Was ist eine Mindmap?

Das Wort Mindmap kommt aus der englischen Sprache. „Mind" bedeutet so viel wie „Gedanken, Verstand". Eine „Map" ist eine Landkarte. Eine Mindmap ist also so etwas wie eine zeichnerische Darstellung von Gedanken und gedanklichen Zusammenhängen. Wenn man sich mit einem bestimmten Thema beschäftigt, lassen sich die Ergebnisse der Arbeit übersichtlich in einer „Gedankenkarte" darstellen.

Mindmaps eignen sich besonders gut, um Texte und Themen zu erarbeiten, die etwas schwieriger sind und viele Informationen enthalten. Mit dieser Methode kann man sie in ein anschauliches Gedankenbild umwandeln. Dieses ist leichter verständlich und man kann es sich gut einprägen.

Schritte für die Erstellung einer Mindmap:

1. Das Thema wird in die Mitte gesetzt.

Die Erarbeitung der Mindmap beginnt immer in der Mitte von einem Arbeitsblatt oder einer leeren Seite. Hierhin wird das Thema geschrieben, das knapp formuliert und eingekreist wird. Es kann eine Aussage sein, eine Frage oder ein Begriff.

2. Die Hauptstränge werden angelegt.

Der Aufbau der Mindmap wird fortgeführt, indem an das Thema die Hauptstränge (die „Gedankenäste") angefügt werden. Es sind sozusagen Abzweigungen, die das Thema gliedern. Die Anzahl der Hauptstränge ist nicht festgelegt. Ihre Beschriftung muss gut überlegt werden. Dabei kann es helfen, den Text, der zu bearbeiten ist, in Sinnabschnitte zu untergliedern und dafür kurze Überschriften zu formulieren. Diese können dann in oder an die „Gedankenäste" geschrieben werden.

3. Die Hauptstränge werden durch Nebenstränge erweitert.

An die Hauptstränge werden nun Nebenstränge angegliedert, die „Gedankenzweige". Sie untergliedern die gedanklichen Hauptstränge feiner, weil sie z. B. genauere Informationen oder unterschiedliche Merkmale von einem Gegenstand enthalten. So wächst und verästelt die Mindmap sich immer weiter.

4. Die Mindmap muss übersichtlich gestaltet sein.

Bei der Entwicklung der Mindmap ist darauf zu achten, dass sie übersichtlich gestaltet wird. Sie darf nicht zu voll und nicht zu leer sein. Mithilfe von Farben können Gedanken hervorgehoben und voneinander abgegrenzt werden. Die Schrift muss gut leserlich sein.

5. Die Mindmap wird von einer/einem oder mehreren Schülerinnen/Schülern erarbeitet.

Mindmaps kann man in Einzelarbeit, aber auch gut zu zweit oder in einer Gruppe entwickeln. In Partner- und Gruppenarbeit kann man sich miteinander über die Aufgliederung des Themas (Haupt- und Nebenstränge) austauschen und treffende Formulierungen erarbeiten. So denkt jeder intensiver nach, und man kommt gemeinsam oft zu einem besseren Ergebnis.

(Autorentext)

---

1 Klärt in Partnerarbeit die Vorgehensweise bei der Erstellung einer Mindmap.

2 Zeichnet eine Mindmap nach dem folgenden Muster in euer Heft. Ordnet die in M 2 fett gedruckten Begriffe den Kästchen zu und klärt, welche Erklärungen ihr in weiteren Kästchen unterbringen wollt. Dann müsstet ihr entsprechend Kästchen ergänzen.

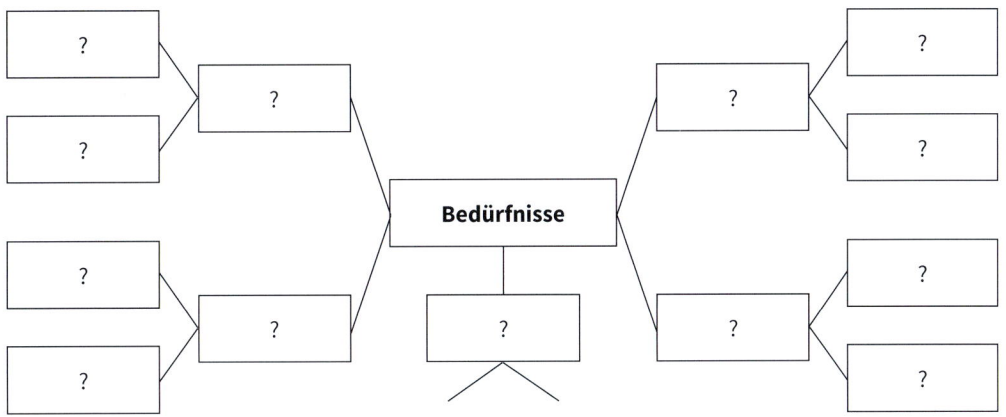

3 Verwendet die entstandene Mindmap dann als Grundlage für einen Kurzvortrag (methodische Hinweise dazu siehe Seite 262) über die verschiedenen Bedürfnisarten.

M 3 a Habt ihr das Bedürfnis erkannt?

▶II F   **M 3 b Wovon Bedürfnisse abhängig sind**

Auf welche Art oder mit welchen Gütern die Menschen ihre Bedürfnisse befriedigen wollen, das hängt von ganz unterschiedlichen Faktoren ab, zum Beispiel

- vom **Lebensalter**: Ein 12-jähriges Mädchen wünscht sich vielleicht nichts so sehr wie einen Besuch in einem Freizeitpark, während eine 70-jährige Frau eher das Bedürfnis hat, in Ruhe ein Buch zu lesen. 5
- von den **Lebensverhältnissen**: Es spielt eine Rolle, wo und in welchen Verhältnissen man lebt, ob in Armut oder Reichtum, im Krieg oder im Frieden, in einer Millionenstadt oder in einem kleinen Dorf.
- von der **Kultur und Religion**: Bewohner eines europäischen Landes kleiden und ernähren sich anders als zum Beispiel jemand, der in einem arabischen Land lebt. 10
- von der unmittelbaren **sozialen Umgebung**: Was die Familie, die Verwandten und die Freunde denken, ist den meisten Menschen sehr wichtig. Sie orientieren sich in ihren Wünschen und Bedürfnissen an ihnen. Was Freundinnen oder Verwandte haben oder tun, möchte man oft auch selbst gern besitzen oder tun.
- von der **Werbung**: Sie hat zum Ziel, gezielt zu beeinflussen und Wünsche nach ganz 15 bestimmten Produkten zu wecken (s. dazu M 8–10).

(Autorentext)

1 Bedürfnis erkannt? Ordnet die Fotos (M 3 a) den in M 2 angesprochenen Bedürfnissen zu.

2 Erklärt, wovon es abhängen kann, welche Bedürfnisse Menschen haben (M 3 b). Nehmt die beiden dazu angebotenen Bilder zu Hilfe und findet weitere Beispiele.

2. „Meine Freunde sind mir wichtig!" – Von Peergroups und Meinungsführern

M 4   Menschen leben nicht für sich allein

Die sozialen Bedürfnisse, also zum Beispiel Kontakt zu anderen Menschen zu haben, sind für die Ent-
5 wicklung des einzelnen Menschen sehr wichtig. Ihr wisst es von euch selbst sehr genau, wie wichtig eure Eltern für euch sind,
10 eure Freundinnen und Freunde. Sie sind es, die euch verstehen. Mit ihnen könnt ihr besprechen, was euch bewegt, sie sagen
15 euch, was ihr in bestimmten Situationen tun oder besser vielleicht nicht tun solltet, was sie richtig oder falsch finden. Ihre Mei-
20 nung ist euch ganz wichtig.

Emilys Klassenkameradinnen und -kameraden: Amira, Maike, Tom

Theos Chatgruppe

Emily   Mutter   Vater   Theo

Vaters Arbeitskolleginnen/-kollegen und Freundinnen/Freunde

Mutters Arbeitskolleginnen/-kollegen und Freundinnen/Freunde

Die Beziehungen zu Menschen im unmittelbaren Umfeld sind für das eigene persönliche Verhalten von ganz entscheidender Bedeutung.

Menschen leben nicht für sich allein. Zwischen einzelnen Personen und Gruppen bestehen vielfältige Beziehungen und Abhängigkeiten. Eine besondere Bedeutung hat für
25 Jugendliche die sogenannte **Peergroup**. Darunter versteht man die *Gruppe der Gleichaltrigen*. Gerade für junge Menschen ist die Mitgliedschaft in einer Gruppe von Gleichaltrigen oft wichtiger als die Beziehungen zum Beispiel zur eigenen Familie.

So kann es beispielsweise viel wichtiger sein, was eine Klassenkameradin oder ein Klassenkamerad oder jemand aus der Chat-Gruppe über die neuen Sneaker sagt, als das, was
30 die Eltern meinen. Mit den Gleichaltrigen im Einklang zu leben, von ihnen akzeptiert zu werden, ist ein angestrebtes Ziel aller Jugendlichen. Die Freundesgruppe besitzt, wie man in Untersuchungen festgestellt hat, für Jugendliche die größte Bedeutung in Bezug auf Fragen des Geschmacks (zum Beispiel bezüglich Kleidung, Musik) oder auf Verhaltensweisen (zum Beispiel im Hinblick auf Freizeitverhalten oder Essgewohnheiten).
35 Darüber hinaus ist jeder Mensch eingebunden in seine Familie. Hier muss er Rücksicht nehmen, auf seine Eltern und Geschwister. Er beeinflusst sie und wird selbst von ihnen beeinflusst. Aber auch die Eltern sind eingebunden in **Bezugsgruppen**. Dazu zählen beispielsweise die Arbeitskolleginnen und -kollegen, mit denen sie manchmal auch privat Kontakt haben, und die Freundinnen, Freunde, Nachbarinnen und Nachbarn. Jeder
40 steht letztlich in einer mehrfachen Beziehung und wechselseitigen Abhängigkeit zu anderen Personen und Gruppen.

(Autorentext)

1 Erläutert, was man unter „Bezugsgruppen" versteht (s. Abbildung auf Seite 53) und inwiefern für Jugendliche die Gruppe der Gleichaltrigen besonders wichtig ist (M 4).

2 Tauscht euch in einer kleinen Gesprächsgruppe aus: Habt ihr schon einmal Konflikte mit euren Eltern gehabt, weil ihr lieber das machen oder haben oder kaufen wolltet, was eure Freunde bzw. Freundinnen im Gegensatz zu euren Eltern gut gefunden haben?

3 Mit welchen Bezugsgruppen hast du es persönlich zu tun? Fertige – ähnlich wie in M 4 – ein Schaubild an, mit dem du deine Bezugsgruppen vorstellst.

M 5 Emily weiß immer, was „in" ist!

In ihrer Klasse gilt Emily als besonders modebewusst. Sie weiß immer, was man im Moment trägt, was ein absolutes „Must have" ist. Sie ist damit für manchen neuen Modestil Trendsetterin [= diejenige, die den Trend bestimmt]. Außerdem ist sie wegen ihrer Freundlichkeit in der Klasse sehr beliebt, und fast alle wollen auch zu anderen Themen Emilys Meinung hören. Sie gibt in gewisser Weise in der Klasse den Ton an. 5
Solche Personen werden von Fachleuten auch als **Meinungsführer** (man könnte auch sagen: Influencer) bezeichnet. Diese Menschen gibt es überall: in der Schule, im Sportverein, am Arbeitsplatz. Das ist allbekannt, und viele Firmen haben sich dieses Phänomen zunutze gemacht. Sie setzen auf solche Personen, um ihre Güter besser an den Mann oder an die Frau zu bringen. In der Werbung können zum Beispiel bekannte 10 Persönlichkeiten des gesellschaftlichen Lebens Meinungsführer sein: Sportler/-innen, Schauspieler/-innen, Sänger/-innen.

Den **Beeinflussungsprozess durch Meinungsführer** muss man sich so vorstellen:
1. Massenmedien wie Radio, Fernsehen, Internet, Zeitschriften und Social-Media-Kanäle senden Kaufanreize aus. Manche Personen sind für diese Werbebotschaften empfäng- 15 licher als andere. Sie sind, wie in unserem Beispiel Emily, immer auf dem Laufenden. Sie wissen, welche neuen Produkte gerade auf dem Markt sind, was gerade „in" ist, und sind somit Vorreiter für andere Personen.
2. Aber damit nicht genug. Meistens sind solche Meinungsführer auch noch besonders kontaktfreudig und gesellig. Sie halten mit ihrem Wissen nicht hinter dem Berg und 20 beeinflussen damit ihre Mitmenschen ganz erheblich. So wie Emily für die Mode in der Klasse zuständig ist, gilt Theo als besonders informiert im Sportbereich: Basketball und Fußball sind seine Hobbys, er spielt selbst im Verein. Er weiß, wie sich Sportler am besten ernähren sollten und welche Sportkleidung besonders strapazierfähig ist. Emily und Theo beeinflussen somit bei entsprechenden Käufen zweifellos ihre Freundinnen 25 und Freunde.
(Autorentext)

1 Emily wird als „Meinungsführerin" bezeichnet. Erklärt, warum sie das ist.

2 Erklärt, warum solche Menschen z. B. für die Werbung von besonderem Interesse sind.

3 Im zweiten Teil des Textes wird beschrieben, wie der Prozess der Beeinflussung abläuft. Entwerft dazu ein Schaubild und erläutert es.

4 Überlege einmal für dich selbst: Auf wessen Meinung legst du besonderen Wert und warum? Wer ist in welchen Bereichen für dich ein Meinungsführer oder eine Meinungsführerin?

2.3, 5.2

M 6 „Ich bin Influencer/-in!"

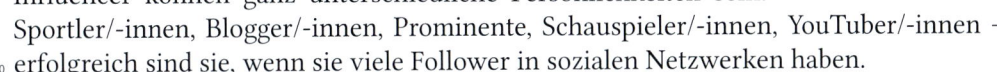

Influencer sind Menschen, die in sozialen Netzwerken sehr viele Menschen erreichen. Sie bringen andere Menschen dazu, ihnen im Netz zu folgen, also ihre „Freunde" oder „Follower" zu werden. Influencer berichten zum Beispiel von ihrem Leben und machen
5 dabei Werbung. Es gibt auch Influencer, die andere Menschen von ihrer Meinung überzeugen wollen. Der Begriff „Influencer" kommt aus dem Englischen und heißt „beeinflussen".
Influencer können ganz unterschiedliche Persönlichkeiten sein. Sportler/-innen, Blogger/-innen, Prominente, Schauspieler/-innen, YouTuber/-innen –
10 erfolgreich sind sie, wenn sie viele Follower in sozialen Netzwerken haben.
Influencer kommen bei vielen Menschen gut an, weil sie vertrauenswürdig erscheinen. Sie engagieren sich sehr für „ihr" Produkt oder ihre Ansichten und wirken dabei überzeugend. Über die sozialen Netzwerke wirken sie sehr nahbar, auch weil sie auf die Nachrichten ihrer Follower eingehen und mit ihnen in Kontakt stehen.
15 Einflussreiche Influencer erreichen ein breites Publikum und gelten oft als Vorbilder, denen man vertrauen kann. Davon wollen Unternehmen und Firmen profitieren. Sie setzen Influencer als Werbebotschafter ein, um so zielgenau die Menschen zu erreichen, für die die Produkte gedacht sind. Die Influencer zeigen Fotos und Videos und eine Lebensart, die ihre Follower nachmachen möchten.
20 Influencer werden wegen ihres Erfolgs nicht nur bewundert. Es gibt auch viel Kritik. Nicht immer wird deutlich, dass es um Werbung geht. Gerade Kinder und Jugendliche erkennen oft nicht, dass die Influencer nicht über ihr echtes Leben berichten, sondern Werbung betreiben. Die Gutgläubigkeit der Follower wird oft ausgenutzt, um Profit [= Gewinn] zu machen.

(Christiane Toyka-Seid: Influencer/-in, Großes Lexikon, hanisauland.de, Bundeszentrale für politische Bildung, Bonn; https://www.hanisauland.de/wissen/lexikon/grosses-lexikon/i/influencer [06.06.2024])

Zu den beliebtesten und erfolgreichsten Social Media Influencern in Deutschland zählen zum Beispiel Lisa und Lena und Younes Zarou. Die Zwillinge Lisa und Lena lassen ihre Follower*innen vor allem auf TikTok und Instagram an ihrem Alltag teilhaben. Sie teilen Outfit-Inspirationen, Skateboard-Videos oder Einblicke in die Arbeit an verschiedenen Fernseh-Sets.

Younes (siehe Foto rechts) ist der erfolgreichste TikTok-Star Deutschlands (Stand: April 2023). Er bietet seinen über 53 Millionen Follower*innen (Stand: Juni 2023) kreative Videos, in denen visuelle Effekte eine große Rolle spielen. Sein Merkzeichen: Er postet im Anschluss Erklärvideos zu den verwendeten Effekten (Making-ofs).

(Influencer – Wichtige Vorbilder oder schlechter Einfluss? Klicksafe.de, 24.07.2023, Ludwigshafen; https://www.klicksafe.de/influencer [06.06.2024])

Erkläre in einem Vortrag, was man unter Influencern versteht, und gehe dabei besonders auf folgende Punkte ein (M 6):
- Wo sind Influencer anzutreffen und warum sind sie dort aktiv?
- Wer kann Influencer sein und warum haben sie so viele Follower?
- Warum sind Influencer für Unternehmen so interessant?
- Warum werden Influencer aber auch kritisiert?

M7 Influencer haben Einfluss!

a)

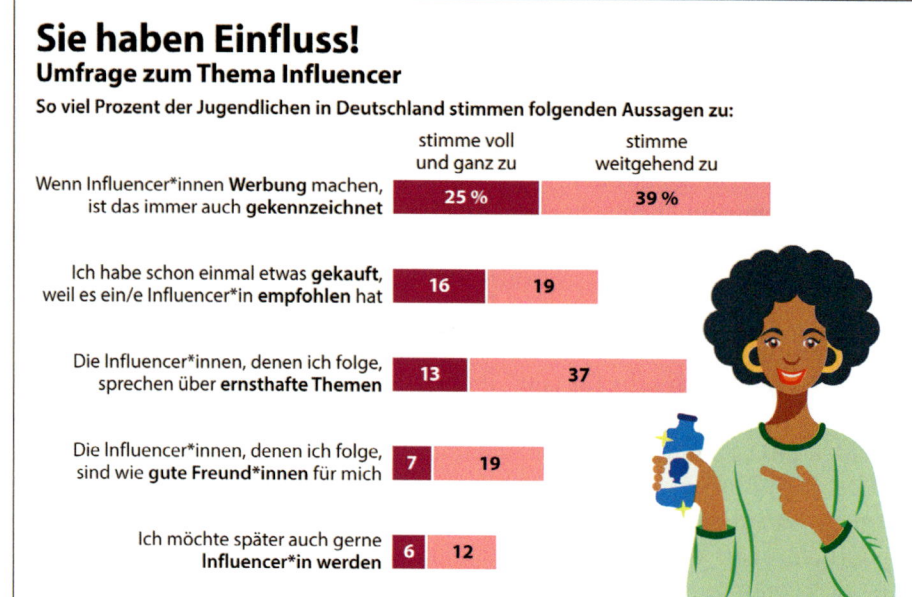

b)

WES-129794-006

Als Influencer Geld verdienen? Hier findet ihr dazu ein Video.

Zeichnung: NEL (2020)

1 In M7 geht es um den Einfluss von Influencerinnen und Influencern auf Jugendliche. Das Material besteht aus einer Grafik und einer Karikatur. Wertet sie in arbeitsteiliger Partnerarbeit aus und orientiert euch dabei an den jeweiligen Methoden auf den Seiten 254 und 145. Tauscht euch anschließend über die Ergebnisse aus und bereitet euch darauf vor, die Ergebnisse in der Klasse vorzustellen.

2 Berichtet auch von eigenen Erfahrungen und diskutiert darüber, inwieweit der Einfluss von Influencern Vorteile und Risiken mit sich bringt.

3. Werbung auf allen Kanälen – mit allen Mitteln

In diesem Unterabschnitt werdet ihr etwas über die Bedeutung der Werbung für die Unternehmen erfahren und auch unterschiedliche Verkaufsstrategien kennenlernen, die sich z.T. auch speziell an Kinder richten. Kinder und Jugendliche verfügen über sehr viel Geld (das werdet ihr in Kapitel 4 erfahren). Und ihr wisst selbst aus eigener Erfahrung, dass euch eure Eltern häufig nach eurer Meinung fragen, wenn sie etwas kaufen möchten. Deshalb seid auch ihr als „Kunden" für die Unternehmen sehr wichtig.

M 8 Was Werbung will und wie sie vorgeht

Werbung

Werbung begegnet uns jeden Tag und fast überall: auf Plakaten, in Zeitschriften, im Internet, Radio, Fernsehen und auch in der Post. Denn wenn Firmen neue Produkte herstellen,
5 möchten sie damit natürlich Geld verdienen. Damit möglichst viele Leute die Produkte kaufen, müssen sie erst einmal wissen, dass es sie überhaupt gibt. Hier liegt die **Aufgabe der Werbung**. Sie will uns dazu bringen, bestimmte Produkte oder Marken zu kennen, toll zu finden und zu kaufen.

Fußgängerzonen werden abends zu einem Lichtermeer aus Werbung.

Zielgruppen
10 Die Werbeindustrie ist schlau. Sie weiß, dass man viel Erfolg mit Werbung hat, wenn **unterschiedliche Gruppen** in der Bevölkerung auch unterschiedlich angesprochen werden. Eine Werbung für eine Schokolade, die gern von
15 Kindern und Jugendlichen gegessen wird, sieht ganz anders aus als die Reklame für ein Familienauto oder ein Brillengeschäft. Bei einer Werbung für junge Leute sind häufig Personen zu sehen, mit denen sich die Jugendlichen identifizieren können – zum Beispiel bekannte Sportler:innen
20 oder Sänger:innen. Die Verpackungen und sogar der Name des Produkts werden passend zur Zielgruppe gewählt. Eine neue Limonade ist oft poppig und bunt gestaltet, sodass Kinder und Jugendliche schnell auf sie aufmerksam werden. Die Verpackung eines technischen Produktes ist meist sehr
25 seriös gehalten und von guter Qualität. […]

Viele Sportler:innen sind Werbestars. Denn mit ihnen möchten sich viele Menschen gerne identifizieren.

Kinder und Werbung
Man könnte meinen, dass Werbung sich allein an Erwachsene richten sollte – die verdienen immerhin das Geld und können entscheiden, für was sie es ausgeben wollen. Aber
30 das stimmt so schon lange nicht mehr. Kinder und Jugendliche bekommen immer mehr Taschengeld. Das haben die Macher:innen von Werbung erkannt und wollen ihren Teil davon abbekommen. […] Das kann in Fernsehsendungen der

Oft muss man bei Fernsehsendungen genau darauf achten, wann man es mit Werbung zu tun hat. Denn die sieht manchmal aus wie Unterhaltung.

Werbemacher:innen wissen sehr genau, wie sich Kund:innen locken lassen. Doch nicht alle Produkte halten, was ihre Werbung verspricht.

Kennt man die Tricks der Werbung, fällt man nicht mehr so leicht auf sie herein.

Fall sein, aber auch in Kinderzeitschriften. Oft gehören beispielsweise zu einer Kinderzeitschrift noch viele Nebenprodukte wie Sticker, Sammelkarten, Kuscheltiere und Ähnliches. Diese sind in der Zeitschrift abgebildet und können bestellt werden. So werden sie für die Kinder attraktiv. Nicht nur Werbung für Spielzeug oder Süßigkeiten richtet sich an Kinder. Auch Autofirmen, Lebensmittelproduzent:innen oder Urlaubsanbieter:innen sprechen gerne Kinder mit ihrer Werbung an. Denn Kinder haben in ihren Familien oft sehr viel Mitspracherecht. Können sie sich an eine spannende Urlaubswerbung erinnern, werden sie dann, wenn die nächsten Ferien anstehen, die beworbene Reise vielleicht vorschlagen.

Tricks der Werbung

In Werbespots oder Anzeigen werden der Name des Produkts und seine Vorteile so oft wie möglich genannt. Je häufiger wir das Bild oder den Namen eines Produktes sehen, desto besser bleibt es uns in Erinnerung. Das führt dazu, dass wir im Supermarkt oder Spielzeugladen dann eher zu dem „bekannten" Produkt greifen. Oft gibt uns Werbung das Gefühl, ein Produkt, das wir vorher nicht kannten, unbedingt zu brauchen. Das kann der Fall sein bei einer Creme, die angeblich alle Pickel nach einigen Tagen verschwinden lässt. Oder bei einem Fertiggericht, das nach einer Minute fertig ist und so schmecken soll wie im Restaurant. Wir finden es plötzlich notwendig, genau dieses Produkt zu kaufen. Genau darauf arbeiten die Werbemacher:innen hin. Sie nennen diesen Trick „Bedarf schaffen". Werbemacher:innen wissen auch, dass wir Produkte interessanter finden, die es nur selten gibt. Deshalb werden manche Angebote als limitiert beworben. Man kann sie angeblich nur in einer kleinen Stückzahl oder für kurze Zeit kaufen. So wollen die Werber:innen uns das Gefühl geben, es handele sich um einen sehr besonderen Artikel. Aber erfüllen die beworbenen Produkte unsere Erwartungen? Werbung ist häufig nicht ehrlich. So erweist sich das angepriesene Fertiggericht als matschig und sieht nur im Fernsehen knackig und lecker aus. [...]

Wie sollten wir mit Werbung umgehen?

Wir sollten Werbung immer genau hinterfragen. Das ist leichter, wenn man die Tricks der Werbemacher kennt. Brauche ich ein Produkt aus der Werbung wirklich ganz dringend? Ist es wirklich so super, wie die Werbung es darstellt? Was ist die Absicht hinter den Slogans der Werbung? Wer sich mit diesen Fragen beschäftigt, kann nicht so leicht von Werbung hereingelegt werden.

(Werbung, Neuneinhalb Lexikon, WDR, 28.11.2022, Köln; https://kinder.wdr.de/tv/neuneinhalb/neuneinhalb-lexikon/lexikon/w/lexikon-werbung-100.html [06.06.2024])

Findet euch in Arbeitsgruppen zu viert zusammen.

1 Jeweils eine/einer übernimmt einen der ersten vier Abschnitte des Textes und arbeitet aus ihrem bzw. seinem Abschnitt die wichtigsten Aussagen heraus.

2 Anschließend erläutert ihr euch gegenseitig (in eurer Gruppe) die Aussagen „eures" Abschnitts und ergänzt sie mit euren eigenen Erfahrungen bzw. Beobachtungen.

3 Lest nun den letzten Abschnitt (Wie sollten wir mit Werbung umgehen?) gemeinsam und diskutiert Möglichkeiten, sich vor den (unerwünschten) Einflüssen von Werbung zu schützen.

M9   Werbeausgaben weltweit

Weltweit werden riesige – fast unvorstellbare – Summen für Werbung ausgegeben.

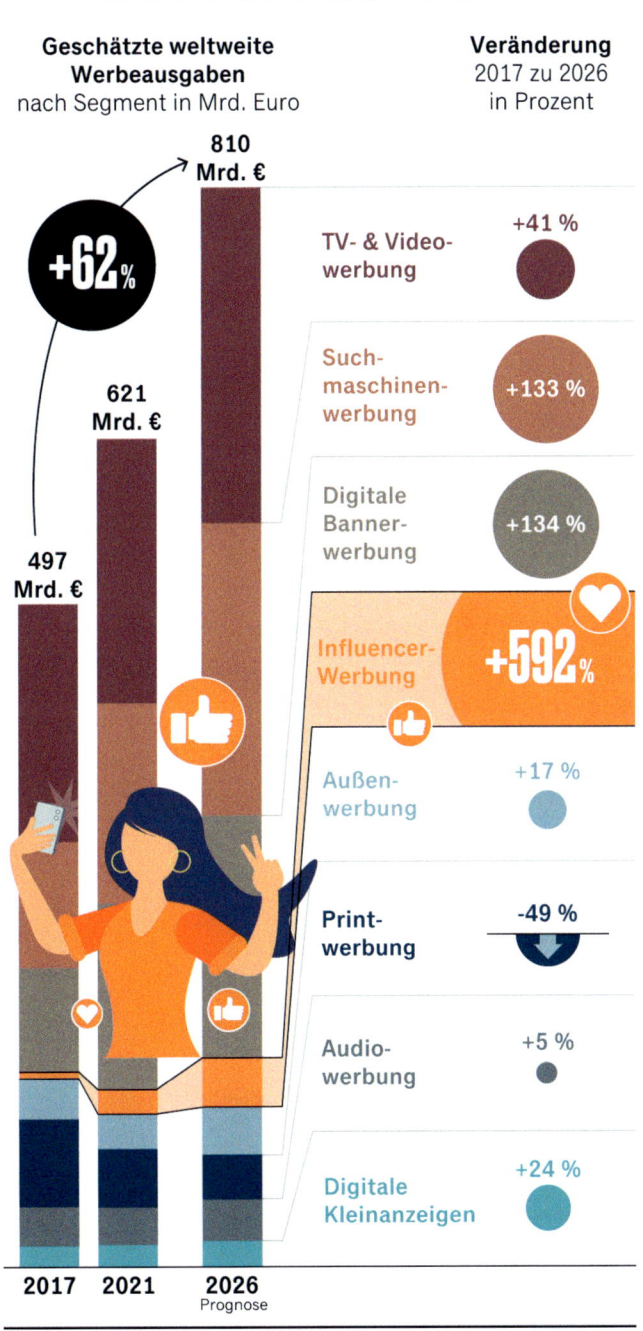

Globaler Werbemarkt wächst

Geschätzte weltweite Werbeausgaben nach Segment in Mrd. Euro

Veränderung 2017 zu 2026 in Prozent

810 Mrd. €

+62%

621 Mrd. €

497 Mrd. €

TV- & Videowerbung **+41 %**

Suchmaschinenwerbung **+133 %**

Digitale Bannerwerbung **+134 %**

Influencer-Werbung **+592%**

Außenwerbung **+17 %**

Printwerbung **-49 %**

Audiowerbung **+5 %**

Digitale Kleinanzeigen **+24 %**

2017   2021   2026
Prognose

Milliarde????

Wie viel eine Milliarde ist, kann man anhand von verschiedenen Beispielen erklären. So ist es möglich, die riesige Zahl für das menschliche Gehirn anschaulicher zu machen. Das kann besonders hilfreich sein, wenn es zum Beispiel in den Nachrichten wieder um Geldsummen im Milliardenbereich geht.

- **Eine Milliarde ist eine 1 mit neun Nullen.** Also: 1.000.000.000.
- **Eine Milliarde ist tausend Mal eine Million.** Also: 1.000 x 1.000.000.
- Um sich den Unterschied zwischen einer Million und einer Milliarde besser vorzustellen zu können, kann das Beispiel mit Sekunden helfen. Eine Million Sekunden sind 11 Tage. **Eine Milliarde Sekunden hingegen 31,7 Jahre.**
- Wenn man eine Milliarde Blätter Papier sauber übereinanderstapeln würde, wäre **dieser Turm 297.000 Kilometer hoch**. Mit dieser Strecke könnte man fast den Mond von der Erde aus erreichen.

(Ann-Christin Dimon: Wie viel ist eine Milliarde? Einfach & anschaulich erklärt, chip.de, 15.12.2022, München; https://praxistipps.chip.de/wie-viel-ist-eine-milliarde-einfach-anschaulich-erklaert_153863 [06.06.2024]; leicht verändert)

▬▬ Analysiert die Grafik M 9 und trefft Aussagen (schriftlich) darüber,
- worüber sie Auskunft gibt (klärt ggf. mit eurer Lehrerin oder eurem Lehrer bzw. recherchiert, was unter den einzelnen „Segmenten" zu verstehen ist);
- wie hoch die weltweiten Ausgaben in den angegebenen Jahren waren bzw. sein werden;
- welche Segmente von besonderer Bedeutung sind;
- welche Segmente auffällig an Bedeutung gewonnen bzw. verloren haben;
- wie ihr die Bedeutung der Werbung für die Unternehmen einschätzt.

Wie ihr gesehen habt, lassen es sich die Unternehmen eine Menge Geld kosten, damit sie ihre Produkte besser verkaufen. Große Unternehmen haben eine eigene Abteilung, die dafür Pläne entwickelt: die <mark>Marketingabteilung</mark>. Diese beauftragt dann häufig Werbeagenturen damit, neue Anzeigen, Werbespots oder besondere Werbeaktionen zu entwickeln.

> In der **Marketingabteilung** eines Unternehmens werden Maßnahmen erarbeitet, um so viele Produkte wie möglich zu verkaufen und somit den Absatz des Unternehmens zu steigern. Das sind z. B. besondere Werbeaktionen, die Entwicklung besonderer (neuer) Produkte und Untersuchungen darüber, wer bestimmte Produkte wohl besonders gerne kaufen würde.

Im Marketing ist ein bestimmtes Verfahren als Kaufanreiz von besonderer Bedeutung, das ihr im folgenden Material kennenlernen werdet.

M 10   Mit AIDA zum Kaufen auffordern

Schon im Jahr 1898 hat der Amerikaner Elmo Lewis dieses Konzept entwickelt. Es gliedert sich in vier Phasen:

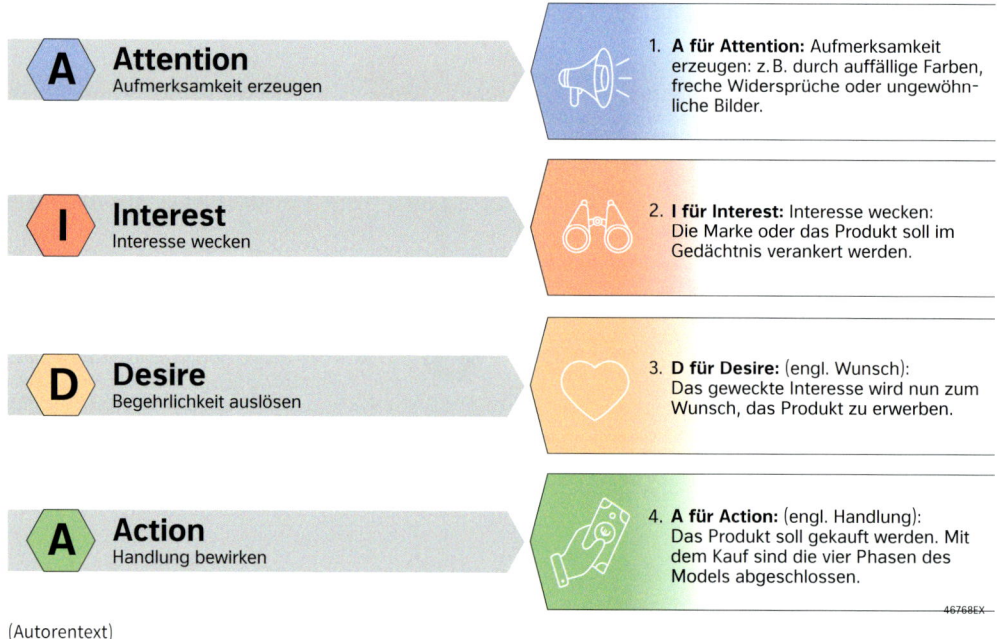

A Attention
Aufmerksamkeit erzeugen

1. **A für Attention:** Aufmerksamkeit erzeugen: z. B. durch auffällige Farben, freche Widersprüche oder ungewöhnliche Bilder.

I Interest
Interesse wecken

2. **I für Interest:** Interesse wecken: Die Marke oder das Produkt soll im Gedächtnis verankert werden.

D Desire
Begehrlichkeit auslösen

3. **D für Desire:** (engl. Wunsch): Das geweckte Interesse wird nun zum Wunsch, das Produkt zu erwerben.

A Action
Handlung bewirken

4. **A für Action:** (engl. Handlung): Das Produkt soll gekauft werden. Mit dem Kauf sind die vier Phasen des Models abgeschlossen.

(Autorentext)

▬▬ Erläutert die vier Phasen des AIDA-Konzeptes (M 10), mit dem die Konsumentinnen und Konsumenten zum Kauf von Produkten angeregt werden sollen.

M 11 Wie Werbung zum Kauf anregen will

Werbung will in erster Linie Aufmerksamkeit wecken, weil sie die Konsumentinnen und Konsumenten für die Werbebotschaft zugänglich machen will.

Dafür verwendet sie verschiedene Reize, die wir mit den Sinnesorganen aufnehmen (z. B. Töne, Bilder und Worte) und durch die in uns eine innere Spannung oder Erregung
5 entstehen soll. Die Werbung benutzt hauptsächlich drei Gruppen von Reizen:

- emotionale Reize, die die Gefühle ansprechen,
- gedankliche Reize und
- gegenständliche Reize.

Emotionale Reize:

10 Alles, was „niedlich" ist, sorgt für positive Emotionen, seien es nun süße Kinder, niedliche Tierchen oder gar eine Kombination aus beiden. Auch erotische Abbildun-
15 gen sorgen für Aufmerksamkeit. Sie wirken auf fast jeden, unabhängig von Alter, Geschlecht, Bildung usw. Das sogenannte Kind-

chenschema beruht auf Abbildungen von kleinen Kindern mit großem, rundem Kopf
20 und strahlenden Kulleraugen. Solche Bilder lösen emotionale Reize aus, weil sie sich an Mutter- und Beschützergefühle wenden. Das funktioniert auch mit niedlichen Tieren wie z. B. Hundewelpen. Auch bei Kindern beliebte Comicfiguren werden häufig nach diesem Schema gezeichnet. Emotionale Reize wirken besonders stark.

Gedankliche Reize:

25 Sie entstehen vor allem dann, wenn die Werbebotschaft (vermeintliche) Widersprüche enthält und Überraschung auslöst. Die Verbraucherinnen und Verbraucher werden dazu angeregt, über die Werbung nachzudenken. Beispiele für gedankliche Reize sind ungewohnte Schreibweisen von Wörtern, die Einordnung von Wör-
30 tern in völlig andere Zusammenhänge oder eine ungewöhnliche Kombination von Bild und Produkt.

Gegenständliche Reize:

Größe, Farbe, Helligkeit und Lautstärke der Werbung sind Reize, die ebenfalls Aufmerksamkeit wecken. Farbige Anzeigen oder Pla-
35 kate regen mehr an als schwarzweiße. Mehrfarbig gestaltete Werbung hat wiederum eine größere Wirkung als einfarbige. Eine große Anzeige wird häufiger betrachtet als eine kleine.

(Autorentext)

1 Erläutert die in M 11 dargestellten Reize und erklärt, warum sie dazu geeignet sind, Aufmerksamkeit, Interesse und Begehrlichkeiten (AIDA-Konzept) bei den Betrachtenden zu wecken.

2 Stellt eine Auswahl von Werbeanzeigen aus Zeitschriften oder dem Internet zusammen und untersucht sie daraufhin, ob und in welcher Form sie die in M 11 beschriebenen Reize enthalten und wie sie das AIDA-Konzept beachten.

Praxis

M 12 Wie Werbung Kinder lockt

Werbung für Kinder funktioniert anders als für Erwachsene
[...] Marketing-Experten [setzen] auf Figuren, die Kinder kennen und mit denen sie positive Gefühle verbinden. Comic-Figuren etwa oder die sprechenden Tiere aus ihren Lieblingsserien. Erwachsene lassen sich beim Shopping davon kaum beeindrucken. Aber auf Kinder wirken Joghurtbecher mit Micky Mouse oder Chipstüten mit dem Pommbär ₅ besonders anziehend. [...]

Die Grenze zwischen Werbung und Unterhaltung verschwimmt
Für ihre Werbefiguren entwickeln Marketing-Experten eigene Geschichten. Das Produkt bekommt ein oder zwei „Helden", die Abenteuer erleben. So werde die Marke positiv im Gedächtnis der Kleinen verankert [...]. Dazu gibt es passende Internet-Seiten ₁₀ voller Spiele, Clips, Musiken. [...] „Die Kinder schauen sich Filme an und sollen letztlich damit dazu gebracht werden, ein Produkt zu kaufen." Es ginge darum, den Kindern etwas zu geben, mit dem sie spielen könnten, sagt Christopher Schering, Gründer [...] einer Agentur für Kinder-, Jugend- und Familienmarketing mit Sitz in Berlin. [...]

Digitale Kampagnen und Influencer auf dem Vormarsch   ₁₅
Die Kids von heute erreicht man am besten übers Netz. Denn die meisten Kinder und Jugendlichen sind spätestens als Teenager in den sozialen Medien aktiv. [...] Während Print-Anzeigen praktisch bedeutungslos geworden sind und auch das Fernsehen immer stärker abnimmt, sind digitale Kampagnen auf dem Vormarsch.
Ein großes Problem sei dabei die Vermischung von Werbung und Content [Inhalt/In- ₂₀ formation], sagt Irene Schulz, Mediencoach bei „Schau Hin", einer Initiative für Medienerziehung. Besonders gravierend sei es bei den sogenannten Influencern. Das sind Social-Media-Stars, denen Kinder auf Facebook, bei Instagram und YouTube folgen und die scheinbar aus ihrem gewöhnlichen Alltag berichten und dabei erzählen, was sie am liebsten essen und anziehen. Für Kinder und Jugendliche sei es oft so gut wie unmöglich ₂₅ zu verstehen, dass ein Marketing-Konzept hinter den Geschichten der Influencer stünde, sagt Schulz: „Ich finde, das ist selbst für uns Erwachsene manchmal ganz schwer zu erkennen." [...]

(Anja Schrum: Der Kunde ist Kind – Wie Werbung die Kleinsten lockt, SWR Kultur online, 23.01.2020, Stuttgart; https://www.swr.de/swrkultur/wissen/der-kunde-ist-kind-wie-werbung-kinder-lockt-100.html [07.06.2024])

1 Erläutert, mit welchen Tricks sich die Werbeindustrie auf Kinder einstellt und was man sich davon verspricht.

2 Stellt dar, auf welches Problem bei digitalen Werbekampagnen hingewiesen wird, und nehmt selbst dazu Stellung.

Es gibt noch viele andere Tricks, um den Kauf von Produkten anzuregen und den Verkauf zu steigern. Im folgenden Material sind einige dargestellt. Ihr werdet sie sicherlich wiedererkennen, vielleicht ohne dass euch bewusst war, dass es sich um ganz besondere Verkaufstricks handelt.

M 13 Verkaufsstrategien ganz besonderer Art!

Um ihre Produkte zu verkaufen, entwickeln die Mitarbeiterinnen und Mitarbeiter in den Marketingabteilungen der Unternehmen sehr ausgeklügelte und oft sehr wirkungsvolle Strategien, die häufig auch auf Kinder ausgerichtet sind. Auf den Bildern werdet ihr sicher einige wiedererkennen.

5 Ein ganz wichtiger Bereich ist das sogenannte **Gendermarketing**, das unterstellt, dass Frauen und Männer oder eben Mädchen und Jungen typisch weibliche oder typisch männliche Bedürfnisse haben. Wenn ihr in einem Kaufhaus z. B. die Spielzeugabteilungen aufsucht, findet ihr Regale mit Spielzeug extra für Jungen und extra für Mädchen.

Und nicht nur das: Schulranzen z. B. brauchen ja Jungen und Mädchen in gleicher Weise, 10 aber sie sehen ganz unterschiedlich aus. Häufig gibt es ein und dasselbe Schulranzen-Modell extra für Mädchen und extra für Jungen, geschlechtsspezifisch „designt".

Ein Name – eine riesengroße Produktpalette

Seid ihr vielleicht Taylor-Swift-Fans oder findet ihr einen ganz bestimmten Fußballer toll? Fans zeigen ihre Verehrung oft dadurch, dass sie Dinge kaufen, die mit ihren Idolen in Verbindung gebracht werden, beispielsweise T-Shirts, Schmuck, Fußballverein-Bett- 15 wäsche, Trikots, Schals usw. Auch Fernsehhelden wie Feuerwehrmann Sam oder Paw Patrol erfreuen sich vor allem bei Jüngeren großer Beliebtheit, und es gibt nahezu unzählige Dinge zu kaufen, auf denen diese „Helden" abgedruckt sind, von Butterbrotdosen über Hoodies bis zu Regenschirmen. Vielleicht habt ihr diese Produkte auch gerne gehabt oder wolltet sie unbedingt haben.

20

Ad-to-Play

Bei den bisher dargestellten Strategien kann man immerhin noch selbst entscheiden, ob man sich von der Werbung beeinflussen lässt – wenn es auch schwerfällt, vor allem, wenn der Freund oder die Freundin oder nahezu alle in der Klasse die Produkte schon haben.

25

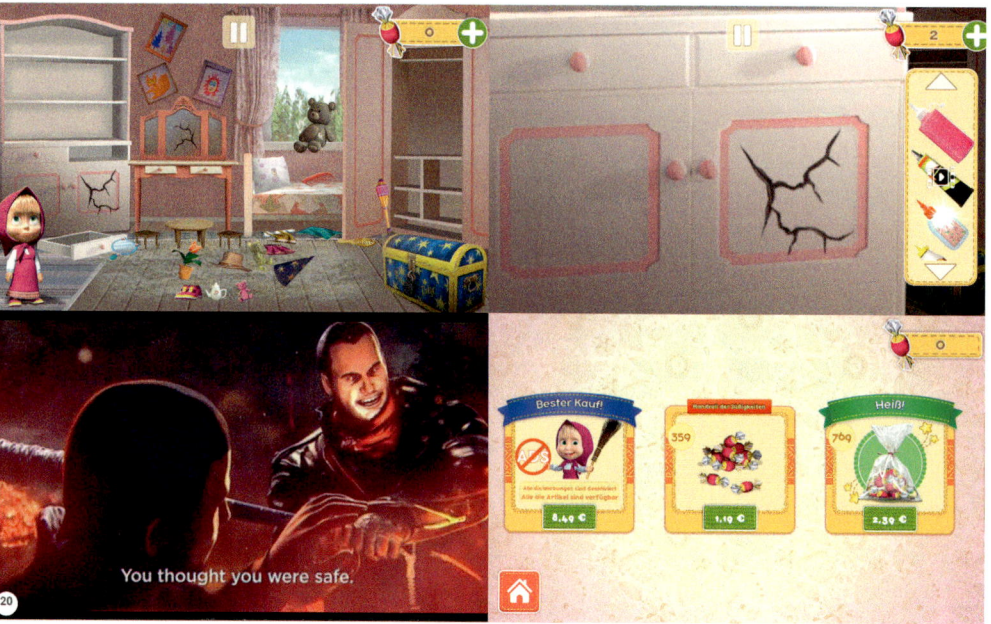

Aber bei der nächsten Strategie, die hier vorgestellt wird, ist es mit der Entscheidung, sich der Werbung auszusetzen oder nicht, schon viel schwieriger. Einige von euch kennen die Situation vielleicht: Ihr habt eine kostenlose Spiele-App heruntergeladen, aber beim Spiel werdet ihr immer wieder von Werbevideos unterbrochen, etwa wenn ihr
30 neue Gegenstände nutzen wollt oder ein neues Level geladen wird. Dieses Werbeprinzip heißt **„Ad-to-Play"**, und wenn ihr weiterspielen wollt, müsst ihr euch die Werbung anschauen oder sie wenigstens laufen lassen. Die Werbefachleute wollen euch auf diese Weise mit Produkten bekanntmachen und hoffen, dass ihr sie dann später kaufen wollt.

In-Game-Werbung

35 Dass Kinder und Jugendliche gerne Spiele am Rechner oder mit ihrer Switch spielen, nutzen viele Unternehmen für ihre Zwecke, indem sie im Spiel selbst Werbung für ein Produkt platzieren: **In-Game-Werbung** heißt dieses Prinzip.

Travis Scott z. B., der amerikanische Rapper, hat im April 2020 ein Konzert im Spiel „Fortnite" gegeben, was für einen Nutzerinnen- und Nutzer-Rekord sorgte. Das Kon-
40 zert bedeutete zunächst Werbung für das Spiel „Fortnite" selbst. Scott trug dabei Nike-Sneaker, die er in Zusammenarbeit mit Nike entworfen hatte. Die Figur von Scott wurde während des Konzerts riesig dargestellt, und entsprechend waren die Sneaker fast so groß wie die normalen Charaktere der Spielerinnen und Spieler. Das sorgte natürlich dafür, dass sie sehr werbewirksam wahrgenommen wurden und die Spieler auch selbst
45 gerne genau diesen Sneaker tragen wollen.

Es gibt aber noch viele andere Werbestrategien, denen ihr und eure Eltern im ganz normalen Verbraucheralltag begegnet. Dazu gehören z. B. die **Sammelalben**, die häufig im Zusammenhang mit bestimmten Sportereignissen angeboten werden und dazu verleiten, in ganz bestimmten Geschäften einzukaufen. Oder auch **Gewinnspiele**, die
50 interessante oder teure Gewinne versprechen, wenn man ganz bestimmte Produkte – manchmal auch in einer größeren Anzahl – kauft oder an speziellen Verkaufsaktionen teilnimmt.

(Autorentext)

1 Findet euch zu viert zusammen und klärt, was sich hinter den einzelnen Verkaufsstrategien verbirgt. Je eine bzw. einer übernimmt folgende Zeilen:
Zeile 5 – 11, Gendermarketing;
Zeile 12 – 20, Ein Name – eine riesengroße Produktpalette;
Zeile 21 – 33, Ad-to-Play;
Zeile 34 – 45, In-Game-Werbung.
Stellt eure Ergebnisse dann in der Gruppe vor.

2 Tauscht euch darüber aus, welche Erfahrungen ihr selbst mit diesen Strategien gemacht habt.

3 Stellt eure Ergebnisse in der Klasse vor und berichtet ggf. von euren eigenen Erfahrungen.

4 Wie bewertet ihr diese Tricks im Einzelnen? Gebt ein begründetes Urteil ab.

5 Sucht nach Beispielen für diese dargestellten Strategien. Vielleicht findet ihr auch Beispiele für weitere Strategien.

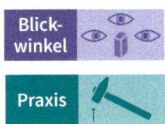

4.1, 4.2, 6.2

M 14 Ihr bezahlt mit eurer Aufmerksamkeit! – Personalisierte Werbung

Dass Social-Media-Plattformen kein Geld kosten, heißt nicht, dass sie umsonst sind. So funktioniert das Geschäft mit der Werbung.

Vieles im Internet kostet kein Geld: Googeln, Onlinespiele, Filme auf Youtube schauen – auch für Instagram, Snapchat oder TikTok muss niemand auch nur einen Cent seines Taschengeldes hergeben, um es benutzen zu können. Trotzdem wollen all diese Firmen ja Geld verdienen – am liebsten viel Geld! Und ihr habt bestimmt schon davon gehört, dass es dabei oft um Milliarden Euros geht.

Wieso es auch im Internet fast nichts umsonst gibt

Und diese Milliarden verdienen diese ganzen Unternehmen vor allem mit einem: Werbung. Wenn ihr euch zum Beispiel Filme auf Youtube anschaut, kommen dazwischen immer mal wieder ein oder auch mehrere Werbeclips. Oft kann man die gar nicht wegklicken, bevor man sich das nächste Video anschauen kann. Das ist ziemlich nervig und trotzdem sieht man sich die Werbung meistens an, weil das versprochene Video ja sooo interessant klingt. Da haben wir es – wirklich umsonst ist das gar nicht. Für viele Dinge im Internet bezahlt man mit dem, was in der Online-Welt am allermeisten zählt: Aufmerksamkeit. Unternehmen, die Kleidung, Skateboards oder Schminke verkaufen, wollen natürlich vor allem die Aufmerksamkeit der Menschen haben, die sich für ihre Produkte interessieren könnten.

Algorithmus: Ganz allgemein enthält ein Algorithmus eine Reihe von Anweisungen, um ein Problem zu lösen oder eine Aufgabe zu bewältigen. Im Zusammenhang mit sozialen Medien ist gemeint, dass ein Computerprogramm bestimmt, welche Inhalte Nutzerinnen bzw. Nutzern einer Plattform angezeigt werden, damit sie möglichst lange auf der Plattform bleiben.

So funktioniert Online-Werbung

Dabei helfen die Social-Media-Plattformen: Computer errechnen aus den ganzen Daten ihrer Nutzerinnen und Nutzer genau aus, was sie höchstwahrscheinlich interessiert. Dafür sorgen sogenannte Algorithmen: Wer sich oft Videos übers Skaten ansieht, bekommt nicht nur immer mehr Videos übers Skaten vorgeschlagen, sondern eben auch die Werbung für Skateboards.

Das Skateboard-Unternehmen findet das natürlich super: Die Werbeanzeige für das neue Skateboard-Modell landet genau da, wo sie hin soll – bei Menschen, die gerne skaten. Und nicht nur das: Viele Social-Media-Plattformen, zum Beispiel Instagram, bieten sogar die Möglichkeit, dass man seinen Onlineshop direkt verlinken kann.

Bei Suchmaschinen wie Google funktioniert das ähnlich – auch hier sorgen Algorithmen dafür, dass jemand, der oft „Pferde" oder „Reiten" googelt, Werbung für Reithelme, Reiterferien oder Sättel sieht. Unternehmen zahlen Social-Media-Plattformen und Suchmaschinen viel Geld dafür, dass ihre Anzeige nicht nur sehr viele Leute erreicht, sondern vor allem die, die sich für genau das Thema interessieren.

WES-129794-007

Hier findet ihr ein interessantes Video dazu.

Die Tricks der Werbung

Natürlich ist das auch oft ziemlich praktisch – manchmal erspart das langes Suchen und
45 man wird wirklich auf Sachen aufmerksam, die einen interessieren. Oft verleitet es aber
dazu, Dinge zu kaufen, die man gar nicht braucht. [...]

Ob wir es wollen oder nicht – Werbung beeinflusst uns, auch wenn uns das nicht immer
bewusst ist. [...]

(Meike Hickmann/ZDF: Ihr bezahlt mit eurer Aufmerksamkeit!, zdf.de, 29.11.2023, Mainz; https://www.zdf.de/kinder/logo/
social-media-werbung-100.html [10.06.2024])

1 Erklärt, warum man für vieles im Internet zwar kein Geld bezahlen muss, es aber dennoch nicht „umsonst" ist (Z. 12–25).

2 Erläutert, wie Online-Werbung funktioniert und welche Bedeutung dabei Algorithmen
haben (Z. 26–42). Berichtet auch von euren eigenen Erfahrungen.

3 Wie ist eure Meinung zur „personalisierten" Werbung? Tauscht euch darüber aus und
bezieht begründet Stellung.

Pro und Kontra

Was ihr jetzt wissen und können solltet:

✓ **M S U H** verschiedene Arten von Bedürfnissen unterscheiden und erläutern, wovon die
Bedürfnisbefriedigung abhängen kann;

✓ **M S U H** erklären, inwieweit man von einer Rangordnung von Bedürfnissen sprechen kann;

✓ **M S U H** für euch selbst eine „Bedürfnispyramide" erstellen;

✓ **M S U H** mithilfe der Methode Mindmap unterschiedliche Bedürfnisarten grafisch geordnet
darstellen;

✓ **M S U H** erläutern, welchen Einfluss Bezugsgruppen und Peergroups auf eure Bedürfnisse
haben;

✓ **M S U H** begründen, wie wichtig Meinungsführer/-innen und Influencer/-innen für die
Entstehung von Bedürfnissen sind, und deren Einfluss problematisieren;

✓ **M S U H** wissen, dass Unternehmen für Werbemaßnahmen viel Geld ausgeben und dass
auch Kinder und Jugendliche wegen ihrer Kaufkraft und ihres Einflusses auf ihre
Eltern eine umworbene Gruppe sind;

✓ **M S U H** grafisches Material zu Werbeausgaben auswerten können;

✓ **M S U H** das AIDA-Konzept als zentrales Instrument von Marketingabteilungen kennen;

✓ **M S U H** verstehen und erläutern, mit welchen Verkaufsstrategien in der Werbung gearbeitet wird;

✓ **M S U H** neben der Werbung weitere Strategien zur Verkaufsförderung kennen, erläutern
und problematisieren;

✓ **M S U H** Texte methodisch angemessen bearbeiten;

✓ **M S U H** wissen, was „personalisierte Werbung" ist, und sich mit ihr kritisch auseinandersetzen

Was ihr wisst – was ihr könnt – wie ihr es seht

M S U H 1. Bedürfnisse

Hier besteigt ein Jugendlicher die Stufen der „Bedürfnispyramide" (vgl. M 2). Übertragt die Zeichnung in euer Heft und beschriftet die einzelnen Stufen. Tragt zusätzlich Beispiele für die jeweilige Bedürfnisstufe ein.

M S U H 2. Werbestrategie erkannt?

Wie soll Prinzessin Lillifee dabei helfen, so viele Dinge wie möglich zu verkaufen? Beschreibt die Strategie.

3. Werbung: Welche Reize werden verwendet?

Welche der in M 11 angesprochenen Reizgruppen werden hier verwendet? Erläutert und begründet.

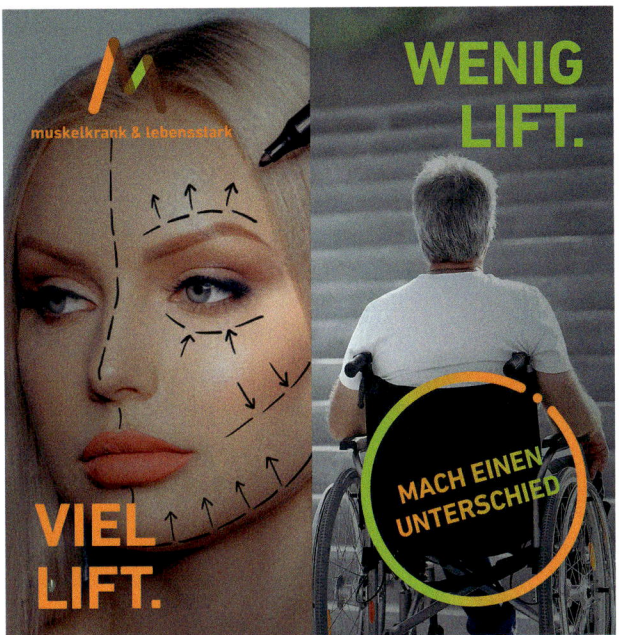

4. Aufgepasst: Werbemaßnahmen!

Entwerft in Gruppenarbeit (mindestens vier Mitglieder) eine Infobroschüre über Marketingstrategien. Legt fest, wie ihr die Broschüre gestalten (z. B. Gliederung, Bilder, Beispiele) und wie ihr die Arbeit aufteilen wollt.
Folgende Inhalte und Stichworte sollten darin vorkommen:

Bezugsgruppen AIDA

Influencerinnen/Influencer

Reizgruppen

Gender-Marketing

Ad-to-Play-Werbung

Werbeausgaben

Werbeanzeigen

Online-Marketing

personalisierte Werbung

Bedürfnisse

In-Game-Werbung

Wenn ihr noch mehr lernen wollt ...

D1 Wie Supermärkte dich zum Kauf verleiten – 12 Tricks

Supermärkte locken mit günstigen Preisen und großer Auswahl – und mit cleveren Verkaufsstrategien greifen sie nach unserem Geld. [...]

5 Sind Supermärkte „böse"? Natürlich nicht. Supermärkte haben eben ein Ziel, und das lautet: mit möglichst wenig Aufwand möglichst viel Geld verdienen. Unser Ziel ist das Gegenteil: **für wenig Geld mög-**
10 **lichst viel gute Ware** nach Hause tragen. In diesem Spannungsfeld bewegen sich die Tricks der Supermärkte.

(Andreas Winterer, utopia.de, 19.09.2023, München; https://utopia.de/ratgeber/supermarkt-tricks-einkaufsfallen-im/ [10.06.2024])

1 Beschreibt das in dem kurzen Textauszug angesprochene „Spannungsverhältnis" zwischen einem Supermarkt und seinen Kundinnen und Kunden.

2.1, 2.2

2 Im kompletten Text (siehe Link in der Textquelle) werden 12 Tricks von Supermärkten beschrieben, die den Verkauf fördern sollen. Setzt euch zu einer Partnerarbeit zusammen und teilt diese 12 Tricks zur Bearbeitung auf. Stellt euch eure Ergebnisse gegenseitig vor und unterhaltet euch auch darüber, ob ihr ähnliche Erfahrungen im Supermarkt gemacht habt.

3 Bewertet die im Text vorgeschlagenen Tipps zur Vermeidung von Käufen, die man eigentlich nicht machen müsste.

4 Geht mit einer Liste ausgewählter Tricks in einen Supermarkt und überprüft, ob ihr sie dort tatsächlich feststellen könnt.

D2 Die Kaufkraft von Kindern: Ein unterschätzter Wirtschaftsfaktor

Meist denkt man bei dem Begriff „Kaufkraft" unmittelbar an erwachsene Konsumenten. Doch in der modernen Wirtschaft spielt auch die Kaufkraft von Kindern eine nicht zu unterschätzende Rolle. Kinder beeinflussen nicht nur die Kaufentscheidungen ihrer Eltern. Sie verfügen vielmehr über eigene Finanzmittel, meist in Form von Taschengeld.
5 Doch wie beeinflusst diese Kaufkraft von Kindern die Wirtschaft und warum sollte sie als bedeutender Faktor angesehen werden?

Die Kaufkraft von Kindern im Überblick
Kinder im Alter von 6 bis 14 Jahren erhalten in vielen Ländern regelmäßiges Taschengeld von ihren Eltern. Diese finanzielle Zuwendung hat mehrere Ziele. Einerseits soll sie
10 Kindern dabei helfen, den Umgang mit Geld zu erlernen und Eigenverantwortung zu entwickeln. Andererseits bietet sie ihnen eine gewisse Unabhängigkeit und ermöglicht es ihnen, eigene Wünsche zu erfüllen und Kaufentscheidungen zu treffen. [...]

Aber nicht nur die Höhe des Taschengeldes, sondern auch andere finanzielle Zuwendungen, wie etwa Geldgeschenke zu Geburtstagen oder anderen Anlässen, tragen zur
15 Kaufkraft bei. [...]
Die Güter, für die Kinder ihr Geld ausgeben, haben sich über die Jahre hinweg verändert. Während früher [...] Spielzeug oder Süßigkeiten im Vordergrund standen, spielen heute digitale Güter eine immer größere Rolle. Man denke etwa an Apps, Online-Spiele oder Musikdownloads. Die meisten Kinder bekommen heute in Deutschland bereits zwischen
20 6 und 12 Jahren ihr erstes Smartphone. Dies zeigt, dass die Kaufkraft von Kindern nicht nur in der physischen, sondern auch in der digitalen Welt spürbar ist.
All diese Faktoren zusammen sprechen dafür, dass die Kaufkraft von Kindern nicht unterschätzt werden sollte. Viele Unternehmen erkennen genau das und passen ihre Marketingstrategien entsprechend an, um die jüngste Generation der Konsumenten gezielt
25 anzusprechen.

Die indirekte Kaufkraft: Einfluss auf elterliche Kaufentscheidungen

Die Wirtschaftskraft von Kindern beschränkt sich nicht nur auf ihr eigenes Geld. Vielmehr fungieren [hier: wirken] Kinder als bedeutende Impulsgeber für die Ausgaben ihrer Familien. Diese indirekte Kaufkraft, die sie ausüben, kann oftmals die direkten
30 Ausgaben, die sie mit ihrem Taschengeld tätigen, in den Schatten stellen. In etlichen Familien sind es die Kinder, die über diverse Dinge entscheiden. Das wären zum Beispiel: die Markenwahl von Lebensmitteln, der Ort für den nächsten Familienurlaub, die Art von Unterhaltungselektronik, das Haustier und dessen Zubehör. [...]
Wirtschaftsexperten und Marketingfachleute sind sich dieses Phänomens voll bewusst.
35 Es gibt ganze Abteilungen in Unternehmen, die sich nur damit beschäftigen, wie man Produkte am besten an Kinder und Jugendliche vermarktet – in dem Wissen, dass dies oft zu einem direkten Kauf führt. [...]

Kinder und die digitale Wirtschaft

Die Digitalisierung hat nicht nur das alltägliche Leben der Erwachsenen verändert,
40 sondern auch die Art und Weise, wie Kinder konsumieren und interagieren. Heutzutage wachsen Kinder in einer Welt auf, in der Smartphones, Tablets und Computer zum Alltag gehören. Diese digitalen Geräte bieten ihnen Zugang zu einer Vielzahl von Online-Diensten, von Spielen bis hin zu Bildungsplattformen. Apps, Online-Spiele, Musik- und Film-Downloads sind nur einige der vielen digitalen Produkte, für die Kinder heute Geld
45 ausgeben. [...]
Wenn man die heutige wirtschaftliche Landschaft betrachtet, ist es unverkennbar, dass Kinder und Jugendliche nicht nur passive Konsumenten sind, sondern aktive Akteure, die den Markt beeinflussen und formen. Ihre Kaufkraft, sei sie direkt durch eigenes Geld oder indirekt durch ihren Einfluss auf elterliche Entscheidungen, ist ein treibender Fak-
50 tor in vielen Wirtschaftsbereichen. [...]

(marktforschung.de, 14.09.2023, Smart News Fachverlag GmbH, Hürth; https://www.marktforschung.de/marktforschung/a/
kaufkraft-von-kindern-ein-unterschaetzter-wirtschaftsfaktor/ [10.06.2024])

1 Bearbeitet diesen Text nach der Methode „Sachtexte erschließen" (vgl. S. 28).

2 Listet die Arbeitsergebnisse im Einzelnen als Kurzinformation auf.

3 Tauscht euch in einem Unterrichtsgespräch darüber aus, ob ihr der These „Kinder [...] sind [...] aktive Akteure, die den Markt beeinflussen und formen" (Z. 47 f.) zustimmen könnt, und begründet eure Meinung.

4

„Kann ich mir das leisten?" – Mit dem Geld auskommen

Darum wird es gehen

Im vorangegangenen Kapitel 3 wurde deutlich, wie umfangreich und auch unterschiedlich Bedürfnisse sein können. Die Wunschliste ist oft lang, aber alle Wünsche zu erfüllen, das wird wohl kaum jemandem gelingen. „Mit dem Geld auskommen", das ist das Thema dieses Kapitels.

*Im **ersten Abschnitt** beschäftigt ihr euch mit der Höhe des Taschengeldes – eurer „Haupteinnahmequelle". Ihr erfahrt, wie viel Taschengeld Kinder durchschnittlich bekommen. Da kommt tatsächlich insgesamt eine große Summe zusammen, und deshalb sind Kinder und ihre „Kaufkraft" für die Wirtschaft von großer Bedeutung. Deshalb interessiert es die Unternehmen auch, wofür die Kinder ihr Geld ausgeben. Darüber erfahrt ihr einiges. Um bestimmte Schaubilder richtig „lesen" und verstehen zu können, muss man wissen, wie Prozentzahlen zustande kommen und was sie ausdrücken. Dafür gibt es hier eine eigene Methodenseite.*

*Im **zweiten Abschnitt** geht es um rechtliche Angelegenheiten: Was dürfen Kinder eigentlich eigenständig kaufen? Dürfen sie kaufen, was sie wollen? An Beispielen wird diese Frage beantwortet.*

*Das Problem kennt ihr sicherlich auch: Es ist fast immer zu wenig Geld da für all die Wünsche, die man hat. Auch eure Eltern müssen sorgfältig mit ihrem Einkommen planen. Worauf ihr – genauso wie eure Eltern – beim Geldausgeben achten müsst, das erfahrt ihr im **dritten Abschnitt**. Hier lernt ihr auch, einen „Finanzplan" aufzustellen, der für das Geldausgeben wichtig ist.*

1. Taschengeld – ein schwieriges Thema?

M1   Drei Kinder berichten von ihrem Taschengeld

Clara, 10 Jahre

Wie viel Taschengeld bekommst du?

Ich kriege 12 Euro, immer zum Anfang des Monats. Mit jedem neuen Schuljahr werden es 4 Euro mehr.

Wie findest du das?

Na ja – mehr ginge immer! Mein großer Bruder bekommt 20 Euro. Der kann sich viel öfter Süßigkeiten kaufen als ich.

Was hast du dir zuletzt gekauft?

Ich habe ewig auf einen blauen Furby gespart. Jetzt liegt er in meinem Zimmer rum, und ich spiele gar nicht mehr mit ihm.

Worauf sparst du?

Auf ein Longboard. Aber das wird schwierig, da muss ich lange durchhalten. Vielleicht wünsche ich es mir lieber zum Geburtstag.

Paula, 11 Jahre

Wie viel Taschengeld bekommst du?

5 Euro pro Woche. Wenn ich in den Reitstall gehe, gibt mir meine Mutter Extra-Geld für Essen mit.

Wie findest du das?

Das ist okay. Ich muss ja nicht viel selbst bezahlen. Höchstens, wenn ich mal mit einer Freundin ins Kino gehe.

Was hast du dir zuletzt gekauft?

Ein Buch. Und eine unechte Kakerlake. Damit habe ich meine Freundin erschreckt. Die hat gekreischt!

Worauf sparst du?

Auf nichts Bestimmtes. Ich habe immer Angst, dass mir eine Sache hinterher doch nicht so gut gefällt, obwohl sie teuer war.

Jannes, 10 Jahre

Wie viel Taschengeld bekommst du?

2,50 Euro in der Woche. Wenn ich 11 Jahre bin, werden es 50 Cent mehr. Zwischendurch schenkt mir meine Oma auch mal 5 Euro.

Wie findest du das?

Es reicht. Ich geb eh nicht mehr viel aus, seit ich ein Sparkonto habe. Jetzt liegt das Geld nicht mehr zu Hause herum.

Was hast du dir zuletzt gekauft?

Fußball-Sammelkarten. Ich habe schon elf Einsteck-Alben voll. Eine Packung mit fünf Bildern kostet am Kiosk einen Euro.

Worauf sparst du?

Auf ein Computerspiel. Ich habe sogar schon genug Geld zusammen. Aber meine Eltern sind noch dagegen, dass ich es mir kaufe.

(Umfrage: Katja Bosse, in: ZEIT leo – Das Magazin für Kinder, Nr. 1/2016, S. 12–14)

1 Fertige in deinem Heft für dich ein eigenes „Kästchen" an und beantworte dieselben Fragen wie die drei Kinder in M1.

2 Vergleicht die Aussagen der drei Schülerinnen und Schüler und eure eigene Meinung zum Taschengeld und zum Sparen. Nennt Gemeinsamkeiten und Unterschiede.

M 2 Taschengeld und Geldgeschenke sollten ... – einige Thesen

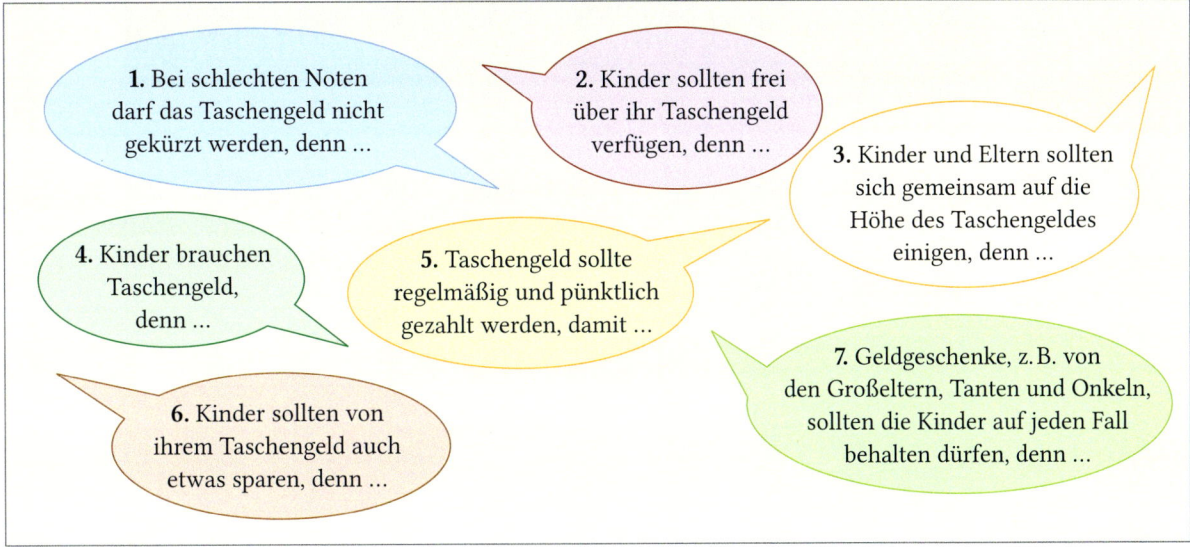

1. Bei schlechten Noten darf das Taschengeld nicht gekürzt werden, denn ...

2. Kinder sollten frei über ihr Taschengeld verfügen, denn ...

3. Kinder und Eltern sollten sich gemeinsam auf die Höhe des Taschengeldes einigen, denn ...

4. Kinder brauchen Taschengeld, denn ...

5. Taschengeld sollte regelmäßig und pünktlich gezahlt werden, damit ...

6. Kinder sollten von ihrem Taschengeld auch etwas sparen, denn ...

7. Geldgeschenke, z. B. von den Großeltern, Tanten und Onkeln, sollten die Kinder auf jeden Fall behalten dürfen, denn ...

(Autorentext)

1 Schreibt die Satzanfänge in euer Heft und vervollständigt sie, indem ihr eure Meinung dazu formuliert. Man kann auch mehrere Argumente für eine Sprechblase finden!

2 Lest eure Ergänzungen in der Klasse vor und diskutiert darüber, wenn es unterschiedlichen Meinungen gibt.

M 3 Kein Recht auf Taschengeld, aber ...

Es gibt für Kinder und Jugendliche zwar kein Recht auf Taschengeld, aber das Deutsche Jugendinstitut gibt Eltern Empfehlungen, wie viel Taschengeld in welchem Alter wohl angemessen ist. Kinder sollten durchaus schon früh etwas Geld bekommen, über das sie frei verfügen dürfen, damit sie lernen, eigenverantwortlich mit Geld umzugehen. Die angegebenen Beträge sind als Maximal-Empfehlungen anzusehen, denn wie viel Geld Eltern ihren Kindern zahlen können oder wollen, hängt z. B. davon ab, wie viele Kinder sie haben, was sie selbst für sinnvoll halten und wie viel Geld ihnen gerade zur Verfügung steht. Wichtig ist jedenfalls, dass Kinder überhaupt Taschengeld bekommen, und zwar regelmäßig.

M 3 a So viel Taschengeld ist angemessen

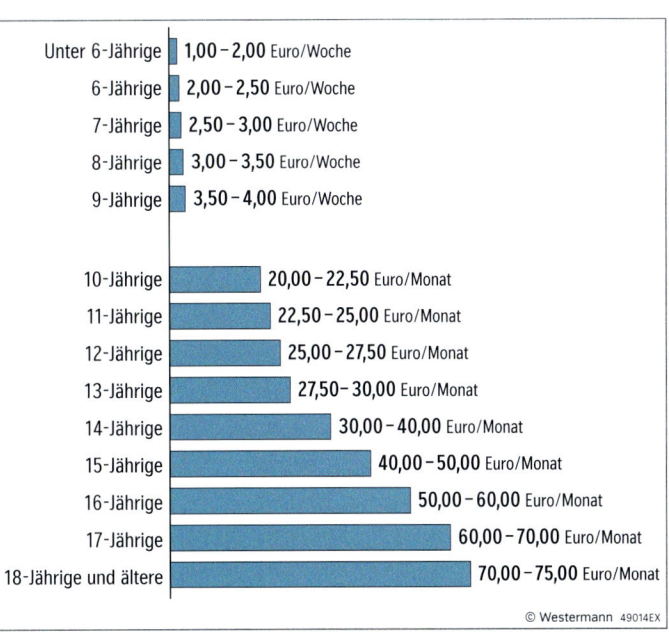

Alter	Empfehlung
Unter 6-Jährige	1,00 – 2,00 Euro/Woche
6-Jährige	2,00 – 2,50 Euro/Woche
7-Jährige	2,50 – 3,00 Euro/Woche
8-Jährige	3,00 – 3,50 Euro/Woche
9-Jährige	3,50 – 4,00 Euro/Woche
10-Jährige	20,00 – 22,50 Euro/Monat
11-Jährige	22,50 – 25,00 Euro/Monat
12-Jährige	25,00 – 27,50 Euro/Monat
13-Jährige	27,50 – 30,00 Euro/Monat
14-Jährige	30,00 – 40,00 Euro/Monat
15-Jährige	40,00 – 50,00 Euro/Monat
16-Jährige	50,00 – 60,00 Euro/Monat
17-Jährige	60,00 – 70,00 Euro/Monat
18-Jährige und ältere	70,00 – 75,00 Euro/Monat

© Westermann 49014EX

Übersicht nach den Empfehlungen des Deutschen Jugendinstituts von 2024

M 3 b Wofür Kinder ihr Taschengeld ausgeben

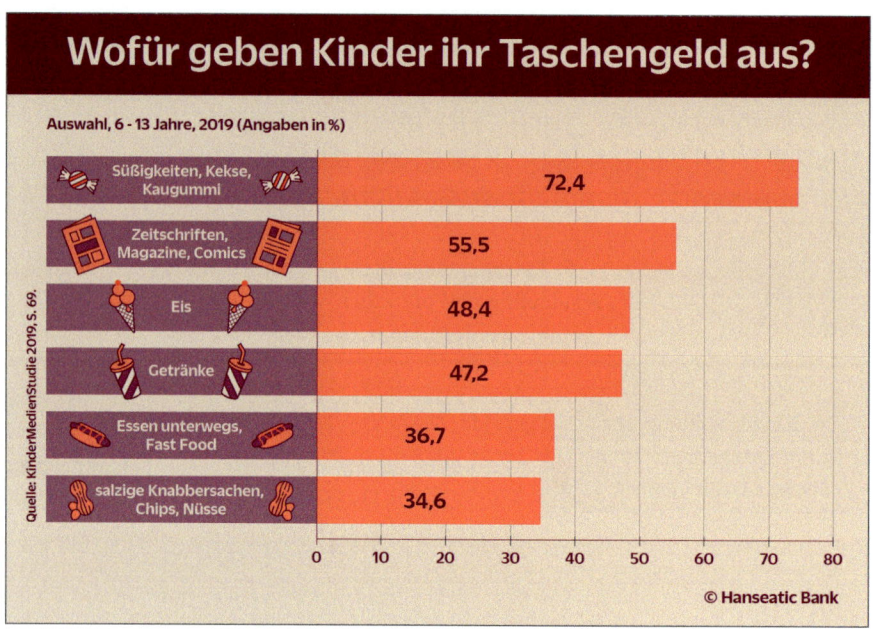

Wofür geben Kinder ihr Taschengeld aus?

Auswahl, 6 - 13 Jahre, 2019 (Angaben in %)

Kategorie	Prozent
Süßigkeiten, Kekse, Kaugummi	72,4
Zeitschriften, Magazine, Comics	55,5
Eis	48,4
Getränke	47,2
Essen unterwegs, Fast Food	36,7
salzige Knabbersachen, Chips, Nüsse	34,6

Quelle: KinderMedienStudie 2019, S. 69.

© Hanseatic Bank

M 4 Kinder in der Wirtschaft – bitte nicht unterschätzen!

Kinder im Alter zwischen 6 und 14 Jahren verfügen insgesamt über eine hohe Kaufkraft, denn sie erhalten in der Regel von ihren Eltern Taschengeld. Außerdem erhalten sie oft Geldgeschenke, z. B. zu Geburts- oder Festtagen. Davon sparen viele Kinder zwar einen Teil, können sich dann aber durchaus auch größere 5 Wünsche erfüllen. Mittlerweile haben sich die Güter, für die Kinder ihr Geld ausgeben, deutlich verändert. Zwar stehen nach wie vor Spielzeug oder Süßigkeiten an erster Stelle, doch zunehmend gewinnen digitale Güter an Bedeutung, z. B. Apps, Online-Spiele oder Musikdownloads. In Deutschland bekommen die meisten 10 Kinder im Alter zwischen 6 und 12 Jahren ihr erstes Smartphone. Das wissen viele Unternehmen sehr genau und sprechen die Kinder auch gezielt als Konsumentinnen und Konsumenten an. Außerdem beeinflussen Kinder auch häufig die Kaufentscheidungen ihrer Eltern, beispielsweise beim Kauf von Lebensmitteln, bei der 15 Auswahl des Urlaubs, bei der Art der Unterhaltungselektronik usw. In Unternehmen gibt es extra Fachleute, die sich darüber Gedanken machen, wie man am besten Produkte an Kinder vermarkten kann, z. B. mit welchen Werbespots oder häufig auch in Kinderfernsehsendungen. Viele Kinder und Jugendliche werden 20 sogar selbst aktiv und denken sich eigene „Contents" aus, indem sie z. B. Videos auf YouTube hochladen, über ihre Interessen bloggen oder sie auf sozialen Medien mitteilen. Dadurch treten sie selbst für die Unternehmen als Werbende auf.

(Autorentext)

2.1, 2.2, 4.1

1 Geht bei der Bearbeitung von M 3 a und M 3 b auf folgende Fragen und Aufgaben ein:
- Welche Verbindlichkeit haben Taschengeldempfehlungen?
- Welche Altersgruppen werden in den beiden Grafiken unterschieden?
- Die 6- bis 9-jährigen Kinder sollten ihr Taschengeld wöchentlich ausbezahlt bekommen. Welche Gründe stecken wohl dahinter?
- Seid ihr mit der Höhe der Empfehlungen einverstanden? Begründet eure Meinung.
- Recherchiert die aktuellen Empfehlungen des Deutschen Jugendinstituts.
- Stellt dar, wofür Kinder zwischen 6 und 13 Jahren ihr Taschengeld am häufigsten ausgeben. Zur Erläuterung solltet ihr die Methode „Prozentzahlen besser verstehen" (siehe unten) hinzuziehen.
- Stimmt die Rangliste mit eurer überein?

2 Bearbeitet M 4 nach der Methode „Sachtexte erschließen" (siehe S. 28).

3 Erstellt in einer Gruppe eine Kurzpräsentation mit folgender Gliederung:
- **a)** Gibt es ein Recht auf Taschengeld?
- **b)** Empfehlungen für die Höhe des Taschengeldes
- **c)** Wofür Kinder ihr Taschengeld ausgeben
- **d)** Warum Kinder ein wichtiger Wirtschaftsfaktor sind

In M 3 a und M 3 b und in noch vielen anderen Materialien dieses Buches wird von Prozentzahlen gesprochen. Mit der folgenden Methode erfahrt ihr, was es damit auf sich hat. Arbeitet die Methode durch mit dem Ziel, später in der Klasse erklären zu können, was eine Prozentzahl ausdrückt.

Prozentzahlen besser verstehen   **Methode**

Die Grafik M 3 b ist ein Beispiel für eine Art, bestimmte Daten anzugeben, die ihr häufig finden könnt: Bestimmte Zahlenwerte sollen in ihrem Größenverhältnis zueinander anschaulich dargestellt werden, und zwar in Prozentzahlen.

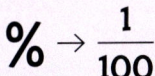

$$\% \to \frac{1}{100}$$

Prozent bedeutet „von Hundert, Hundertstel". Der Begriff stammt aus dem Italienischen (cento = hundert). Das Zeichen für Prozent ist %. Als Abkürzung findet man manchmal p. c. oder auch v. H. (= „von Hundert"). Ein Prozent ist ein Hundertstel. 100 % sind somit ein Ganzes. Wenn jemand 50 Prozent seines Taschengeldes für etwas Bestimmtes ausgibt, dann ist das genau die Hälfte seines Taschengeldes. Gibt er 25 Prozent seines Taschengeldes für etwas aus, dann ist das genau ein Viertel seines Taschengeldes (die Grafiken in der Mitte verdeutlichen dies noch einmal).
Prozentzahlen kommen zustande, wenn man ein Ganzes, eine Gesamtheit gleich hundert setzt und

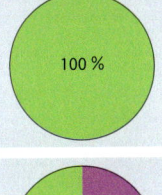

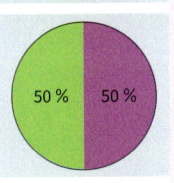

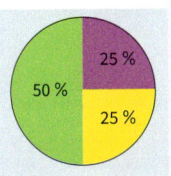

dann ausrechnet, welchen Anteil etwas an der Gesamtheit hat. Wenn die Gesamtgröße selbst 100 beträgt, ist die Rechnung ganz leicht; dann sind z. B. 32 von Hundert = 32 %. Wie verfährt man aber, wenn die Gesamtgröße nicht 100 ist, sondern eine ganz andere Zahl? Dann gibt es eine ganz einfache Methode: Man nimmt die Zahl, deren prozentualen Anteil man ausrechnen will, mal hundert und teilt diese Zahl dann durch die Gesamtzahl.
Ein Beispiel: In eurer Klasse sind 30 Schülerinnen und Schüler, und davon sind 18 Mädchen. Ihr wollt den „prozentualen" Anteil (das heißt: den Anteil in Prozent) der Mädchen an der Klasse ausrechnen.
Rechnung: 18 x 100 = 1800 : 30 = 60. In eurer Klasse sind also 60 % Mädchen. Das heißt gleichzeitig: 40 % Jungen.
Bezogen auf die Grafik M 3 b bedeutet dies: 72,4 % der Kinder geben ihr Taschengeld für Süßigkeiten, Kekse und Kaugummi aus, also (etwas gerundet) 72 von 100 Kindern.

(Autorentext)

2. Was dürft ihr mit eurem Taschengeld machen?

M5   Ohne Erlaubnis der Eltern einkaufen – geht das?

Mal angenommen, Julia (10 Jahre) möchte sich von ihrem Taschengeld ein neues Smartphone kaufen, das 139 Euro kosten soll. Wird sie das Smartphone wohl bekommen? Wie sehen die rechtlichen Bestimmungen aus?

Bürgerliches Gesetzbuch (BGB):
Viele Bereiche unseres Lebens sind durch Gesetze geregelt. Ob es sich dabei um Kaufverträge handelt oder um Schulden, um Mietprobleme oder um Erbschaften – all das ist im Bürgerlichen Gesetzbuch (Abkürzung: BGB) geregelt. Vereinfacht gesagt sind dort die Rechte und Pflichten der Bürger untereinander festgelegt.

(Christiane Toyka-Seid, Gerd Schneider, Bundeszentrale für politische Bildung, Bonn; https://www.hanisauland.de/wissen/lexikon/grosses-lexikon/b/buergerliches_gesetzbuch.html [04.09.2024])

Was ihr mit eurem Geld machen dürft und was nicht, ist im Bürgerlichen Gesetzbuch (BGB) festgelegt. Welche Einkäufe du machen darfst, das heißt, ob du „geschäftsfähig" bist, ist zum Beispiel abhängig von deinem Alter.

Kinder unter 7 Jahren sind nicht geschäftsfähig. Wenn ein 6-jähriges Kind trotzdem etwas kauft, gilt der Kauf nicht. Die Eltern können den Gegenstand wieder in den Laden zurückbringen, wenn sie nicht damit einverstanden sind. 5

Anders wird die Sache nun aber, wenn ein Kind, das mindestens 7 Jahre ist, Einkäufe von seinem Taschengeld bezahlt. In diesem Fall geht das Bürgerliche Gesetzbuch (BGB) davon aus, dass das Taschengeld den Kindern zur freien Verfügung steht und sie damit machen können, was sie wollen, und nicht die Erlaubnis der Eltern brauchen. [Das steht im sogenannten „**Taschengeldparagrafen**" des BGB, siehe Seite 79.] 10

15

Welche Geschäfte darf man unter 18 **nicht** alleine machen?
- alles, was mit schriftlichen Verträgen und Verpflichtungen zu tun hat (Beispiele: Handykauf [mit Vertrag], Zeitungsabo abschließen, Kredit aufnehmen usw.)
- Käufe von Dingen, die Jugendliche nicht besitzen dürfen (Beispiele: Zigaretten, Waffen, Alkohol usw.)
- Käufe teurer Geräte und Anschaffungen, die normales Taschengeld überschreiten (Beispiele: Autos, Häuser, teure Elektronik)

Der Taschengeldparagraf sagt allerdings nicht, für wie viel Geld die Kinder einkaufen dürfen. Vielleicht zweifelt ein Verkäufer daran, dass ein 8-jähriges Kind eine CD für 50 Euro von seinem Taschengeld kaufen kann. Dann kann es sein, dass er eine *Erlaubnis der Eltern* sehen will.

So lautet der Taschengeldparagraf (Paragraf 110 im BGB):

§ 110 BGB [Vertragsschluss durch Bewirken der vertragsmäßigen Leistung, Taschengeldparagraf] Ein von dem Minderjährigen ohne Zustimmung des gesetzlichen Vertreters geschlossener Vertrag gilt als von Anfang an wirksam, wenn der Minderjährige die vertragsmäßige Leistung mit Mitteln bewirkt, die ihm zu diesem Zwecke oder zu freier Verfügung von dem Vertreter oder mit dessen Zustimmung von einem Dritten überlassen worden sind.

(© Deutsches Kinderhilfswerk e.V., https://dkhw.de, Berlin; https://www.kindersache.de/bereiche/kinderrechte/antworten-zu-kinderrechten/taschengeldparagraph [04.09.2024])

1 Habt ihr schon mal eine Situation erlebt, in der ihr etwas Teures kaufen wolltet? Wenn ja, berichtet davon.

2 Warum ist Julias Alter wichtig für die Antwort auf die Frage, ob sie das Smartphone wohl bekommt?

3a Versucht zunächst den (schwierigen) Text des „Taschengeldparagrafen" mit eigenen Worten zu formulieren (Minderjährige sind zwischen einschließlich 7 und 17 Jahre alt).

3b Überprüft dann, ob in der folgenden Erklärung alles Wesentliche enthalten ist.

Taschengeldparagraf

Minderjährige dürfen Kaufverträge mit dem ihnen von den Eltern zur Verfügung gestellten Geld abschließen, wobei Barzahlung Bedingung ist (§ 110 BGB).

(Duden Wirtschaft von A bis Z: Grundlagenwissen für Schule und Studium, Beruf und Alltag. 6. Aufl. Mannheim: Bibliographisches Institut 2016. Lizenzausgabe Bonn: Bundeszentrale für politische Bildung 2016)

Fallbeispiel

M 6   Greta und die teure Jeansjacke

Greta, 14 Jahre alt, hat im Schaufenster eine tolle Jeansjacke gesehen und möchte sie nun kaufen, obwohl sie mit 170 Euro ziemlich teuer ist.
Der Verkäufer fragt nach, woher sie denn das Geld
5 habe. Sie erzählt ihm, dass sie neben der Schule gelegentlich arbeitet (was auch stimmt) und dass sie auch noch Geld von ihrem Onkel bekommen habe. Der Verkäufer glaubt ihr jedoch nicht und will ihr die Jacke nicht verkaufen.
10 Greta ist total sauer und beschwert sich zu Hause bei ihren Eltern. Die finden aber auch, dass eine Jacke für 170 Euro viel zu teuer für sie sei, und verbieten ihr den Kauf.
Jetzt ist Greta erst recht wütend. Da sie dieselbe
15 Jacke auch noch in einem anderen Laden gesehen hat, versucht sie es dort. Sie hat Glück, die Verkäuferin fragt nicht nach und Greta kann endlich die heiß ersehnte Jeansjacke kaufen. Zu Hause versteckt sie sie vorsichtshalber vor ihren Eltern, was aber nicht lange gut geht – die Eltern entdecken die Jacke und bringen sie zurück in das zweite Geschäft. Dort ver-
20 langen sie, dass sie zurückgenommen wird. Der Geschäftsführer weigert sich allerdings. Nun sind alle Beteiligten sauer: Greta, weil ihr ihre Eltern die Jacke wegnehmen wollen, und die Eltern, weil ihre Tochter so bockig ist und nicht auf sie hören will. Sie beschließen, künftig strenger mit Greta zu sein, und verbieten ihr als Erstes, neben der Schule ihr Taschengeld durch Jobben aufzubessern.
(Autorentext)

Nutzt für die Bearbeitung der folgenden Aufgaben eure Kenntnis des Taschengeldparagrafen.

Blickwinkel

1 Was meint ihr: Verhält sich der erste Verkäufer richtig?

2 Verhalten sich Gretas Eltern richtig, als sie ihr den Kauf verbieten?

3 Hat der Geschäftsführer des zweiten Geschäfts recht?

4 Könnt ihr Gretas Eltern verstehen? Welche Lösungsmöglichkeiten seht ihr für den Konflikt, der am Schluss des Textes beschrieben wird?

5 Wie ist eure Meinung? Für wie sinnvoll haltet ihr den „Taschengeldparagrafen"? Begründet, indem ihr die für euch wichtigsten Argumente vorbringt.

Praxis

6 Fragt in verschiedenen Geschäften nach: Gab es Fälle, in denen Kindern und Jugendlichen etwas nicht verkauft worden ist, weil das Produkt zu teuer im Sinne des Taschengeldparagrafen war? Gab es schon Probleme mit Eltern, weil das Geschäft den Kindern angeblich „zu teure" Produkte verkauft hat?

3. Mit Geld richtig umzugehen will gelernt sein

M7   Max hat ein Problem!

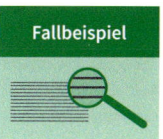

Max hat ein Problem: Es ist erst Mitte des Monats. Im Laden gibt es das neue Computerspiel, seine Freunde wollen mit ihm ins Kino gehen, und bei ihm herrscht wieder einmal Ebbe im Portemonnaie. Eigentlich wollte er auch noch etwas sparen, denn schon lange wünscht er sich ein ganz bestimmtes Skateboard, das aber leider 199 Euro kosten soll.
5 Seinen Eltern ist es zu teuer, er soll etwas dazugeben, mindestens 50 Euro! Wie soll ihm das nur gelingen, bei 30 Euro Taschengeld im Monat? Er weiß, das ist schon viel mehr, als andere aus seiner Klasse bekommen, aber irgendwie bekommt er das mit seinen Finanzen nicht geregelt! Er weiß, dass seine Mutter zur besseren Übersicht monatlich einen Finanzplan aufstellt, in dem sie alle Einnahmen und Ausgaben der Familie festhält
10 und so besser entscheiden kann, was sich die Familie in diesem Monat noch leisten kann oder eben nicht.
Ca. 3900 Euro verdienen Max' Eltern zusammen im Monat. Das kommt Max ziemlich viel vor. Aber schließlich muss davon die Familie ernährt werden, und jeden Monat müssen davon ja auch noch Miete, Strom, Versicherungen, Telefongebühren etc. bezahlt
15 werden. Ein Finanzplan hilft herauszufinden, wie viel Geld zur freien Verfügung übrig bleibt. Den Einnahmen der Familie (Lohn, Gehalt) werden die festen Ausgaben, die jeden Monat bezahlt werden müssen (Miete, Telefongebühren, Versicherungen etc.) und die veränderlichen Ausgaben (z. B. Lebensmittel, Benzin, Geburtstagsgeschenke etc.) gegenübergestellt.
20 Max hat zwar noch keinen eigenen Haushalt, aber trotzdem könnte ein solcher Plan nützlich für ihn sein. Er könnte sich zum Beispiel mit einem Taschengeldplan einen Überblick über seine „Finanzen" verschaffen. Das könnte so aussehen:

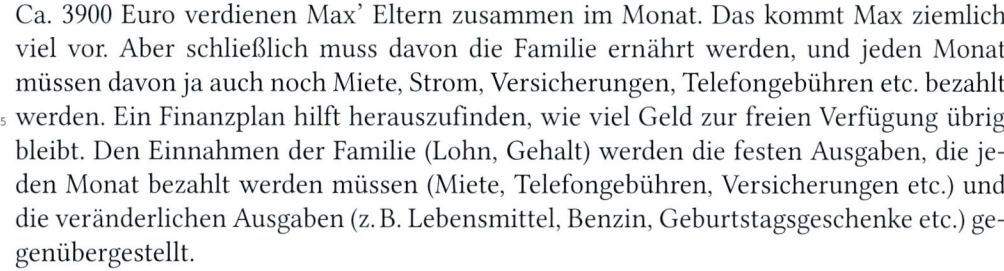

Taschengeldplan/Haushaltsplan

Einnahmen:		Ausgaben:	
		Feste Ausgaben:	
Taschengeld	30,00 Euro		
Einkaufen für Oma	7,00 Euro	Schwimmbad	2,50 Euro
Sonstiges (z. B. Geschenke)	7,00 Euro	Fußballzeitschrift	6,00 Euro
Summe	**44,00 Euro**	*Veränderliche Ausgaben:*	
		Eis und Pommes frites	12,50 Euro
		Geburtstagsgeschenke	5,50 Euro
		Kino oder Ähnliches	10,00 Euro
Rest: 44,00 Euro − 36,50 Euro = 7,50 Euro		**Summe**	**36,50 Euro**

Max' Haushaltsplan ergibt danach tatsächlich eindeutig, dass er durchaus jeden Monat etwa acht Euro und sogar mehr sparen könnte, wenn er seine veränderlichen Ausgaben
25 sorgfältiger überlegen und vielleicht auch einmal auf etwas verzichten würde.
Außerdem gibt ihm seine Mutter noch folgende Tipps:
● Das Geld wochenweise einteilen!
● Einnahmen verteilen: Geld für Taschengeld und für Jobs nicht zur gleichen Zeit auszahlen lassen!

- Eine Liste für wichtige Geburtstage oder Veranstaltungen für den Monat im Voraus ₃₀ erstellen und das dafür benötigte Geld zurücklegen!
- Das Geld, das man sparen will, sofort zur Seite legen!

(Autorentext)

1   Beschreibt das Problem, das Max in dem Beispiel hat.

2   Erläutert den möglichen Taschengeldplan von Max.

3   Ermittelt anhand des beispielhaften Taschengeldplans, wie lange Max in etwa sparen müsste, um die 50 Euro für das Skateboard aufzubringen.

4   Erklärt, warum die Tipps der Mutter bei einem sparsamen Umgang mit dem Geld helfen könnten.

5   Nennt Max noch weitere Tipps, die euch einfallen.

M 8   Ein Plan für Einnahmen und Ausgaben

Hier kannst du deine Einnahmen aufschreiben und zusammenrechnen.

Monat	Taschengeld	selbst verdientes Geld	Geldgeschenke	sonstige Einnahmen	Einnahmen gesamt
Januar	10 €		5 €		15 €
Februar	10 €	Hilfe beim Schneeschieben 5 €	Opa 5 €		20 €

Im Monat .... habe ich mein Geld ausgegeben für:

Wie viel Geld hast du noch übrig? =

Tag	Snacks und Süßes	Handy, Spiele und Musik	Zeitschriften und Bücher	Schule, Sport und Kino	Geschenke	Sparen			Ausgaben pro Tag
1	0,50 €		1,50 €						2,00 €

(Oben: Jahresübersicht Einnahmen, unten: Monatsübersicht Ausgaben; Quelle: Mein Taschengeldplaner, © 2017 Geld und Haushalt – Beratungsdienst der Sparkassen-Finanzgruppe, Berlin)

1   In M 8 seht ihr ein Beispiel für einen möglichen „Finanzplan". Beschreibt, wie er aufgebaut ist.

2   Erstellt für euch selbst einen vergleichbaren Plan mit festen und veränderlichen Einnahmen und Ausgaben. Überlegt auch, welche Möglichkeiten ihr seht, eure Einnahmen zu erhöhen und eure Ausgaben zu senken.

M9 Zwischen Minimal- und Maximalprinzip

Das knapp bemessene Taschengeld von Max zwingt ihn dazu, sorgfältig zu haushalten und vernünftig zu handeln. Er muss die richtigen Entscheidungen treffen. Die Wirtschaftswissenschaftler („Ökonomen") würden sagen: Sein wirtschaftliches („ökonomisches") Handeln muss „vernünftig" und „rational" (vom Verstand bestimmt, nicht vom
5 Gefühl) sein. Er muss seine zur Verfügung stehenden Mittel so einsetzen, dass er seine Bedürfnisse bestmöglich („optimal") befriedigen kann. Das könnte er auf zweierlei Weise (nach zwei unterschiedlichen Grundsätzen/Prinzipien) zu erreichen versuchen:

Maximalprinzip	ökonomisches Prinzip:	Minimalprinzip
Man verfügt über bestimmte *Mittel* und will damit einen größtmöglichen Erfolg erzielen.		Man strebt ein bestimmtes *Ziel* an und will dabei möglichst geringe Mittel aufwenden.

(Autorentext)

1 Erklärt die beiden Prinzipien, nach denen man sich „ökonomisch" verhalten kann. Von welchem unterschiedlichen Ausgangspunkt geht man jeweils aus? ▶‖ F

2 Die beiden Prinzipien spielen nicht nur beim Umgang mit Geld eine Rolle, sondern auch bei sonstigem Aufwand (z. B. Arbeitszeit), den man betreibt, um bestimmte Ziele zu erreichen. Denkt dabei einmal an eure Situation und euer Verhalten als Schülerinnen oder Schüler: Nach welchem Prinzip handelt jemand, der für die nächste Klassenarbeit nur so viel lernt, dass er wenigstens eine Vier schafft? Was unterscheidet dieses Verhalten von jemandem, der sich so gut vorbereitet wie nur eben möglich, um eine möglichst gute Note zu erreichen?

3 Minimal- oder Maximalprinzip? Entscheidet jeweils und denkt euch weitere Fälle aus.

① Deine Familie möchte mit dem vorhandenen Urlaubsgeld so lange/so weit weg/so bequem wie möglich verreisen.

② Oskar will das gerade auf den Markt gekommene Smartphone als „Schnäppchen" ergattern.

③ Aylin hat nur noch 30 Euro übrig. Wie soll sie damit für alle Familienmitglieder Weihnachtsgeschenke kaufen?

④ Dario und Anna wollen zusammen ihre Geburtstage feiern. Dafür wollen sie möglichst günstig Essen und Getränke besorgen.

4 Was müsste Max tun, wenn er nach dem Maximalprinzip handeln möchte?

Was ihr jetzt wissen und können solltet:

✓ M**S**U**H** begründen, warum es wichtig ist, dass Kinder Taschengeld bekommen;

✓ M**S**U**H** wissen, welche Empfehlungen für Taschengeld gegeben werden, und diese mit tatsächlichen Zahlen vergleichen;

✓ M**S**U**H** wissen, wofür Kinder ihr Taschengeld hauptsächlich ausgeben;

✓ M**S**U**H** erläutern, was Prozentzahlen ausdrücken;

✓ M**S**U**H** rechtliche Bestimmungen kennen, die regeln, was Kinder selbstständig kaufen können;

✓ **M**S**UH** den „Taschengeldparagrafen" auf konkrete Fälle anwenden, bei der Beurteilung unterschiedliche Blickwinkel einnehmen und seine Einhaltung in Geschäften erkunden;

✓ **M**S**UH** erklären, warum man planvoll mit seinem Geld umgehen muss, und einen eigenen „Finanzplan" erstellen;

✓ **M**S**UH** wissen, was das Minimalprinzip und das Maximalprinzip sind, und diese beiden Prinzipien auf eigene Verhaltensweisen anwenden können

Was ihr wisst – was ihr könnt – wie ihr es seht

1. Eine Provokation   M S U H

> „Warum sollen 10-Jährige schon ein regelmäßiges Taschengeld bekommen? Die verplempern es doch nur.
> Und außerdem: Wenn mein Sohn mal etwas Geld braucht, gebe ich es ihm schon, wenn ich es für richtig halte!"

■■■ Was würdet ihr dem Vater auf diese Äußerung antworten? Entwerft eine überzeugende Begründung für eure Meinung.

2. Zeigt, dass ihr Expertinnen und Experten für Taschengeld und Wirtschaft seid!   M S U H

■■■ Schreibt die folgenden Fragen auf je eine Karteikarte. Findet euch mit einem Partner/ einer Partnerin zusammen und formuliert gemeinsam eine Antwort. Anschließend könnt ihr – am besten mit anderen Kindern aus eurer Klasse – mit diesen Karten ein Fachwör-ter-Quiz spielen. Vielleicht gibt es an den ursprünglichen Antworten noch etwas zu ergänzen oder zu verbessern?

1. Was versteht man unter **Taschengeldempfehlungen**?
2. Was regelt der **„Taschengeldparagraf"**?
3. Was regelt das **„Bürgerliche Gesetzbuch" (BGB)**?
4. Worüber geben **Prozentzahlen** Aufschluss?
5. Was sollte ein **Taschengeldplan** enthalten und wofür ist er gut?
6. Was besagt das **Maximalprinzip**? Beispiel!
7. Was besagt das **Minimalprinzip**? Beispiel!

3. Eltern als Nutztiere? – Eine Karikatur   M S U H

"KÜHE SIND NUTZTIERE, WEIL SIE MILCH GEBEN. ELTERN SIND AUCH NUTZTIERE, WEIL SIE TASCHENGELD GEBEN!"

■■■ In der Karikatur vergleicht der Junge Eltern mit Nutztieren wie z. B. Kühen. Was haltet ihr von diesem Vergleich?

Wenn ihr noch mehr lernen wollt ...

D1   Einen Taschengeldplan aufstellen

Im Folgenden findet ihr drei Beispiele, bei denen Kinder einen Plan erstellen sollen, wie sie in einem Monat mit ihrem Taschengeld auskommen können. Entscheidet euch (in Partnerarbeit) für ein Beispiel und stellt einen Taschengeldplan auf. Die Kosten für die jeweiligen Wünsche findet ihr im Anschluss an die Texte.

Stellt euren Plan, den ihr für Anna, Jonas oder Yunus vorlegen wollt, in der Klasse vor und begründet eure Überlegungen. Berücksichtigt dabei ihre jeweiligen Bedürfnisse und Möglichkeiten.

Noch ein wichtiger Hinweis: Das Geld muss nicht zwangsläufig komplett ausgegeben werden!

a) Anna

Anna ist 12 Jahre alt, spielt Handball im Verein und trifft sich in ihrer Freizeit gerne mit ihrer Mädchenclique. In ihrem Zimmer steht ein großes Bücherregal voll mit Kriminalromanen.

Am Wochenende geht Anna zur Geburtstagsfeier ihrer besten Freundin und braucht ₅ noch dringend ein Geschenk. Ihre Freundin wünscht sich schon lange eine bestimmte DVD, das hat sie ihr verraten, die kostet aber 20 €. Anna überlegt, ob sie ihre Freundin stattdessen einmal zum Schwimmengehen einlädt.

Heute ist der 11te des Monats, das heißt für Anna, dass sie endlich wieder Taschengeld bekommt. Sie freut sich schon seit einer gefühlten Ewigkeit auf diesen Tag. Ihr Vater ₁₀ gibt ihr zwei 20-Euro-Scheine. Anna geht daraufhin gleich in ihr Zimmer und überlegt, was sie sich dafür kaufen könnte.

b) Jonas

Jonas ist letzte Woche 12 Jahre alt geworden und hat zu seinem Geburtstag zwei Springmäuse bekommen. Für die Verpflegung muss er selbst aufkommen, das hat er so mit ₁₅ seinen Eltern verabredet. Für diesen Monat wollte er eigentlich noch ein Laufrad für die Tiere kaufen. Futter usw. hätte er noch gerade genug. Er ist ein sehr ruhiger Typ, ein sehr fleißiger und guter Schüler.

Sport macht er nicht so gern. Jonas verbringt sehr viel Zeit zu Hause, um an seinem Computer die neuesten Spiele auszuprobieren. Wie viele Jugendliche in seinem Alter ₂₀ isst er leidenschaftlich gern Süßigkeiten, am liebsten täglich.

Heute ist der 11te des Monats, das heißt für Jonas, dass er endlich wieder Taschengeld bekommt. Er freut sich schon seit einer gefühlten Ewigkeit auf diesen Tag. Seine Mutter gibt ihm zwei 20-Euro-Scheine. Jonas geht daraufhin gleich in sein Zimmer und überlegt, was er sich dafür kaufen könnte. ₂₅

c) Yunus

Yunus ist 12 Jahre alt und ein absoluter Fußballfan. Er spielt nicht nur selber in der Jugend beim FC Bayern München, er versucht auch jedes Heimspiel anzuschauen. Yunus wünscht sich schon seit langer Zeit die neuen Fußballschuhe von einer bestimmten Marke, leider gibt es zu Weihnachten aber schon einen neuen Computer. Am Wochen- ₃₀ ende ist spielfrei und er kann endlich mit seinem Freund Martin ins Kino gehen, um

„Star Wars" zu schauen. Yunus liebt Süßigkeiten, er könnte jeden Tag fast eine ganze Tüte Gummibärchen verdrücken. Er hat sich angewöhnt, sobald er noch etwas Geld in der Tasche hat, direkt nach der Schule eine Tüte zu kaufen ... – so oft er kann.

35 Heute ist der 11te des Monats, das heißt für Yunus, dass er endlich wieder Taschengeld bekommt. Er freut sich schon seit einer gefühlten Ewigkeit auf diesen Tag. Seine Mutter gibt ihm zwei 20-Euro-Scheine. Yunus geht daraufhin gleich in sein Zimmer und überlegt, was er sich dafür kaufen könnte.

Fußballschuhe 80 Euro

Süßigkeiten 6 Euro

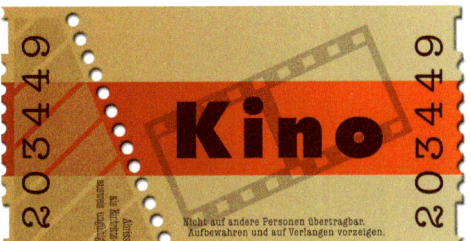

40 Kinobesuch 12 Euro

Tierzubehör 10 Euro

Computerspiel 30 Euro

Kriminalroman 20 Euro

DVD 20 Euro

Schwimmen 8 Euro

(Leicht verändert nach: Kompetenzorientiert Unterricht planen, Unterrichtseinheit: Der Umgang mit Taschengeld unter Berücksichtigung unterschiedlicher persönlicher Bedürfnisse; Betreuer: Dr. Benjamin Apelojg; https://www.uni-potsdam. de/fileadmin01/projects/meprooek/Material_und_Literaturtipps/Sammlung_Unterrichtsstunden_BWL_WiSe_15_16_fin.pdf, S. 8–11 [12.03.2019])

5

„Hier fühle ich mich (meistens) wohl!" – Meine Schule als Lebensraum

Darum wird es gehen

Schule – da kennt ihr euch aus! Aber ist das überhaupt ein Thema für den Politik-Unterricht? Wenn ihr euch mit den einzelnen Abschnitten dieses Kapitels beschäftigt, werdet ihr sehen, dass sich hinter dem alltäglichen Schulbetrieb bestimmte Voraussetzungen, Regeln und Zusammenhänge verbergen, die euch vielleicht gar nicht bewusst sind. Wenn man sie kennt, können sie aber manchmal dabei helfen, den Stress, der mit Schule oft verbunden ist, leichter zu bewältigen und das Miteinander in der Schule so zu gestalten, dass alle sich möglichst wohlfühlen.

*Der **erste kurze Abschnitt** gibt Gelegenheit zu spontanen Meinungsäußerungen über die Bedeutung der Schule für jede und jeden persönlich.*

*Der **zweite und dritte Abschnitt** sollen euch zeigen, welchen Einfluss Gruppen, die es auch in der Schule gibt, auf das Verhalten jeder und jedes Einzelnen haben. Es wird deutlich, dass an euch, beispielsweise als Schülerin oder Schüler, sehr viele und teilweise sogar gegensätzliche Erwartungen gerichtet werden. Der Umgang mit diesen (Rollen-)Konflikten ist nicht immer leicht: Wie entscheide ich mich richtig?*

*Der **vierte Abschnitt** ermöglicht euch, darüber nachzudenken, was euch ganz persönlich auszeichnet und welchen Einfluss z. B. die Schule, eure Familie oder euer Freundeskreis auf euer Leben hat.*

*Im **fünften Abschnitt** werdet ihr euch mit den Themen Konflikte, Streit und Mobbing in der Schule auseinandersetzen. Ihr erfahrt, welche Folgen Mobbing haben kann, warum es wichtig ist, sich zu streiten, und inwiefern sich ein „normaler" Streit von Mobbing unterscheidet.*

1. „Schule ist für mich ..." – Was bedeutet Schule für dich?

Zu diesem Thema haben alle etwas zu sagen, denn alle haben Erfahrungen mit der Schule gemacht, zuerst als Schülerin oder Schüler, später viele als Eltern und manche als Lehrer oder Lehrerin. Häufig wird in Gesprächen von guten oder angenehmen Erfahrungen berichtet, doch manchmal kommt auch Unangenehmes zur Sprache.

Zum Einstieg:

 Beschreibt, was auf den Fotos auf der Auftaktseite des Kapitels zu sehen ist und welche unterschiedlichen Aspekte von Schule damit aufgezeigt werden.

Praxis

4.1

 Spiegeln die Fotos auf der Auftaktseite das Schulleben richtig wider? Werdet selbst aktiv und nehmt Fotos auf, die unterschiedliche Aspekte von „Schule" zeigen, und zwar so, wie ihr sie seht. Ihr könnt euch dabei an den Beispielbildern auf S. 88 orientieren. Findet euch dazu in Kleingruppen (ca. vier Personen) zusammen, erstellt die Fotos (z. B. mit dem Smartphone) und präsentiert diese anschließend in der Klasse[1].

M1   Was denkt ihr? – Schule ist ...

 Was könnte in den Sprechblasen stehen? Notiert in eurem Heft, wie ihr über die Schule denkt und was sie euch bedeutet.

---

[1] Beachtet dabei aber unbedingt das sogenannte „Recht am eigenen Bild": Bilder, auf denen eindeutig Personen zu identifizieren sind, dürfen nur mit deren Einverständnis veröffentlicht werden. Sind Kinder abgebildet, braucht ihr die Einwilligung der Eltern bzw. Erziehungsberechtigten.

Wie bereits erwähnt, gibt es unterschiedliche Meinungen und Auffassungen zum Thema Schule. Wir schlagen euch vor, mit der Placemat-Methode eure unterschiedlichen Gedanken und Meinungen zu diesem Thema zu sammeln und euch darüber auszutauschen.

Placemat   Methode

Was ihr braucht:
Pro Kleingruppe (4 Personen) benötigt ihr ein DIN-A3-Blatt bzw. ein (halbes) Flip-Chart-Blatt und Stifte. Die Blätter müsst ihr so in Felder aufteilen, dass jedes Mitglied ein eigenes Feld zum Beschriften hat. Außerdem muss in der Mitte ein Feld für die ganze Gruppe eingezeichnet sein (siehe Skizze rechts).

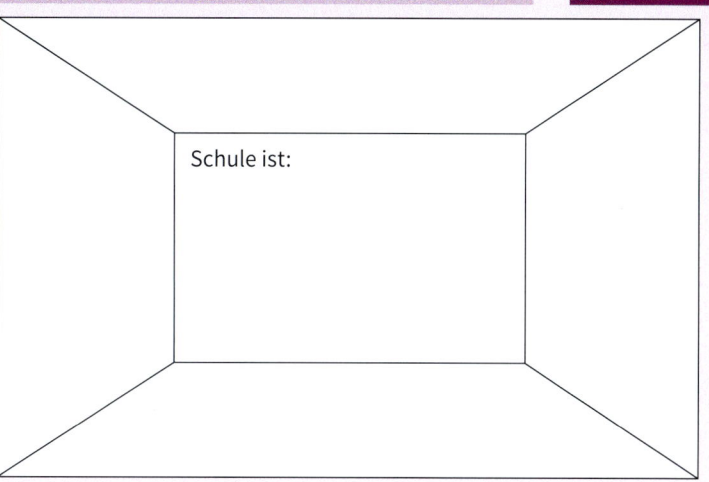

Schule ist:

Vorgehensweise:
Jeder notiert seine eigenen Vorstellungen in das vor ihm liegende Feld, ohne mit den anderen zu sprechen (ca. 3 Minuten).

Dann wird das Blatt um eine Position weitergedreht. Jeder darf nun lesen, was seine Vorgängerin oder sein Vorgänger geschrieben hat, und kann es schriftlich kommentieren, ergänzen, bestätigen, etwas Neues hinzuschreiben usw. So findet ein „stummer Austausch“ über unterschiedliche Erfahrungen und Meinungen statt. Jeder hat für jedes Feld maximal 3 Minuten Zeit. Das Placemat wird so lange um eine Position weitergedreht, bis die Felder des Blattes wieder an ihrer Ausgangsposition angekommen sind. Jedes Gruppenmitglied kann nun die Beiträge der anderen Gruppenmitglieder zu seinem eigenen Beitrag lesen und kann sie bei Bedarf kurz ergänzen oder kommentieren.

Anschließend tauschen sich die Gruppenmitglieder in einer Diskussion über ihre Anmerkungen aus (max. 5 Minuten). Danach halten sie in dem mittleren (gemeinsamen) Feld die Auffassungen fest, die sie in der Gruppe als besonders wichtig angesehen haben.

So geht es weiter:
Die Arbeitsergebnisse von mehreren Gruppen (Notizen im Gruppenfeld) können miteinander verglichen werden. Vielleicht kommt es auch zu einem Meinungsaustausch.

(Autorentext)

🟩 Führt die Methode Placemat durch. Stellt die Ergebnisse eurer Gruppenarbeit in der Klasse vor und vergleicht diese anschließend:
- Welche Gemeinsamkeiten erkennt ihr?
- Inwiefern unterscheiden sich eure Vorstellungen von Schule aber auch?
- Wie lautet euer gemeinsames Fazit als Klasse? Versucht euch auf eine Vervollständigung des folgenden Satzes zu einigen: „Schule ist für uns …“

2. Einer für alle und alle für einen? – Gruppen in der Schule

M 2   „Alle, die ..." – So tickt unsere Klasse!

Heute beginnt ihr den Unterricht einmal etwas anders, und zwar mit einem **Spiel**. Dazu müsst ihr die Tische und Stühle zunächst aus der Mitte des Klassenraums wegräumen, sodass sich eine große Fläche bildet, auf der ihr euch im Kreis aufstellt. Alternativ könnt ihr auch in die Pausenhalle oder den Pausenhof gehen. Das Spiel funktioniert so:
Ein Schüler oder eine Schülerin aus eurer Runde richtet sich an die ganze Klasse mit 5
einem Impuls, der etwa so lauten kann: *„Alle, die an ihrem ersten Schultag an unserer Schule aufgeregt waren, treten in die Mitte des Kreises."* Bei jeder Runde kann einer oder eine aus der Mitte kurz etwas darüber erzählen, warum er oder sie z. B. am ersten Schultag etwas aufgeregt war. Nun ist der Nächste an der Reihe. Alle Fragen sind erlaubt, aber niemand wird ausgelacht. Folgende Fragen können gestellt werden, natürlich könnt ihr 10
aber auch eigene ergänzen:
Alle, die ...

- *... an ihrem ersten Schultag an unserer Schule aufgeregt waren, ...*
- *... in einem Sportverein sind, ...*
- *... ein Musikinstrument spielen, ...*   15
- *... Fan von ... sind, ...*
- *... lieber häufiger Kunstunterricht hätten, ...*
- *... morgens mit dem Bus zur Schule kommen, ...*
- *...*

... treten in die Mitte des Kreises."   20

(Autorentext)

Wertet das Spiel im Anschluss gemeinsam mit eurem Lehrer oder eurer Lehrerin aus. Orientiert euch dabei an folgenden Fragen:
- Welche Gemeinsamkeiten und Unterschiede innerhalb eurer Klasse habt ihr festgestellt?
- Haben euch einige Antworten eurer Mitschülerinnen und Mitschüler überrascht?
- Wie habt ihr euch während des Spiels gefühlt? Gab es Momente, in denen ihr euch unwohl gefühlt habt?
- Wie war es, wenn besonders viele bzw. besonders wenige eurer Mitschülerinnen und Mitschüler in die Mitte getreten sind?

Ihr bewegt euch täglich in unterschiedlichen Gruppen. Auch eure Klassengemeinschaft ist eine Gruppe. Was genau man unter einer Gruppe versteht, erfahrt ihr auf den folgenden Seiten.

M 3 a   Die Klasse als Gruppe

Eine gute Klassengemeinschaft ist oft ausschlaggebend dafür, dass man sich in der Schule wohlfühlen kann. Eine Klasse ist ein Beispiel für eine Gruppe. Ihr kennt sicherlich auch noch andere Gruppen, z. B. eine Fußballmannschaft, einen Schachklub und viele mehr. Man sagt auch, die Gruppe Klasse ist eine *formelle Gruppe,* weil für eine Schulklasse bestimmte vorgeschriebene Formen und Regeln gelten, an welche die Klasse gebunden 5 ist. Sie ist auch eine *Zwangsgruppe,* weil man sich ja normalerweise die Klasse nicht aussuchen kann, in die man gerne möchte.

Wenn sich bestimmte Schülerinnen und Schüler einer Klasse nachmittags z.B. zu einem Fußballspiel treffen, spricht man von einer *informellen* Gruppe. Diese Schülerinnen und

10 Schüler treffen sich freiwillig, weil sie eben gerne Fußball spielen und weil sie sich vielleicht auch gut leiden können.

(Autorentext)

> Übertragt in euer Heft:
> Eine Schulklasse ist eine
> - *formelle Gruppe*, weil …
> - *Zwangsgruppe,* weil …
> Von einer *informellen Gruppe* spricht man, wenn …

M 3 b Verschiedene Arten von Gruppen

1 Betrachtet die Fotos in M 3 b und stellt fest, was die darin abgebildeten Gruppen von der Schulklasse als Gruppe unterscheidet. Handelt es sich bei den Gruppen um a) eine formelle Gruppe, b) eine informelle Gruppe oder/und c) eine Zwangsgruppe?

2 Sucht weitere Beispiele für Gruppen. Überlegt zum Beispiel, wo und mit wem ihr eure Freizeit verbringt, oder denkt an Familienfeste und Sportturniere. Entdeckt ihr Unterschiede zwischen euren Beispielen und der Klasse als Gruppe?

M3c Gruppen innerhalb der Klasse

Eine gute Klassengemeinschaft zeichnet aus, dass man wirklich gut zusammenhält. Trotzdem gibt es in einer Klasse immer auch unterschiedliche Gruppen:

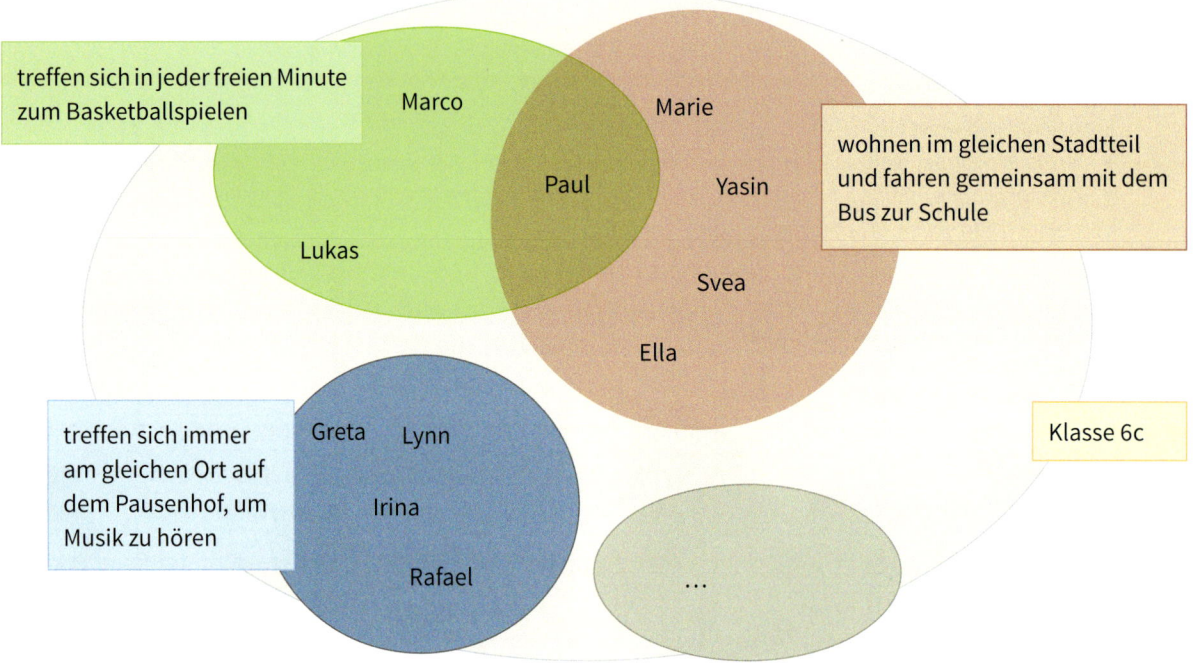

treffen sich in jeder freien Minute zum Basketballspielen

Marco

Marie

wohnen im gleichen Stadtteil und fahren gemeinsam mit dem Bus zur Schule

Paul

Yasin

Lukas

Svea

Ella

treffen sich immer am gleichen Ort auf dem Pausenhof, um Musik zu hören

Greta   Lynn

Irina

Rafael

...

Klasse 6c

(Autorentext)

1 Beschreibt die Grafik M 3 c und erklärt, was sie ausdrückt: Wofür stehen die einzelnen Kreise und weshalb überschneiden sich Kreise?

2 Erläutert, welche Probleme, aber auch welche Vorteile solche Gruppen, wie sie in der Grafik dargestellt sind, mit sich bringen können.

3 Sprecht über Gruppen, die es in eurer Klasse gibt. Überlegt auch, warum sich überhaupt solche Gruppen bilden.

4 Die Gruppen innerhalb einer Schulklasse können sich verändern. Für den Fall, dass ihr schon in der Klasse 6 seid: Haben sich Gruppen in eurer Klasse gegenüber dem Vorjahr verändert? Haben sich neue Gruppen gebildet?

Der eigene Freundeskreis ist für Kinder und Jugendliche sehr wichtig, und natürlich spielt er auch in der Schule eine bedeutende Rolle. Schließlich trifft man sich hier täglich, macht zusammen vieles durch, erlebt schöne und anstrengende Momente. Solche Freundeskreise bezeichnet man auch als **Clique** oder **Peergroup**. Welche Vorteile und Chancen, aber auch welche Gefahren solche Gruppen mit sich bringen können, erschließt ihr im Folgenden anhand unterschiedlicher Aussagen. Dabei werdet ihr selbst in Gruppen arbeiten.

Cliquen oder **Peergroups** sind kleine informelle Gruppen von meist gleichaltrigen und ähnlich gesinnten Jugendlichen. Diese Gruppen können spontan und zufällig, aber auch zu bestimmten Anlässen gebildet werden.

(Bundeszentrale für politische Bildung, Bonn, 30.06.2010: M 02.11 Chancen und Risiken von Peer Groups; https://www.bpb.de/lernen/grafstat/klassencheckup/46344/m-02-11-chancen-und-risiken-von-peer-groups [04.09.2024])

M4   Chancen und Risiken von Gruppen

A) „Das Gute an meiner Clique ist, dass hier alle gleich drauf sind. Wir haben alle irgendwie auch ähnliche Probleme, also zum Beispiel Stress mit den Eltern oder so. Wenn man mal ein Problem hat, hören die anderen einem zu und helfen. Denen geht's ja oft genauso, deswegen verstehen die mich ja auch so gut."
(Mara, Schülerin)

B) „Mit Anfang der Pubertät fangen Jugendliche an, sich immer mehr von ihrem Elternhaus zu lösen. Im Zuge der Identitätsbildung, also der Beantwortung der Frage *Wer bin ich und was macht mich aus?* [siehe Abschnitt 4, S. 100 f.], grenzen sich Jugendliche von ihren Erziehungsberechtigten mehr und mehr ab. Neue Vertraute und Ansprechpartner finden sie meist unter Gleichaltrigen, in der Peergroup oder Clique. Eine Clique vermittelt Geborgenheit und Wir-Gefühl."
(Eberhard Feger, Pädagoge)

H) „Ja, in meiner Klasse gibt es verschiedene Cliquen. Das ist ja im Jugendalter auch normal. Interessant ist, dass sich ab einem gewissen Alter da auch gemischte Gruppen ergeben. Mädchen und Jungen verlieren die Scheu voreinander."
(Matthias Renger, Lehrer)

Peer-groups

C) „Meine Clique ist echt witzig und auch total kreativ. Wir haben ne ganz eigene Sprache entwickelt. Wenn wir so sprechen, versteht uns keiner."
(Lukas, Schüler)

D) „Was mich ja total an meiner Klasse nervt, das sind diese verschiedenen Grüppchen. Die grenzen sich ja von allen anderen ab. Und jeder meint, er wär was Besseres."
(Moritz, Schüler)

G) „Cliquen können ganz schön grausam sein. Ich habe schon viele Schüler gesehen, die sich total verbogen haben, nur um in eine Gruppe aufgenommen zu werden. Manchmal hatte ich da das Gefühl, dass die sich verkleiden und verstellen, nur um dazuzugehören."
(Matthias Renger, Lehrer)

E) „Ich war früher auch mal in einer Clique. Klar war von Anfang an, wer das Sagen hat und wer nur so mitläuft. Man hat sich gar nicht getraut zu widersprechen, weil man Angst hatte, rauszufliegen."
(Katja, Studentin)

F) „In Sarahs alter Klasse gab es auch viele Cliquen. Sie war in keiner dieser Gruppen so richtig integriert [aufgenommen worden]. Bei Gruppenarbeit war es da wohl auch manchmal schwierig, in eine Gruppe reinzukommen, weil immer dieselben zusammenarbeiten wollten."
(Birgit Heckhoff, Mutter)

(Bundeszentrale für politische Bildung, 30.06.2010, Bonn: M 02.11 Chancen und Risiken von Peer Groups; https://www.bpb.de/lernen/grafstat/klassencheckup/46344/m-02-11-chancen-und-risiken-von-peer-groups [04.09.2024]; eigene Anordnung)

Führt zu den folgenden Aufgaben eine Gruppenarbeit (jeweils vier Personen) durch. Die Methodenanleitung hilft euch dabei.

1 Was ist positiv an Peergroups/Cliquen, welche Gefahren bergen sie aber auch? Teilt die acht Aussagen aus M4 in der Gruppe auf und notiert die dort genannten Chancen und Gefahren von Peergroups/Cliquen.

2 Besprecht eure Ergebnisse in der Gruppe und sammelt die Chancen und Gefahren in einer Tabelle. Versucht dann gemeinsam, weitere Chancen und Gefahren zu ergänzen, die euch einfallen.

3 Diskutiert in der Gruppe, ob Peergroups/Cliquen eher etwas Positives oder eher etwas Negatives sind. Berücksichtigt dabei die Informationen aus den Aufgaben 1 und 2.

4 Stellt die Ergebnisse in der Klasse vor. Diskutiert anschließend, welche Eigenschaften eine optimale Peergroup/Clique haben sollte. In was für einer Clique kann man sich wohlfühlen?

Methode   Gruppenarbeit

Es gibt zwei verschiedene Arten von Gruppenarbeit:
- **arbeitsgleiche** Gruppenarbeit: Alle Gruppen bearbeiten die gleiche Aufgabe.
- **arbeitsteilige** Gruppenarbeit: Die einzelnen Gruppen bearbeiten unterschiedliche Aufgaben.

In Kapitel 11 beispielsweise werdet ihr eine arbeitsteilige Gruppenarbeit durchführen.

Die folgenden Hinweise solltet ihr zusammen mit eurer Lehrerin oder eurem Lehrer besprechen:

1. Es muss bei der Planung entschieden werden, welche Gruppe welchen Inhalt bearbeitet, wie sich die einzelnen Gruppen zusammensetzen und in welcher Zeit man die Aufgaben zu bearbeiten hat.

2. In der jeweiligen Gruppe wird dann festgelegt, welche besonderen Aufgaben jede und jeder Einzelne bei der Gruppenarbeit übernimmt. Alle sollen gleichberechtigt an den Gruppengesprächen teilnehmen. Zudem ist es jedoch möglich, dass ein Gruppenmitglied z. B. die wichtigen Aussagen während der Gruppenarbeit schriftlich festhält (protokolliert), ein anderes die Gruppengespräche leitet und wieder ein anderes die Ergebnisse vorträgt oder beobachtet, ob die Regeln oder der Zeitplan eingehalten werden.

3. Außerdem sollte entschieden werden, wie ihr eure Ergebnisse den anderen mitteilen wollt: als Vortrag mit ausgearbeiteten Folien oder als Präsentation mit dem Rechner oder mit einem „Markt der Möglichkeiten".

Diese Regeln solltet ihr für eine erfolgreiche Gruppenarbeit beachten:

1. Jede/jeder hilft den anderen.
2. Andere Meinungen werden geduldet und angenommen.
3. Jede/jeder hört den anderen zu.
4. Persönliche Angriffe und Beleidigungen sind verboten.
5. Jedes Gruppenmitglied wird einbezogen.
6. Die Arbeit konzentriert sich auf das Material und die Aufgaben.
7. Die anderen Gruppen werden nicht abgelenkt.
8. Jede Gruppe bemüht sich bei der Arbeit um Ruhe.
9. Ergebnisse von Abstimmungen in der Gruppe werden von den Gruppenmitgliedern akzeptiert.
10. Diese Regeln werden von allen beachtet.

Die Gruppenarbeit sollt ihr eigenständig durchführen und eure Lehrerin oder euren Lehrer nur dann fragen, wenn etwas unklar ist oder unverständlich erscheint.

(Autorentext)

3. „Ich kann es nicht jedem recht machen!" – Rollenerwartungen und Rollenkonflikte

M5　Schule schwänzen für den Klimaschutz?

Unter dem Motto „Fridays for Future" demonstrieren auf der ganzen Welt viele Schülerinnen und Schüler für mehr Klimaschutz. (Genaueres
5 dazu erfahrt ihr in Kapitel 10.) Die Entscheidung vieler Schülerinnen und Schüler, freitags zu demonstrieren anstatt in der Schule zu lernen, hat ihnen viel Aufmerksamkeit
10 eingebracht. Auch wenn der Einsatz für die Umwelt natürlich sinnvoll ist, melden sich aber auch Kritiker zu Wort, schließlich ist das grundlose Fernbleiben vom Unterricht verbo-
15 ten. Vielleicht wart ihr ja selbst schon in der Situation, euch zwischen einem Schulstreik und dem Unterricht entscheiden zu müssen. Weshalb diese Entscheidung so schwierig ist, darum geht es im Folgenden. Es geht nämlich nicht nur um Schulpflicht oder Klimaschutz, auch Gruppen spielen eine wichtige Rolle bei der Entscheidung.

(Autorentext)

> Nehmt spontan Stellung, ob ihr an einem Schülerstreik teilnehmen würdet, auch wenn das bedeutet, dass ihr offiziell die Schule schwänzt.

M6　Was die Zugehörigkeit zu Gruppen bedeuten kann

M6a　Marco steht vor einer schweren Entscheidung

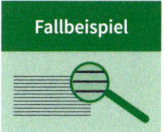

Fallbeispiel

Als Marco, der die 6. Klasse eines Gymnasiums besucht, am Freitagmorgen aufwacht, hat er ein ungutes Gefühl. Er steht nämlich vor einer schwierigen Entscheidung. Die Schülervertretung seiner Schule hat dazu aufgerufen, dass sich möglichst alle Schülerinnen und Schüler an einem Streik beteiligen, um für mehr Klimaschutz zu demonstrie-
5 ren. Seit Marco im Geografie-Unterricht ein Referat über die Ursachen und Folgen des Klimawandels gehalten hat, lässt ihn das Thema nicht mehr los. Er findet es schrecklich, dass die Menschen so sorglos mit der Umwelt umgehen und dazu beitragen, dass zukünftige Generationen unter den schlimmen Folgen der Umweltzerstörung zu leiden haben. Das ärgert ihn so sehr, dass er gerne seine Meinung auf der Demonstration offen
10 vertreten würde.
Seinen Klassenlehrer, Herrn Hager, hat er deshalb gefragt, ob nicht die ganze Klasse geschlossen am Schulstreik teilnehmen könne. Das hat dieser aber strikt abgelehnt. Das Fernbleiben vom Unterricht ist in seinen Augen Schuleschwänzen. Marco riskiert also, dass auf seinem Zeugnis unentschuldigte Fehlstunden auftauchen.

Außerdem hat er heute ausgerechnet eine Doppelstunde Englisch. Die letzte Klassenar- 15
beit hat er völlig in den Sand gesetzt, eine Fünf! Wegen eines Sportturniers hat er schon
den letzten Freitag nicht am Unterricht teilnehmen können, was seine Englischlehrerin,
Frau Jones, total geärgert hat. Auch seine Eltern waren alles andere als begeistert, als
sie von Marcos schlechter Englischnote erfahren haben. Dass er überhaupt noch in der
Fußballmannschaft der Schule sein darf, liegt daran, dass er ihnen hoch und heilig ver- 20
sprochen hat, sich in Zukunft mehr anzustrengen. Noch eine Fünf in Englisch und das
war es mit der Fußballmannschaft! Dass er so wenig lernen konnte, liegt auch daran,
dass er mindestens zweimal pro Woche zum Training muss. Marcos Trainer hat da klare
Vorstellungen. Wer mehr als einmal pro Monat beim Training fehlt, setzt beim nächsten
Spiel aus. 25
Und dann ist da noch sein bester Freund Yasin, der auf jeden Fall am Schulstreik teilnehmen wird. Seine Nachricht auf dem Smartphone trägt nicht gerade dazu bei, dass Marco
die Entscheidung leichter fällt: „Freue mich schon auf unsere Aktion später! Maxi, Svea,
Zeynap und Rhoda sind auch dabei. Du bist doch kein Feigling und kneifst, oder?"
(Autorentext)

1 Schreibt aus dem Text heraus, wer welche Erwartungen an Marco stellt. Markiert anschließend die Erwartungen, die direkt oder indirekt etwas mit dem Schülerstreik zu tun
haben.

2 Erklärt, weshalb Marco sich so schlecht fühlt.

3 Habt ihr schon einmal vor ähnlichen Problemen gestanden wie Marco? Berichtet!

M 6 b Rollenerwartungen und Rollenkonflikte

Innerhalb einer Gruppe haben die Mitglieder bestimmte Erwartungen aneinander. Zum
Beispiel weiß jeder, welches Verhalten in einer Familie die Eltern von ihren Kindern er-
warten und umgekehrt. Solche Erwartungen werden auch als *Rollenerwartungen* oder
einfach als Rollen bezeichnet.
Wenn man solche Erwartungen gar nicht erfüllt, können daraus Probleme und Streitfäl- 5
le entstehen. Man spricht hier von *Rollenkonflikten*, die man versuchen muss zu lösen.
Dabei können sich einerseits die *Erwartungen widersprechen, die an eine Rolle gestellt
werden* (zum Beispiel die Rolle eines Schülers). Andererseits können auch Konflikte
entstehen durch *Erwartungen, die an verschiedene Rollen einer Person gerichtet sind.* So
ist Herr Müller beispielsweise Vater eines Sohnes, der mit ihm nach der Schule etwas 10
unternehmen möchte. Zugleich ist er aber auch Schwimmtrainer, der seine Mannschaft
nach Feierabend trainieren muss.
Gruppen haben manchmal auch die Neigung, sich nach außen, gegenüber anderen
Gruppen, *abzugrenzen* und sich z. B. für besser zu halten als „die anderen".
(Autorentext)

> ⭐ **(soziale) Rol-
> le:** Darunter
> versteht man
> Verhaltens-
> weisen,
> die von
> Menschen
> erwartet wer-
> den, die eine
> bestimmte
> Stellung
> oder Aufgabe
> haben.

1 Erklärt in eigenen Worten, was mit „Rollenerwartungen" und „Rollenkonflikten" gemeint
ist.

2 Nennt ein Beispiel aus dem Text M 6 a für einen Rollenkonflikt.

3 Erklärt, was passieren kann, wenn Marco sich an bestimmte Erwartungen nicht hält, z. B.
an die des Klassenlehrers.

M 6 c Marco hat viele Rollen

Marco ist Schüler.
Ein guter Schüler schwänzt nicht,
macht seine Hausaufgaben usw.

???

Marco ist Freund
a) für Yasin.
b) für seine Fußballfreunde.
Ein guter Freund …

Marco ist Sohn.
…

(Autorengrafik)

1 Marco ist nicht nur Schüler, sondern beispielsweise auch Yasins Freund. Lest den Text M 6 a erneut und schreibt alle weiteren Rollen auf, die Marco einnimmt. Übertragt dazu das Schaubild M 6 c in euer Heft. Schreibt auch die mit den einzelnen Rollen verbundenen Erwartungen der Bezugspersonen auf.

2 Stell dir vor, dass Marco dich besorgt anruft. Er bittet dich um deinen Rat, weil er weiß, dass er nicht alle Erwartungen erfüllen kann. Formuliere deinen Rat und begründe ihn. Beginne so: Lieber Marco, ich rate dir …

3 Marco ist Mitglied in ganz unterschiedlichen Gruppen (M 6 c). In welchen Gruppen bist du selbst Mitglied? Fertige für dich ein Schaubild nach diesem Muster an:

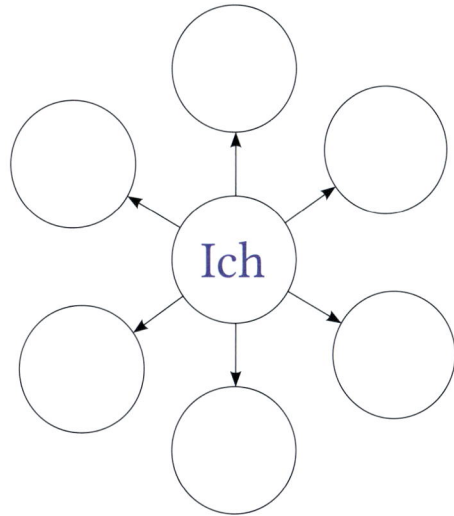

4 Erläutere anhand deines eigenen Schaubilds, wo und aus welchen Gründen häufig Rollenkonflikte entstehen.

4. „Ich will ich sein, aber wie bin ich eigentlich?" – Identität

So wie Marco ist es euch vielleicht auch schon gegangen. Viele Menschen haben unterschiedliche Erwartungen und nicht immer ist es einfach, die richtige Entscheidung zu treffen. Natürlich möchte man die Erwartungen anderer häufig erfüllen, letztendlich muss man aber auch eigene Wege gehen: „Ich will ich sein!" Dieser Aussage kann bestimmt jeder und jede von euch zustimmen. Doch wie werden wir eigentlich, wer wir sind? Und welchen Einfluss haben die Menschen, die uns täglich umgeben, auf uns? Dieser Abschnitt gibt euch die Gelegenheit, darüber einmal nachzudenken. Beginnt dazu mit folgender Übung:

Was zeichnet dich aus? Was macht dich besonders? Schreibe möglichst viele Eigenschaften und Fähigkeiten auf, die zu dir passen. Da es manchmal gar nicht so einfach ist, sich selbst zu beschreiben, kannst du auch andere Leute fragen, die dich gut kennen: Familie, Freundinnen und Freunde, Trainerinnen und Trainer …

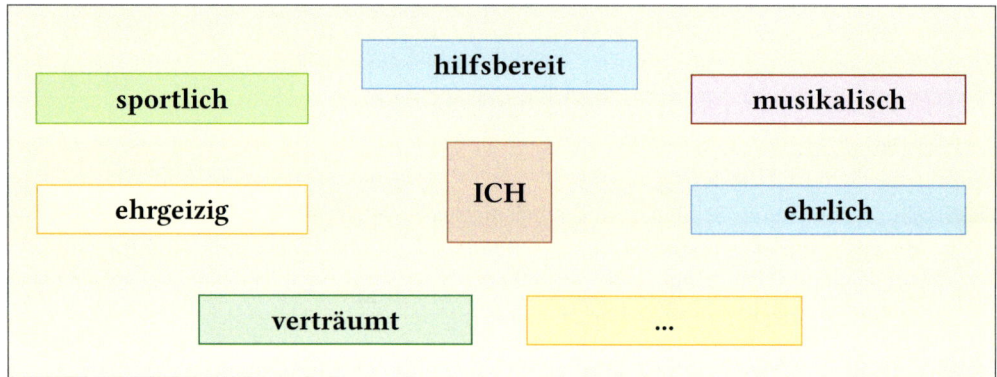

	hilfsbereit	
sportlich		musikalisch
ehrgeizig	ICH	ehrlich
verträumt	…	

M 7   „Ich will ich sein … - aber wer bin ich eigentlich?!"

Wenn du dich in deiner Klasse umschaust, wirst du merken, dass es vielleicht bestimmte Interessen, Eigenschaften und Fähigkeiten gibt, die andere mit dir teilen, weil ihr z. B. im gleichen Tennisverein

5 seid, Matheunterricht besser als Deutschunterricht findet oder Fan von Borussia Dortmund seid. Du wirst aber nie zwei Menschen finden, die genau gleich sind. Denn jeder Mensch ist anders. Das, was uns als einzigartigen Menschen ausmacht, be-

10 zeichnet man als **Identität**. Sie zeigt sich in körperlichen Merkmalen (z. B. groß oder klein, grüne oder blaue Augen …), in Mimik, Gestik und Sprache (Sprichst du außer deiner Muttersprache eine weitere Sprache?), aber vor allem in den Dingen, die man gut kann (z. B. Trompete spielen) und die einem besonders wichtig sind (z. B. Ehrlichkeit). Die Identität ist dabei nicht bei der Geburt festgelegt, sondern entwickelt sich im Laufe

15 deines Lebens immer weiter. Das liegt auch an den Menschen, die dich umgeben und dich begleiten, die du um Hilfe bitten kannst oder die Vorbilder für dich sein können.

(Autorentext)

1 Erkläre deinem Sitznachbarn oder deiner Sitznachbarin in eigenen Worten, was man unter der Identität eines Menschen versteht.

2 Erläutere, welchen Einfluss andere Menschen auf die Entwicklung deiner Identität haben können. Verdeutliche dies an einem Beispiel.

M 8 Wer hilft mir? Wer prägt mich? Mit wem verbringe ich gerne meine Zeit?

Dich umgeben täglich viele Menschen, die bewusst oder unbewusst Einfluss auf dich haben, z. B. die Lehrerinnen und Lehrer in der Schule, deine Familie oder deine Freunde, dein Musiklehrer oder deine Handballtrainerin. Sie stellen bestimmte Erwartungen an dich, helfen dir bei Fragen und Problemen oder können Vorbilder für dich sein. Es kann
5 auch sein, dass man sich unter Freunden anders verhält als z. B. bei den Eltern oder in der Schule. Das ist ganz normal und hängt wiederum auch mit den Erwartungen zusammen, die Menschen in unterschiedlichen Situationen an dich stellen.

(Autorentext)

IDENTITÄT

Schule

Familie

Freundinnen/ Freunde

...

1 Beschreibt die Grafik in M 8. Was sagt sie über Identität aus?

2 Vergleicht: Wie verhaltet ihr euch in der Schule, wie zu Hause mit den Eltern und wie bei euren Freundinnen und Freunden? Ermittelt Gemeinsamkeiten und Unterschiede.

3 Tauscht euch mit dem Sitznach- barn bzw. der Sitznachbarin aus. Überlegt gemeinsam, woran es liegen könnte, dass man sich z. B. im Unterricht anders verhält als beim Fußballtraining oder beim Mittagessen mit der Familie.

4 Diskutiert in der Klasse: Kann man in der Schule so sein, wie man ist, oder verstellt man sich?

5. Gehört Streit immer dazu? – Konflikte in der Schule

M 9   Ein Zitat

„Schule ist der beste Ort zum Streiten!"

(Parvin Sadigh, ZEIT ONLINE, 21.11.2012, Hamburg: Schule ist der beste Ort zum Streiten, https://www.zeit.de/gesellschaft/schule/2012-11/schulkonflikt-mediator-streitkultur/komplettansicht?print [04.09.2024])

1 Notiert zunächst allein, was euch zu diesem Zitat spontan einfällt. Tauscht euch anschließend mit eurem Sitznachbarn/eurer Sitznachbarin aus.

2 Diskutiert in der Klasse über die Aussage. Was könnte gemeint sein? Und würdet ihr der Aussage zustimmen?

3 Tauscht euch über Erfahrungen mit Streitigkeiten und Konflikten im Schulalltag aus.

M 10   Ein Interview mit dem Sozialpädagogen Alexander Krohn

Das Zitat in M 9 hat euch vermutlich verwundert. Was damit gemeint ist und warum es wichtig ist, sich in der Schule zu streiten, erklärt Alexander Krohn. Er befasst sich als Sozialpädagoge und Mediator beruflich mit dem Thema. Das Wort „Mediator" kommt aus dem Lateinischen und bezeichnet eine Person, die bei Streitigkeiten als Vermittler bzw. Streitschlichter auftritt. Herr Krohn wird von Britta interviewt, die als Streitschlichterin an ihrer Schule aktiv ist.

> **Streitschlichter und Streitschlichterinnen:** Das sind meist ältere Schülerinnen und Schüler, die von den Streitenden um Hilfe gebeten werden und dann zwischen den streitenden Parteien vermitteln. Die Streitschlichter müssen neutral sein und leiten das Gespräch im Sinne der Schritte zum richtigen Streiten (siehe S. 104).

Britta und Herr Krohn begrüßen sich freundlich.
Britta: Was fällt Ihnen zum Thema Streit zuerst ein?
A. Krohn: Streit muss nicht immer negativ sein.
5 Wir können viel in Streitsituationen lernen, wir müssen uns nur richtig streiten.
Britta: Was können wir denn in Streitsituationen lernen?
A. Krohn: Wer lernt, sich richtig zu streiten, schult auch andere soziale Fähigkeiten:
10 Zuhören zum Beispiel, und Ich-Botschaften zu senden und sich somit in das Gegenüber einzufühlen, anstatt sich nur Vorwürfe zu machen. Dadurch, dass wir im Streit „Druck ablassen", werden Gewalt und Mobbing seltener.
Britta: Aber in der Schule sollen wir uns doch nicht streiten, oder etwa doch?
A. Krohn: Die Schule ist der beste Ort zum Streiten! Denn in der Schule müssen viele
15 unterschiedliche Menschen miteinander auskommen, in einem Alter, wo sie danach suchen, wer sie sein wollen. Leider bekommen Gefühle in vielen weiterführenden Schulen

> **Ich-Botschaften:** Das sind Äußerungen, die die eigene Meinung und die eigenen Gefühle des Sprechers mitteilen. Ich-Botschaften sollen verhindern, dass man sich bei einem Streit oder einer Diskussion nur Vorwürfe macht, was oft bei Du-Botschaften der Fall ist („Du hast aber …", „Du machst immer …").

wenig Raum. Im Unterricht ist kaum Platz dafür, denn der Stoff muss gelehrt und gelernt werden. So werden zwar Konflikte vermieden, die „Wut im Bauch" bleibt aber vorhanden und kann sich weiter aufstauen, bis sie schließlich „explodiert".

(© Parvin Sadigh für ZEIT ONLINE (www.zeit.de) vom: 21.11.2012 „Schule ist der beste Ort zum Streiten"; verändert)

1 Erklärt, warum für Herrn Krohn die Schule der beste Ort zum Streiten ist und warum es so wichtig ist, sich zu streiten.

2 Welche Probleme sieht Herr Krohn beim Umgang mit Streit in den weiterführenden Schulen? Nennt diese.

3 Erklärt, wie man sich „richtig" streitet.

M 11 „Richtig" streiten und den Streit friedlich beenden – ein Beispiel

Im Folgenden wird euch ein Beispiel einer Streitsituation, wie sie in der Schule vorkommen kann, vorgestellt. Daran schließen sich Regeln bzw. Schritte zum „richtigen" Streiten an. Eure Aufgabe wird es sein, den Streit mithilfe der Schritte (Kasten auf Seite 104) zu schlichten.

In der Fünfminuten-Pause

Fallbeispiel

Klara
Als du von der Toilette zurückkamst, hat Leon dein Etui von deinem Tisch genommen und es den anderen Jungen quer durch die Klasse zugeworfen. Du hast versucht, es dir
5 wiederzuholen, aber ohne Erfolg. Dann hat Leon auch noch dein Etui durch die Klasse gekickt und gemeint, es sei auch prima zum Fußballspielen geeignet. Daraufhin hast du Leons Etui genommen und es mit voller Wucht aus dem Fenster im dritten Stock geworfen. Beim Aufprall ist der Füller zerbrochen. Leon hat kurzerhand deine Schultasche wutentbrannt dem Etui nachgeworfen. Erstaunlicherweise ist dabei nichts kaputtgegan-
10 gen. Du bist gekränkt, denn du musst nun den kaputten Füller bezahlen, obwohl Leon angefangen und am Ende sogar noch die Tasche aus dem Fenster geworfen hat.

Leon
In der Pause hast du Klaras Etui von ihrem Tisch genommen. Du hast es bewusst so gemacht, dass Klara es mitbekommt, denn sie regt sich immer ganz besonders schnell auf,
15 und das finden du und die anderen Jungen lustig. Um sie noch weiter zu provozieren, hast du begonnen, mit ihrem Etui Fußball zu spielen. Als Klara dir dein Etui weggenommen und es aus dem Fenster geworfen hat, warst du stinksauer. Die anderen, auch deine Freunde, haben lauthals gelacht. Kurzerhand hast du daraufhin Klaras Schultasche aus dem Fenster geworfen. Als du deine Stifte auf dem Hof wieder eingesammelt hast, hast
20 du gesehen, dass der Füller zerbrochen ist. Das ärgert dich sehr, denn der Füller war ein Geschenk von deiner Lieblingstante Paula. Du willst, dass Klara den Füller bezahlt. Außerdem bist du auch ein bisschen enttäuscht von deinen Freunden, die einfach nur gelacht haben, als Klara dein Etui aus dem Fenster geworfen hat. Und niemand hat dir geholfen, die Stifte auf dem Schulhof wieder einzusammeln.

(Autorentext)

Erklärt, worum es in der Streitsituation geht.

Die Schritte beim „richtigen" Streiten:
1. Die Beteiligten erzählen, was aus ihrer Sicht passiert ist und was sie dabei gefühlt haben.
2. Die Beteiligten versetzen sich in die Perspektive des jeweils anderen und geben wieder, was sie von der anderen Person verstanden haben (Wie hat die andere Person die Situation erlebt? Was hat sie gefühlt?). *Ich habe verstanden, dass du …*
3. Die Beteiligten sagen, was sie sich vom anderen wünschen und was sie ihm anbieten können.
4. Beide einigen sich auf einen Lösungsvorschlag und schließen einen Vertrag für die Zukunft. Dabei müssen beide mit der Lösung einverstanden sein.

Wichtig:
● Höre aufmerksam zu!
● Sende Ich-Botschaften!
● Nimm das Gegenüber ernst!
● Versuche dich in die andere Person einzufühlen!
● Beide sollten als „Gewinner" aus dem Gespräch gehen und mit einem guten Gefühl auseinandergehen!
(Autorentext)

1 Beschreibt, was auf der Abbildung zu sehen ist. Erklärt auch, was man hier lernen kann.

2 Lest die Schritte zum richtigen Streiten (Kasten) und klärt mögliche Fragen.

3 Welchen Zusammenhang erkennt ihr zwischen dem Verhalten der Esel (Abbildung) und den Schritten zum richtigen Streiten?

4a Lest noch einmal aufmerksam die Streitsituation (S. 103) und legt jeweils zu zweit fest, wer im späteren Gespräch welche Rolle übernimmt.

4b Bereitet euch jeweils allein auf das Gespräch vor, indem ihr notiert, was ihr sagen wollt (orientiert euch an den vier Schritten zum richtigen Streiten). Versucht euch möglichst gut in die Situation und die Person einzufühlen.

4c Führt das Gespräch vor der Klasse, eventuell mithilfe eines Streitschlichters (diese Rolle kann von eurer Lehrerin, eurem Lehrer oder einem Mitschüler übernommen werden). Der Streitschlichter wird die einzelnen Schritte zum „richtigen" Streiten im Laufe des Gesprächs benennen und euch jeweils auffordern, dazu etwas zu sagen.

In den Schulen hört man leider immer häufiger: „Ich werde gemobbt." Doch nicht immer handelt es sich tatsächlich um Mobbing. Es ist wichtig, Streitereien und Neckereien von Mobbing zu unterscheiden, denn die Folgen für die Betroffenen unterscheiden sich zum Teil erheblich. Auch Cybermobbing gehört mittlerweile zum Alltag in der Schule. Was damit gemeint ist und was man tun kann, um sich zu schützen, erfahrt ihr in Kapitel 7.

M 12 Benjamin wurde jahrelang von seinen Mitschülern gemobbt

Fallbeispiel

„Wusstest du eigentlich, dass …
… jeder fünfte Schüler schon im Internet oder per Handy direkt bedroht oder beleidigt wurde?
… jedem sechsten Schüler schon einmal übel nachgeredet wurde?
… jeder zweite Mobber aus der Klasse des
5 *Opfers stammt und Mobbing besonders häufig zwischen der sechsten und der zehnten Klasse auftritt?*
… sieben von zehn Mobbingfällen am Arbeitsplatz stattfinden? Und der Arbeits-
10 *platz von Kindern und Jugendlichen ist die Schule."*
Diese Fakten hat Benjamin Fokken, der als Schüler jahrelang gemobbt wurde, in seinem Buch „Ich bin ich – und wir sind
15 viele!" zusammengestellt. Er will damit eine einfache Botschaft vermitteln: „Du bist nicht allein!"
Benjamins Mobbinggeschichte begann, als er auf die Hauptschule kam. Er wurde von einem Jungen aus seiner Klasse (er nennt ihn im Buch Lars) und dessen Freunden jeden Tag aufs Neue beschimpft, schikaniert, bedroht und auch körperlich attackiert. Er sei
20 vor allem wegen seines Äußeren fertiggemacht worden: „Ich bin ein Meter fünfundsiebzig groß und wiege über hundert Kilo. Ich bin korpulent, das weiß ich. Lars sagte, ich sei ein Fettsack. Mein Gesicht ist füllig. Meine Vorderzähne stehen leicht hervor. Lars nannte mich Hamsterfresse."
Benjamin versuchte die Demütigungen zu ignorieren und selbst mit der Situation fertig
25 zu werden. Ihm war es peinlich, das Mobbingopfer zu sein. Heute sagt er: „Schweigen ist nicht Gold, sondern großer Mist!"
Der heute Neunzehnjährige, der in einer niedersächsischen Kleinstadt lebt, hat ein Video auf seiner Internetseite eingestellt, um damit gegen Mobbing zu kämpfen. Seine Botschaften hat er auf weiße Zettel geschrieben und in seine Handy-Kamera gehalten.
30 So steht auf einem Zettel beispielsweise: „Leute, niemand ist weniger wert, nur weil er …" Der Film, der den Jungen bekannt machte, ist inzwischen millionenfach angeklickt worden. Von den Reaktionen ist Benjamin selbst überrascht, er habe viele positive Rückmeldungen erhalten.

(Autorentext; Zitate aus: Benjamin Fokken: „Ich bin ich – und wir sind viele", hrsg. von Dennis Betzholz und Felix Plötz, Verlag Plötz & Betzholz/Ullstein 2015, S. 18 f., 25, 32)

1 Was geht euch durch den Kopf, nachdem ihr Benjamins Geschichte gelesen habt? Äußert euren ersten Eindruck.

2 Erklärt, was Benjamins Mobbinggeschichte ausmacht. Warum ist er vor allem gemobbt worden?

3 Benjamin hat ein Video gedreht, mit dem er gegen Mobbing kämpft. Überlegt gemeinsam in der Klasse, warum dieses wohl inzwischen millionenfach angeklickt worden ist.

5.2, 5.3

4 Was hältst du von einem Video als Möglichkeit, Mobbing zu bekämpfen?

M13 Was ist Mobbing?

Das Wort Mobbing kommt von dem englischen Verb „to mob" und bedeutet so viel wie „pöbeln" oder „jemanden schikanieren". Mobbing kann in unterschiedlichster Form geschehen: mit Gewalt, mit Worten, mit Missachtung oder mithilfe von Medien, zum Beispiel dem Handy oder
5 dem Internet (Cybermobbing). Beim direkten Mobbing, also beim Mobbing in der realen Welt, kennen
10 sich die Opfer und die Täter persönlich, zum Beispiel aus der Schule oder von der Arbeit. Von Mobbing spricht
15 man, wenn jemand von mehreren Personen oder einer Gruppe **regelmäßig und häufig herabgesetzt**
20 **oder ausgegrenzt** wird. Außerdem muss dies über einen **längeren Zeitraum** passieren, und das Opfer
25 muss sich allein nicht gegen das Mobbing wehren können. Das unterscheidet Mobbing deutlich von „normalen" Streitigkeiten und Konflikten, die im Alltag hin und wieder erfolgen und kein systematisches „Fertigmachen" einer Person
30 sind. Das Opfer wird immer ängstlicher, die Täterinnen und Täter fühlen sich immer überlegener. Mobbing kann **in allen Altersgruppen und überall** vorkommen, so z.B. im Verein, in der Schule, am Arbeitsplatz.

(Autorentext)

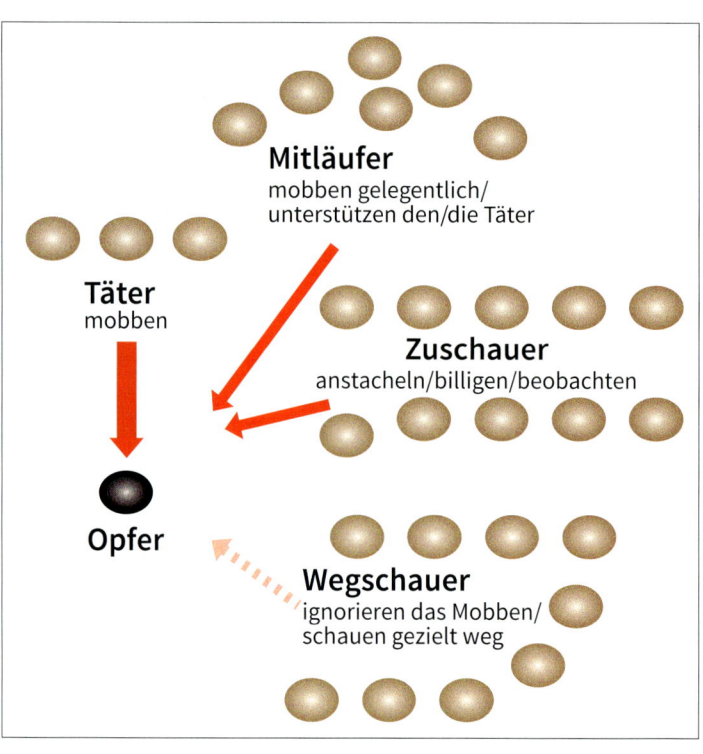

1 Erklärt mithilfe des Textes, was mit Mobbing gemeint ist und wer Opfer von Mobbing werden kann.

2 Beschreibt mithilfe der Abbildung, welche Rollen einzelne Akteure (z. B. Mitschülerinnen und Mitschüler) beim Mobbing einnehmen können.

3 Inwiefern ist Mobbing eindeutig von einem „normalen" Streit zu unterscheiden?

M14 Welche Folgen kann Mobbing für die Opfer haben?

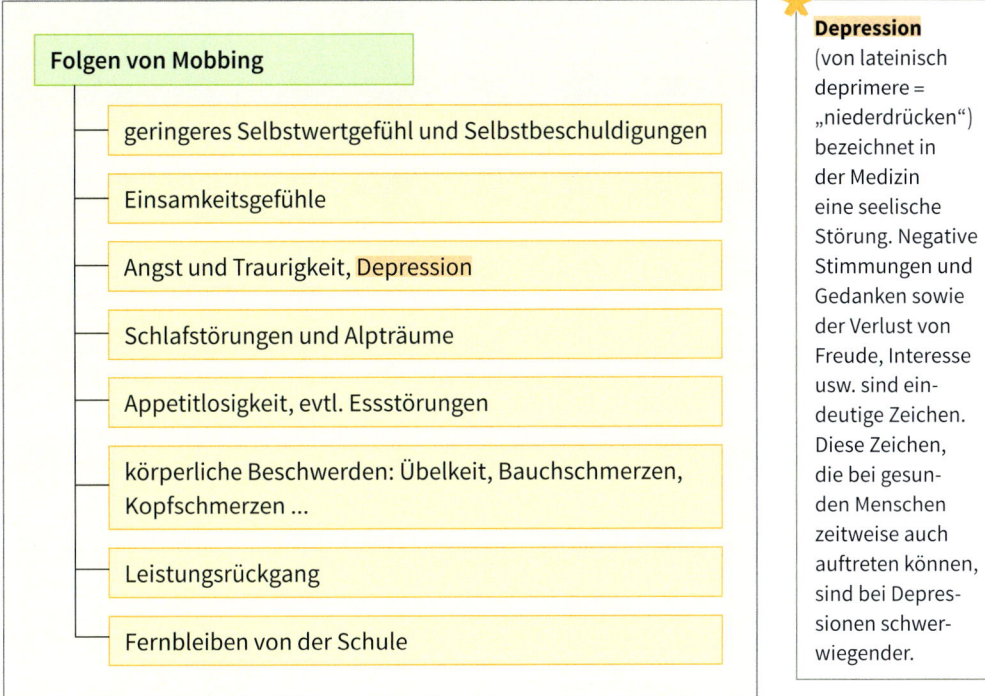

Folgen von Mobbing

- geringeres Selbstwertgefühl und Selbstbeschuldigungen
- Einsamkeitsgefühle
- Angst und Traurigkeit, Depression
- Schlafstörungen und Alpträume
- Appetitlosigkeit, evtl. Essstörungen
- körperliche Beschwerden: Übelkeit, Bauchschmerzen, Kopfschmerzen …
- Leistungsrückgang
- Fernbleiben von der Schule

Depression
(von lateinisch deprimere = „niederdrücken") bezeichnet in der Medizin eine seelische Störung. Negative Stimmungen und Gedanken sowie der Verlust von Freude, Interesse usw. sind eindeutige Zeichen. Diese Zeichen, die bei gesunden Menschen zeitweise auch auftreten können, sind bei Depressionen schwerwiegender.

(Eigene Grafik nach: M02.06 Welche Folgen hat Mobbing für die Opfer?, Bundeszentrale für politische Bildung, Bonn, 01.12.2010, https://www.bpb.de/lernen/angebote/grafstat/mobbing/46560/m-02-06-welche-folgen-hat-mobbing-fuer-die-opfer [04.09.2024])

1 Findet Erklärungen für die einzelnen Folgen von Mobbing.

2 Welche der in M14 genannten Folgen von Mobbing für die Opfer erscheinen euch besonders schlimm? Begründet.

M15 Mobbing in der Schule: Was kann man dagegen tun?

Bei einem aktuellen Mobbingfall müssen Maßnahmen auf unterschiedlichen Ebenen ergriffen werden. Mit der Klasse muss auf jeden Fall gesprochen werden, und mit ihr müssen auch konkrete Maßnahmen verabredet und diese auch umgesetzt werden.
Zudem sind Maßnahmen, die gemeinsam mit der Schulleitung, mit den Eltern und auch mit den Beteiligten getroffen werden, oft sehr hilfreich. Manchmal können durch frühzeitige Gespräche Mobbingaktionen sogar verhindert werden. Voraussetzung dafür ist allerdings, dass sich das Opfer z. B. den Eltern oder der Lehrkraft anvertraut.

Lest die Texte auf Seite 108 oben. Erstellt einen Aktionsplan gegen Mobbing, der aufzeigt, wer was tun kann.
- Wer muss aktiv werden?
- Wie sollten sich die abgebildeten Personen verhalten (vergleicht dazu auch die Abbildung in M13)? – Welche konkreten Maßnahmen müssen ergriffen werden?
- Welche Maßnahmen sollten Vorrang haben, weil sie euch als besonders wichtig erscheinen?

Dem Täter deutlich Grenzen aufzeigen!

Das gemobbte Kind schämt sich und erzählt zu Hause nichts. Die Eltern müssen aber Bescheid wissen und ihrem Kind zeigen, dass es Schwierigkeiten in der Schule nicht allein bewältigen muss.

Der Lehrer muss energisch zeigen, dass er mitbekommt, was geschieht, und dass er dies nicht toleriert.

Der Lehrer sucht das Gespräch mit dem gemobbten Kind. Er sichert seine Unterstützung zu und bleibt mit dem Betroffenen im Gespräch.

Mobbing vergiftet das Klassenklima und verhindert oft, dass Gemobbte von den Mitschülern geschützt werden. Der Lehrer muss helfen und mit der Klasse das Problem angehen. So sollten die einzelnen Rollen, die die Mitschüler im Mobbingprozess einnehmen (siehe Abbildung zu M 13), bewusst gemacht werden. Auch vermeintlich harmlose Beteiligte wie z. B. die „Zuschauer" müssen ihr Handeln ändern.

Mit der Schule das gemeinsame Vorgehen besprechen.

(Aus: Focus Schule, Nr. 2 März/April 2005, S. 34 f.; Verf.: Volker Gieritz; leicht ergänzt)

Tipp: Mobbing – Schluss damit!

2.2, 3.4

WES-129794-008

Mobbing ist für Schülerinnen und Schüler leider ein sehr bedeutsames Thema geworden. Es gibt mittlerweile viele Internetseiten, auf denen Erfahrungen ausgetauscht und Hilfen angeboten werden.
Unter dem Webcode findet ihr Links zu einigen Seiten, die wir empfehlen können.

Was ihr jetzt wissen und können solltet:

✓ **M**SUH die Placemat-Methode als eine Möglichkeit anwenden, um Meinungen auszutauschen;

✓ M**S**UH erklären, was man unter „Gruppen" versteht, und mögliche Vorteile und Gefahren einer Gruppenzugehörigkeit einschätzen;

✓ M**S**UH erläutern, was „Rollen" und „Rollenkonflikte" sind, und erklären, warum sie gerade auch in der Schule von Bedeutung sind;

✓ M**S**UH erklären, wie man Rollenkonflikten am besten begegnen kann;

✓ M**S**UH verstehen und erklären, warum manche Kinder Angst vor der Schule haben;

✓ M**S**UH erklären, wie Konflikte in der Schule angegangen werden können;

✓ MSU**H** selbst Konfliktlösungsstrategien anwenden;

✓ M**S**U**H** arbeitsteilige und arbeitsgleiche Gruppenarbeiten kennen und durchführen

Was ihr wisst – was ihr könnt – wie ihr es seht

M S U H **1. Bedeutung von Gruppen**

a) Bei Gruppen unterscheidet man nach folgenden Merkmalen:
- ???
- ???
- ???

b) Legt in eurem Heft eine Tabelle nach dem folgenden Muster an. Tragt dort vier Vorteile und vier Gefahren ein, die für euch bei der Mitgliedschaft in einer Gruppe von besonderer Bedeutung sind:

Gruppenmitgliedschaft	
Vorteile	**Gefahren**
???	???

Vergleicht eure Ergebnisse miteinander (Partner- oder Gruppenarbeit) und versucht euch auf die eurer Meinung nach vier wichtigsten Vorteile und Gefahren festzulegen.

M S U H **2. Rollenkonflikte**

Stellt die jeweiligen Bezugsgruppen von Sven, Marja, Onur und Celine zusammen. Überlegt, wann sich Rollenkonflikte ergeben könnten. Geht dabei so vor, wie am Beispiel Onurs aufgezeigt wird (Seite 111).

Sven	Marja	Onur	Celine
• ist nicht gut in der Schule • spielt in seiner Band das Schlagzeug • ist Mitglied in einer Clique, die sich zweimal in der Woche nachmittags trifft • ist einziges Kind von Matthias und Lara Müller	• ist eine ausgezeichnete Schwimmerin im Verein „Poseidon", mit dem sie an Wettkämpfen teilnimmt • lebt mit ihrer Mutter und zwei kleinen Geschwistern zusammen, auf die sie manchmal aufpassen muss • gibt zwei Schülern Nachhilfeunterricht in Latein	• ist sehr ehrgeizig und ein sehr guter Schüler • ist Torwart im FC Sportfreunde Soest • lebt in einer Großfamilie mit Eltern, Großeltern und sechs Geschwistern • spielt regelmäßig mit einer festen Gruppe im Internet Schach	• ist Lehrerin für Biologie und Mathematik an einem Gymnasium • ist verheiratet und hat zwei Kinder (7 und 11 Jahre) • singt gern im Schulchor, der dreimal im Jahr auftritt • ist Vertrauenslehrerin der Schule • wohnt mit ihren Eltern in einem Haus

Online-Schachgruppe

Klasse

Großfamilie

Beispiel: Onur möchte mit seiner Gruppe ein sehr gutes Referat vorbereiten und präsentieren. Er wirft einem Gruppenmitglied vor, „nicht richtig" mitzuarbeiten. Der Mitschüler fühlt sich angegriffen und verweigert die Mitarbeit. Onur beschwert sich bei der Lehrerin über den Mitschüler.

Fußballmannschaft

Beispiel: Am Samstag ist ein wichtiges Fußballspiel, die Mannschaft kann aufsteigen. Onur ist als Torwart fest eingeplant.

Onur muss am Samstag aber auch dringend für die Englischarbeit am Montag üben. Die letzte Arbeit war befriedigend, er hätte aber gerne eine Zwei im Zeugnis. Am Sonntag hat er keine Zeit zum Lernen.

3. Rollentausch: Du bist Streitschlichterin bzw. Streitschlichter   M S U H

Stell dir vor, dass du an deiner Schule Streitschlichterin bzw. Streitschlichter bist. Mersat hat dich um Hilfe gebeten. Ben ist grundsätzlich auch zu einem Gespräch in deiner Anwesenheit bereit.

Alles begann, als der Trainer Mersat statt Ben als Mittelfeldspieler aufstellte. Ben hatte fest damit gerechnet, aufgestellt zu werden, sodass seine Enttäuschung nun riesig ist. Er fürchtet, für die nächsten Spiele nur auf der Ersatzbank zu sitzen.
In den darauffolgenden Wochen wurde Mersat aus der 7a immer wieder von Ben aus der 7b beleidigt und auch körperlich angegriffen. Vor wenigen Tagen hat Ben dann auch noch Mersats kleine Schwester auf dem Nachhauseweg geärgert und sie vor sich her geschubst. Für Mersat ist damit eine Grenze überschritten. Er will Ben aber auch nicht bei den Lehrern „verpetzen", deshalb wendet er sich hilfesuchend an die Streitschlichter der Schule.

a) Erkläre, wie du es schaffen könntest, dass die beiden Jungen zu einer von beiden akzeptierten Lösung gelangen. Wie könnte diese Lösung aussehen?
b) Folgende Äußerungen fallen in dem Gespräch. Wie reagierst du darauf?

Mersat: Ich glaube nicht, dass Ben sich an die vereinbarten Regeln hält. Ich habe ein ungutes Gefühl.

Ben: Mersat soll sich nicht so anstellen, das sind doch nur kleine Neckereien!

Ben zu Mersat: Wieso musst du dir Hilfe bei den Streitschlichtern suchen? Kannst du das nicht mit mir alleine regeln?

M S U H **4. Konfliktlösungen**

Im Folgenden findet ihr Situationen eines Schultages, die ihr sicher so oder ähnlich auch schon erlebt habt oder vom Erzählen her kennt.
Verfasst zu einem von euch ausgewählten Fall (in Partnerarbeit) wie in dem Beispiel „In der Fünfminuten-Pause" (S. 103) eine konkrete Situationsbeschreibung (eine Art „Drehbuch") zum Ablauf des Konflikts. Versucht nach den Regeln einer Streitschlichtung eine Lösung für die beteiligten Personen zu finden. Vielleicht gibt es ja auch in eurer Klasse im Moment aktuelle Konflikte, die einer Lösung bedürfen!

b) Zara schubst die anderen ständig herum und drängt sich in den Vordergrund.

a) Laura ist sofort beleidigt, wenn etwas nicht so läuft, wie sie möchte.

c) Stefan nimmt anderen oft die Schulsachen weg oder macht sie kaputt.

d) Alex hänselt Tom immer wieder wegen seines „uncoolen" Haarschnitts.

e) Susanne erzählt erfundene Dinge über einige ihrer Mitschülerinnen und Mitschüler.

f) Als die Referate verteilt werden, weigert sich Martin, ein bestimmtes Thema zu übernehmen.

g) Marie meldet sich nie, muss aber immer zu allem ungefragt ihren Kommentar abgeben.

h) Chris redet unentwegt und lenkt als „Klassenclown" alle ab.

Wenn ihr noch mehr lernen wollt ...

D1   Ein Beispiel: Zoff in der Clique

Fallbeispiel

Frederik, Alina, Jeffrey, Ilona, Kai und Nicole sind seit ihrer Kindheit Freunde und gemeinsam in einer Clique. Sie wohnen alle in einem kleinen Dorf und treffen sich oft nach den Hausaufgaben, um etwas gemeinsam zu unternehmen oder zu spielen. Da sich auch die Eltern der Kinder gut verstehen, machen
5 auch immer mal wieder alle Familien zusammen Wochenendausflüge. Für den kommenden Winter sind alle sechs Cliquenmitglieder von ihren Eltern für eine Skifreizeit in Bayern angemeldet worden. Alle freuen sich schon riesig darauf, Skifahren zu lernen.

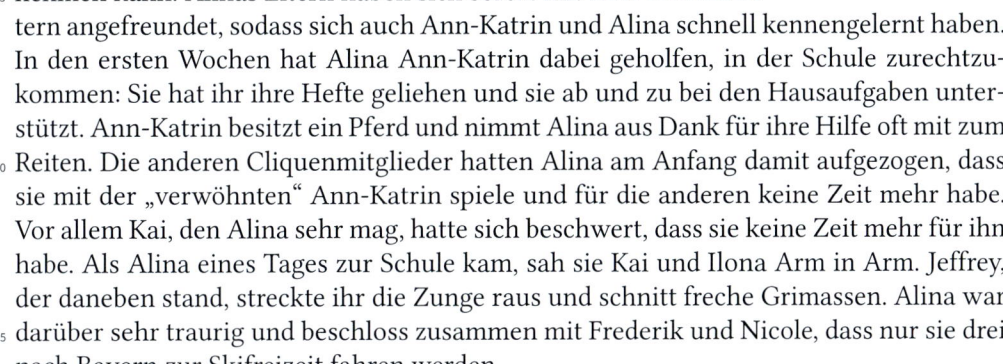

Vor drei Wochen sind neue Nachbarn genau neben dem Haus von
10 Alina eingezogen. Die Familie heißt Knorr und die Eltern haben eine Tochter, Ann-Katrin, die im gleichen Alter wie die Mitglieder der Clique ist. Ann-Katrin besucht die gleiche Klasse wie die Clique. Die Eltern von Ann-Katrin besitzen ein großes Sportgeschäft, aus dem Ann-Katrin sich immer die modischsten Klamotten mit-
15 nehmen kann. Alinas Eltern haben sich sofort mit Ann-Katrins Eltern angefreundet, sodass sich auch Ann-Katrin und Alina schnell kennengelernt haben. In den ersten Wochen hat Alina Ann-Katrin dabei geholfen, in der Schule zurechtzukommen: Sie hat ihr ihre Hefte geliehen und sie ab und zu bei den Hausaufgaben unterstützt. Ann-Katrin besitzt ein Pferd und nimmt Alina aus Dank für ihre Hilfe oft mit zum
20 Reiten. Die anderen Cliquenmitglieder hatten Alina am Anfang damit aufgezogen, dass sie mit der „verwöhnten" Ann-Katrin spiele und für die anderen keine Zeit mehr habe. Vor allem Kai, den Alina sehr mag, hatte sich beschwert, dass sie keine Zeit mehr für ihn habe. Als Alina eines Tages zur Schule kam, sah sie Kai und Ilona Arm in Arm. Jeffrey, der daneben stand, streckte ihr die Zunge raus und schnitt freche Grimassen. Alina war
25 darüber sehr traurig und beschloss zusammen mit Frederik und Nicole, dass nur sie drei nach Bayern zur Skifreizeit fahren werden.

(Autorentext nach einer Idee von Thomas Kempe)

---

1 Bildet Gruppen, die aus mindestens sechs Mitgliedern bestehen. Jedes Mitglied übernimmt die Rolle eines Cliquenmitglieds: Frederik, Alina, Jeffrey, Ilona, Kai und Nicole.

2 Jede Rollenspielerin und jeder Rollenspieler stellt in der Gruppe dar, welche Erwartungen sie/er von ihrer/seiner Clique hat und worin sie/er die Ursache für den Konflikt sieht:

Blickwinkel

> Frederik: Ich erwarte von einer Clique, dass ...
>
> Seit Ann-Katrin da ist, ist ...

3 Erklärt, welche Konfliktparteien sich gegenüberstehen.

4 Sammelt in eurer Gruppe Vorschläge für eine Konfliktbereinigung. Welcher Vorschlag ist eurer Ansicht nach der beste? Begründet.

5 Führt den für euch überzeugendsten Lösungsvorschlag als Rollenspiel durch (vgl. dazu die methodischen Hinweise auf Seite 189). Diskutiert im Anschluss mit euren Mitschülerinnen und Mitschülern über die Eignung dieses Vorschlags.

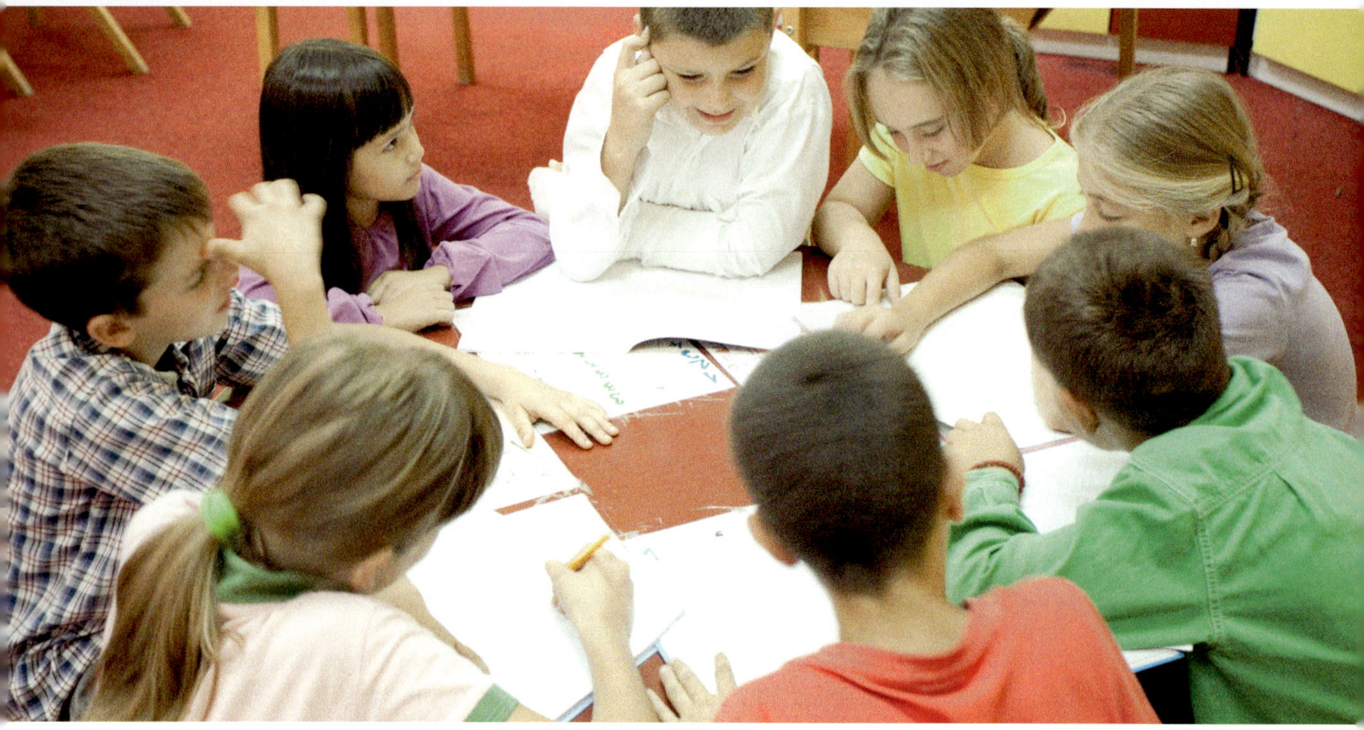

WER WIRD KLASSENSPRECHER/IN?
dpa-Kindergrafik 005930

Elternabend

Wir gehen freundlich + re-spektvoll miteinan-der um
Alle hören dem zu der redet!
Keine Kommentare!!!
REGELN FÜR DEN KLASSENRAT:
Jeder darf seine Meinung sagen.
3 Verwarnungen = Kuchen backen für den nächsten Klassenrat

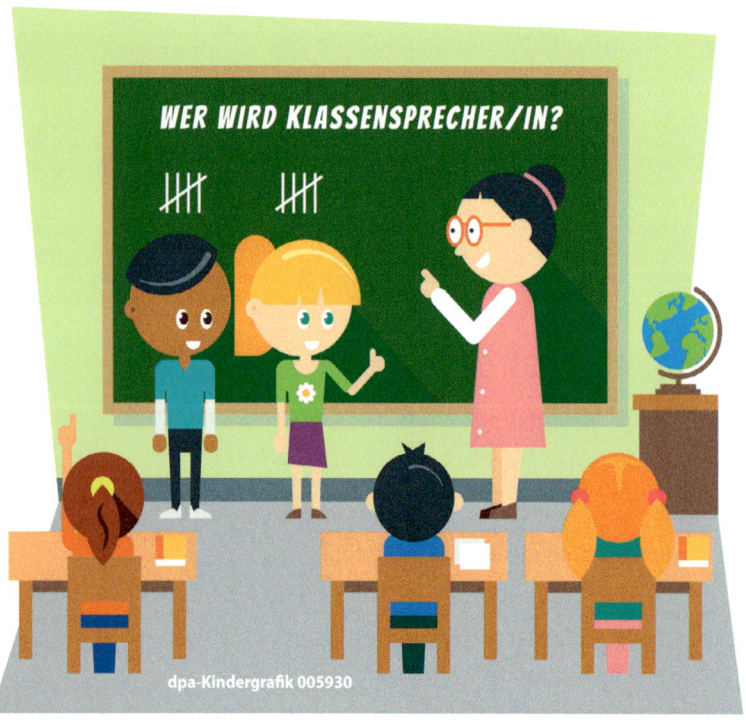

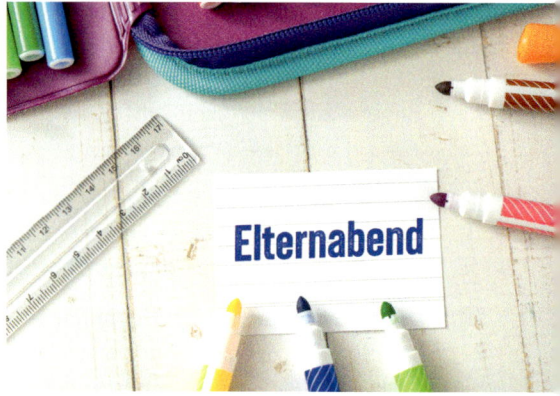

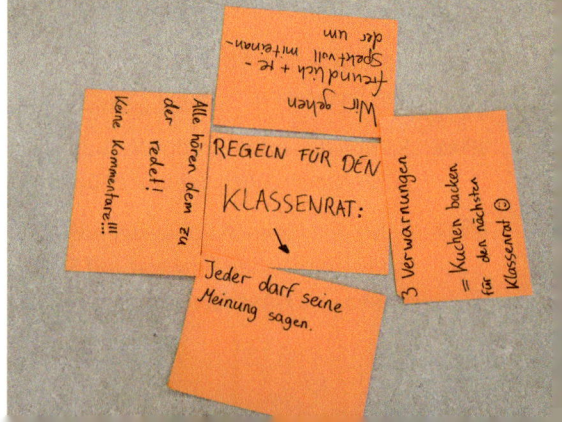

6

„Wie kann ich meine Schule mitgestalten?" – Demokratie und Mitbestimmung in der Schule

Darum wird es gehen

Im Einleitungskapitel habt ihr erfahren, dass es für das friedliche Zusammenleben von Menschen ganz wichtig ist, dass Regeln und Gesetze eingehalten werden, und dass es die Aufgabe von Politik ist, diese Regeln aufzustellen.

In einer demokratischen Gesellschaft wie der Bundesrepublik dürfen alle Menschen dabei mitwirken, Regeln und Gesetze aufzustellen. Sie dürfen ihre Meinung sagen, sich versammeln und sich informieren. Sie wählen Personen oder Parteien, von denen sie sich gut vertreten fühlen und von denen sie dann regiert werden. Dabei müssen sich alle an die festgelegten Regeln und Gesetze halten. In der Schule ist das auch so. Welche Regeln und Gesetze beachtet werden müssen und wie Schülerinnen und Schüler, Lehrkräfte und Eltern demokratisch bestimmen, was in der Schule passiert, das sollt ihr in diesem Kapitel erfahren.

Zu Beginn des Kapitels wollen wir Meinungen hören: Was denkt ihr über eure Schule? Was denken andere Kinder über ihre Schule?

Im zweiten Abschnitt geht es um Mitbestimmung. Wer darf in der Schule mitbestimmen? Seid ihr als Schülerinnen und Schüler auch gefragt? Wer vertritt eure Interessen? Welche Rolle dürfen die Eltern in der Schule ausüben? Ihr wisst alle, wie wichtig die Klassensprecherin oder der Klassensprecher ist. Welche Aufgaben hat sie/er, wie wird sie/er gewählt und in welchen Gremien darf sie/er mitreden? Auf diese Fragen wollen wir ebenfalls eingehen.

Im dritten Abschnitt geht es um allgemeinere Dinge. Hier sollt ihr einige „Spielregeln" der Demokratie kennenlernen, z. B. allgemeine Wahlgrundsätze und Grundrechte für alle Bürgerinnen und Bürger. Außerdem könnt ihr lernen, wie man eine Expertenbefragung vorbereitet, durchführt und auswertet.

1. Was denkst du über deine Schule? – Ein Fragebogen zum Einstieg

Zum Einstieg: **M1   Ein Fragebogen zum Thema: Was denkst du über unsere Schule?**

1. Was mir an unserer Schule gefällt:
   - ???
   - ???
   - ???

2. Was mich an unserer Schule stört und verbessert werden sollte:
   - ???
   - ???
   - ???

3. Was denkst du über folgende Aussagen? (Bitte jeweils nur eine Antwort wählen!)
   a) Die Schule ist ein Ort, wo ich meine Meinung sagen kann.
      - O Ich stimme voll zu.
      - O Ich stimme eher zu.
      - O Ich stimme eher nicht zu.
      - O Ich stimme gar nicht zu.
   b) Die Schule ist ein Ort, den ich mitgestalten kann.
      - O Ich stimme voll zu.
      - O Ich stimme eher zu.
      - O Ich stimme eher nicht zu.
      - O Ich stimme gar nicht zu.

1 Jede/jeder von euch füllt eine Kopie des Fragebogens aus, die eure Lehrerin oder euer Lehrer sicherlich anfertigen kann.

2 Lasst die Fragebögen von zwei Mitschülerinnen oder Mitschülern bis zur nächsten Stunde auswerten.

Hier einige Tipps zur Auswertung des Fragebogens sowie zur Vorstellung der Ergebnisse:
- ✓ Schreibt die Ergebnisse am besten auf eine Folie.
- ✓ Fasst unterschiedliche Formulierungen für dieselben Aussagen (zu Nr. 1 und 2) zu einer zusammen. Notiert hinter den Aussagen jeweils die Anzahl der Nennungen durch Striche oder die entsprechende Zahl.
- ✓ Lest die am häufigsten und die am wenigsten genannten Aussagen (Nr. 3 a und b) erneut vor und arbeitet Auffälligkeiten heraus (zum Beispiel, ob eine Aussage von niemanden angekreuzt wurde).
- ✓ Begründet, ob ihr die Ergebnisse jeweils erwartet hättet. Wie erklärt ihr euch die Ergebnisse?
- ✓ Benennt eventuell weitere Auffälligkeiten bei euren Ergebnissen.

M 2 Was Leon und Sina über ihre Schule denken

Fallbeispiel
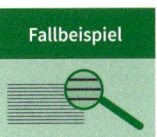

Leon und Sina besuchen die 5. Klasse eines Gymnasiums. Sie haben sich gut in der neu-
en Schule eingelebt. Während sie anfangs Schwierigkeiten hatten, einige Fachräume
wie zum Beispiel den Biologieraum zu finden, finden sich beide inzwischen gut zurecht.
Sie gehen gerne zur Schule und mögen „ihre" Schule, weil sie direkt in der Innenstadt
5 liegt, sich in einem schönen historischen Gebäude befindet und die meisten Mitschülerinnen und Mitschüler und auch die Lehrkräfte sehr nett sind. Außerdem gibt es ein
beeindruckendes Fahrtenprogramm.
Daneben gibt es allerdings auch Dinge, die Leon und Sina stören und die sie gerne ändern würden. Sina findet es schade, dass es keine Kletterwand oder Ähnliches gibt. In
10 der Grundschule ist sie in den Pausen gerne geklettert. An der neuen Schule kann man
sich immerhin verschiedene Dinge wie Springseile, Bälle oder auch Tischtennisschläger
in den großen Pausen ausleihen. Die Tischtennisplatten sind aber sehr begehrt, und
nicht in jeder Pause hat man das Glück, mit seinen Freunden einen Platz zu ergattern.
Leon ist mit dem Pausenangebot eigentlich ganz zufrieden. Ihn stört allerdings, dass
15 es nur zwei Computerräume gibt, die noch dazu oft von Oberstufenkursen belegt sind.
Außerdem schmeckt ihm das Essen in der Mensa manchmal überhaupt nicht. Das
Nachmittagsangebot findet er sehr vielseitig, allerdings würde er sich eine Schach-AG
wünschen.
Sina ist eine begeisterte und sehr gute Schwimmerin, sie hat schon viele Wettkämpfe ge-
20 wonnen. Den Schwimmunterricht an der Schule findet sie allerdings gar nicht gut, denn
die Anfahrt zum Schwimmbad dauert sehr lange und die Klasse hat dann kaum noch
Zeit im Wasser. Das anschließende Umziehen ist zudem hektisch, da die Klasse den Bus
zurück zum Gymnasium nicht verpassen darf, damit sie pünktlich zur nächsten Stunde
in der Schule ist. Wie viele andere aus ihrer Klasse hätte Sina lieber eine Doppelstunde
mehr Sportunterricht.

(Autorentext)

1   Arbeitet aus M 2 heraus, was Leon und Sina an ihrer Schule mögen und was sie nicht mögen bzw. gerne verbessern würden.

2   Vergleicht Leons und Sinas Sichtweise auf ihre Schule mit den Ergebnissen eurer Umfrage aus M 1. Ermittelt Gemeinsamkeiten und Unterschiede.

3   Überlegt zu zweit, inwieweit Schüler und Schülerinnen über die Angelegenheiten, die sie persönlich stören, mitbestimmen können sollten. Bei welchen Angelegenheiten können Sina und Leon vermutlich nicht oder nur sehr eingeschränkt mitbestimmen?

4a   Findet euch in Gruppen (je vier Personen) zusammen. Überlegt anhand der folgenden Beispiele, ob es a) Möglichkeiten/Chancen und b) Grenzen der Mitbestimmung gibt:
- Unterrichtsinhalte,
- Pausen (Dauer, Häufigkeit, Gestaltung),
- Art und Häufigkeit von Ausflügen und Klassenfahrten.

Ihr könnt dafür dieses Muster nutzen:

a) Möglichkeiten/Chancen der Mitbestimmung:	b) Grenzen der Mitbestimmung:
• Die Schülerinnen und Schüler können eventuell die Reihenfolge der Unterrichtsinhalte mitbestimmen. • ???	• Die Unterrichtsinhalte sind durch den Lehrplan vorgegeben und nicht verhandelbar. • ???

4b   Findet ihr es nachvollziehbar und gerecht, dass Schülerinnen und Schüler über bestimmte Themen nicht mitbestimmen dürfen? Tauscht euch zunächst in der Gruppe darüber aus. Diskutiert die Frage anschließend gemeinsam in der Klasse.

5   Nennt – möglichst vor dem Hintergrund eurer Befragungsergebnisse – eigene Beispiele, die Chancen und Grenzen der Mitbestimmung in der Schule aufzeigen.

Hinweis: Am Ende dieses Kapitels werden die genannten Verbesserungsvorschläge und Probleme erneut aufgegriffen, wenn ihr überlegen sollt, welche Möglichkeiten der Mitbestimmung von euch genutzt werden können, um eine Lösung oder Verbesserung zu erreichen.

2. „Deine Meinung zählt!" – Wie kannst du in der Schule mitbestimmen?

M 3 a Nele und Philipp ärgern sich ...

Nele und Philipp sind Schüler der 5. Klasse und mit ihrer Schule, dem Gymnasium Dorotheum, im Großen und Ganzen zufrieden. Streitigkeiten gibt es ja überall!
5 Aber gestern, in der ersten großen Pause, haben sie sich doch sehr geärgert. Sie standen vor dem Informationsbrett und konnten dort lesen, welche Aktionen und Aktivitäten die SV in ihrer Schule im kom-
10 menden Schuljahr durchführen will:

1 Könnt ihr euch denken, worüber Nele und Philipp sich so geärgert haben? Erklärt!

2 Überlegt gemeinsam, an wen Nele und Philipp sich wenden können, um ihrem Ärger Luft zu machen. Was könnten sie noch unternehmen, damit ihre Interessen stärker berücksichtigt werden?

Fallbeispiel

Jahresprogramm der SV

September:	Fußballturnier (Jgst. 9/10)
Oktober:	Filmabend (Jgst. 11 – 13)
November:	Halloween-Party (Jgst. 10 – 13) und Podiumsdiskussion zur aktuellen Bildungspolitik mit eingeladenen Kommunalpolitikern
Dezember:	Weihnachtsbasar (für alle) und Lesewettbewerb (Jgst. 6)
Januar:	Besuch eines Musicals in Hamburg (ab Jgst. 10)
Februar:	„Wir feiern Karneval" (für die Mittel- und Oberstufe)
März:	Ski-Wochenendfahrt (Sportkurse der Jgst. 11 – 13)
Mai:	Schachturnier (ab Jgst. 9)
Juni:	Kino-Abend in der Aula (Jgst. 7/8)
Juli:	Fahrradtour zum Baggersee – anschließend Wasserski (ab Jgst. 8)

(Autorentext)

M 3 b ... zu Unrecht?

„Wieso regt ihr euch denn so auf?", meldete sich ein älterer Junge, der hinter Nele und Philipp stand. „Jetzt sind wir in der SV schon so aktiv und bieten viele unterschiedliche Sachen an, und ihr seid immer noch nicht zufrieden!" „SV, SV! Was ist das denn überhaupt? Und außerdem: Was nützen uns so viele Aktionen, wenn wir nicht mitmachen
5 können? Für die Fünfer ist ja nichts dabei!"
„Wir haben doch im *Schülerrat* auf der letzten *Sitzung* das kommende Jahresprogramm besprochen", antwortete der ältere Junge. „Da hätte sich doch euer *Klassensprecher* an der Diskussion beteiligen können! Ihr habt doch einen *gewählt*, oder nicht? Ihr könnt euch außerdem ja selbst auch in der SV engagieren, wenn ihr wollt, dass eure Interessen
10 mehr Berücksichtigung finden! Gemeckert wird immer schnell!"
„Davon hat uns unsere Klassensprecherin Emma gar nichts erzählt. Ich weiß gar nicht, was ein Schülerrat ist, wann er sich trifft und welche *Aufgaben* er hat. Wie kommt man denn in die SV? Weißt du das, Nele?", fragte Philipp leise, denn die Älteren sollten nicht mitbekommen, dass er nicht so genau Bescheid wusste. Aber auch Nele kannte sich
15 nicht richtig aus.

(Autorentext)

Versteht ihr alles, was der ältere Junge Nele und Philipp erklären möchte? Sprecht darüber in der Klasse.

M4   Möglichkeiten der Mitbestimmung für Schülerinnen und Schüler

Wie ihr bereits erfahren habt, dürfen Schülerinnen und Schüler in Fragen, die sie betreffen, mitbestimmen – auch in der Schule. Die Interessen der Schülerinnen und Schüler werden dazu durch die Klassen- und Jahrgangsstufensprecherinnen und -sprecher gebündelt und beispielsweise im Schülerrat zur Sprache gebracht. In der Schülerversammlung können

> Schülerinnen und Schüler dürfen wegen ihrer Tätigkeit in den Mitwirkungsgremien weder bevorzugt noch benachteiligt werden. Auf Antrag ist die Tätigkeit im Zeugnis zu vermerken.

alle Schülerinnen und Schüler direkt über ein Thema mitentscheiden. Im § 74 des Schulgesetzes von Nordrhein-Westfalen (NRW) ist auch die Schülervertretung geregelt. Das Gesetz zeigt grundlegend auf, mit welchen Rechten und Pflichten und Zielen in Schulen in Nordrhein-Westfalen gelehrt und gelernt wird.

Im Folgenden werden euch die einzelnen Möglichkeiten der Schülervertretung näher erklärt. Mithilfe des Materials könnt ihr auch die Fragen beantworten, die sich für Nele und Philipp ergeben haben.

 Fragt euren Klassensprecher bzw. eure Klassensprecherin, wie eine Sitzung des Schülerrats typischerweise abläuft.

A) Die Schülervertretung

M4a Was das Schulgesetz zur Schülervertretung sagt

Klassensprecher/-in und Jahrgangsstufensprecher/-in
Der Klassensprecher bzw. die Klassensprecherin vertritt die Interessen der Klasse. Er/sie informiert die Klasse über wichtige Angelegenheiten der SV bzw. über solche, die für sie von allgemeiner Bedeutung sind. In der Oberstufe wählen die Schülerinnen und Schüler einen Jahrgangsstufensprecher bzw. eine Jahrgangsstufensprecherin, dieser/diese vertritt ebenfalls die Interessen der jeweiligen Jahrgangsstufe. Die Schülerinnen und Schüler wählen von der fünften Klasse an ihre Sprecherinnen und Sprecher und deren Stellvertretungen.

Der **Schülerrat** vertritt alle Schülerinnen und Schüler der Schule und ist somit gewissermaßen das Schulparlament. Er kann Anträge an die Schulkonferenz richten. Mitglieder des Schülerrats sind die Sprecherinnen und Sprecher der Klassen und Jahrgangsstufen sowie mit beratender Stimme deren Stellvertretungen. Der Schülerrat wählt eine Vorsitzende oder einen Vorsitzenden (**Schülersprecherin oder Schülersprecher**) und bis zu drei Stellvertretungen. Der Schülerrat wählt die Vertretung der Schülerschaft unter anderem für die Schulkonferenz, die Schulpflegschaft und die Fachkonferenzen. [Er kann auch Verantwortliche für spezielle Aufgaben benennen.]

Die **Verbindungslehrerinnen und Verbindungslehrer** (auch Vertrauenslehrerinnen bzw. Vertrauenslehrer genannt) unterstützen die Arbeit der Schülervertretung. Der Schülerrat wählt je nach Größe der Schule bis zu drei Verbindungslehrerinnen und Verbindungslehrer. Diese können an den Schülerversammlungen und auf Einladung des Schülerrats an dessen Sitzungen mit beratender Stimme teilnehmen.

Die Schülerschaft kann im Monat eine **SV-Stunde** während der allgemeinen Unterrichtszeit für Angelegenheiten der Schülervertretung in Anspruch nehmen. Die SV-Stunde wird vom Klassensprecher bzw. der Klassensprecherin vorbereitet und geleitet.

Die **Schülerversammlung** besteht aus allen Schülerinnen und Schülern der Schule. In Absprache mit der Schulleiterin oder dem Schulleiter kann die Schülerversammlung vom Schülerrat einberufen werden. Die Schülerversammlung lässt sich über wichtige Angelegenheiten der Schule unterrichten und berät darüber. Auf Antrag von einem Fünftel der Schülerinnen und Schüler ist sie einzuberufen. Die Schülerversammlung kann bis zu zweimal im Schuljahr während der allgemeinen Unterrichtszeit stattfinden.

(§ 74 Schulgesetz NRW und SV-Erlass NRW 3.1 – 5.2)

1 Nele und Philipp stellen in M 3 b diese Fragen:
- „Was ist die SV?"
- „Was ist der Schülerrat?"
- „Wann tagt er und welche Aufgaben hat er?"
- „Wie kommt man in die SV?"

Beantwortet sie mithilfe der Informationen in M 4 a.

2 Erklärt, was eine Schülerversammlung ist. Stellt auch den Unterschied zum Schülerrat heraus.

3 Nennt die Aufgaben, die die Verbindungslehrerinnen und -lehrer übernehmen.
Befragt die Verbindungslehrerinnen und -lehrer an eurer Schule zu ihren Aufgaben und aktuellen Themen.

4 Vervollständigt mithilfe von M 4 a das Schaubild M 4 b in eurem Heft.

M 4 b Die Schülervertretung – wer vertritt wen?

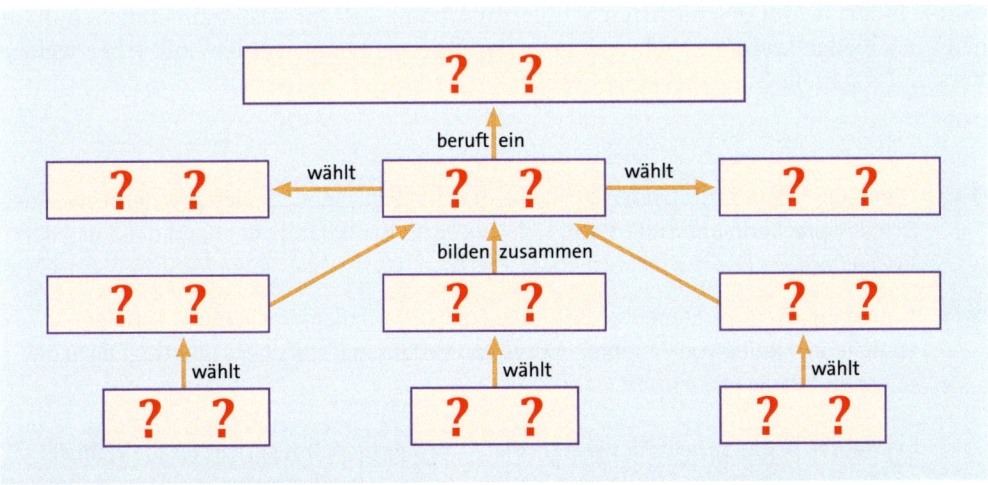

B) Der Schülersprecher/die Schülersprecherin

M5 Die Wahl des Schülersprechers oder der Schülersprecherin

● **Wer darf den Schülersprecher/die Schülersprecherin wählen?**

Es gibt grundsätzlich **zwei Verfahren**, nach denen der Schülersprecher/die Schülersprecherin gewählt werden kann:

Wer soll Schülersprecher werden?

Verfahren A:
Die Schülersprecherin oder der Schülersprecher sowie ihre Stellvertreter werden **vom Schülerrat** aus seiner Mitte gewählt.

(SV-Erlass NRW, 3.5.2)

Verfahren B:
Die Schülersprecherin oder der Schülersprecher sowie ihre Stellvertreter werden **von der Schülerversammlung** und damit von allen Schülerinnen und Schülern ab Klasse 5 gewählt. Für dieses Wahlverfahren ist ein Antrag von 20 von Hundert der Gesamtzahl der Schülerinnen und Schüler notwendig. In diesem Falle können sie sowohl aus der Mitte des Schülerrats als auch aus der gesamten Schülerschaft ab Klasse 5 gewählt werden. Den Kandidatinnen und Kandidaten ist Gelegenheit zur Vorstellung zu geben.

(SV-Erlass NRW, 3.5.2)

Pro und Kontra

● **Eure Meinung ist gefragt: Mit welchem Verfahren soll der Schülersprecher/die Schülersprecherin gewählt werden?**

Die Klassensprecherin Emma aus Neles und Philipps Klasse hat von älteren Schülerinnen und Schülern erfahren, dass der Schülersprecher des Gymnasium Dorotheum im vergangenen Schuljahr von allen Schülerinnen und Schülern gewählt wurde und nicht vom Schülerrat. Auf der nächsten Schülerratssitzung soll für das kommende Schuljahr neu entschieden werden, nach welchem Verfahren gewählt werden soll. Aber welche Vor- und Nachteile ergeben sich jeweils?

(Autorentext)

1 Nennt noch einmal die beiden Möglichkeiten der Wahl eines Schülersprechers bzw. einer Schülersprecherin und erklärt, wer sich jeweils als Kandidatin oder Kandidat aufstellen lassen darf.

2 Notiert jeweils die Argumente, die für die Wahl des Schülersprechers/der Schülersprecherin mithilfe von Verfahren A bzw. von Verfahren B sprechen. Übertragt dazu die folgende Tabelle in euer Heft.

Verfahren A: Das spricht für die Wahl des Schülersprechers/der Schülersprecherin durch den Schülerrat:	Verfahren B: Das spricht für die Wahl der Schülersprecherin/des Schülersprechers durch alle Schülerinnen und Schüler:
● ???	● ???
● ???	● ???

3 V Notiert mögliche Gründe, die <u>gegen</u> Verfahren A und Verfahren B sprechen.

4 Stellt euch vor, ihr vertretet Emma während der nächsten Schülerratssitzung und müsst euch zur Frage „Wer soll den Schülersprecher/die Schülersprecherin wählen?" äußern. Verfasst eine kurze und überzeugende Stellungnahme, in der ihr euch eindeutig für ein Wahlverfahren ausssprecht.

C) Die Schulkonferenz

M 6   Die Schulkonferenz – Aufgaben und Zusammensetzung

Die Lehrkräfte und die Eltern haben genauso wie die Schülerinnen und Schüler ihre Vertreter für die Schulkonferenz gewählt, und zwar in den Klassenpflegschaftssitzungen und in der Lehrerkonferenz. Die gewählten Vertreter der Schülerinnen/Schüler, Eltern und Lehrkräfte treffen
5 sich in der Schulkonferenz und beraten und entscheiden über Angele-
genheiten der Schule. Es ist eines der wichtigsten Entscheidungsorgane in einer Schule. Hier muss z.B. darüber entschieden werden, in welcher Jahrgangsstufe welche Klassenfahrten durchgeführt werden sollen, ob ein Schulfest stattfinden soll, ob es Projekttage geben soll, ob z.B. Spanisch schon ab der 8. Klasse unterrichtet
10 werden soll und anderes mehr. In vielen Schulen wird im Moment darüber beraten, ob Schuluniformen eingeführt werden sollen. Dazu müssen viele Argumente zusammen-
getragen werden. Auch hier dürfen die Schülerinnen und Schüler mitentscheiden. Mitglieder der Schulkonferenz sind die Schulleiterin oder der Schulleiter sowie die gewählten Vertreter der Lehrerinnen und Lehrer, der Eltern und
15 der Schülerinnen und Schüler. Die Schülervertreter werden vom Schülerrat gewählt. Gewählt werden dürfen Klassensprecher bzw. Klassensprecherinnen ab der 7. Klasse.
Eltern, Lehrkräfte und Schülerinnen/Schüler sind in der Schul-
konferenz mit jeweils gleich vielen Personen vertreten und
20 stimmberechtigt (das nennt man <mark>Drittelparität</mark>; vgl. Schulgesetz NRW, § 66). Bei Stimmengleichheit entscheidet die Schulleitung.
(Autorentext)

> **Parität** (von lat. *paritas* – Gleichheit): Das bedeutet Gleichstellung, Gleich-
> berechtigung. Ein Beispiel: Wenn in der Schulkonferenz 18 Mitglieder vertreten sind – 6 Elternvertreter, 6 Schülervertreter und 6 Lehrervertreter –, zählt jede Stimme gleich viel.

1 Erklärt, wer Mitglied in der Schulkonferenz ist. Erläutert auch, welche Bedeutung dieses Gremium hat.

2 Im Text wird von „Drittelparität" gesprochen (Z. 20). Erklärt, was darunter zu verstehen ist.

3 Eine Lehrerin meint: „Ich finde es nicht gut, dass in der Schulkonferenz die Stimmen von Lehrkräften, Eltern und Schülerinnen bzw. Schülern gleich viel zählen. Das sollten lieber die Erwachsenen alleine regeln." Nehmt Stellung zu dieser Aussage.

4 Ermittelt in einer Expertenbefragung,
- wer in eurer Schule in der Schulkonferenz mitwirkt,
- mit welchen Beratungspunkten und Entscheidungen sich die Schulkonferenz beschäftigt bzw. in Zukunft beschäftigt muss,
- welche Position die SV-Vertreter zu einzelnen Punkten einnehmen.
Überlegt, wen ihr als Expertin bzw. als Experten einladen könntet. Eure Lehrkraft wird die Kontaktaufnahme übernehmen. Formuliert eventuell weitere Fragen, die ihr zur Schulkonferenz habt.

Praxis

Methode   Wir informieren uns! Expertenbefragung und/oder Interview

Um euch über die SV eurer eigenen Schule gründlich zu informieren und vielleicht auch eurer gesamten Schulgemeinde darüber zu berichten (z. B. auf einer Infotafel, in der Schülerzeitung, auf der Homepage oder mit einer SV-Broschüre), schlagen wir euch hier zwei Möglichkeiten vor.

1. Expertenbefragung in der Klasse
Ladet den Schülersprecher/die Schülersprecherin, weitere SV-Mitglieder, SV-Lehrer/-innen und den Schulleiter oder die Schulleiterin in eine Politikstunde ein mit der Bitte, euch für ein Gespräch zur Verfügung zu stehen. Sagt ihnen, dass ihr die Informationen für eine Informationsschrift festhalten wollt. Vielleicht können euch eure Gesprächspartner auch Informationsmaterial zur Verfügung stellen. Weil das Gespräch in eurem Politikunterricht stattfindet, können alle aus der Klasse daran teilnehmen und Fragen stellen. Zur besseren Organisation des Gespräches wählt ihr am besten einen Gesprächsleiter oder eine Gesprächsleiterin. Möglicherweise wollen die Gäste vorab schon etwas über den Inhalt eurer Fragen wissen, um sich besser auf dieses Gespräch vorbereiten zu können. Aber auch ihr müsst euch auf diese „Befragungsaktion" sehr sorgfältig vorbereiten.

2. Interview „vor Ort"
Interview (engl.) bedeutet „Gespräch", „Befragung". Sicher habt ihr im Fernsehen schon häufig Interviews mit Sportlern, Politikerinnen, Schauspielern und anderen bekannten oder auch unbekannten Personen gesehen. Nun sollt ihr selbst ein Interview vorbereiten, durchführen und nachbereiten; von einem im Fernsehen gesendeten Interview unterscheidet sich eure Aufgabe in einem wesentlichen Punkt: Ihr müsst das Interview schriftlich dokumentieren, also „lesbar" machen. Zu Planung, Durchführung und Nachbereitung hier einige Tipps:
Vorbereitung:
1. Wen wollt ihr befragen? (SV-Mitglieder, SV-Lehrerinnen und -Lehrer, Schulleiter, Schulleiterin?)
2. Was genau wollt ihr erfahren?
3. Aufschreiben der Fragen und ordnen nach bestimmten Gesichtspunkten, zum Beispiel:
a) Wahlen (Verlauf und Ergebnisse)
b) Mitglieder (Anzahl/Namen)

c) Aufgaben (allgemein/speziell an dieser Schule)
d) Zusammenarbeit mit den Mitschülerinnen und Mitschülern, den Lehrerinnen und Lehrern, der Schulleiterin/ dem Schulleiter
e) Dokumentation besonderer Veranstaltungen der SV
f) Schulungen
4. Wie sollen die Antworten festgehalten werden (Mitschrift, Tonaufnahme)?
5. Aufgabenverteilung in der Interviewgruppe: Wer hat die Gesprächsleitung? Wer stellt Fragen? Wer schreibt mit? Wer fotografiert? Wer ist für die Tonaufnahme zuständig?
6. Terminabsprachen (am besten mithilfe eurer Lehrerin/eures Lehrers)
Durchführung:
1. Vor dem Gespräch: Sind alle Unterlagen und technischen Geräte vorhanden und funktionstüchtig?
2. Auf zum Gespräch: Freundliche Begrüßung der Interviewpartnerin/des Interviewpartners durch den Gesprächsleiter/die Gesprächsleiterin und Begründung des Interviewzweckes.
3. In aller Ruhe die Fragen stellen! Den Interviewpartnern und -partnerinnen Zeit und Gelegenheit geben, auch etwas länger und ausführlicher zu erzählen. So erfährt man mehr als in einem strikten Frage- und Antwortspiel!
4. Überprüft nach dem Gespräch: Sind alle eure Fragen beantwortet worden? – Bedanken nicht vergessen!
Nachbereitung:
1. Mitschriften miteinander vergleichen und ggf. aus dem Gedächtnis oder mithilfe der Tonaufzeichnung ergänzen
2. eventuell neu ordnen
3. Reinschrift anfertigen und eventuell mit Fotos versehen
4. der Interviewpartnerin/dem Interviewpartner zur Information oder zur Prüfung vorlegen
5. Vorbemerkung/Abschlussbemerkung: Wie habt ihr die Interviewsituation empfunden? Hat alles geklappt? o. Ä.

Viel Spaß und viel Erfolg! Vielleicht wollt ihr danach auch Mitglied der SV werden!

(Autorentext)

D) Der Klassensprecher/die Klassensprecherin

M7 Wer hat das „Zeug" zum Klassensprecher?

Nele und Philipp haben vor der ersten Klassensprecherwahl an ihrer neuen Schule gemeinsam mit dem Klassenlehrer erarbeitet, welche persönlichen Eigenschaften ein guter Klassensprecher mitbringen sollte. Einigkeit bestand darüber, dass eine Klassensprecherin bzw. ein Klassensprecher sicherlich nicht alle Erwartungen immer zur vollen
5 Zufriedenheit erfüllen kann. Sie oder er sollte sich aber zumindest bemühen, dem Amt und den damit verbundenen Erwartungen gerecht zu werden. Schaut euch, bevor ihr euch mit den folgenden Aufgaben beschäftigt, den Comic an und tauscht euch darüber aus, inwieweit beide Mädchen eurer Meinung nach das richtige Verständnis von einer Klassensprecherwahl haben.

(Autorentext)

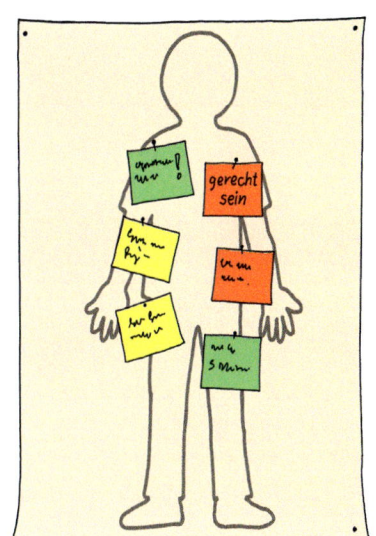

1 Zeichnet den Körperumriss einer Mitschülerin oder eines Mitschülers auf ein Plakat mit der Überschrift „Eine Klassensprecherin sollte …" bzw. „Ein Klassensprecher sollte …".

2 Überlegt in der Gruppe, welche persönlichen Eigenschaften eine gute Klassensprecherin bzw. ein guter Klassensprecher eurer Meinung nach haben sollte. Tipp: Formuliert positiv, vermeidet Formulierungen wie „nicht ungerecht sein". Notiert die Eigenschaften auf verschiedenfarbige Zettel: rot ➡ zwingend erforderlich, grün ➡ wünschenswert und gelb ➡ nicht so wichtig.

3 Bringt die Zettel auf dem Plakat an (siehe Skizze rechts). Tipp: Bei Doppel- oder Mehrfachnennungen kann der entsprechende Zettel mit einem Ausrufezeichen versehen werden.

M8 Die Aufgaben einer Klassensprecherin oder eines Klassensprechers

Das Amt des Klassensprechers ist ein wichtiges Amt, denn er oder sie vertritt die Interessen der Klasse gegenüber den anderen Schülern und den Lehrkräften. Zudem führt der Klassensprecher oder die Klassensprecherin gemeinsame Beschlüsse aus. Aber muss der Klassensprecher in der Fünfminutenpause für Ruhe sorgen, wenn der Lehrer ihn darum bittet? Auf diese Frage werdet ihr vermutlich unterschiedliche Antworten haben. Im Folgenden sollt ihr diskutieren, wie sich ein Klassensprecher in bestimmten Situationen eurer Ansicht nach richtig verhält und welche Aufgaben tatsächlich von ihm oder ihr zu erledigen sind.

Fallbeispiel

M 8 a Konfliktsituationen – Wie verhalte ich mich als Klassensprecher/-in richtig?

A) Herr Müller, der Klassenlehrer der 6c, wird aus dem Klassenraum gerufen. Die Schülerinnen und Schüler sollen während seiner Abwesenheit ruhig weiterarbeiten. Die Klassensprecherin soll die Namen derjenigen, die das nicht tun, an die Tafel schreiben. Kennt ihr dieses Vorgehen? Wie verhält sich die Klassensprecherin richtig?

Puh! Es ist gar nicht so einfach, sich als Klassensprecherin richtig zu verhalten!

B) Im Rahmen des Deutschunterrichts findet heute in der 6. Stunde ein Theaterbesuch statt. Gleichzeitig ist die Schülerratssitzung, zu der selbstverständlich auch Paula als Klassensprecherin eingeladen wurde. Paula hat aber keine Lust, an der Sitzung teilzunehmen, und geht mit ins Theater.

C) Die Wahl des Schülersprechers steht kurz bevor. Die Mehrheit der Klasse 5d hat sich für den Oberstufenschüler Benedikt ausgesprochen. Viele aus der Klasse kennen ihn, da er die Volleyball-AG leitet. Diego ist Klassensprecher der 5d, und in diesem Jahr stellt sich auch sein Bruder zur Wahl, der ebenfalls in der Oberstufe des Gymnasiums ist. Diego wählt seinen Bruder. Verhält er sich richtig?

D) Sarah wird vom Lehrer beschuldigt, während der Klassenarbeit abgeschrieben zu haben. Zu einem Gespräch mit dem Lehrer nimmt sie den Klassensprecher mit. Der Lehrer weigert sich, das Gespräch zu dritt zu führen. Muss der Lehrer die Anwesenheit des Klassensprechers akzeptieren?

(Autorentext)

1 Diskutiert, wie sich die Klassensprecherinnen und Klassensprecher in den Beispielen in M 8 a eurer Meinung nach am besten verhalten sollten.

2 Findet weitere Beispiele für Konfliktsituationen.

M 8 b Sind dies Aufgaben von Klassensprecherinnen und Klassensprechern?

Pro und Kontra

Eine Klassensprecherin oder ein Klassensprecher …

… muss mal mit dem Englischlehrer sprechen, der hat nämlich
Lotte auf dem „Kieker"!

… muss uns bei
der Schulleitung
vertreten!

… muss in der Klasse dafür
sorgen, dass Streitigkeiten
beigelegt werden!

… muss das Geld für
die Klassenlektüre
einsammeln.

… muss mit
gutem Beispiel
vorangehen!

… muss immer auf
unserer Seite stehen!

… muss das
nächste
Klassenfest
organisieren!

… muss dafür sorgen, dass wir
nicht zu viele Hausaufgaben
aufbekommen!

(Autorentext)

Welche der Aussagen in M 8 b gehören eurer Ansicht nach tatsächlich zu den Aufgaben
einer Klassensprecherin oder eines Klassensprechers? Begründet.

M 9 Wie wollt ihr mitbestimmen?

In diesem Kapitel habt ihr unterschiedliche Möglichkeiten kennengelernt, in der Schule mitzubestimmen und eure Wünsche und Vorstellungen in die Gestaltung der Schule und des Schullebens einzubringen. Dazu gehören:

1. Ich kandidiere für das Amt des Klassensprechers.	**2.** Ich kandidiere für das Amt der Schülersprecherin.	**3.** Ich lasse mich in die Schulkonferenz wählen.

4. Ich engagiere mich aktiv in der SV, indem ich z. B. an ihren Sitzungen teilnehme.	**5.** Ich engagiere mich anderweitig über den Unterricht hinaus, z. B. indem ich AGs anbiete, Konzerte organisiere, im Kiosk mitarbeite usw.

(Autorentext)

1 Welche dieser Möglichkeiten könnt ihr euch vorstellen, jetzt oder später einmal wahrzunehmen? Begründet eure Entscheidung jeweils.

2 Tauscht euch in der Klasse über Aufgabe 1 aus und diskutiert die unterschiedlichen Möglichkeiten.

M 10 Wie wird der Klassensprecher oder die Klassensprecherin gewählt?

Bei der Wahl des Klassensprechers bzw. der Klassensprecherin müssen einige Dinge berücksichtigt werden. Es handelt sich schließlich um ein sehr wichtiges Amt, welches von den Schülerinnen und Schülern, also von euch, bestimmt wird. Deshalb ist es auch nicht zulässig, wenn z. B. ein Klassensprecher durch die Lehrkraft bestimmt wird. Gewählt wird jährlich und spätestens zwei Wochen nach den Sommerferien. Wählbar ist ₅ jeder Schüler und jede Schülerin aus der Klasse. Wichtig ist, dass der Klassensprecher und seine Vertreter in geheimer Wahl bestimmt werden. Bei Stimmengleichheit findet eine Stichwahl zwischen den beiden Kandidaten mit den meisten Stimmen statt. Bei erneuter Stimmengleichheit würde gelost werden. Ein Klassensprecher oder eine Klassensprecherin bleibt ein Jahr lang im Amt, kann jedoch im Laufe des Schuljahres abgewählt ₁₀ werden, wenn zwei Drittel der Schülerinnen und Schüler einen Nachfolger oder eine Nachfolgerin wählen.

(Autorentext)

Erklärt, worauf bei der Wahl des Klassensprechers bzw. der Klassensprecherin geachtet werden muss.

3. Demokratisch entscheiden – Heißt das immer, dass die Mehrheit gewinnt?

M 11   Klassensprecherwahl in der 6a

Fallbeispiel

Am ersten Tag nach den Sommerferien kommt Frau Hilbert, die Klassenlehrerin der 6a, in die Klasse. Es gibt viel zu regeln nach den Ferien, so auch die Wahl des neuen Klassensprechers bzw. der neuen Klassensprecherin. Um Zeit zu sparen, entscheidet Frau Hilbert, dass die Abstimmung öffentlich und per Handzeichen erfolgt. Zur Wahl
5 vorgeschlagen werden Emre, Leonie, Celine, Lea und Oleg. Marie ist etwas verunsichert: Einerseits ist Celine ihre beste Freundin, sie findet andererseits aber auch, dass sie nicht immer ehrlich ist. Lea war schon letztes Jahr Klassensprecherin und für ihre Mitschülerinnen und Mitschüler immer eine sehr gute Ansprechpartnerin. Und auch die anderen Aufgaben eines Klassensprechers hat sie stets sehr verantwortungsvoll erfüllt. Kurz be-
10 vor die Abstimmung erfolgen soll, flüstert Celine Marie zu: „Du weißt doch, wer deine beste Freundin ist, oder?!"

(Autorentext)

1 Erkläre, vor welchem Problem Marie steht.

2 Wie würdest du dich an Maries Stelle entscheiden? Begründe!

M 12   Wahlgrundsätze – So ist eine faire Wahl garantiert!

Frau Hilbert hat nicht alles richtig gemacht. Damit eine Wahl fair abläuft, müssen bestimmte Grundsätze eingehalten werden, die im Folgenden zusammengefasst sind:

allgemein

Die Wahl ist allgemein:
Alle Schülerinnen und Schüler eurer Klasse dürfen wählen, unabhängig davon, wie alt sie sind, welche Hautfarbe sie haben, ob sie weiblich oder männlich sind oder welcher Religion sie angehören.

frei

Die Wahl ist frei:
Du hast das Recht, dich frei für einen Kandidaten oder eine Kandidatin zu entscheiden. Ob du überhaupt wählst und wenn ja, wen du wählst, entscheidest alleine du.

geheim

Die Wahl ist geheim:
Die Stimmabgabe erfolgt anonym, sodass niemand weiß, wen du gewählt hast. Daher musst du dich auch vor niemandem für deine Entscheidung rechtfertigen.

Die Wahl ist gleich:

Jede Stimme hat dasselbe Gewicht. Die Stimmen der Mädchen und der Jungen bei euch in der Klasse zählen beispielsweise gleich viel. Niemand darf bevorzugt oder benachteiligt werden.

???

Die Wahl ist unmittelbar:

Die Stimmabgabe erfolgt direkt und nicht über Dritte, das heißt, du wählst direkt einen Kandidaten oder eine Kandidatin. Bei der Wahl des Schüler-sprechers bzw. der Schülersprecherin kann das anders sein. Wie ihr in M 6 erfahren habt, kann die Wahl auch durch die Klassensprecher erfolgen (man spricht dann von einer indirekten oder repräsentativen Wahl).

(Autorentext)

1 Arbeitet zu zweit. Macht euch jeweils mit den Wahlgrundsätzen vertraut und erklärt eurem Partner anschließend in eigenen Worten, was mit den einzelnen Grundsätzen gemeint ist.

2 Zum Wahlgrundsatz „unmittelbar" fehlt ein Bild. Zeichnet (in eurem Heft) einen eigenen Vorschlag.

3 Erklärt, gegen welche Wahlgrundsätze Frau Hilbert verstoßen hat und welche Folgen dies haben könnte.

4 Überlegt euch Fallbeispiele, die zeigen, dass Wahlgrundsätze verletzt wurden.

Fallbeispiel

M 13   Der Wandertag der Klasse 6a – demokratisch entscheiden

In der Klasse 6a wird darüber diskutiert, was am nächsten Wandertag gemacht werden soll. Die Klassenlehrerin ist der Meinung, dass eine Wanderung in nächster Umgebung eine gute Idee sei. Einige Schülerinnen und Schüler schlagen einen Ausflug in eine nahe gelegene Stadt mit Stadtführung vor. Andere sind der Ansicht, dass man sich gemeinsam ein interessantes Museum anschauen sollte. Wieder andere Schülerinnen und Schüler 5 möchten einen Freizeitpark besuchen.

Lea, die Klassensprecherin, möchte über die Vorschläge demokratisch abstimmen las-sen. Der Vorschlag, auf den die meisten Stimmen entfallen, soll umgesetzt werden. Die Klasse umfasst 29 Schülerinnen und Schüler, jede/jeder hat eine Stimme.

Hier ist das Ergebnis der Abstimmung: 10

Ergebnis der Abstimmung über den Wandertag der Klasse 6a:

— *Wanderung in nächster Umgebung*	2
— *Ausflug in nahe gelegene Stadt mit Stadtführung*	11
— *Museumsbesuch*	4
— *Besuch im Freizeitpark*	12
Enthaltungen	0

(Autorentext)

1 Überlegt, welche Probleme aus dem Abstimmungsergebnis folgen könnten.

2 Oleg aus der 6a behauptet: „Das ist doch total undemokratisch! Es war doch gar nicht die Mehrheit für den Besuch des Freizeitparks, dazu müssten doch 15 Personen dafür gestimmt haben!" Was würdet ihr dem Jungen antworten? Erläutert!

3 Erklärt den Unterschied zwischen einer ==absoluten== und einer ==relativen Mehrheit==.

4 Von welchem Mehrheitsbegriff gehen Lea und Oleg aus? Benennt diesen jeweils.

5 Begründet, ob Oleg recht hat und die Abstimmung undemokratisch war.

> **Mehrheiten:** In einer Demokratie gibt es verschiedene Mehrheiten.
> Die **absolute Mehrheit** ist die Mehrheit aller abgegebenen Stimmen, das heißt, die Abstimmungsmehrheit muss mehr als die Hälfte aller abgegebenen Stimmen (mindestens 50 % plus 1 Stimme) umfassen.
> Bei der **relativen Mehrheit** dagegen müssen nicht mehr als die Hälfte aller abgegebenen Stimmen zusammenkommen, sondern nur mehr Stimmen für einen Vorschlag als für jeden anderen Vorschlag.

M 14 a Merkmale einer Demokratie in Bildern

Das Wort „Demokratie" kommt aus dem Griechischen und bedeutet „Herrschaft des Volkes". Zum Volk zählen alle Bürger und Bürgerinnen eines Staates (z. B. Deutschland). In einer Schule bilden beispielsweise alle Schülerinnen und Schüler, die Eltern sowie alle Lehrerinnen und Lehrer „das Volk". Eine Demokratie bzw. eine demokratische Ab-
5 stimmung erkennt man an unterschiedlichen Merkmalen. Einige sind auf den folgenden Bildern dargestellt.

(Autorentext)

1 Beschreibt die Bilder in M 14 a. Überlegt dann, auf welche Merkmale einer Demokratie sie hinweisen könnten.

2 Überprüft eure Überlegungen mithilfe des Textes M 14 b. Listet dazu die im Text genannten Merkmale einer Demokratie in eurem Heft auf und erklärt sie euch zu zweit und in eigenen Worten.

3 V Entwerft für die Merkmale, die nicht in den Abbildungen in M 14 a dargestellt werden, selbst Bilder. Ihr könnt auch selbst Fotos mit eurem Smartphone machen.

M 14 b   Merkmale einer Demokratie in der Politik und in der Schule

Merkmale einer Demokratie in der Politik ...

Die Bürger und Bürgerinnen haben durch Wahlen **Repräsentanten** (Stellvertreter) beauftragt, stellvertretend für sie z. B. im Bundestag Gesetze zu erlassen. In einer Demokratie müssen sich alle an diese Gesetze halten.

Eine wichtige Aufgabe des Staates besteht darin, die **Grundrechte** seiner Bürgerinnen und Bürger zu schützen, z. B. die Meinungs- und Religionsfreiheit oder die Gleichberechtigung zwischen Männern und Frauen. Die Menschen in einer Demokratie haben ihrerseits ebenfalls **Pflichten**, so müssen sie z. B. Steuern zahlen oder ihre Kinder erziehen.

(Autorentext)

.... bedeuten konkret in der Schule:

Eine Entscheidung ist demokratisch zustande gekommen, **wenn alle, die von ihr betroffen sind, ihre Meinung einbringen** und sich an ₅ der Entscheidungsfindung beteiligen können. **Alle Meinungen in der Klasse**, so unterschiedlich sie auch sein können, **sind gleichberechtigt und haben dasselbe Gewicht**. Die Schülerinnen und Schüler haben zudem ₁₀ Stellvertreter in die Schülervertretung gewählt. Das, was **die Mehrheit entscheidet**, wird gemacht (Mehrheitsprinzip). In einer Demokratie kann jeder von uns einmal zur Minderheit und einmal zur Mehrheit gehören. ₁₅

Die Schulleitung und alle Mitwirkungsbereiche müssen darauf achten, dass **alle Rechte und auch Pflichten der Schulgemeinschaftsmitglieder gewährt und eingehalten** werden. Zum Beispiel müssen die Schüler die Gele- ₂₀ genheit zu Versammlungen bekommen, und die gewählten Vertreter in den Konferenzen (z. B. die Eltern) müssen dort auch ihre Aufgaben wahrnehmen.

 **1**   In einer Schule werden viele Entscheidungen durch Abstimmungen getroffen. Gebt an, welche Schwierigkeiten eine demokratisch getroffene Entscheidung mit sich bringen kann.

2   Erklärt, wie sich der Staat oder die Schule verändern würde, wenn die Merkmale einer Demokratie nicht umgesetzt werden würden.

Fallbeispiel

M 15   War die Entscheidung zur Teilnahme an der Mini-Fußball-EM demokratisch?

In einer SV-Stunde kann es manchmal hoch hergehen, schließlich sind die Interessen in einer Klasse z. T. sehr unterschiedlich. So war es auch am letzten Dienstag. Die Klassenlehrerin der ₅ Klasse 6a hat den Schülerinnen und Schülern mitgeteilt, dass vor den Sommerferien eine Mini-Fußball-EM für die 5. und 6. Klassen stattfinden soll. Alle waren sofort total begeistert, aber ₁₀ dann kam es zu einer hitzigen Diskussion zwischen Felipe und Lisa:

Felipe

Ich finde, dass nur Jungen in die Mannschaft kommen sollten, denn Fußball ist eh nix für Mädchen. Außerdem sind wir viel besser. Lassen wir die Mädchen mitspielen, haben wir doch eh keine Chance auf den Sieg. Also: Lasst uns nur die Jungs aufstellen!

Sag mal, geht's noch? Viele von uns Mädchen spielen gerne – und übrigens auch gut! – Fußball. Wenn wir nur zuschauen dürfen, finde ich das total ungerecht. Also: Lasst uns gemischte Teams machen!

Lisa

Am Ende der SV-Stunde wurde – wie die Klasse 6a das immer macht, wenn sich nicht alle einig sind – demokratisch abgestimmt. Und tatsächlich wurde Felipes Vorschlag angenommen. „Kein Wunder!", sagt Lisa. „Es gehen ja auch mehr Jungs als Mädchen in unsere Klasse." Die Jungs lassen aber nicht mit sich reden: „Das war eine demokratische Abstimmung und die Mehrheit hat gewonnen. Da braucht ihr euch jetzt nicht so anzustellen!"

(Autorentext)

1 Eine Abstimmung vorweg: Wer stimmt Felipe zu? Wer ist Lisas Meinung?

2 „Das war eine demokratische Abstimmung!" Bewerte diese Aussage: Würdest du Felipe zustimmen?

Pro und Kontra

Die Jungen in Lisas Klasse sind also in der Mehrheit. Deshalb ist es nicht verwunderlich, dass sie die Abstimmung für sich entschieden haben. Aber: Die Jungen verletzen durch ihre Argumentation ein Grundrecht der Mädchen. Um welches Grundrecht es sich handelt und was unter Grundrechten im Allgemeinen zu verstehen ist, erfahrt ihr im folgenden Material.

M 16   Die Grundrechte – ohne sie geht es nicht!

Die Grundrechte – die Spielregeln der Demokratie

Die Grundrechte sind ganz besondere Rechte. Sie stehen ganz am Anfang des Grundgesetzes (GG) und stellen die Grundlagen unserer Demokratie und unserer Werteordnung dar. Sie sind automatisch für jedermann gültig (wobei es aber auch Grundrechte gibt, die nur für Deutsche gelten; diese beginnen mit den Worten „Jeder Deutsche ..."). Die Grundrechte dürfen niemals, auch nicht durch Mehrheitsbeschluss, in ihrem Kern verletzt und vollkommen abgeschafft werden. Im Folgenden werdet ihr ein wichtiges Grundrecht kennenlernen.

Artikel 3 des Grundgesetzes

Ob arm oder reich, alt oder jung, berühmt oder unbekannt – laut Artikel 3 des Grundgesetzes sind alle Menschen vor dem Gesetz gleich, d.h., sie dürfen nicht besser oder schlechter behandelt werden als andere. Gleichheit bedeutet allerdings nicht, dass alle Menschen immer das Gleiche haben oder tun müssen. Unser Grundgesetz möchte aber sicherstellen, dass der Staat allen die gleichen Chancen gibt, im Leben das zu erreichen, was sie möchten.
Jeder Mensch ist etwas Besonderes und gleich viel wert wie andere. Ein Mensch soll bei uns daher keine Nachteile oder Vorteile haben, egal woher er kommt, wie er aussieht, ob er Junge oder Mädchen ist, welche Sprache er spricht, woran er glaubt oder welche Hautfarbe er hat. Auch Behinderte dürfen nicht schlechter behandelt werden als Gesunde. Daran muss sich auch der Staat halten.

(Zusammengestellt aus: Karen-Susan Fessel/Manfred Schwarz: GG – was ist das? Das Grundgesetz erklärt, Oetinger, Hamburg 2009, S. 99, und: Christine Merz: Voll in Ordnung – unsere Grundrechte. Grundrechtefibel für Kinder ab 8 Jahren, Herder, Freiburg im Breisgau 2015, S. 28, 33 f.)

Im Original lauten die drei Absätze von Artikel 3 folgendermaßen:
(1) „Alle Menschen sind vor dem Gesetz gleich."
(2) „Männer und Frauen sind gleichberechtigt. […]"
(3) „Niemand darf wegen seines Geschlechts, seiner Abstammung, seiner Rasse, seiner Sprache, seiner Heimat und Herkunft, seines Glaubens, seiner religiösen oder politischen Anschauungen benachteiligt oder bevorzugt werden. Niemand darf wegen seiner Behinderung benachteiligt werden."

1 Erläutert, warum Grundrechte ganz besondere Rechte sind.

2 Notiert zu Artikel 3 des Grundgesetzes (GG) Schlüsselwörter in eurem Heft.

3 Überprüft, ob im Fall von Lisas Klasse die Grundrechte bei der Entscheidung zur Mini-Fußball-EM beachtet wurden. Begründet eure Meinung.

4 Stellt euch vor, Lisa fragt euch um Rat. Schreibt ihr einen Brief. Darin sollte stehen, was ihr über demokratische Entscheidungen gelernt habt und was sie ihren Mitschülerinnen und Mitschülern erklären könnte.

5 Überlegt euch, wie das Problem in Lisas Klasse gelöst werden könnte. Macht dazu Vorschläge und begründet, welche Lösung ihr für die beste haltet. Dabei können euch die folgenden Leitfragen helfen, die ihr auch auf andere Streitfragen übertragen könnt.

Leitfragen	Beispiel Wandertag
Welches Problem soll/sollte gelöst werden?	
Wer ist an der Problemlösung und Entscheidung beteiligt?	
Welche Interessen haben die Beteiligten?	
Welche Lösungsvorschläge wurden diskutiert?	
Welche Entscheidung wurde getroffen?	
Wer hat sich bei der Entscheidung durchgesetzt?	
Wie wurde die Entscheidung von allen Beteiligten bewertet?	

Was ihr jetzt wissen und können solltet:

✓ M**S**UH erklären, was eine Schülervertretung (SV) ist und wofür sie zuständig ist;
✓ M**S**UH erklären, was ein Verbindungslehrer oder eine Verbindungslehrerin macht;
✓ M**S**UH erklären, was eine Schulkonferenz ist, und angeben können, wer Mitglied in einer Schulkonferenz ist;
✓ M**S**UH erläutern, worüber z. B. die Schulkonferenz entscheiden muss;
✓ M**S**UH erklären, wie man einen Klassensprecher oder eine Klassensprecherin wählt;
✓ MS**UH** euch eine Meinung darüber gebildet haben, was ein Klassensprecher oder eine Klassensprecherin können muss;
✓ M**S**UH Wahlgrundsätze und Merkmale einer Demokratie kennen und anwenden;
✓ M**S**UH erläutern, was Grundrechte sind, und ein Fallbeispiel auf die Beachtung der Grundrechte hin überprüfen;
✓ **M**SUH eine Expertenbefragung oder ein Interview durchführen;
✓ M**S**UH die SV eurer Schule kennen und wissen, mit welchen Problemen und Zielen sie sich beschäftigt;
✓ MS**U**H euch eine Meinung darüber gebildet haben, ob sich die SV eurer Schule auch um eure Interessen kümmert

Was ihr wisst – was ihr könnt – wie ihr es seht

1. Achtmal richtig – zehnmal falsch!

M S U H

Von diesen Aussagen sind zehn falsch. Findet sie heraus. Dazu müsst ihr die Bestimmungen in M 3 und M 4 kennen.

1. Jede Klasse kann eine Klassensprecherin oder einen Klassensprecher wählen, wann sie will.
2. Der/die gewählte Klassensprecher/Klassensprecherin kann sich seinen/ihren Stellvertreter aussuchen.
3. Ist jemand bei der Wahl krank, kann er nicht gewählt werden.
4. Die Klassensprecherin/der Klassensprecher vertritt die Interessen der Klasse.
5. Die Wahl kann durch „Fingerzeig" erfolgen.
6. Bei Stimmengleichheit findet eine Stichwahl statt.
7. Die Klassensprecherin/der Klassensprecher leitet die SV-Stunde.
8. Die Klassensprecherin/der Klassensprecher ist nicht verpflichtet, die Klasse über Beschlüsse des Schülerrates zu informieren.
9. Die Schülersprecherin/der Schülersprecher ist Vorsitzende(r) des Schülerrates.
10. Der Schülerrat ist für alle Fragen der SV zuständig, die über die Belange der einzelnen Klasse hinausgehen.
11. Der Schülerrat besteht aus den Klassensprechern/-sprecherinnen und Klassenlehrern/-lehrerinnen der einzelnen Klassen.
12. Die Lehrerinnen und Lehrer wählen zu Beginn des Jahres den Schülersprecher/die Schülersprecherin.
13. Der Direktor/die Direktorin einer Schule kann die Wahl des Klassensprechers/der Klassensprecherin verbieten.
14. Alle Schülerinnen und Schüler können über ihre Klassensprecherin/ihren Klassensprecher Einfluss auf die SV-Arbeit nehmen.
15. Die SV erledigt nur Arbeiten, die der Direktor/die Direktorin ihr aufträgt.
16. Der Schülerrat besteht aus den fünf besten Schülerinnen und Schülern jeder Jahrgangsstufe.
17. Der Schülerrat kann Vorschläge für eine Änderung der Hausordnung erarbeiten.
18. Die stellvertretenden Klassensprecher/Klassensprecherinnen können unter bestimmten Bedingungen an den Sitzungen des Schülerrates teilnehmen.

2. Hier stimmt etwas nicht!

M S U H

Notiert, welche Fehler konkret gemacht worden sind und gegen welche Bestimmungen damit verstoßen wurde.

Fall A:
Die Schulleiterin des Gymnasiums Hallerböh, Frau Unruhe, ist der Ansicht, dass die Interessen der Lehrerinnen und Lehrer ihrer Schule in der Schulkonferenz gestärkt werden müssen. In nächster Zeit soll über ein Verbot des Tragens von Jogginghosen und bauchfreier Kleidung an der Schule diskutiert werden. Frau Unruhe ist der Ansicht, dass die Lehrerstimmen stärker gewichtet werden müssen, zum einen, weil die Lehrkräfte eine wichtige Erziehungsaufgabe übernehmen müssten.

Zum anderen hätten die Schülerinnen und Schüler bei diesem Thema kein Unrechtsbewusstsein. Die Schulleiterin hat daher entschieden, dass die Stimmen der Lehrkräfte in der Schulkonferenz doppelt gezählt werden. (Lösung: siehe M 6)

Fall B:

Das gewählte SV-Team hat entschieden, dass im Schülerrat die Klassensprecherinnen und Klassensprecher erst ab Klasse 7 vertreten sein dürfen. Die Klassensprecherinnen und Klassensprecher der Erprobungsstufe hätten noch nicht den Überblick über das, was in der Schule wichtig ist. Außerdem arbeite man in einer kleineren Gruppe effektiver. (Lösung: siehe M 4 a)

Fall C:

Herr Adebisi, Klassenlehrer der Klasse 6b, will in diesem Schuljahr keine Klassensprecher wählen lassen. Er meint, dass man sich untereinander gut kenne und vertraue. Die Schülerinnen und Schüler würden mit ihren Anliegen das direkte Gespräch mit ihm suchen, die Klassensprecher/-innen als Vermittler zwischen Schülern und Lehrern seien somit nicht notwendig. (Lösung: siehe M 10)

Fall D:

Lisa hat auch in diesem Schuljahr eine Eins im Fach Politik, obwohl das letzte Referat nicht gut gelungen war; auch die Hausaufgaben fehlten hin und wieder. Ihr Politiklehrer begründet die Note mit ihrer engagierten Mitarbeit in der Schülervertretung. (Lösung: siehe M 4 a)

M S U H **3. Wie ist eure SV?**

Wie ist eure Meinung: Fühlt ihr euch von der SV eurer Schule richtig vertreten?
- Gibt es ein Programm, das die SV-Mitglieder während ihrer Amtszeit umsetzen wollen?
- Was wird für euch angekündigt oder gemacht?
- Welche eigenen Vorschläge wollt ihr den SV-Vertretern machen?

Wenn ihr mehr über die Arbeit der SV an eurer Schule erfahren möchtet, könnt ihr ein Mitglied der SV zu euch in den Unterricht einladen und eine Expertenbefragung durchführen. Beachtet, dass eine Expertenbefragung gut vorbereitet sein muss.

M S U H **4. Ein eigenes Wahlprogramm entwerfen!**

Du möchtest gern selbst in der SV mitwirken und dich für das Amt des Klassensprechers bzw. der Klassensprecherin bewerben. Mit welchen Argumenten möchtest du das tun? Entwirf ein eigenes „Wahlprogramm": Was willst du erreichen? Warum bist du geeignet?
Wenn du „Unterstützer" hast, könnt ihr auch als Team zusammenarbeiten.

Wenn ihr noch mehr lernen wollt ...

D1 Das gilt in der Demokratie: Minderheitenschutz

In der Demokratie gibt es Minderheiten, die nie zur Mehrheit werden können. Diese Menschen zu schützen und mitbestimmen zu lassen, ist Aufgabe des Staates. Die Unterdrückung einer Minderheit durch die Mehrheit widerspricht nämlich den Grundsätzen der Demokratie. In modernen
5 demokratischen Staaten haben alle Menschen die gleichen Rechte.
(Autorentext)

Doch stimmt das wirklich? Das wollen wir an einem Beispiel überprüfen.

Lest euch noch einmal den Text M13 durch. Stellt euch vor, Ben ist ein Schüler der Klasse 6a: Ben ist sehr unglücklich mit dem Ergebnis der Abstimmung in seiner Klasse. Sein Vater hat vor einigen Monaten seinen Arbeitsplatz verloren und Ben weiß, dass sich die Familie das Geld für einen Besuch im Freizeitpark aktuell nicht leisten kann. Hinzu kommt, dass seine Eltern erst kürzlich die Klassenfahrt seiner Schwester bezahlen mussten.

Überlegt, wie Ben als Minderheit in der Klasse geholfen werden könnte. Was wäre eurer Ansicht nach die beste Lösung? Begründet.

D2 „Demokraten fallen nicht vom Himmel" – Demokratie gestalten

Auf der Website des Bildungsministeriums, das in NRW u.a. auch für die Schulen zuständig ist, heißt es: „Demokratie und Menschenrechte sind keine Selbstverständlichkeit. Sie sind ein kostbares Gut, auf das wir sorgsam achten müssen. [...] Unsere Schulen sollen Orte sein, an denen Demokratie erlernt und gelebt wird." (Zit. nach: Ministerium
5 für Schule und Bildung des Landes Nordrhein-Westfalen online, Düsseldorf; https:// www.schulministerium.nrw/demokratie-gestalten [09.09.2024])
Aber wie geht das? Das Ministerium hat Beispiele ausgewählt, die für besonders gelungen gehalten werden. Am Carolus-Magnus-Gymnasium in Übach-Palenberg z.B. hat man ganz unterschiedliche Tätigkeitsfelder festgelegt, in denen demokratisches Handeln in besonderer Weise „geschult" wird.
10
(Autorentext)

1 Recherchiert mithilfe des Webcodes die angegebenen Schulbeispiele und stellt das euch überzeugendste in der Klasse vor.

2 Überprüft an eurer Schule, inwieweit ihr als Schülerinnen und Schüler Möglichkeiten des demokratischen Handelns in Anspruch nehmen könnt. Führt dazu Gespräche mit eurer Politiklehrkraft, mit der SV oder der Schulleitung und entwickelt selbst Vorschläge.

WES-129794-009

2.1, 2.2

Hausaufgaben mit ChatGPT

dpa-Kindergra
006C

7

Gut informiert und unterhalten? – Kinder und Medien

Darum wird es gehen

Tablets, Computer und Handys gehören heute ganz selbstverständlich zum Alltag dazu. In vielen Situationen sind sie nützlich oder machen einfach Spaß. In anderen Situationen sorgen sie hingegen für Ärger oder Probleme. In diesem Kapitel wird es um beide Seiten der Mediennutzung gehen. Ihr werdet einige Tipps erhalten, wie ihr euch im Medien-Dschungel noch besser zurechtfinden könnt.

*Im **ersten Abschnitt** wird die Frage beantwortet, welche Medien es gibt und wie häufig sie verwendet werden. Hier lernt ihr auch zwei Methoden kennen: eine, mit der man gewünschte Daten sammeln kann (Protokoll/Tagebuch), und eine, mit der man gesammelte Daten aufbereiten und auswerten kann (Schaubild). Abschließend stellen wir die Frage: „Verbringen Kinder zu viel Zeit im Internet?"*

*Der **zweite Abschnitt** beschäftigt sich mit dem Surfen im Internet und dem „Gaming". Hier lauern durchaus einige Fallen, auf die ihr aufmerksam gemacht werden sollt.*

*Soziale Netzwerke sind in der Schule immer wieder ein wichtiges Thema. Im **dritten Abschnitt** geht es deshalb um Chancen und Gefahren von Netzwerken und ihr erfahrt auch, wie man sich beispielsweise vor Mobbing im Netz schützen kann. Ein weiteres Thema sind die allseits beliebten Challenges, zu denen oft aufgerufen wird. Sie können Spaß machen, aber auch gefährlich sein. Worauf ihr achten solltet, erfahrt ihr hier ebenfalls.*

*Medien werden zu einem großen Teil dazu genutzt, Informationen zu vermitteln und sich zu informieren. Im **vierten Abschnitt** dieses Kapitels sind daher Nachrichten in den unterschiedlichsten Medien ein Thema.*

*Im **fünften Abschnitt** geht es um künstliche Intelligenz und ihre Nutzungsmöglichkeiten – auch in der Schule. ChatGPT ist hier das Stichwort. Künstliche Intelligenz kann schon viel – aber nicht alles, und sie kann auch für unerwünschte Ziele eingesetzt werden, wenn z. B. mit „Deepfakes" gearbeitet wird. Darüber werdet ihr hier etwas erfahren.*

5.1, 5.4

1. „Zeitfresser", Freizeitbeschäftigung, Alltagshelfer – Mediennutzung

Zum Einstieg:

Fallbeispiel

M1   „Meine Eltern sind zu viel im Internet!"

Nicht nur Eltern sind vom ewigen Handy-Gedaddel ihrer Kinder genervt, auch Kinder stören sich, wenn die Erwachsenen ständig aufs Smartphone schauen. In Hamburg rief daher ein Siebenjähriger zur Demo auf.

Der siebenjährige Emil Rustige sitzt auf den Schultern seines Vaters und erklärt den Demonstranten durch ein rot-weißes Megaphon die Route. „Es geht los!", ruft er dann, 5 die Menge jubelt. Es ist ein ungewöhnlicher Protestzug, der von der Hamburger Feld-straße über das Schulterblatt bis zum Lindenpark führt.

Dutzende Kinder sind Emils Einladung gefolgt, um unter dem Motto „Spielt mit mir! Nicht mit euren Handys!" gegen den Handy-Konsum ihrer Eltern zu demonstrieren. Sie wollen erreichen, dass Eltern sich weniger mit ihren Handys beschäftigen und ihren 10 Kindern mehr Aufmerksamkeit schenken.

Emils Eltern haben die Demonstration bei der Polizei angemeldet. „Wir sind hier, wir sind laut, weil ihr auf eure Handys schaut!", skandieren die Kinder zuerst schüchtern, dann immer lauter. Rund 150 Eltern und Kinder sind nach Angaben der Polizei zu der Demonstration gekommen. Auf selbstgebastelten Plakaten stehen Slogans wie „Am 15 Sandkasten bitte Handyfasten" und „Chatte mit mir!".

Unter den Demonstranten ist auch die sechsjährige Ylvi Schmitt. „Ich finde es nicht gut, dass mein Papa immer am Telefon daddelt", erzählt sie. „Das stimmt", gibt ihr Vater offen zu, „da muss ich mich selbst an die eigene Nase fassen". Er sieht in der Demo eine „gute Übung in Demokratie" für seine Tochter. 20

Auch der zehnjährige Erik Unger hat genug von Erwachsenen, die ständig auf ihr Handy starren. „In der U-Bahn sehe ich oft Eltern am Handy, die ihre Kinder gar nicht beach-ten", erzählt er. Er selbst hätte trotzdem gerne ein Smartphone. „Aber das muss noch ein bisschen warten", sagt seine Mutter.

Viel Zeit am Handy, wenig Zeit für andere

25

Laut dem neuen Freizeit-Monitor haben die Deutschen immer weniger Zeit für andere, weil sie sich lieber mit ihrem Smartphone beschäftigen. Auch bei Kindern sind die Gerä-te beliebt: Knapp die Hälfte der 4- bis 13-Jäh-rigen hat bereits ein eigenes Smartphone, berichtet die Kinder-Medien-Studie 2018. 30 Kinder kennen aber auch die Schattensei-ten der Online-Welt: „Internet ist doof. Da sitzt Papa stundenlang drin und redet nicht mit uns", zitiert die Studie ein sechsjähriges Kind. [...] 35 Am Park angekommen klettert Emil auf ein Klettergerüst. „Jetzt dürfen alle spielen", ruft er in sein Megafon. „Und die Eltern las-sen die Handys aus!"

(Utz, Lea: Kinder-Demo: „Spielt mit mir! Nicht mit euren Handys!", Hamburg: © dpa Deutsche Presse-Agentur GmbH, 09.09.2018)

1 Erläutert das Problem, auf das Emil mit der Demonstration aufmerksam machen will, und berichtet von Situationen, in denen ihr dieses Problem selbst erfahren habt.

2 Ein Vater sagte, die Demo sei eine „gute Übung in Demokratie" für seine sechsjährige Tochter, steht in dem Artikel (Z. 20). Erläutert diese Aussage.

M 2 Alles auf einmal – Medien in Mateos Alltag

Endlich ist die Schule aus! Mateo fährt mit dem E-Roller nach Hause, er ist allein, seine Eltern arbeiten. Zuerst schaltet er den Fernseher an, und mit seinem Kopfhörer im linken Ohr hört er gleichzeitig die Musik seiner Playlist auf dem Smartphone, das mittlerweile 11 neue Nachrichten seiner Freunde anzeigt. Bevor er sich mit Liam zum Online-Spiel

5 verabredet, muss er aber unbedingt noch das Referat zu Karl dem Großen vorbereiten. Er loggt sich aber schon mal in seinem Online-Spiel-Account ein, während er seine E-Mails checkt. Mateo freut sich darüber, dass nun ChatGPT [siehe S. 162 f.] das Referat für ihn übernehmen kann, kopiert sich aber noch einige Informationen aus Wikipedia dazu. Hoffentlich stellt die Lehrerin keine kritischen Fragen zum Referat, damit nicht

10 auffällt, dass er eigentlich nicht so viel Ahnung hat …
Schnell gibt er Lisa noch eine Rückmeldung zu ihrem neuesten Beitrag als Influencerin. Er findet sie nämlich ziemlich nett.

Im sozialen Netzwerk meldet er, dass er nun

15 spielbereit sei, und legt die DVD in seine Playstation. Er ruft die Spiele-App auf, bestellt sich noch schnell über den

20 Lieferdienst eine Pizza, und es kann losgehen! Hoffentlich kommen seine Eltern nicht so früh nach Hause.

(Autorentext)

Fallbeispiel

1 Besprecht euren ersten Eindruck zu dem Fallbeispiel (M 2) in der Klasse. Was denkt ihr über Mateos Alltag?

2 Läuft euer Nachmittag auch so ab wie bei Mateo? Vergleicht, indem ihr Gemeinsamkeiten und Unterschiede so in einer Tabelle notiert wie in dem Muster rechts:

Das mache ich auch so wie Mateo:	Das mache ich nicht so:
…	…
…	…
…	…

3 Stellt eine Liste mit kritischen Fragen an Mateo auf.

4 Mateo erzählt Jona aus seiner Klasse, wie er seine Nachmittage verbringt. Jona findet viele Punkte bedenklich. Schreibt einen Dialog, in dem Jona Mateos Tagesablauf kritisiert und mit ihm über seine Mediennutzung diskutiert.

Pro und Kontra

Methode   Wir führen ein Protokoll über unsere Mediennutzung

Sicherlich nutzt auch ihr unterschiedliche Medien in der Schule und in eurer Freizeit. Mithilfe von Medien-Protokollen könnt ihr in eurer Klasse ermitteln, welche Medien bei euch „angesagt" sind und zu welchen Zwecken sie genutzt werden.

In einem Protokoll hält man Informationen möglichst genau und sachlich fest. Auf jeden Fall sollte man stets den Zeitpunkt, an dem man etwas getan hat oder an dem etwas geschehen ist, notieren. Auch was genau man getan hat, muss festgehalten werden. Was man darüber hinaus notiert, hängt davon ab, zu welchem Zweck das Protokoll angefertigt wird. Protokolle können beispielsweise über eine Streitschlichtung, eine Schülerratssitzung, einen Versuch im Biologieunterricht, einen Elternabend oder über andere Tätigkeiten erstellt werden.

In unserem Fall wollen wir ein Protokoll zum Thema Mediennutzung führen, um die Frage zu beantworten:

Welche Medien nutzen wir in unserer Klasse wie oft und wozu? Die folgende Tabelle kann euch bei eurem Medienprotokoll helfen:

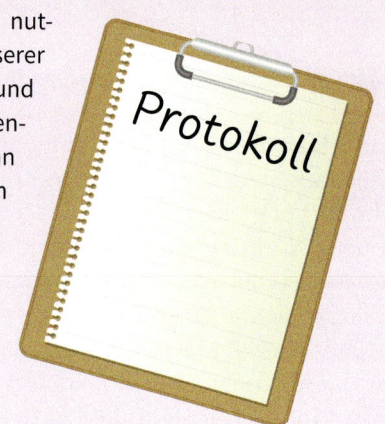

Welches Medium hast du genutzt? (Beim Fernsehen: Welchen Sender und welche Sendung hast du geschaut?) (Beispiele: Fernsehen, Internet, Radio, Zeitschrift, Buch, Handy usw.)	Wann hast du das Medium genutzt und wie lange?	Zu welchem Zweck hast du das Medium genutzt? Beispiele: • Recherche für eine Hausaufgabe, • Spiele spielen, • sich informieren (über aktuelle Ereignisse), • zur Unterhaltung (Musik, Podcasts, Videos, Filme, Sportsendungen), • Austausch mit Freundinnen/ Freunden oder Eltern (Facebook, WhatsApp usw.)
Internetseite ZDFtivi	17.05.2024, 15.00 – 15.15 (15 Minuten)	Recherche für die Hausaufgabe im Politikunterricht
???	???	???
???	???	???

(Autorentext)

1   Führt eine Woche lang ein solches Medienprotokoll. Legt eine Tabelle (wie oben) an und tragt dort immer entsprechend ein, wenn ihr eines der folgenden Medien genutzt habt: Internet, PC- oder Konsolenspiel, Fernsehen, Handyspiel, Buch, Zeitschrift.

2   Wertet euer eigenes Protokoll nach Ablauf der Woche aus:
- Welches Medium habt ihr am häufigsten und am längsten genutzt? Zählt die Nutzungszeiten entsprechend zusammen.
- Welche waren die häufigsten Gründe für die Mediennutzung?
- Seid ihr überrascht über die Ergebnisse?
- Möchtet ihr aufgrund dieses Protokolls etwas an eurer Mediennutzung ändern? Wenn ja, warum?

Wir stellen Ergebnisse in einem Schaubild dar

Wenn alle aus eurer Klasse ein Protokoll erstellt haben, habt ihr jetzt eine Menge Zahlen und Daten vorliegen. Doch: Wie kann man sie sinnvoll ordnen und darstellen?

Wie man die Informationen ordnet, hängt davon ab, was genau man wissen möchte: Möchtet ihr wissen, welche Medien in der Klasse besonders oft genutzt werden? Interessiert es euch, wie viel Zeit die Klassenmitglieder mit den einzelnen Medien verbringen? Oder möchtet ihr erfahren, zu welchem Zweck die Medien von euren Mitschülerinnen und Mitschülern eingesetzt werden? Auf all diese Fragen erhaltet ihr Antworten, wenn ihr die Protokolle auswertet.

Für den Anfang solltet ihr euch aber auf eine Frage konzentrieren: Wenn ihr wissen möchtet, wie viel Zeit eure Mitschülerinnen und Mitschüler mit den einzelnen Medien verbringen, dann ist der **Durchschnittswert** ein gutes Hilfsmittel.

Hierzu rechnet ihr aus allen Protokollen die Zeiten zusammen, die die Klassenmitglieder zum Beispiel im Internet verbracht haben. Anschließend teilt ihr sie durch die Anzahl der Protokolle.

Hier ein Beispiel:

Nutzung des Internets in Stunden pro Woche

Max:	5 Stunden
Lina:	9 Stunden
Aminata:	4 Stunden
Jannes:	6 Stunden
	24 Stunden

Da in diesem Beispiel nur vier Personen teilgenommen haben, teilen wir die 24 Stunden durch 4 und erhalten 6 Stunden pro Person. **Im Durchschnitt** verbringen die vier Personen also 6 Stunden pro Woche im Internet.

Geht auch bei den anderen Medien (Fernsehen, Computerspiele, Handyspiele etc.) so vor.

Um eure Ergebnisse aus der Klasse möglichst übersichtlich darzustellen, lassen sich Säulendiagramme gut nutzen. In einem Säulendiagramm gibt die Höhe einer Säule an, wie stark etwas ausgeprägt ist, wie oft oder wie lange etwas getan wurde. In unserem Fall gibt die Höhe der Säule an, wie viel Zeit mit einem Medium jeweils im Durchschnitt verbracht worden ist:

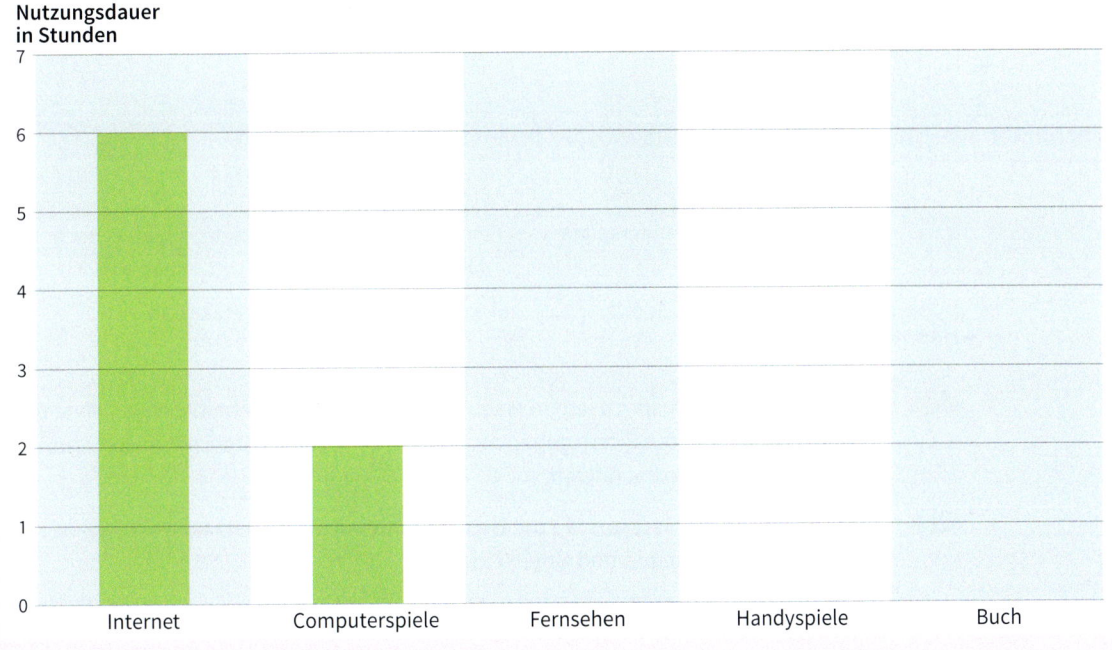

Durchschnittliche Mediennutzung pro Woche

(Autorentext)

1 Arbeitet in Vierergruppen. Wertet eure Daten aus den Protokollen zur Mediennutzung so aus, wie es in der Methode beschrieben wird.

2 Nun kann eine Gruppe von euch die Mediennutzung der gesamten Klasse in einem Schaubild darstellen. Dazu kann sie die Protokolle der gesamten Klasse nutzen.

Möglicherweise fragt ihr euch jetzt, wie eure Ergebnisse einzuschätzen sind: Nutzt ihr besonders häufig Medien oder vielleicht besonders wenig? Um diese Frage beantworten zu können, könnt ihr eure Ergebnisse mit den Ergebnissen einer großen Studie vergleichen. Dort hat man 1219 Eltern befragt, wie ihre Kinder Medien nutzen. Die Grafik M 3 gibt die Antworten der Eltern wieder, die Kinder im Alter von 10 bis 13 Jahren haben.

M 3 Mediennutzung von Kindern

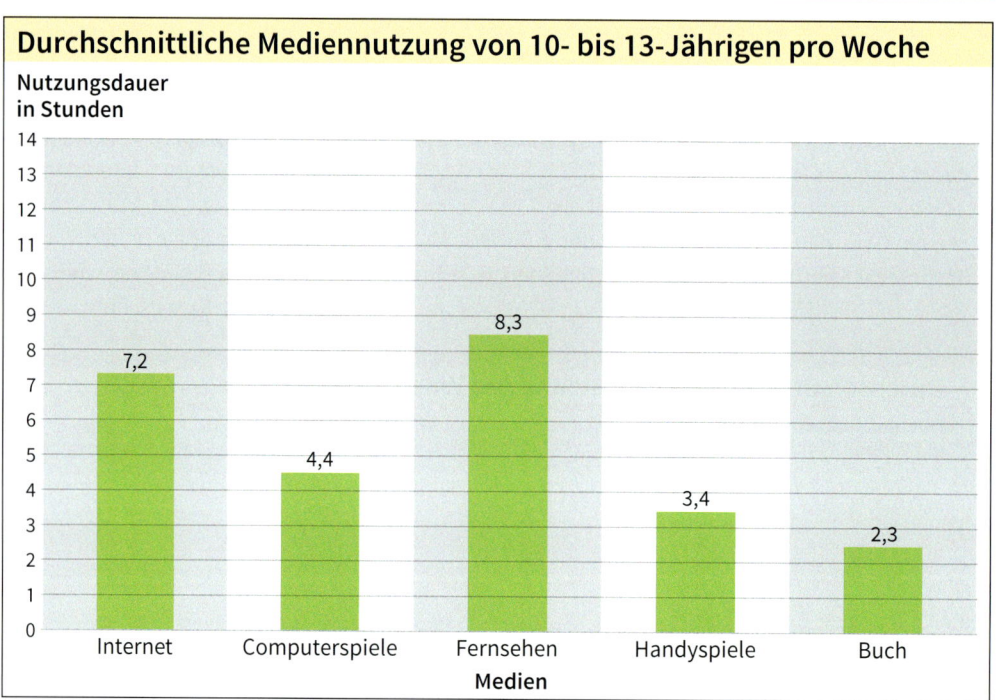

Durchschnittliche Mediennutzung von 10- bis 13-Jährigen pro Woche

Nutzungsdauer in Stunden

- Internet: 7,2
- Computerspiele: 4,4
- Fernsehen: 8,3
- Handyspiele: 3,4
- Buch: 2,3

Medien

(Autorengrafik; Datenquelle: KIM-Studie 2022, hg. vom Medienpädagogischen Forschungsverbund Südwest, https://www.mpfs.de)

1 Wertet M 3 aus, indem ihr zu jedem Medium einen Satz nach dem folgenden Muster schreibt: „Die befragten Eltern geben an, dass ihre Kinder das Internet durchschnittlich 7,2 Stunden in der Woche nutzen."

2 Vergleicht die Ergebnisse aus M 3 mit den Ergebnissen aus euren Medienprotokollen. Notiert Gemeinsamkeiten und Unterschiede.

M 4   Kritik an der Mediennutzung von Kindern und Jugendlichen

1 Bei M 4 handelt es sich um eine Karikatur. In einer Karikatur wird ein bestimmtes Problem häufig übertrieben dargestellt (vgl. dazu auch die methodischen Hinweise). Welches Problem könnte hier gemeint sein? Überlegt gemeinsam.

2 Kennt ihr dieses Problem auch? Diskutiert ihr in der Familie häufig darüber, wie viel Zeit ihr z. B. im Internet oder am Smartphone verbringt? Berichtet von euren Erfahrungen.

Zeichnung: Piero Masztalerz

3 Formuliert Wünsche, die die beiden Eltern an ihren Sohn, der am Laptop sitzt, richten könnten. Schreibt diese zunächst alleine auf, tauscht euch dann mit eurem Sitznachbarn oder eurer Sitznachbarin aus und sammelt die Wünsche schließlich in der Klasse.

Zum Umgang mit Karikaturen und Cartoons

Methode

Karikaturen und Cartoons sind eine Form der zeichnerischen und sprachlichen Mitteilung. Ihre Besonderheit liegt darin, dass ein bestimmter Sachverhalt oder bestimmte Personen und ihre Verhaltensweisen „übertrieben" dargestellt werden. Da solche Zeichnungen sehr häufig vorkommen, erfolgen hier einige Hinweise, wie man damit umgehen und was man beachten sollte, wenn man sie richtig verstehen und die Absicht des Zeichners bzw. der Zeichnerin klar erkennen will.

1. Der erste Schritt sollte sein, **genau hinzusehen** und zu beschreiben, was zu sehen ist.

2. Dabei erkennt man meistens sehr schnell, worin die **Übertreibung** liegt. Welchen Sachverhalt, welches Verhalten von Menschen hat der Zeichner bzw. die Zeichnerin ganz bewusst so übertrieben oder einseitig dargestellt, wie es in der Wirklichkeit gar nicht oder kaum vorkommt?

3. Jetzt kommt der wichtigste Schritt: zu formulieren, was der Zeichner bzw. die Zeichnerin denn **zum Ausdruck** bringen will, was er bzw. sie mit der Zeich-

nung „sagen" will. Denn der Zeichner bzw. die Zeichnerin übertreibt ja absichtlich, um so zum Ausdruck zu bringen, was ihm bzw. ihr an einem bestimmten Sachverhalt oder an einem bestimmten Verhalten der Menschen nicht gefällt, was er bzw. sie kritisieren will, worin er bzw. sie ein Problem oder gar eine Gefahr sieht. „Lobende" Karikaturen gibt es nur ganz selten.

4. Nun könnt ihr euch mit der Aussageabsicht der Karikatur **auseinandersetzen**: Seht ihr das Problem auch so? Kennt ihr es aus eigener Erfahrung? Oder hat der Zeichner bzw. die Zeichnerin ein Verhalten dargestellt, das ihr gar nicht problematisch oder gefährlich findet, das es vielleicht gar nicht gibt?

Noch ein Hinweis: Beim Betrachten von Karikaturen oder Cartoons muss man fast immer lachen. Das liegt daran, dass man erkennt, was gemeint ist. Das heißt aber auch: Wenn man eine Karikatur richtig verstehen will, muss man von dem Sachverhalt, auf den sie sich bezieht, immer schon etwas wissen.

(Autorentext)

M5 So viel Zeit darf sein – Empfehlungen von Fachleuten

Die Bundeszentrale für gesundheitliche Aufklärung (BzgA) rät auf der Informationsseite „ins-netz-gehen.info" folgende Richtwerte für Bildschirmzeiten von Kindern:

- 3–10 Jahre: 30 bis max. 60 Minuten pro Tag
- 10–12 Jahre: eine Stunde pro Tag oder sieben Stunden pro Woche 5
- 13–14 Jahre: 1,5 Stunden pro Tag oder 10,5 Stunden pro Woche
- 15–16 Jahre: zwei bis 2,5 Stunden pro Tag oder 14–17,5 Stunden pro Woche

Gleichzeitig betont die BZgA aber auch, dass ihre Empfehlungen nur zur Orientierung dienen, dass Ausnahmen erlaubt sind und dass Familien 10 am besten Regeln festlegen, nach denen sich alle im Normalfall richten.

(Stefanie Uhrig: Wie lange dürfen Kinder vor einem Bildschirm sitzen?, quarks.de, 10.01.2022, Westdeutscher Rundfunk, Köln; leicht verändert; https://www.quarks.de/gesellschaft/wie-lange-duerfen-kinder-vor-einem-bildschirm-sitzen/ [11.06.2024])

Blickwinkel

M6 Im Internet vergisst man schnell die Zeit!

Lara21.12 fragt:

„Wer kann helfen? Kennt ihr das auch: Euch ist langweilig und man möchte nur kurz an den Laptop oder holt das Smartphone raus, um ein Spiel zu spielen oder etwas nachzugucken oder einfach nur rumzusurfen. Und plötzlich ist wieder eine Stunde rum und ihr wisst eigentlich gar nicht, was ihr die letzten 60 Minuten gemacht habt … Dafür ist mir meine Zeit dann doch zu schade. Was kann ich dagegen tun?"

Mia31.10 antwortet:

„Das Problem kenne ich gut. Ich habe mir abgewöhnt, aus Langeweile an den Laptop oder das Smartphone zu gehen. Das mache ich nur noch, wenn ich ein bestimmtes Anliegen habe, z. B. etwas für die Schule zu recherchieren, mich zu verabreden oder ein Spiel zu spielen. Und ich gucke dabei ständig auf die Uhr, die bei diesen digitalen Geräten ja immer zu sehen ist. Also, mein Tipp: Einfach häufiger auf die Uhr gucken! Und noch was: Wenn ich Langeweile habe, dann mache ich immer die nicht so spaßigen Sachen wie Zimmer aufräumen oder Vokabeln lernen. So nutzt man die Langeweile wenigstens sinnvoll und ärgert sich hinterher nicht."

(Autorentext)

1 Schaut euch die Empfehlungen der Fachleute an (M5). Haltet ihr die Zeitvorgaben für realistisch? Könnt ihr sie einhalten? Berichtet von euren Erfahrungen.

2 Erläutert die Tipps von Mia.

3 Was haltet ihr von ihren Ratschlägen? Wie geht ihr selbst mit dem „Zeitfresserproblem" um? Nehmt Stellung.

Pro und Kontra

4 Verbringen Kinder und Jugendliche heutzutage zu viel Zeit mit den Medien? Nutzt zur Beantwortung die Empfehlungen aus M5 und M6 und nennt mindestens drei überzeugende Gründe für eure Position. Tipp: Die Bearbeitung von Aufgabe 4 (S. 141) kann euch bei der Suche nach Gründen helfen.

M 7 Mediennutzung non-stop? – Adas Geburtstag

Endlich Samstag! Lisa leiht sich per App einen E-Roller und fährt zu ihrer Freundin Ada. Ada feiert abends ihren Geburtstag und Lisa will bei den Vorbereitungen

5 helfen. Über ihre Wireless-Kopfhörer hört Lisa ihre Lieblings-Playlist, die sie sich auf einem Audio-Streaming-Dienst zusammengestellt hat. Bei Ada angekommen, holen sich die beiden Adas Tablet, um Musik

10 für die Party auszusuchen. Nebenbei rufen sie Maike und Sina per Video-Call an. Blingblingbling … Auf Lisas Smartphone

werden 20 neue Nachrichten in verschiedenen Messenger-Chats angezeigt. Arno und Steve schreiben, dass sie ihre Sound Box zur Party mitbringen, und Sophie fragt, ob sie

15 abends die neue Karaoke-App ausprobieren wollen.
„Wir melden uns später bei euch – jetzt kümmern wir uns erstmal um die Party-Deko", schreibt Lisa zurück und macht sich mit Ada auf in den Garten.
Dort liest Adas Vater auf dem Liegestuhl Zeitung, während im Hintergrund das Radio läuft. Er möchte wissen, wann er die Pizza über die Lieferdienst-App bestellen soll. Er

20 schlägt außerdem vor, dass Adas Bruder beim Aufbau des Pavillons helfen kann. Der beendet gerade ein Car-Racing-Spiel auf dem Laptop und sieht sich anschließend ein Tutorial auf einer Videoplattform über den Aufbau des Pavillons an.
Währenddessen beantwortet Lisa alle Fragen der Freund:innen per Sprachnachricht. Ihre Klassenkameradin Sina muss leider kurzfristig absagen, schickt aber Videogrüße

25 über den Messenger.
Lisa macht noch schnell Fotos für ihr Social-Media-Profil – #Partyvorbereitungeninvollem Gange! Ada und ihr Bruder stellen gerade die letzten Stühle raus, da klingeln schon die ersten Gäste an der Tür. Die Party kann losgehen!

(Stefanie Rack: Fallbeispiel: Adas Geburtstag, in: Medien non-stop? – Die eigene Mediennutzung reflektieren und Risiken erkennen, Stiftung Medienpädagogik Bayern, München 2022, S. 16; https://www.medienfuehrerschein.bayern/MediaBase-Public/show/5240 [11.06.2024])

1 Klärt zunächst mit der Hilfe eurer Lehrkraft die in diesem Fallbeispiel angeführten Medienbegriffe.

2 Haltet ihr die Beschreibung in diesem Fallbeispiel für realistisch? – Äußert dazu kurz eure Meinung.

3 Ordnet die Medien den im Wortspeicher angeführten möglichen Nutzungszwecken zu. Einzelne Zwecke können auch mehreren Medien zugeordnet werden.

> **Spaß – Entspannung – Information – Unterhaltung, Teilhabe/**
> **Dabeisein – Kommunikation – Zeitvertreib – Arbeitserleichterung**

4 „Mediennutzung non-stop!" Wie beurteilt ihr die vielen Möglichkeiten, Medien im Alltag zu nutzen? Bevor ihr in der Klasse darüber eine Pro-Kontra-Diskussion durchführt (methodische Hinweise dazu findet ihr auf Seite 238), sammelt in Partnerarbeit Argumente und beachtet dabei wünschenswerte und weniger wünschenswerte Folgen für den Einzelnen.

Pro und Kontra

1.4, 2.3,
2.4, 4.4

2. Clever surfen und spielen – Fallen erkennen und vermeiden

Medien dienen nicht nur dazu, sich zu informieren. Im Internet kann man zum Beispiel Spiele spielen oder sich Dinge runterladen. Darum geht es in diesem Abschnitt.

Fallbeispiel

M 8   Oskar in der Kostenfalle

Oskars Tag ist gelaufen. Der Zehnjährige sitzt am Küchentisch, ihm gegenüber seine wütenden Eltern. Papa spricht mit seiner betont ruhigen Stimme, die aber erahnen lässt, dass er innerlich
5 kocht. Der Grund für die Aufregung liegt vor ihm auf dem Tisch: ein Briefumschlag mit einer Rechnung über 160 Euro für ein abgeschlossenes Abo. Anfangs war Oskar sich keiner Schuld bewusst; er würde niemals so viel Geld für ein Abo
10 ausgeben. Nachdem sein Vater aber etwas von „Abo-Fallen" im Internet erzählt hat, hat Oskar eine Ahnung, wie die Rechnung zustande gekommen ist. Etwa vor drei Wochen hat er bei einem Online-Gewinnspiel mitgemacht, bei dem es mehrere tolle Spiele zu gewinnen gab. Das Datum passt. Aber dass er ein Abo
15 abschließt, das hat er nirgendwo gelesen, obwohl er wirklich genau hingesehen hat. Wie kommt er aus dieser Situation wieder heraus?

Häufig kann man den Vertrag widerrufen, das bedeutet rückgängig machen. Das ist fast immer innerhalb von zwei Wochen möglich. Aber auch danach kann man den Vertrag noch rückgängig machen, wenn man z. B. gar nicht sehen konnte, dass man überhaupt
20 einen Vertrag abschließt, weil es auf der Internetseite nirgendwo gestanden hat. Eine andere Möglichkeit ist, damit zu argumentieren, dass man noch nicht 18 Jahre alt, also volljährig ist und somit noch keine eigenen Verträge abschließen darf. Für die Widerrufung findet man Musterbriefe im Netz, an denen man sich orientieren kann.

(Autorentext)

1 Erläutert zunächst Oskars Problem.

2 Notiert Tipps, die zur Lösung des Problems beitragen können.

So wie es Oskar ergangen ist, geht es täglich vielen anderen Menschen auch: Sie werden Opfer von Betrügern oder Unternehmen, die sie dazu bewegen wollen, viel Geld auszugeben, ohne dass sie es merken oder eigentlich wollen. Die Masche ist häufig sehr ähnlich: Man bekommt ein tolles Angebot, zum Beispiel an einem Gewinnspiel teilzunehmen oder Spiele gratis zu spielen. Im folgenden Material findet ihr Beispiele, die euch sicher bekannt vorkommen.

 Findet zu einer Partnerarbeit zusammen und entscheidet euch entweder für M 9a oder M 9b. (Euer Lehrer/eure Lehrerin vergewissert sich, dass es Partnergruppen für beide Materialien gibt.) Lest euren jeweiligen Text und bearbeitet gemeinsam die dazu formulierten Aufgabenstellungen. Anschließend stellt ihr eure Ergebnisse in der Klasse vor.

M 9 Weitere Beispiele: Versteckte Kosten und Risiken in Spielen

M 9a Fortnite – ein Kampf ums Überleben

Fortnite ist ein „**Free2Play-Game**". Die Installation ist somit kostenlos. Im Spiel selber kann man aber sehr viel Geld ausgeben. Für ca. 40 oder 60 Euro [die Preise
5 verändern sich häufig, die aktuellen werdet ihr vermutlich kennen] kann man sogenannte „Gründerpakete" und „Battle Pässe" kaufen, die den vollen Zugang zum Spiel erlauben und – je nach Wert – noch
10 zusätzlich Extras wie Baupläne, Stauraum und Helden enthalten. Darüber hinaus kann man „V-Bucks" erstehen – eine Spielewährung, mit der man Outfits, Gleiter, Battle-Pässe oder andere kosmetische Ge-
15 genstände kaufen kann. Ein Outfit kostet

bis zu 2000 V-Bucks, was umgerechnet etwa 20 Euro entspricht. [...] Das Spieleerlebnis verbessert sich, umso mehr ein/e Spieler/-in in seine/ihre Spielfigur investiert. Unter diesem [...] Druck sind gerade junge Spieler/-innen bereit, mehr Geld auszugeben.
20 Online-Artikel berichten von Eltern, die monatliche Rechnungen im drei- oder vierstelligen Bereich erhalten haben. Fortnite-Entwickler Epic Games hat im Jahr 2021 mit Fortnite 5,8 Milliarden Dollar umgesetzt. Und das, obwohl das Spiel selber keinen Cent kostet. Fortnite-Experte Simon (13 Jahre) berichtet, dass er
25 mittlerweile über 45 der genannten Outfits in Fortnite besitzt. Das entspricht einer Investition von ca. 750 Euro.
Natürlich kommt die Frage auf, warum Heranwachsende so viel Geld in virtuelle Güter investieren. Fabian Karg [Experte vom Landesmedienzentrum Baden-Württemberg] erklärt, dass ins-
30 besondere jugendliche Spieler/-innen sich gerne von der Masse abheben wollen und deshalb im Spiel als einzigartiger, individueller Charakter wahrgenommen werden möchten. Aus genau dem gleichen Grund „laufen Jugendliche lieber mit einem Marken-T-Shirt herum als mit einem No-name-Shirt", erläutert Fabian Karg. Genauso verhält es sich mit der virtuellen
35 Bekleidung im Spiel. Je seltener – und auch teurer – ein Outfit eines Spielenden ist, umso höher seine Reputation [Anerkennung] im Spiel. Mitspieler/-innen würden mit Spieler/-innen mit ungewöhnlichen Outfits anders umgehen als mit Spieler/-innen, die sich mit Standard-Outfits im Spiel bewegen.

(Fortnite – 8 Fragen von Experten beantwortet, Kindermedienland Baden-Württemberg online, August 2023, Stuttgart; https://www.kindermedienland-bw.de/de/startseite/beratung/schwerpunkte/fortnite-experten-anworten [11.06.2024])

Fortnite hat eine integrierte Chatfunktion: Spieler/-innen können mit Fremden aus aller
40 Welt in Kontakt treten – ohne [...] vor unerwünschten und unangemessenen Kommentaren und Fragen [geschützt zu sein]. So können sich gegeneinander Kämpfende leicht beleidigen und bedrohen. Anlass für Anfeindungen kann die Ausstattung der Spielfiguren sein. Wer Fortnite im Startoutfit spielt, wird als *Default* beschimpft. Eine Bezeichnung,

Free2Play oder auch F2P ist ein Geschäftsmodell der Computerspielindustrie. Hierbei ist die Anschaffung des Spiels kostenlos und meist eine Basisversion oder eine bestimmte Anzahl an Leveln kostenfrei spielbar. Im Verlauf des Spiels werden kostenpflichtige Elemente angeboten, um den Spielspaß zu erhalten. Verweigern die Spieler/-innen die Käufe, müssen sie häufiges Scheitern und lange Wartezeiten in Kauf nehmen. Dies wird als als „Pay to win" bezeichnet.

(Report Dark Patterns, jugendschutz.net, November 2021, Mainz, S. 5; https://www.jugendschutz.net/fileadmin/daten/publikationen/praxisinfos_reports/report_dark_patterns.pdf [11.06.2024])

WES-129794-011

Hier findet ihr Seiten, die Kindern und Eltern Tipps im Umgang mit Spielen und anderen Dingen im Internet geben.

die sich mittlerweile auch in den alltäglichen Sprachgebrauch der jüngeren Generationen geschlichen hat. Übersetzt bedeutet es etwa „Standard". Durch Fortnite kann also der ₄₅ Gedanke, teure Markenkleidung besitzen zu müssen, um in der Peergroup [vgl. Seite 53] cool zu sein, vom echten Leben auf die Online-Welt übertragen werden.

(Fortnite-Hype: Was spielt mein Kind da?, SCHAU HIN! – Initiative des Bundesministeriums für Familie, Senioren, Frauen und Jugend, der beiden öffentlich-rechtlichen Sender ARD und ZDF sowie der AOK – Die Gesundheitskasse, Berlin; https://www.schau-hin.info/grundlagen/fortnite-hype-was-spielt-mein-kind-da [11.06.2024])

1 Fragt in eurer Klasse ab, wer dieses Spiel kennt bzw. spielt.

2 Erklärt, was ein „Free2Play-Game" ist und wie sein Geschäftsmodell funktioniert.

3 Stellt die Gründe dar, die Fabian Karg dafür anführt, dass Kinder und Jugendliche gerne Geld für die angebotenen Shirts und virtuellen Bekleidungen im Spiel ausgeben.

4 Teilt ihr seine Meinung? Begründet!

5 Im letzten Abschnitt (Z. 39 – Z. 47) wird auf die Chatfunktion und ihre möglichen Probleme hingewiesen. Habt ihr selbst schon einmal an solchen Chats teilgenommen und Beleidigungen erlebt? Erzählt von euren Erfahrungen. (Übrigens: Mit einer Kindersicherung kann der Fortnite-Chat ausgeschaltet oder auf anstößige Kommentare gefiltert werden.)

M 9b Suchtgefahr: Wie gefährlich sind Lootboxen?

Eine „Lootbox" ist eine Art digitale Schatzkiste – man kann sie beim Computerspielen kaufen, in der Hoffnung, dass ihr Inhalt den Spieler voranbringt. Häufig enthalten sie zwar nichts Spielentschei- ₅ dendes. Doch der Suchtfaktor ist gewaltig. Wenn Paul von der Schule nach Hause kommt, spielt er am Computer „erst mal bisschen Fifa", wie er sagt, „zum Herunterkommen und so". Mittlerweile opfert ₁₀ der Elftklässler nur noch seine Zeit dafür, früher war es auch sein Erspartes. Rund 1.000 Euro verzockte er, indem er innerhalb des Spiels viele kleine Käufe tätigte – und zwar für sogenannte Lootboxen.

Wie süchtig machen Lootboxen?   ₁₅
Lootboxen sind kleine Wundertüten. Das Problem daran: Es gibt sie in zahlreichen Computer-Games, die auch Kinder und Jugendliche spielen. Dabei stehen sie im Verdacht, Glücksspiel zu sein und süchtig zu machen. Loot […] [kommt aus dem Englischen] und bedeutet „Beute". Eine Lootbox funktioniert so: In einem Computerspiel öffnet man eine digitale Schatzkiste. Von dieser erhofft man sich zum Beispiel besonders gute Fuß- ₂₀ ballspieler, mächtige Waffen oder irgendwelche Superhelden, die einen im Spiel gut voranbringen. Häufig sind aber Nieten drin oder nicht das, was man sich erhofft. Und so ist die Versuchung groß, immer mehr zu kaufen. Schon mit wenigen Cent oder Euro ist man dabei. In der Summe kann das aber viel Geld sein.

„Hätte ich das gespart – ich hätte reisen können, ich hätte auf Konzerte gehen können, ₂₅ essen gehen mit Freunden", sagt Paul. Es gebe „so viel Besseres" als ein Computerspiel. […]

Könnten Lootboxen für Kinder und Jugendliche verboten werden?

Warum sind Lootboxen für Kinder und Jugendliche dann nicht verboten? Warum gibt es
30 für das Fußball-Game „FC 24", das früher „FIFA" hieß, und viele andere Spiele nicht eine
Altersbeschränkung, so wie es das Jugendschutzgesetz für Glücksspiele vorschreibt?
Weil eine Lootbox offiziell kein Glücksspiel sei, erklärt Professor Martin Maties, Leiter
der Forschungsstelle eSport-Recht der Uni Augsburg [...]. [Denn] bei Lootboxen gebe es
offiziell [...] keine Gewinnmöglichkeit, [...] man könne kein reales Geld gewinnen, so
35 Maties. [...]

(Suchtfaktor In-Game-Käufe - wie gefährlich sind „Lootboxen"?, Westdeutscher Rundfunk online, 16.01.2024, Köln; https://
www1.wdr.de/nachrichten/games-lootbox-computerspiele-fifa-100.html [11.06.2024])

1 Erläutert, was „Lootboxen" sind.

2 „Lootboxen" können süchtig machen – erklärt, warum.

3 Erklärt, warum in Deutschland Lootboxen für Kinder und Jugendliche nicht verboten
werden können.

4 Sollten eurer Meinung nach Lootboxen verboten werden? Tauscht unterschiedliche
Gesichtspunkte (z. B. aus der Sicht von Spielern/Spielerinnen, Eltern, Spieleanbietern)
aus und begründet eure eigene Meinung.

M10 Vorsicht ist besser als Nachsicht! – Checkliste für Eltern und Kinder

- Alle Downloads oder Installationen von Apps werden gemeinsam besprochen.
- Free-to-Play-Spiele sind nur in Ausnahmefällen erlaubt. Zudem wird dafür kein oder nur so viel
5 Geld ausgegeben wie abgesprochen.
- Persönliche Daten (Name, Adresse, E-Mail-Adresse) darf das Kind nicht unüberlegt preisgeben.
- Formulare werden nur zusammen mit den Eltern ausgefüllt. Dabei achten die Eltern auf das Klein-
10 gedruckte, z. B. auf versteckte Preise und die Bedingungen (AGBs).
- Auf unbekannten Seiten prüfen die Eltern das Impressum, bevor auf ein Angebot eingegangen
wird: Wer steckt dahinter? Vorsicht ist geboten, wenn Geschäftssitz im Ausland, feh-
15 lende Adressangabe, auffällige Unternehmensform wie „Ltd.".
- Das Kind sichert zu, keine Anhänge und Links in Mails zu öffnen, die von Unbekann-
ten stammen.
- Hat das Kind ein Handy oder Smartphone, antwortet es nicht auf SMS oder andere
Nachrichten unbekannter Absender. (In den Nummern könnten sich Bestell-Codes
20 verbergen!)
- An Smartphone und Tablet sollte das Kind nicht auf Werbebanner tippen.

(Wie schütze ich mein Kind vor Abzocke und Kostenfallen im Internet?, internet-abc.de, 28.07.2022, Düsseldorf; https://
www.internet-abc.de/eltern/kind-schuetzen-vor-abzocke-und-kostenfallen/ [11.06.2024])

 Besprecht mit euren Eltern die Punkte dieser Checkliste, ergänzt sie ggf. und trefft
gemeinsame Vereinbarungen.

3. „Ich will auch dazugehören!" – Gefahren von sozialen Netzwerken

1.4, 2.1, 3.2, 3.3, 3.4

Ohne Social Media geht eigentlich gar nichts mehr. Man schreibt sich mit Freunden und Freundinnen, verabredet sich oder folgt angesagten Trends. Man kann verfolgen, was die Mitschülerinnen oder Mitschüler so machen, Kommentare oder Likes verteilen und selbst Bilder oder Videos von sich ins Netz stellen. Das sind überwiegend schöne und interessante Seiten von sozialen Netzwerken.

Es gibt aber auch die unerfreulichen Seiten, z.B. wenn man auf Hasskommentare stößt oder selbst Opfer von Beleidigungen und Mobbing wird. In diesem Abschnitt wird es um zwei Aspekte sozialer Netzwerke gehen: um **Cybermobbing** und um **Challenges**, die manchmal sogar lebensgefährlich sind.

M 11   „Das tut besonders weh!" – Cybermobbing

Und schon wieder hat Cem eine Nachricht bekommen: „Wir machen dich fertig! Darauf kannst du dich verlassen!"

Sarah ist total fertig. Jana hat ihr heute erzählt, dass es einen Klassenchat gibt, in dem über sie gelästert wird.

Das kann doch nicht wahr sein! Luis traut seinen Augen nicht. Irgendjemand hat sein Profilfoto kopiert und es mit einem Programm total verunstaltet!

Jeden Nachmittag um 15:00 Uhr geht es los. Joannas Handy klingelt und jemand, der seinen Namen nicht nennt, beleidigt sie ohne Ende.

Unter **Cybermobbing** versteht man das absichtliche und wiederholte Beleidigen, Bedrohen oder Bloßstellen einer Person über digitale Medien. Das kann geschehen mit Handys, E-Mail-Programmen, über Messengerprogramme (z.B. WhatsApp, TikTok, Instagram) oder beim Gaming. Da sich die Inhalte online sehr schnell verbreiten, 5 erreicht Cybermobbing ganz besonders viele Menschen. Außerdem sind die Opfer diesen Attacken rund um die Uhr ausgeliefert. Und da die Täterinnen und Täter anonym sind, fallen die Angriffe oft besonders heftig und gemein aus. Während Mobbing in der Schule oder auf dem Schulhof aufhört, wenn man wieder zu Hause ist, geht 10 das Mobbing im Internet dort weiter und verfolgt einen überall hin. Das macht es besonders schlimm.

(Autorentext)

1 Stellt die Probleme der Kinder in den Beispielen dar und berichtet darüber, ob auch ihr schon solche Erfahrungen gemacht habt oder von ähnlichen Fällen wisst.

2 Erklärt, was unter „Cybermobbing" verstanden wird.

3 Cybermobbing ist eine besonders schlimme Form des Mobbings. Erklärt, was damit gemeint ist.

M12 Das kannst du tun – Tipps zum Schutz vor Cybermobbing

1. **Bleib ruhig!** Lass dich nicht von Selbstzweifeln beherrschen. Du bist okay, so wie du bist – an dir ist nichts falsch!

2. **Sperre und blockiere Menschen, die dich belästigen!** In den meisten sozialen Netzwerken, Foren und Messenger-Diensten können unerwünschte Personen gesperrt werden. Nutze dieses Angebot, denn du musst dich mit niemandem auseinandersetzen, der dich belästigt. Wenn du mit Anrufen oder Nachrichten belästigt wirst, kannst du deine Handynummer ändern lassen.

3. **Antworte nicht!** Reagiere nicht auf Nachrichten, durch die du dich belästigt fühlst! Denn oft ist es genau das, was der Absender oder die Absenderin damit erreichen will. Wenn du zurückschreibst, kann es passieren, dass das Mobbing nur noch schlimmer wird.

4. **Sichere Beweise!** Informiere dich, wie du Kopien oder Screenshots von unangenehmen Nachrichten, Bildern oder Chats machen kannst. Damit kannst du anderen zeigen, was passiert ist. Außerdem können die Täter/-innen mit den Beweisen leichter gefunden werden.

5. **Rede darüber!** Wenn du Probleme hast, dann sprich mit Erwachsenen, denen du vertraust (Eltern, Geschwister, Lehrer/Lehrerin, Nachbarn …).

6. **Melde Probleme!** Nimm Belästigungen nicht einfach hin, sondern informiere umgehend die Betreiber der Website. [...]

7. **Unterstütze Opfer!** Wenn du mitbekommst, dass andere per Handy oder Internet belästigt werden, dann schau nicht weg, sondern hilf ihnen und melde den Vorfall. Wenn der Täter oder die Täterin merken, dass das Opfer nicht alleine gelassen wird, hören die Beleidigungen oft schnell auf.

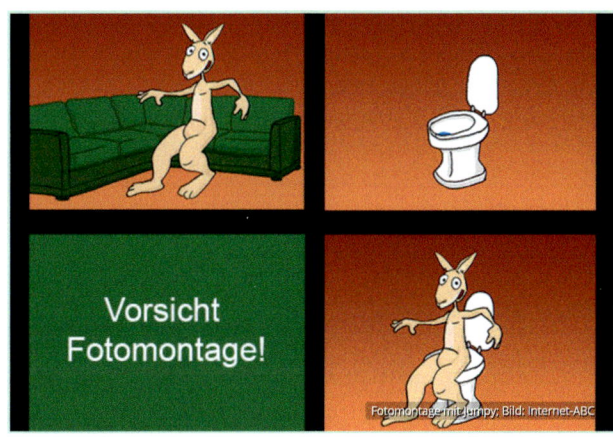

(Fotomontage: www.internet-abc.de)

8. **Schütze deine Privatsphäre!** Sei vorsichtig, welche Angaben du im Internet machst. Deine persönlichen Daten (E-Mail-Adresse, Wohnadresse, Handynummer oder private Fotos) könnten von anderen gegen dich verwendet werden. Achte insbesondere darauf, deine Zugangsdaten geheim zu halten und sichere Passwörter zu verwenden.

9. **Kenne deine Rechte!** Wenn du es nicht erlaubst, darf niemand Fotos von dir ins Internet stellen, die dich bloßstellen [...]. Außerdem darf dich niemand vor anderen verspotten oder beleidigen. Cybermobbing ist strafbar und kann für den Täter oder die Täterin rechtliche Folgen haben.

10. **Vertrau auf dich!** Wichtig ist, dass du an dich selbst glaubst und dir nichts von anderen einreden lässt. Lass nicht zu, dass andere versuchen, dich oder jemand anderen fertigzumachen, und mach auch du niemand anderen fertig!

(10 Tipps zum Umgang mit Cyber-Mobbing, saferinternet.at, zit. nach: weiterlernen.at, talent 2 talent GmbH, St. Pölten; https://www.weiterlernen.at/informationen/informationen/10-tipps-zum-umgang-mit-cyber-mobbing/ [11.06.2024])

WES-129794-012

Hier findet ihr Links zu Seiten mit weiteren Hinweisen zum Thema Cybermobbing sowie eine Liste mit Adressen von Hilfestellen.

1 Habt ihr schon einmal auf diese Tipps zurückgegriffen? Berichtet!

2 Wählt die für euch fünf wichtigsten Tipps aus und begründet eure Wahl.

M13   Challenges in Social Media – Spaß oder Gefahr?

a) Ein Beispiel: Die „Hot Chip Challenge"

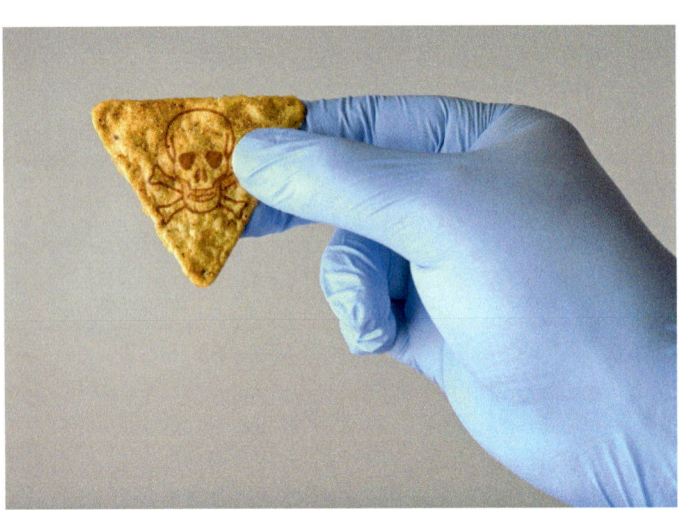

[...] Worum geht's bei der „Hot Chip Challenge"?

Bei der „Hot Chip Challenge" geht es darum, einen extrem scharfen Chip zu essen. Der Hersteller gibt an, dass der Chip mit 5 einer der schärfsten Chili-Schoten der Welt gewürzt ist – der Carolina Reaper. Videos der Challenge gehen auf Social Media viral, auch Stars wie Eligella und Willy haben mitgemacht. [...]   10

Darum ist die „Hot Chip Challenge" so gefährlich

Offiziell dürfen die Chips erst ab 18 Jahren verkauft werden – und das hat einen Grund. Laut dem Bundesinstitut für Risi- 15 kobewertung (BfR) kann ein Erwachsener maximal fünf Milligramm Capsaicin – der Scharfstoff in der Carolina Reaper – pro Kilogramm Körpergewicht ohne Probleme zu sich nehmen. Bei jungen Menschen und zu großen Mengen kann das sehr schnell gefährlich werden und zu schweren Vergiftungen führen. Zwei Jugendliche in Dortmund haben deshalb [...] gesundheitliche Probleme bekommen, in den USA ist sogar ein Junge 20 gestorben.

(Louis Leßmann, Shayan Mirmoayedi: „Hot Chip Challenge": Baden-Württemberg verbietet Verkauf!, dasding.de, 10.11.2023, Südwestrundfunk, Stuttgart; https://www.dasding.de/newszone/hot-chip-challenge-jugendlicher-tot-100.html [11.06.2024])

> Mittlerweile ist der Verkauf der Chips in Deutschland gestoppt worden.

b) Früher Mutprobe – heute Challenge

Mutproben: Früher ging es beispielsweise darum, im Freibad vom 10-Meter-Brett zu springen oder den eigenen Schwarm anzurufen. Heute nennt sich die Mutprobe „Challenge" und verbreitet sich über soziale Netzwerke weltweit rasend schnell. Viele Challenges sind harmlos und machen Spaß. Dennoch gibt es immer häufiger welche, die mit hohen Risiken einhergehen. [...] In den Nachrichten machen Challenges leider 5 immer wieder negative Schlagzeilen. Da ist zum Beispiel die „Cinnamon-Challenge", bei der möglichst viel Zimt ohne Wasser geschluckt werden soll. Klingt erst mal harmlos, ist es aber überhaupt nicht. Denn der feine Zimtstaub gerät schnell in die Atemwege und kann zu schlimmen Hustenanfällen, Verschlucken und sogar akuter Atemnot führen. Nahezu täglich verbreitet sich eine neue Challenge in den sozialen Medien. Der Druck 10 mitzumachen kann im Freundeskreis schnell hoch werden. Doch woran erkennst du eine gefährliche Challenge? [...]

Gewinner- und Verliererprinzip: Bei dieser Art von Herausforderung gibt es auch lustige Varianten, zum Beispiel, wenn es darum geht, sich gegenseitig anzuschauen und dabei nicht zu lachen. Wer zuerst lacht, hat verloren. Dagegen ist nichts einzuwenden. 15 Allerdings gibt es auch Challenges, bei denen dem Verlierer mit Gewalt gedroht wird oder er/sie etwas tun muss, was ihm oder ihr einfach nicht gefällt. Eine solche Challenge ist natürlich nicht in Ordnung.

Verletzungsgefahr: Auch die „Milk Crate Challenge" kann gefährlich werden. Getränkekästen werden so hoch wie möglich gestapelt und erklommen. Bist du gut gesichert und baust nicht zu hoch, ist das grundsätzlich in Ordnung. Bei der Challenge kommt es aber auch oft zu Stürzen und somit zu schmerzhaften, ernsten Verletzungen.

Überwindung oder Ekel: Eine Pizza essen mit Bananen, Zwiebeln und Bratwurst? Klingt ziemlich eklig, oder? Gefährlich ist diese Challenge aber nicht wirklich. Geht es jedoch darum, z. B. abgelaufene Lebensmittel oder übermäßige Mengen davon zu essen, dann kann durchaus eine Gefahr für die eigene Gesundheit bestehen.

Ängste: Dem Schwarm aus der Schule die Liebe gestehen? Das kann lustig und aufregend sein. Wenn du dich das aber eigentlich gar nicht traust und dich total unwohl dabei fühlst, dann hört der Spaß definitiv auf.

Ausschluss aus der Gruppe: Du kommst in einen bestimmten Freundeskreis nur über ein Aufnahmeritual rein, also wenn du beispielsweise eine unangenehme oder gefährliche Aufgabe erledigst? Das ist nicht ok! Genauso wenig der Ausschluss aus einer Gruppe, wenn du eine bestimmte Sache nicht machst oder weil dir vielleicht mal ein Fehler unterlaufen ist. Das alles hat nichts mit echter Freundschaft zu tun.

Demütigung bis hin zu Mobbing: Du wirst in den sozialen Medien oder im Freundeskreis aufgefordert, etwas Peinliches zu tun, was dann möglicherweise noch gefilmt wird? Auch hier sollten bei dir alle Alarmglocken läuten. Solche Aktionen sind weder cool noch in Ordnung.

Der oberste Grundsatz lautet also: Fühlst du dich bei einer Challenge nicht wohl, wird Druck ausgeübt oder ist sie ganz offensichtlich gefährlich, dann musst und solltest du nicht mitmachen. Nicht jede Challenge, die du im Internet siehst, entspricht zudem der Wahrheit. Mit dem richtigen Aufnahmewinkel und Videobearbeitungsprogrammen lässt sich viel tricksen. […]

(Social Media Challenges – zwischen Spaß und Gefahr, ins-netz-gehen.de, Bundeszentrale für gesundheitliche Aufklärung, Köln; https://www.ins-netz-gehen.de/social-media/social-media-challenges-zwischen-spass-und-gefahr/ [11.06.2024])

1 Habt ihr auch schon an Challenges teilgenommen? Welche Erfahrungen habt ihr damit gemacht? Tauscht euch in der Klasse darüber aus.

2 Stellt dar, inwieweit Challenges Spaß machen, aber auch gefährlich sein können (M 13).

3 „Der Druck mitzumachen kann im Freundeskreis schnell hoch werden" (M 13b, Z. 10 f.). Diskutiert diese Aussage und nehmt selbst dazu begründet Stellung.

4 Erstellt einen „Warnzettel" mit der Überschrift: „Niemals an Challenges teilnehmen, wenn …" und verteilt ihn in Absprache mit der Schulleitung an eurer Schule.

4. Gut informiert? – Nachrichten untersuchen und verfassen

In diesem Abschnitt geht es um einen weiteren Grund, Medien zu nutzen: um sich zu informieren.

M14 Sind Nachrichten zu schwer zu verstehen?

Hoffentlich geht der Film bald los! Immer diese langweiligen Nachrichten. Das ist alles viel zu kompliziert!

So kompliziert ist das doch gar nicht! Wenn man regelmäßig Nachrichten sieht, versteht man auch, worum es geht.

Ich schaue oft die Kindernachrichten. Die sind nicht so kompliziert und ich bin trotzdem immer gut informiert.

(Autorentext)

1 Welche Meinung habt ihr über Nachrichtensendungen? Verfasst eine eigene Sprechblase in eurem Heft.

2 Wie informiert ihr euch über aktuelle Ereignisse? Nennt möglichst viele Informationsquellen.

Nachrichten sind nicht immer leicht zu verstehen, weil sie viele Fachbegriffe verwenden und sehr viele Informationen in kurzer Zeit vermitteln. Deshalb gibt es einige Nachrichtensendungen, Podcasts und Zeitungen, die sich speziell an Kinder richten und Nachrichten spannend und verständlich vermitteln. Im folgenden Material findet ihr einige Beispiele.

M15 Nachrichten für Kinder – schwierige Sachverhalte kindgerecht erklärt

logo!

logo! zeigt Nachrichten aus aller Welt, extra verständlich gemacht für Kinder, und erklärt dabei auch schwierige Themen: Warum gibt es Krieg im Gaza-Streifen? Was ist der Holocaust? Seit 2010 wird täglich von aktuellen Ereignissen berichtet. logo! hört den Kindern zu und will ihnen eine Stimme geben. Komplizierte Sachverhalte werden durch Grafikvideos erklärt, und es gibt diverse Social-Media-Kanäle.

Anbieter: ZDF; Startseite: https://www.zdf.de/kinder/logo

Helles Köpfchen

Hier findet man Nachrichten aus Deutschland und der Welt, geschrieben für Kinder und Jugendliche in verständlicher Sprache und mit Erklärungen von Zusammenhängen.
Insgesamt bietet helles-koepfchen.de zum einen ausführliche Informationen für die Schule, Wissensartikel und aktuelle Nachrichten in kindgerechter Sprache, Online-Spiele sowie Angebote zum Mitmachen. Zum anderen findet man eine eigene Suchmaschine speziell für Kinder und Jugendliche mit allem, was für sie wichtig und interessant ist. Die Suchmaschine listet nur Seiten auf, die zuvor von der Redaktion sorgfältig überprüft wurden.

Anbieter: Cosmos Media; Startseite: https://www.helles-koepfchen.de/reportage/

Neuneinhalb – Nachrichten für Kinder

Hier findet man die aktuellen Kindernachrichten der Maus-Redaktion des Westdeutschen Rundfunks, des WDR. Man kann die Meldungen als Audiodatei anhören und downloaden.

Anbieter: Westdeutscher Rundfunk; Startseite: https://kinder.wdr.de/tv/neuneinhalb/nachrichten/index.html

(Autorentext)

1 Nutzt die hier angegebenen Informationsmöglichkeiten und recherchiert zu einem von euch festgelegten (aktuellen) Thema, welche Nachrichten ihr dazu findet.

2 Kennt ihr noch andere Nachrichtenseiten oder Nachrichtensendungen, die sich an Kinder und Jugendliche wenden? Wenn ja, stellt sie in der Klasse vor.

Das Schuljahr am Stadtgymnasium hat gerade begonnen, und die neuen Arbeitsgemeinschaften fangen in dieser Woche an. Irina und Lasse haben sich gemeinsam mit zwei weiteren Schülern der 6c entschieden, an der Schülerzeitung mitzuarbeiten. Sie warten etwas zu früh vor dem Raum und sind ein bisschen nervös, weil sie noch nicht so recht wissen, wie denn eine Schülerzeitung entsteht und wie man einen spannenden, verständlichen Artikel schreibt. Was wäre denn ein gutes Thema?

Die folgenden Materialien geben einen Überblick darüber, was man bei der Nachrichtenauswahl berücksichtigen sollte, damit der Artikel möglichst spannend und gut wird.

M16   Auf die Auswahl kommt es an – So entstehen Nachrichten

Wenn irgendwo auf der Welt etwas passiert, gibt es über dieses Ereignis als Erstes eine Nachricht. Zumindest, wenn ein Journalist oder eine Journalistin das Ereignis für wichtig hält. Eine Nachricht entsteht nämlich nur dann, wenn sich jemand entscheidet, über ein Ereignis zu berichten. Am Anfang steht also ...

Die Auswahl

Jeden Tag geschehen auf der ganzen Welt unzählige Ereignisse. Als Journalist musst du aus diesen vielen, vielen Ereignissen eines auswählen, über das du berichten möchtest. Die Auswahl darf ₅ aber nicht beliebig sein. Deshalb musst du dir ein paar Dinge überlegen, um die richtige Entscheidung zu treffen: [...]

1. Ist die Nachricht aktuell?

Dass gestern die erste Schulstunde ausgefallen ist, wird dich vermutlich heute nicht mehr interessieren. Du musst also immer überlegen, ob deine Nachricht noch aktuell ist. ₁₀ Im Radio gibt es jede Stunde eine Nachrichtensendung, aber nie die gleiche – jedes Mal ändert sich etwas: Meldungen werden durch aktuellere oder wichtigere ausgetauscht oder die Meldung selbst wird aktualisiert. Zum Beispiel, wenn über einen Sturm berichtet wird, der den ganzen Tag über weitere Schäden anrichtet.

2. Ist die Nachricht interessant?

Welche Nachricht interessiert dich mehr: „Heute Morgen bin ich aufgestanden" oder „Mann beißt Hund"? Wahrscheinlich wirst du die zweite Meldung interessanter finden. Etwas Ungewöhnliches, Merkwürdiges oder Unerwartetes ist oft eine Nachricht wert. Und wenn ein Mann einen Hund beißt, ist das schon ziemlich merkwürdig. Doch wichtig ist dabei auch, zu überlegen, für wen die Nachricht gedacht ist, also ob sie deine Leser ₂₀ betrifft.

3. Ist die Nachricht wichtig?

Um zu klären, welche Bedeutung eine Nachricht hat, stellen sich Profis meist die Frage, wie viele Menschen davon betroffen sind oder betroffen sein könnten. Je mehr Menschen betroffen sind, umso wichtiger wird die Nachricht eingeschätzt. Die Vogelgrippe ₂₅ betrifft zum Beispiel sehr viele Menschen, weil sie sich anstecken können. Darüber zu informieren, ist also sehr wichtig. Genauso wie über Entscheidungen von Politikern, denn die betreffen auch sehr viele Menschen.

Auch Nähe ist bei Nachrichten sehr wichtig.

30 Häufig ist eine Nachricht aber nur für einige Leute wichtig, für andere dagegen überhaupt nicht. Wenn zum Beispiel in deiner Straße ein Autounfall passiert, ist das für dich vielleicht eine wichtige Nachricht. Für jemanden, der in einer ganz anderen Stadt in Deutschland wohnt, hat das schon keine große Bedeutung mehr und für jemanden, der in China lebt, wohl noch weniger. Du musst dich also fragen: Für wen ist die Nachricht 35 gedacht und wie sehr betrifft sie ihn? Dabei geht es nicht nur darum, ob es in deiner Nähe passiert, sondern auch darum, wie sehr es dich interessiert: Als Fußballfan wird dir ein Bericht über südamerikanischen Fußball wichtiger sein als ein Bericht über ein Golfturnier in deiner eigenen Stadt, obwohl Südamerika sehr weit weg ist.

(kinder.wdr.de, Neuneinhalb, Lexikon, Tipp 1: Die Auswahl, WDR, 16.08.2016, Köln; https://kinder.wdr.de/tv/neuneinhalb/ neuneinhalb-lexikon/nachrichtenschule/neuneinhalb-nachrichtenschule-auswahl-100.html [12.06.2024])

Als Journalist hast du eine große Verantwortung, denn du informierst sehr viele Leute. 40 Deshalb muss alles, was du sagst oder schreibst, auch stimmen. Du musst also wie ein Detektiv allen Spuren und Hinweisen, die du zu deinem Thema bekommst, nachgehen und sie überprüfen. Das nennt man Recherche. [...]

(kinder.wdr.de, Neuneinhalb, Lexikon, Tipp 2: Die Recherche, WDR, 16.08.2016, Köln; https://kinder.wdr.de/tv/neuneinhalb/ neuneinhalb-lexikon/nachrichtenschule/neuneinhalb-nachrichtenschule-recherche-100.html [12.06.2024])

1 Erläutert in eigenen Worten, wie Nachrichten ausgewählt werden.

2 Erklärt, warum Journalistinnen und Journalisten eine „große Verantwortung" (Z. 39) haben.

3 Stellt euch vor, ihr seid Redakteurinnen bzw. Redakteure eurer Schülerzeitung. Über welche Themen in eurer Schule würdet ihr schreiben? Formuliert mögliche Schlagzeilen und begründet eure Auswahl.

M17 Wenn Nachrichten falsch sind – Achtung: Fake News

Fake News sind falsche Nachrichten, die häufig über das Internet verbreitet werden. Oft nutzen die Verfasser soziale 5 Netzwerke wie Youtube, Tik-Tok, X oder Facebook, um ihre Lügen zu veröffentlichen. Meistens geht es in diesen erfundenen Nachrichten um Themen, die gerade viel Aufmerksamkeit bekommen, wie zum Beispiel Kriege. [...]
Leute, die Fake News erstellen, wollen vor allem eines: andere

15 schocken, damit diese dann die Nachrichten weitererzählen und übers Netz verbreiten. Einer großen Anzahl von Fake-News-Machern geht es nämlich darum, Stimmung zu machen und Leute gegen bestimmte Personen oder Gruppen aufzuhetzen.

WES-129794-013

Wie erkennt man Fake News? Hier findet ihr dazu nützliche Links.

Viele Menschen, die eine Fake News lesen, halten die Nachricht für echt und verbreiten sie über soziale Netzwerke weiter. Das kann dazu führen, dass innerhalb kürzester Zeit tausende Menschen falsche Informationen bekommen.

Fake News haben häufig sehr übertriebene, man sagt auch „reißerische", Überschriften. So wollen die Verfasser der Nachricht erreichen, dass möglichst viele Menschen die Nachricht anklicken und vielleicht sogar mit ihren Freunden teilen. Viele Fake-News-Macher wollen mit ihren gefälschten Nachrichten nämlich einfach Geld machen. Je häufiger ein Artikel oder ein Video geklickt wird, desto mehr Geld bringt es ein. Also erfinden manche Leute möglichst sensationelle Nachrichten, damit sie tausend- oder millionenfach abgerufen werden.

Wer Fake News erstellt und verbreitet, möchte also entweder die Meinung von anderen Menschen beeinflussen oder versuchen, damit Geld zu verdienen.

(kinder.wdr.de, Neuneinhalb, Lexikon, Fake News, WDR, Köln; https://kinder.wdr.de/tv/neuneinhalb/neuneinhalb-lexikon/lexikon/f/lexikon-fake-news100.html [12.06.2024])

Was sind …

… FAKE NEWS **?**

Falsche Nachrichten im Internet gibt es auf viele Arten

HOAX

So eine gefälschte Meldung enthält oft eine Warnung, etwa vor einem Computer-Virus. Darauf sollte man gar nicht reagieren.

ONLINE-BETRUG

Oft versuchen Betrüger über das Internet an Geld zu kommen, etwa indem sie Waren anbieten, die gefälscht sind.

POLITISCHE FALSCHMELDUNGEN

Manche Leute erzählen Lügen, um sich Vorteile zu verschaffen oder ihre Meinung durchzusetzen.

FLIEGENDES SCHWEIN ENTDECKT

ERFUNDENE GESCHICHTEN

Fliegende Schweine, Haie auf der Autobahn – das Internet wimmelt vor Lügenmärchen. Kopf einschalten, dann erkennt man sie auch schnell.

dpa-Kindergrafik 4987

1 Verfasst eine kurze Erklärung des Begriffs Fake News, z. B. für ein Online-Lexikon.

2 Erklärt, mit welchem Ziel Fake News erstellt werden.

3 Erläutert die zwei Tipps, die in der Grafik zum Umgang mit Fake News gegeben werden.

4 Welche Gefahren gehen von Fake News aus? Erläutert.

5 Überlegt gemeinsam, weshalb Fake News besonders häufig im Internet und eher selten in gedruckter Form verbreitet werden.

5. Künstliche Intelligenz (KI) – Was „intelligente" Maschinen können

Handys, die unser Gesicht und unseren Fingerabdruck erkennen können, selbstfahrende Autos, die uns zum Ziel bringen, Roboter, die Krankheiten erkennen oder operieren können, oder Sprachassistenten, mit denen wir uns unterhalten können – für manche klingt das vielleicht noch immer nach ferner Zukunft, aber solche schlauen Geräte gibt es schon. Sie sind schlau, weil sie mit künstlicher Intelligenz arbeiten.

In den Schulen gibt es Befürchtungen, dass manche Schülerinnen und Schüler bestimmte Schreibprogramme für ihre Hausaufgaben nutzen könnten, die ihnen das Leben (und Lernen) etwas erleichtern. Aber wie genau funktionieren KI-Systeme, speziell auch Chatbots? Das sollt ihr in diesem kurzen Abschnitt lernen.

M 18   Warum ein Taschenrechner nicht „intelligent" ist

Was ist künstliche Intelligenz?

Ein Taschenrechner zum Beispiel ist keine künstliche Intelligenz. Er kann zwar komplizierte Berechnungen lösen, aber er befolgt nur Rechen-
5 regeln.

Künstlich intelligente Systeme ahmen das menschliche Gehirn nach. So wie wir Menschen sind sie in der Lage, große Mengen an Informationen zu bewerten und zu analysieren, um
10 Entscheidungen zu treffen. Und nicht nur das: Genau wie wir können KI-Systeme eigenständig dazulernen.

Das funktioniert ungefähr so wie bei kleinen Kindern. Ein kleines Kind muss mehrmals einen
15 Hund sehen und erfahren, dass es sich um einen Hund handelt. Erst dann hat es gelernt, welche Merkmale ein Hund hat, und erkennt ihn von selbst wieder. Und nicht nur das: Unabhängig davon, ob der Hund ein Schäferhund oder ein Mops ist, wird das Kind den Hund von einer Katze unterscheiden können, obwohl
20 auch Katzen vier Pfoten, einen Schwanz und Fell haben.

Ähnlich lernen KI-Systeme: Nachdem ein KI-System viele Bilder von Hunden analysiert und dabei die Info erhalten hat, dass das Tier auf dem Bild ein Hund ist, kann das System große und kleine, helle und dunkle Hunde erkennen und sie von anderen Tieren unterscheiden. Und sollte das System einen Fehler machen und korrigiert werden, wird
25 es daraus lernen.

Im Gegensatz zum Taschenrechner ist ein KI-System also lernfähig und kann sich eigenständig weiterentwickeln. […]

(kinder.wdr.de, Neuneinhalb, Lexikon, Künstliche Intelligenz, WDR, 25.04.2023, Köln; https://kinder.wdr.de/tv/neuneinhalb/ neuneinhalb-lexikon/lexikon/k/lexikon-kuenstliche-intelligenz100.html [12.06.2024])

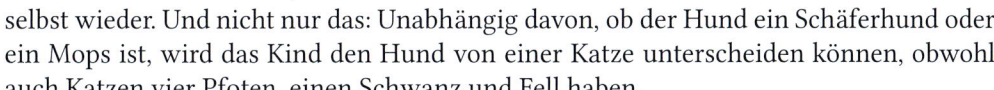
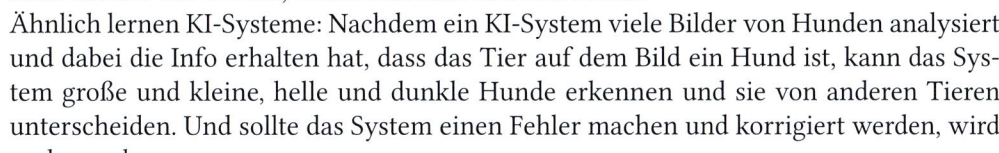

Erläutert, wann man von künstlicher Intelligenz spricht und warum ein Taschenrechner nicht intelligent ist. Verwendet dazu auch das Hundebeispiel (Z. 13 – 25).

M19 „Hey ChatGPT, schreib mir ein Gedicht!" – Texte schreiben mit KI

> ★ Der Name **ChatGPT** ist eine Abkürzung von „Chatbot Generative Pre-trained Transformer", bedeutet also so viel wie vorgeschulter, umwandelnder und erzeugender Chatbot.

ChatGPT ist ein Chatbot (Zusammensetzung aus den Abkürzungen von „Chatten" und „Roboter"), also ein Computerprogramm, mit dem man Textnachrichten hin und her schreiben kann. Anders als eine Suchmaschine kann ChatGPT aber nicht nur einfache Fragen beantworten, sondern auch kompliziertere Aufgaben lösen. Zum Beispiel: „Schreibe eine Interpretation des Gedichts ‚Die Liebenden' von Bertolt Brecht." Das Be- 5 sondere: Die Texte, die ChatGPT verfasst, lassen sich nur schwer von menschlichen Texten unterscheiden.

Wie funktioniert ChatGPT?

Genau wie wir Menschen musste auch ChatGPT erst lernen, Sprache zu verstehen und selbst anzuwenden. Dafür wurde es mit Abermillionen von Texten gefüttert, zum Bei- 10 spiel von Internetseiten, Beiträgen aus sozialen Medien und aus Büchern. Mithilfe dieser Texte hat die künstliche Intelligenz nicht nur Fakten gelernt, sondern auch, wie man Sätze formuliert und welche Wörter typisch für bestimmte Textarten wie Wissenschaftstexte oder Kochrezepte sind. Fordert man einen Text an, berechnet ChatGPT, welche Wörter in diesem Text auftauchen müssen und welches Wort das wahrscheinlichste 15 erste Wort wäre. Dann berechnet es die wahrscheinlichsten Folgewörter, immer eins nach dem anderen – so lange, bis ein vollständiger Text entstanden ist. ChatGPT arbeitet also anders als wir Menschen. Anstatt Texte Wort für Wort zu entwerfen, wissen Menschen ja schon vorher grob, was sie schreiben wollen. Das Ergebnis ist trotzdem eindrucksvoll: Die Texte der künstlichen Intelligenz lesen sich [meist] flüssig und klin- 20 gen [meist] logisch.

(kinder.wdr.de, Neuneinhalb, Lexikon, ChatGPT, WDR, Köln; https://kinder.wdr.de/tv/neuneinhalb/neuneinhalb-lexikon/lexikon/c/lexikon-chatgpt-100.html [12.06.2024])

M20 Probleme und Risiken von ChatGPT

Ein großes Problem: ChatGPT kann auch falsche Antworten produzieren! Die künstliche Intelligenz wurde ja mit Informationen aus dem Internet gefüttert. Und da steht auch ganz schön viel 5 Quatsch, den ChatGPT in seinen Texten als Tatsachen wiedergeben kann. Und nicht nur das: Hat ChatGPT in einem bestimmten Bereich kein Wissen, erfindet es manchmal auch Fakten. 10 Dieses Phänomen nennt sich „Halluzination".

Gleichzeitig ist es schwer, die Texte von ChatGPT zu überprüfen. Der Chatbot schreibt nämlich nicht dazu, 15 woher seine verwendeten Informationen stammen. Inzwischen gibt es zwar eine Suchmaschine, die ChatGPT integriert und die Quellen der Antworten auflistet. Bei der „normalen" Version von ChatGPT bleibt es aber schwierig nachzuvollziehen, woher die Aussagen stammen. Deshalb ist es wichtig, dass wir uns nicht blind auf die Antworten verlassen. ChatGPT ist keine Faktenmaschi- 20 ne, sondern letztlich nur darauf trainiert, logisch klingende Texte zu verfassen. Mit der Einwilligung deiner Eltern darfst du ChatGPT schon ab 13 Jahren benutzen.

Ein weiterer Kritikpunkt ist, dass ChatGPT Menschen Arbeitsplätze wegnehmen könnte. Diese Sorge besteht übrigens nicht nur bei ChatGPT, sondern auch bei anderen Sys-
25 temen, die mit künstlicher Intelligenz ausgestattet sind. Tatsächlich ersetzen schlaue Maschinen in einigen Bereichen bereits menschliche Arbeitskräfte. In Zukunft wird das noch mehr Arbeitsplätze betreffen. Expertinnen und Experten sagen aber, dass dank künstlicher Intelligenz auch neue Arbeitsplätze und Berufe entstehen werden.

(kinder.wdr.de, Neuneinhalb, Lexikon, ChatGPT, WDR, Köln; https://kinder.wdr.de/tv/neuneinhalb/neuneinhalb-lexikon/
lexikon/c/lexikon-chatgpt-100.html [12.06.2024])

1 Erläutert, was das Besondere an ChatGPT ist und wie dieses Programm funktioniert (M 19).

2 Arbeitet die angegebenen Probleme und Risiken von ChatGPT heraus und diskutiert, welche Auswirkungen die Nutzung von ChatGPT z. B. in der Schule oder bei der Verwen-
dung in Zeitungen haben kann (M 20).

3 Gibt es in eurer Schule Vereinbarungen und Regeln, die ihr im Umgang mit ChatGPT beachten sollt? Wenn nicht, macht das zum Thema in der nächsten Schülerratssitzung und in der Schulkonferenz.

Praxis

Was ihr jetzt wissen und können solltet:

✓ 🅜🅢🅤🅗 Medien und ihre möglichen Funktionen darstellen;
✓ 🅜🅢🅤🅗 die eigene Mediennutzung in einem Protokoll festhalten und beschreiben;
✓ 🅜🅢🅤🅗 verschiedene Verhaltensweisen bei der Mediennutzung vergleichen und beurteilen;
✓ 🅜🅢🅤🅗 Umfrageergebnisse in einem Diagramm darstellen;
✓ 🅜🅢🅤🅗 Risiken und Fallen beim Surfen und Spielen erkennen und beschreiben;
✓ 🅜🅢🅤🅗 Cybermobbing als Problem beschreiben und beurteilen;
✓ 🅜🅢🅤🅗 Tipps zum sicheren Surfen, im Umgang mit Spielangeboten und für das eigene Verhalten in sozialen Netzwerken kennen und geben;
✓ 🅜🅢🅤🅗 Medien als Informationsquelle nutzen;
✓ 🅜🅢🅤🅗 Kriterien für eine Nachrichtenauswahl beschreiben;
✓ 🅜🅢🅤🅗 Fake News erkennen und deren Zielsetzung erklären;
✓ 🅜🅢🅤🅗 ausgewählte Möglichkeiten der künstlichen Intelligenz kennen, beschreiben und ansatzweise problematisieren

Was ihr wisst – was ihr könnt – wie ihr es seht

M S U H

1. Ein Diagramm erstellen

Stellt euch vor, eure Eltern folgen den Empfehlungen von Expertinnen und Experten und begrenzen die tägliche Computer- und Konsolenzeit auf die folgenden Zeiten:

- Kinder bis 7 Jahre: ca. 30 Minuten
- Kinder zwischen 8 und 9 Jahren: ca. 45 Minuten
- Kinder zwischen 10 und 11 Jahren: ca. 60 Minuten
- Kinder zwischen 12 und 13 Jahren: ca. 75 Minuten

Erstellt ein Säulendiagramm, mit dem ihr euren Geschwistern übersichtlich darstellen könnt, wer wie lange spielen darf.

M S U H

2. Richtiges Verhalten gegen „Abzocke" im Internet

Welche Lösung ist jeweils richtig?

a) Bevor du etwas im Internet herunterlädst oder einen Vertrag abschließt, besprich das auf jeden Fall mit deinen **???** (Handyanbietern/Freunden/Eltern).

b) Vorsicht! Oft will man dich im Netz mit Gratisangeboten ködern, doch meist gibt es irgendwo auf der Seite eine versteckte **???** (Zustimmung der Eltern/Sammlung von Tipps/Preisangabe).

c) Hast du trotz aller Vorsicht versehentlich einen Vertrag abgeschlossen, sei beruhigt: In deinem Alter ist er ungültig ohne Zustimmung der **???** (Eltern/Handyanbieter/Verbraucherberatung).

d) Während des Spielens von Free2Play-Games erfolgen Aufforderungen, **???** (teure Ausstattungen zu kaufen/bloß nicht zu lange zu spielen/auf jeden Fall Geld zu sparen).

e) In Online-Spielen angebotene Lootboxen können **???** (geöffnet und bei Nichtgefallen wieder geschlossen werden/süchtig machen/schön verpackt werden).

M S U H

3. Problem Cybermobbing

Welche Begriffe gehören jeweils in die Lücken?

Für die Betroffenen ist Cybermobbing besonders **???**. Es unterscheidet sich vom Mobbing im realen Leben insbesondere in drei Dingen:

1. Es kann zu **???** stattfinden. Die betroffene Person kann rund um die Uhr attackiert werden und hat kaum noch eine Rückzugsmöglichkeit.

2. Cybermobber sind oft **???**. Das Mobbingopfer weiß oftmals nicht, wer hinter den Gemeinheiten steckt. Dadurch wird es oft misstrauisch allen Freunden gegenüber.

3. Cybermobbing ist ein Selbstläufer. Ein Kommentar oder Bild sind mit einem Klick geteilt oder verschickt. Schnell verliert man den Überblick, wie rasch sich etwas verbreitet. Es ist **???**, wer welche Informationen erhalten hat. Und: Das Internet vergisst nicht.

M S U H

4. Ein Artikel für die Schülerzeitung

Verfasst einen kurzen Artikel für eure Schülerzeitung zu einem wichtigen Thema. Nutzt euer Wissen über die Nachrichtenauswahl, um zu begründen, warum dieser Artikel unbedingt in der nächsten Ausgabe erscheinen sollte.

5. Die Mediennutzung von Kindern

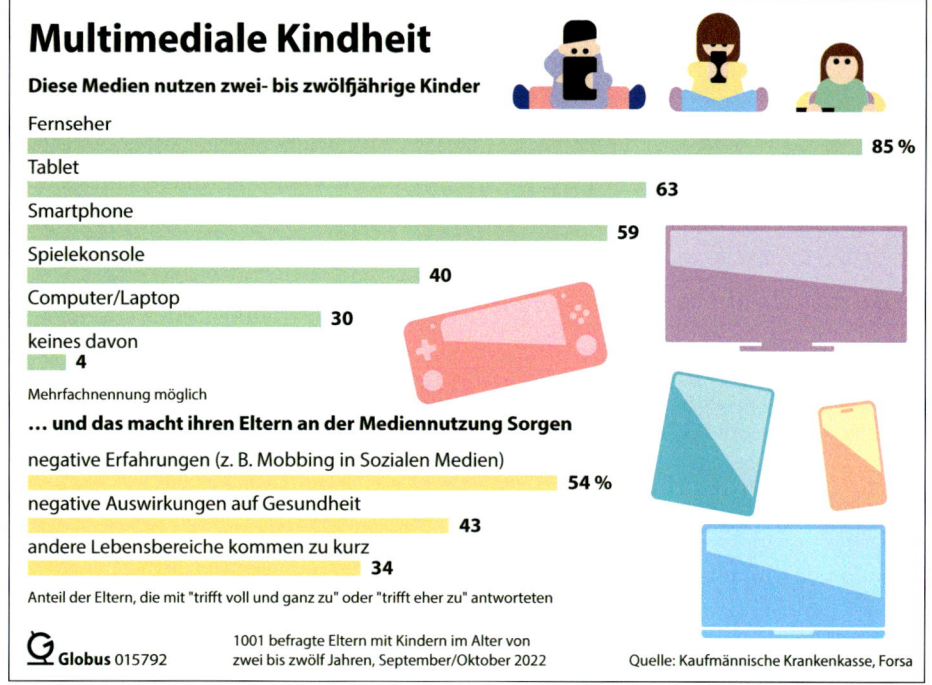

Multimediale Kindheit

Diese Medien nutzen zwei- bis zwölfjährige Kinder

Fernseher
85 %

Tablet
63

Smartphone
59

Spielekonsole
40

Computer/Laptop
30

keines davon
4

Mehrfachnennung möglich

... und das macht ihren Eltern an der Mediennutzung Sorgen

negative Erfahrungen (z. B. Mobbing in Sozialen Medien)
54 %

negative Auswirkungen auf Gesundheit
43

andere Lebensbereiche kommen zu kurz
34

Anteil der Eltern, die mit "trifft voll und ganz zu" oder "trifft eher zu" antworteten

G Globus 015792 · 1001 befragte Eltern mit Kindern im Alter von zwei bis zwölf Jahren, September/Oktober 2022 · Quelle: Kaufmännische Krankenkasse, Forsa

━━ Wertet die Grafik mithilfe der methodischen Hinweise auf Seite 250 aus und nehmt Stellung zu den dort angegebenen Sorgen von Eltern.

6. Mediennutzung ist wichtig und macht Spaß!

━━ Eltern machen sich häufig Sorgen wegen der Mediennutzung ihrer Kinder. Verfasst eine Liste mit Gründen, warum es wichtig und schön ist, dass ihr so viele Möglichkeiten habt, Medien zu nutzen.

Mediennutzung ist wichtig und macht Spaß, weil ...

5.2, 5.3, 5.4, 6.1, 6.2

Wenn ihr noch mehr lernen wollt ...

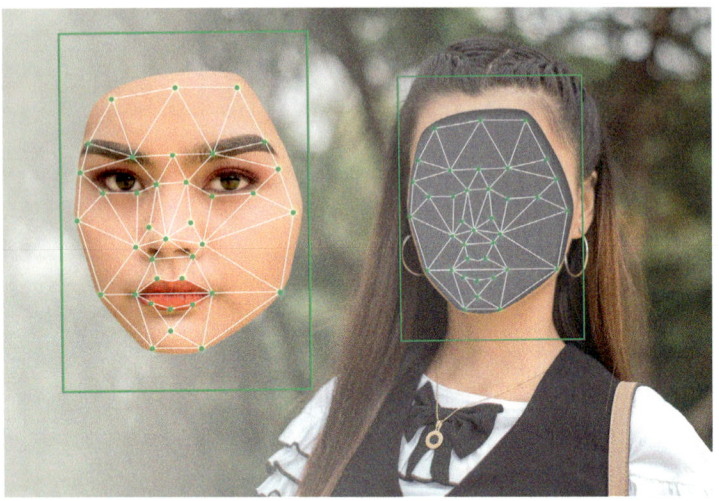

[...] Stellt euch vor, in eurer Klasse wird ein Video herumgeschickt. Darin ist ein Mitschüler zu sehen, der etwas total Peinliches sagt. Er selbst bestreitet, der Junge in dem Video zu sein. Doch 5 keiner glaubt ihm. Schließlich ist das sein Gesicht, seine Stimme. Sogar sein typisches leichtes Stottern ist zu hören. Keine Frage: Das muss er sein. Oder? Muss er nicht. Es gibt nämlich eine 10 Technik, mit der sich täuschend echte Fotos, Videos und Sprachbotschaften erstellen lassen. Sie wird „Deepfaking" genannt. „Fake" heißt auf Englisch „Fälschung". Und „deep" steht für 15 „deep learning", also für selbstlernende Software. Diese wird mit Videos oder Tonaufnahmen einer Person gefüttert. Mithilfe der Daten lernt der Computer, die Stimme und Gesichtsausdrücke der 20 Person nachzuahmen. Man kann sie dann die verrücktesten Dinge sagen und tun lassen. Es ist wie ein Marionettenspiel – bei dem die Puppen wie Menschen wirken. 25

Falls ihr ein Smartphone besitzt, habt ihr vielleicht schon einen Deepfake erstellt. Vermutlich sogar von euch selbst: Es gibt Apps, die euch altern lassen, mit Falten, grauen Haaren und 30 Zauselbart in eurem Gesicht. Oder ihr zaubert euch in eine Filmszene und werdet plötzlich zum Hobbit. Deepfakes können echt witzig sein ...

Oft sind sie auch leicht zu erkennen, 35 denn noch ist die Technik nicht ausgereift. In vielen Videos erinnern die Personen an Roboter. Die Sprache klingt

So tauscht die Deepfake-Technik Gesichter in Videos aus

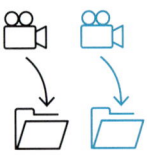

 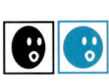

1. Sammeln

Wie ein Daumenkino besteht auch ein Video aus vielen **Einzelbildern**, sogenannten Frames. Zunächst zerstückelt eine Software Videos des früheren US-Präsidenten Barack Obama und des Schauspielers Jordan Peele in ihre Einzelbilder und analysiert diese. Mindestens 500 Frames beider Gesichter braucht man für ein glaubhaftes Ergebnis.

2. Üben

Mit den Frames wird ein spezielles Computerprogramm gefüttert. Es trainiert, sowohl Obamas als auch Peeles Gesicht in verschiedenen **Positionen** und aus allen Richtungen zu erkennen und abzubilden.

3. Ersetzen

Danach ist es für die **Software** möglich, das Gesicht des ehemaligen Präsidenten auf die Miene des Schauspielers zu übertragen. Fertig ist das täuschend echte Fake-Video.

abgehackt. Die Mundwinkel hüpfen seltsam. Der Kopf wirkt wie auf den Hals geschraubt. Doch die Software lernt dank künstlicher Intelligenz schnell hinzu. „In wenigen Jahren 40 werden selbst Menschen, die geschult sind, Fälschungen aufzuspüren, diese kaum noch erkennen können", sagt Patrick Aichroth. Der 51-Jährige leitet am Fraunhofer-Institut für Digitale Medientechnologie in Ilmenau eine Fachgruppe. Die Expertinnen und Experten dort erforschen Deepfakes und versuchen sie aufzuspüren. Wer früher einen

45 Deepfake erstellen wollte, musste technisch extrem fit sein und viel Datenmaterial besitzen, berichtet Aichroth. „Inzwischen lässt sich schon mit wenig Aufwand und aus ein paar Gesprächsfetzen aus Youtube-Videos ein gefälschter Anruf herstellen."

(Ins Netz gegangen – Wie Deepfake-Videos funktionieren, GEOlino Nr. 09/2022, Hamburg; https://www.geo.de/geolino/forschung-und-technik/deepfake--fuer-kinder-erklaert-32530924.html [18.06.2024])

WES-129794-014

Hier findet ihr ein Video, das über Deepfake-Fotos aufklärt, sowie zwei Quiz, mit denen ihr testen könnt, ob ihr Deepfakes erkennt.

D2 Wie man sich vor Deepfakes schützen kann

Lassen sich Deepfakes spielerisch leicht in die Welt setzen, drohen große Gefahren! Davor warnt auch der ehemalige Präsident der USA, Barack Obama, in einem Video – könnte man meinen. In Wirklichkeit steckt der US-Schauspieler und Regisseur Jordan Peele dahinter. Mithilfe der Deepfake-Technik übertrug er die Gesichtszüge des früheren
5 Präsidenten auf seine. […]

So schützt ihr euch vor gefährlichen Deepfakes

● Achtet in Videos auf **Kleinigkeiten**: Zwinkert die gezeigte Person wie ein echter Mensch? Bewegen sich Mund und Augenbrauen natürlich? Wirken Zähne und Mund beim Sprechen realistisch oder eher unscharf?

● Hört genau hin: Ist das **Gesagte** widersprüchlich? Klingt die Stimme an manchen Stellen abgehackt?

● Überprüft, was ihr seht: Findet sich das Video auch auf seriösen **Internetseiten**? Oder hat vielleicht schon jemand aufgedeckt, dass die Aufnahme eine Fälschung ist?

● Menschen neigen dazu, das zu glauben, was in ihr **Weltbild** passt. Seid gerade dann skeptisch, wenn ihr zum Beispiel ein Video seht, in dem eine Person schlecht wegkommt, die ihr nicht mögt.

● Überlegt, was ihr im Internet von euch preisgebt. Eure Videos und Fotos könnten **Trainingsmaterial** für Deepfakes sein. Je mehr alberne oder peinliche Videos ihr von euch veröffentlicht, desto eher könnten andere außerdem glauben, auch ein gefälschtes Video könne von euch stammen.

● Am allerwichtigsten: Verbreitet Fotos, Tonaufnahmen oder Videos nicht einfach weiter. Betrüger und Betrügerinnen leben davon, dass ihnen zu viele Leute zu schnell glauben. Je mehr Menschen auf eine **Fälschung** reinfallen, desto mächtiger und gefährlicher wird sie.

Und im Ukraine-Krieg tauchte ein Video auf, in dem der ukrainische Präsident Wolodymyr Selenskyj sein Land scheinbar dazu aufruft, sich zu ergeben. Mutmaßlich handelte es sich um eine Fälschung aus Russland. Schlimmstenfalls könnten Deepfakes also benutzt werden, um sich in Kriege einzumischen. Oder um Gruppen gegeneinander aufzu-
10 hetzen. […] Die Technik hinter den Deepfakes kann aber auch nützlich sein. Menschen, die nach einer Krankheit oder einem Unfall verstummen, gibt sie ihre Stimme zurück. Wer blind ist oder nie lesen lernte, kann sich Bücher und Briefe vorlesen lassen – von einer vertrauten Stimme, nicht von einer, die klingt wie die U-Bahn-Ansage. […] Es ist

wie mit den meisten Technologien: Erst in den falschen Händen werden sie zur Gefahr. Auch Patrick Aichroths Mutter erhielt schon einen Fake-Anruf. Eine Bekannte bat am 15 Telefon um Geld. Die Stimme klang echt. Die Mutter aber wurde stutzig, als die angebliche Bekannte etwas Untypisches sagte. Auf eine kritische Frage der Mutter konnte die Computerstimme nicht reagieren – der Schwindel flog auf. Die künstliche Intelligenz der Software imitiert Gespräche eben nur. Wie ein Papagei, der auch nicht weiß, was er plappert. Plötzliche Gegenfragen und Themenwechsel bringen die Software aus dem 20 Konzept. Patrick Aichroths Rat lautet daher: „Immer kritisch bleiben." Man sollte nicht alles glauben, was man hört und sieht. Im Zweifelsfall sollten wir seltsame Videos nicht weiterverbreiten. Dass jemand Deepfakes erstellt, können wir nämlich kaum verhindern. Dass sie in Umlauf geraten, hingegen schon.

(Ins Netz gegangen – Wie Deepfake-Videos funktionieren, GEOlino Nr. 09/2022, Hamburg; https://www.geo.de/geolino/ forschung-und-technik/deepfake--fuer-kinder-erklaert-32530924.html [18.06.2024])

1 Habt ihr schon eigene Erfahrungen mit gefälschten Bildern oder Videos gemacht? – Berichtet darüber.

2 Erläutert, wie Deepfake-Videos hergestellt werden können (D 1).

3 Stellt dar, warum die Tipps (D 2) gegen Deepfakes ein Schutz sein können.

4 Durch Deepfakes „drohen große Gefahren!" (D 2, Z. 1). Erläutert diese Aussage, diskutiert sie und verdeutlicht eure Position anhand von Beispielen.

D 3   Ein Expertengespräch durchführen zur Nutzung von KI im Unterricht

[...] Nutzen du oder deine Mitschülerinnen und Mitschüler KI-Tools für die Schulaufgaben?
Neele Frommke: Ja, nicht nur ich, sondern auch die meisten meiner Mitschüler*innen nutzen KI als Lerntool, doch der Umgang damit unterscheidet sich stark. Manche greifen darauf zurück, um sich zu kontrollieren oder mit KI Aufgaben zu lösen. Andere 5 wiederum recherchieren mithilfe von künstlichen Intelligenzen wie ChatGPT. [...]
Gaston Liepach: Auf jeden Fall nutze ich KI-Tools. Fast alle meine Mitschülerinnen und Mitschüler nutzen ebenfalls KI. Im Unterricht wird das so gut wie nie besprochen oder gesagt. Einige wenige verwenden Tools wie ChatGPT live im Unterricht. Die Antwort wird dann ein bisschen umformuliert und dann vorgetragen, damit es normaler klingt. 10 Es werden aber abseits des bekannten ChatGPT auch die Suchmaschinen-fähigen Versionen [...] verwendet. Manche nutzen sie, um sich Aufgaben erstellen zu lassen, an denen sie dann üben können. Manche nutzen es zur schnelleren Recherche. Und andere lassen sich gar die Texte komplett schreiben. Kreativere Lehrkräfte binden die Tools aber auch selbst ein. [...] 15
Erion Krasniqi: Natürlich nutze ich KI. Ab und an ist es notwendig, Unterstützung bei komplexen Aufgaben oder für das Verständnis umfangreicher Texte zu erhalten sowie bei Fragen, auf die man allein keine Antwort findet. Es ist mittlerweile bekannt, dass einige KI für ihre Hausaufgaben nutzen. Oft kommt dabei ChatGPT zum Einsatz. [...]

Wird KI den Unterricht in der Zukunft verändern? 20
Gaston Liepach: KI hat schon längst den Unterricht verändert. Nur leider sehr einseitig. Die Schülerinnen und Schüler nutzen künstliche Intelligenz, um ihre Aufgaben zu erledigen oder sich Übungen entwerfen zu lassen. [...]

Neele Frommke: [...] Damit geht eine weitere Veränderung einher – die Integration
25 von KI in den Unterrichtsalltag. Denn nur so lernen Schüler*innen den sicheren Umgang mit den heutigen Technologien. Wenn sie den nicht lernen, können künstliche
Intelligenzen zur Gefahr werden, da nur wenige mit ihnen umzugehen wissen.
Erion Krasniqi: Absolut, das ist bereits gängige Praxis. Zum Beispiel verwenden wir
im Unterricht gelegentlich KI, um spezifische Fragen zu beantworten, oder wir entwer-
30 fen „Beispielklausuren", um uns so auf die echten Klausuren vorzubereiten. Ich denke
allerdings nicht, dass eine KI den Lehrer oder die Lehrerin ersetzen kann. Im Unterricht
braucht man den menschlichen Kontakt.

(Leonie Meyer: „KI hat schon längst den Unterricht verändert", Bundeszentrale für politische Bildung, 30.05.2024,
Bonn; https://www.bpb.de/lernen/digitale-bildung/werkstatt/548871/ki-hat-schon-laengst-den-unterricht-veraendert/
[18.06.2024])

1 Arbeitet aus dem Interview heraus, welche Erfahrungen die Schülerinnen und Schüler
mit KI im Unterricht gemacht haben, und vergleicht sie mit euren eigenen Erfahrungen.

2 Erion sagt zum Schluss, dass er nicht davon ausgeht, dass KI den Lehrer oder die Lehrerin ersetzen wird: „Im Unterricht braucht man den menschlichen Kontakt." Wie ist eure
Meinung dazu? Diskutiert diese Aussage!

3 Wir schlagen euch vor, eine Befragung zu KI in der Schule durchzuführen. Ihr könnt Lehrerinnen und Lehrer bzw. eure Mitschülerinnen und Mitschüler dazu befragen, inwieweit
KI schon Einzug in ihren Unterricht gehalten hat und was sie davon halten. Orientiert
euch dabei an der Methode „Wir informieren uns! Expertenbefragung und/oder Interview" (S. 124).

8

Was hält uns zusammen? Was zeichnet uns aus? – Familie im Wandel der Zeit

Darum wird es gehen

*Umfragen zeigen immer wieder: Die Familie ist für die meisten Menschen, junge wie alte, das Wichtigste in ihrem Leben. Warum das so ist, darum wird es im **ersten Abschnitt** dieses Kapitels gehen. Außerdem werdet ihr erfahren, welche Aufgaben die Familie für die ganze Gesellschaft erfüllt und wie sich die Familie seit längerer Zeit verändert hat. Dazu gehören zum Beispiel ganz unterschiedliche Formen, in denen Familien heute leben. Hinzu kommen auch viele Familien, die ihre Wurzeln nicht in Deutschland haben.*

*In letzter Zeit konnte man häufiger in der Zeitung davon lesen, dass Familien auch „versagen" können, zum Beispiel, wenn die Eltern nicht in der Lage sind, ihre Pflichten gegenüber den Kindern zu erfüllen. Von den Rechten und Pflichten, die Eltern und Kinder in der Familie haben, insbesondere von der Erziehung, soll daher im **zweiten Abschnitt** die Rede sein.*

*Mit dem Wandel der Familie (der Familienformen) habt ihr euch im ersten Abschnitt beschäftigt. Im **dritten Abschnitt** werdet ihr der Frage nachgehen, ob sich auch im Zusammenleben der Familienmitglieder etwas geändert hat, und zwar im Hinblick auf das gemeinsame Tun von Eltern und Kindern, auf eine unterschiedliche Erziehung von Mädchen und Jungen und auf die Mithilfe der Kinder im Haushalt. Außerdem wird die unterschiedliche Erziehung von Jungen und Mädchen noch einmal aufgegriffen. Ihr setzt euch mit der Frage auseinander, ob es überhaupt so etwas wie ein „typisches" Mädchen oder einen „typischen" Jungen gibt.*

1. Nur Vater, Mutter, Kind ...? – Familie im Wandel

Zum Einstieg: **M1   Die „Familienpackung"**

(© Ka Schmitz)

1 Was gehört für euch zu einer Familie dazu? Zeichnet eine ähnliche „Packung" wie rechts in euer Heft. Schreibt Begriffe hinein, die für euch mit eurer Familie zusammenhängen. Das können neben Namen auch Gefühle oder Tätigkeiten sein. Zum Beispiel: sich geborgen fühlen, vertrauen ...

2 Vergleicht eure „Familien-Packungen" und notiert Gemeinsamkeiten und Unterschiede.

3 V Schreibt kleine Dialoge aus eurem Familienleben, die besonders typisch für eure Familie sind.

M2   Sind dies Familien?

1

4

2

5

3

M3   Was ist eine Familie?

Was Familie ist, wissen wir natürlich alle: Dazu gehören Eltern, Kinder, Großeltern und die weitere Verwandtschaft. Es ist eine Gemeinschaft, in der Erwachsene und Kinder zusammenleben. Der Begriff „Familie" kommt von dem lateinischen Wort „familia" und das bedeutet „Hausgenossenschaft". Früher lebte oft die ganze Familie – Eltern, Kinder,
5 Großeltern, Tanten und Onkel – unter einem Dach zusammen. Solche Großfamilien gibt es heute bei uns nur noch selten.

Es gibt unterschiedliche Familienformen. Die meisten Kinder leben mit ihren verheirateten Eltern zusammen; es gibt auch Eltern, die nicht verheiratet sind. Vater und Mutter können sich gemeinsam um die Kinder kümmern oder alleine. Manche Kinder wohnen mit zwei Vätern, andere mit zwei Müttern zusammen. Meistens sind die Erwachsenen mit den Kindern verwandt, aber das muss nicht so sein. Wie auch immer die Familie aussieht – wichtig ist, dass die Erwachsenen gut für die Kinder sorgen.

(Christiane Toyka-Seid/Gerd Schneider: Familie/Familienpolitik, in: hanisauland.de, Lexikon, Bundeszentrale für politische Bildung, Bonn; https://www.hanisauland.de/wissen/lexikon/grosses-lexikon/f/familie.html [19.06.2024])

1 Schaut euch zunächst die Bilder in M 2 an. Auf welchen Bildern ist eurer Meinung nach eine Familie zu sehen?

2 Lest den Text M 3 und erklärt, woran man eine Familie erkennt und woher das Wort Familie stammt.

3 Überlegt nun noch einmal: Handelt es sich bei den Bildern in M 2 um Familienfotos? Schreibt auf, welche Fotos keine Familie zeigen, und begründet eure Auswahl. Berücksichtigt dabei die Informationen aus M 3.

M 4   Ist die Familie nur für Kleinkinder wichtig?

[...] Großeltern, Eltern, Geschwister: Familie ist den Menschen so wichtig wie nur wenig sonst im Leben. Wenn man die Leute in Deutschland fragt, was sie zum Glücklichsein brauchen, antworten vier von fünf: „Eine Familie!"

Fragt man Corinna Onnen, wie wichtig die Familie für den Menschen ist, sagt sie zunächst etwas Überraschendes: „Wirklich brauchen tut sie nur ein hilfloses Kleinkind." Corinna Onnen erforscht an der Universität Vechta alles, was mit Familien zu tun hat. Kleinkinder, sagt sie, müssten gefüttert und beschützt werden, sonst könnten sie nicht überleben. Aber wenn Menschen größer würden, könnten sie eigentlich auch ohne Mamas, Papas, Brüder und Schwestern leben.

Bis vor ein paar hundert Jahren galten siebenjährige Kinder schon als erwachsen. Oft mussten sie in diesem Alter ihre Familie verlassen und ihr eigenes Geld verdienen. Sie wohnten dann bei dem Bauern oder Handwerker, der ihnen Arbeit gab. Ein Familienleben, wie wir es heute kennen, gab es kaum.

Dass uns Familie so wichtig ist, liegt nicht daran, dass wir nicht ohne sie leben könnten. Es ist aber einfach viel schöner mit ihr. „Die Familie gibt uns Sicherheit und Geborgenheit", sagt Corinna Onnen. „Zum Beispiel, weil wir gewisse Dinge immer wieder gemeinsam wiederholen, bei denen jeder automatisch weiß, was er zu tun hat." Draußen, in der Welt, prasselt ständig Neues auf uns ein, und ständig müssen wir überlegen, wie wir uns verhalten. Das ist ziemlich anstrengend! Daheim, in der Familie, wissen wir genau, wer wo beim Abendessen sitzt, wie Papa das meint, wenn er einen „kleine Nervensäge" nennt – nämlich liebevoll, jedenfalls meistens. Zu diesen schönen Gewohnheiten zählen etwa das Plätzchenbacken und das Weihnachtsessen.

Familie ist alles – und noch mehr.

15. MAI
Internationaler Tag der Familie
#FamilieIstMehr

30 Aber irgendwie auch Opas Nickerchen danach auf dem Sofa, und dass der Rest der Familie dann mit den Augen rollt.

Und noch etwas ist besonders an der Familie: Man kann sie sich nicht aussuchen. Sie ist ein kleiner, besonderer Club, dem man beitritt, wenn man geboren wird. Ein Club, der ganz schön viel Einfluss darauf hat, was für eine Art Mensch man wird. Ob wir Sachen
35 mutig und sofort anpacken. Ob wir in einer Gruppe erst mal schauen, was die Meinung der anderen ist, oder gleich als Erster rausrufen, was wir am besten finden. All das schauen wir uns als Kinder von unseren Mitmenschen ab. Und das sind in den ersten Jahren, in denen wir am meisten lernen, fast nur die Eltern und die Geschwister. Freunde oder Lehrer beeinflussen uns natür-
40 lich auch, aber die kommen erst später dazu. [...]

Dass Familien zusammenhalten, ist keine Regel der Natur. Bei uns Menschen hat sie sich entwickelt, weil es eine Zeit gab, in der sie überlebenswichtig war: Wer nicht selber dafür sorgen konnte, genug zu essen auf dem Tisch und ein Dach über
45 dem Kopf zu haben, war auf seine Familie angewiesen. Kranke, Schwache und alte Menschen mussten sich darauf verlassen können, dass die Verwandten sie durchfüttern. [...]

(Moritz Baumstieger, in: ZEIT leo Nr. 6/2013, S. 11 – 16; Auszüge)

Kinder machen eine Familie zu einer Familie. Wenn man überlegt, welche Aufgabe die Familie für die gesamte Gesellschaft
50 hat, dann wird schnell deutlich, dass die Familie für das Fortbestehen der Gesellschaft sorgt. Denn hier entstehen immer wieder neue Generationen. Die Familie sorgt für den Kindernachwuchs.

(Autorentext)

> Im September 1993 haben die Vereinten Nationen (UN) den **15. Mai als Tag der Familie** ausgerufen. Gemeinsam wollen die UN und die Weltgesundheitsorganisation (WHO) die Bedeutung der Familie als wichtigste Grundeinheit jeder Gesellschaft herausstellen. In der Familie erfahren Kinder und Jugendliche Nähe und Geborgenheit, Verlässlichkeit und Solidarität. Sie lernen die elementaren Dinge des Lebens kennen und lernen, in einer Gemeinschaft zu leben. Sie können ihre Fähigkeiten und Grenzen erproben, erwerben soziale Kompetenz und lernen, Rücksicht zu nehmen.
>
> (aok.de: 15. Mai: Internationaler Tag der Familie, Berlin; https://www.aok.de/pp/unser-engagement/gesundheitstage/internationaler-tag-der-familie/ [19.06.2024])

1 Ist die Familie nur für Kleinkinder wichtig? Listet Gründe auf, warum die Familie sowohl für jede Einzelne und jeden Einzelnen, aber auch für die ganze Gesellschaft wichtig ist, und erläutert sie mithilfe von Beispielen.

2 Wusstet ihr, dass es jedes Jahr auf der ganzen Welt am 15. Mai den internationalen Tag der Familie gibt? Recherchiert, wie das aktuelle Motto des diesjährigen Familientages lautet und wie er in eurer Gemeinde/Stadt/Region gestaltet wird.

 2.1, 2.2

3 Entwickelt für eure Schule selbst Ideen, mit welchen Aktionen ihr auf diesen Tag aufmerksam machen wollt.

M5   Was Kinder über ihre Familie sagen

Nele:
Neulich haben Opa und ich einen Familienstammbaum erstellt, der bis zu zehn Generationen in die Vergangenheit reicht. Ich wusste gar nicht, dass wir eine so lange Geschichte haben! Mal sehen, wie sich unser Stammbaum in den nächsten 50 Jahren entwickeln wird. Es wäre schade, wenn er irgendwann enden würde!

Amir:
Wenn ich an meine Familie denke, denke ich daran, wie wir zusammen beim Abendessen sitzen, das Papa für uns gekocht hat, und uns unterhalten.

Justus:
Bei uns in der Familie wird Offenheit und Ehrlichkeit großgeschrieben. Wir sagen uns immer alles und können uns deshalb auch vertrauen. Auch mein kleiner Bruder hat das schon gelernt.

Bela:
Zu meiner Familie fällt mir als Erstes unser Abend-Ritual ein. Wenn es Zeit fürs Bett ist, lesen Mama und ich immer noch gemeinsam etwas. Obwohl ich schon lange selbst lesen kann, ist mir das wichtig. Egal, was an diesem Tag auch Schlimmes passiert ist oder wie anstrengend der Tag war, hier komme ich zur Ruhe und fühle mich einfach wohl.

(Autorentext)

> Welche Aufgaben von Familien findet ihr in den Sprechblasen von M5 wieder? Notiert den Namen des Kindes und eine kurze Erklärung, woran ihr die Aufgabe erkannt habt.

Fallbeispiel

M6   Sind die Hoffekamps eine „richtige" Familie?

Für die zwölfjährige Lisa stehen große Veränderungen ins Haus, ein Umzug steht an. Etwa vier Jahre lang hat sie nun mit ihrer Mutter Mona allein gelebt, nachdem ihr Papa ausgezogen war. Zwischen ihrer Mama und ihrem Papa hatte es immer wieder Streit gegeben, und ihr Papa war unter der Woche sowieso zum Arbeiten in Hamburg, sodass sie sich immer nur am Wochenende sehen konnten. Trotzdem hat er ihr nach der Schei- 5 dung sehr gefehlt. Aber Lisa und ihre Mutter kamen schon zurecht und waren inzwischen ein eingespieltes Team. Doch jetzt wird ihre Mutter ein zweites Mal heiraten, und sie ziehen dann zu Jens Hoffekamp, den ihre Mama vor etwa einem Jahr kennengelernt hat. Auch er war einmal verheiratet und hat zwei Kinder, die bei ihm leben: Alex, zehn Jahre, und Chris, dreizehn Jahre alt. Lisa macht sich Sorgen darum, wie das alles wohl 10 werden wird. Sie hat darüber schon sehr lange Gespräche mit ihrer Mutter geführt, die sie etwas beruhigt haben. Ihre Mutter hat gesagt: „Sieh es doch mal so: Du hast dir immer ein Geschwisterchen gewünscht. Jetzt bekommst du gleich zwei. Du wirst sehen, ganz schnell sind wir eine glückliche Familie!" Aber Lisa hat Zweifel: Ist das dann wirklich meine Familie? 15

(Autorentext)

M 7   Familie kann ganz verschieden sein

[...]

Nichts geht über die Familie! Jedes Kind braucht eine Familie – ganz klar. Dort fühlt sich das Kind zu Hause, wird umsorgt und kann gut aufwachsen. Und jede
5 Familie bildet eine kleine Einheit. Schon Kleinkinder spielen gern das Vater-Mutter-Kind-Spiel. Nicht immer besteht aber eine Familie aus Vater, Mutter und Kind. Schau dich mal in deiner Klasse um!

Alleinerziehende Eltern
10 Vielleicht kennst du ein Kind, das nur mit der Mutter oder dem Vater zusammenlebt. Vielleicht ist genau das bei dir der Fall. Rund 20 % der Eltern (das ist jede 5. Familie) sind in Deutschland alleinerziehend. Sie wohnen allein mit einem oder mehreren Kindern.
15 Es gibt verschiedene Gründe, warum Mütter oder Väter ein Kind allein großziehen. Einige Eltern haben noch nie zusammengelebt, andere trennen sich nach einiger Zeit und lassen sich scheiden. Manchmal stirbt ein Elternteil. Oft ist es aber so, dass Mutter oder Vater nur für kurze Zeit allein mit ihrem Kind leben. Wenn sie einen neuen Partner oder eine neue Partnerin kennenlernen und beschließen
20 zusammenzuziehen, entsteht eine Patchwork-Familie.

Was ist eine Patchwork-Familie?
Das Wort ist angelehnt an die Patchwork-Decke, die aus vielen bunten Flicken besteht. Wenn Erwachsene zusammenziehen und ein Kind oder mehrere Kinder mitbringen, dann entsteht eine kunterbunt zusammengewürfelte Familie – eine Patchwork-Familie.
25 Das Modell der Patchwork-Familie ist ziemlich verbreitet bei uns. Wenn dann Mama oder Papa mit einem neuen Partner oder Partnerin zusammenziehen, lebt man plötzlich in einer großen Familie. Und wenn der andere Erwachsene noch Kinder hat, hat man plötzlich neue Geschwister. Vielleicht sind die neue Schwester oder der neue Bruder auch nur zum Wochenende zu Besuch. Plötzlich eine größere Familie zu haben, kann
30 sehr aufregend sein. Jeder muss sich auch erst daran gewöhnen und seinen Platz in der Familie finden.

Was ist eine Regenbogenfamilie?
Weil ein Regenbogen so bunt ist, wird er auch als Symbol für Vielfalt und Toleranz gesehen. Darum nennt man Familien, in denen zwei Frauen oder zwei Männer ein Kind
35 oder mehrere Kinder aufziehen, Regenbogenfamilien. Die Eltern sind homosexuell, also lesbisch oder schwul. Doch wie bekommen sie gemeinsam Kinder?
Manchmal bringt ein Partner oder die Partnerin ein Kind aus einer früheren Beziehung mit. Es gibt aber auch andere Wege, ein Kind zu zeugen. Die Familien können ganz verschieden aussehen: Einige Kinder haben dann zwei Mamas, andere zwei Papas und eine
40 Mama.

(Redaktion kindersache-Team: Familie – ganz verschieden, kindersache.de, 01.05.2024, Deutsches Kinderhilfswerk e. V., Berlin; https://www.kindersache.de/bereiche/wissen/natur-und-mensch/familie-ganz-verschieden [19.06.2024])

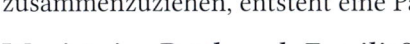   M 7 gibt euch einen Überblick über verschiedene Familienformen. Lisa (M 6) hat viele Gespräche mit ihrer Mutter darüber geführt, ob sie nun tatsächlich eine neue Familie bekommt. Beantwortet Lisas Frage (Z. 14 f.) und begründet eure Antwort.

M 8 Familie und andere Lebensformen

1 Lisa hat schon in unterschiedlichen Lebensformen gelebt. Welche der Lebensformen findet ihr in M 8 wieder? Notiert sie und erklärt kurz, was sie bedeuten.

2 Überlegt gemeinsam, welche Probleme, aber auch welche Chancen und Vorteile sich aus dem Zusammenwachsen der beiden Familien in M 6 ergeben können. Berücksichtigt dabei sowohl die Perspektive der drei Kinder als auch die von Lisas Mutter sowie Chris' und Alex' Vater.

In Deutschland leben viele Familien, die ihre Wurzeln nicht in Deutschland haben, weil ihre Mitglieder nicht hier, sondern in anderen Ländern geboren wurden. Sie sind entweder allein oder mit ihren Verwandten aus ganz unterschiedlichen Gründen nach Deutschland gekommen. Sie sind **„Migranten"**. Darüber werdet ihr in den nächsten Materialien einiges erfahren.

> Das Wort **„migrare"** kommt aus dem Lateinischen und bedeutet „wandern", „sich bewegen".

1 Vielleicht gibt es auch in euren Familien Spuren in andere Länder? Erzählt!

2 Schaut euch zunächst die Bilder in M 9 an und beschreibt, um welche Situationen es sich handeln könnte.

M9 Familien mit einer Migrationsgeschichte

M10 „Flucht" – „Migration" – „Asyl" – „Deutsche/Deutscher"

Was ist Flucht?

Menschen sind auf der Flucht, wenn sie ihr Heimatland verlassen, um Schutz und Sicherheit in einem anderen Land zu suchen. Sie tun das, weil sie in ihrem eigenen Land nicht sicher sind.

5 Dafür gibt es viele Gründe: Manche fliehen, weil es in ihrer Heimat Krieg oder gewaltsame Konflikte gibt. Andere flüchten aus ihrer Heimat, weil sie dort verfolgt werden. […]

Was ist Migration?

Unter Migration wird häufig verstanden, dass Menschen geplant ihre Heimat verlassen. Sie suchen woanders bessere Lebensbedingungen. Manche bleiben in ihrem Land und

10 ziehen zum Beispiel vom Land in die Stadt. Andere erhoffen sich woanders ein besseres

Leben. Das nennt man dann internationale Migration. Aus Sicht des Landes, in das diese Menschen kommen, wird auch von Einwanderung gesprochen.

(Plan International Deutschland e.V. online: Flucht und Migration einfach erklärt, Hamburg; https://www.plan.de/flucht-und-migration-einfach-erklaert.html?sc=IDQ25100 [10.02.2025])

„Flüchtlinge" sind auch Migranten, und zwar haben sie aus nur einem Grund ihr Land verlassen: aus Angst vor Gewalt. Wenn sie ein anderes Land betreten, bitten sie um Asyl, das heißt, sie möchten dort wohnen und arbeiten, weil sie es in ihrem Land nicht (mehr) können. Das Wort Asyl kommt aus dem Griechischen und bedeutet so viel wie „Heim", „Unterkunft", „Zufluchtsstätte". Wenn die Bitte um Asyl als berechtigt anerkannt wird, gelten die Menschen als Flüchtlinge.

> Im (vorläufigen) DFB-Kader für die Fußball-EM 2024 in Deutschland hatten mit **Antonio Rüdiger, Jonathan Tah, Waldemar Anton, Benjamin Henrichs, Ilkay Gündoğan, Aleksandar Pavlovic, Leroy Sane, Jamal Musiala und Deniz Undav** neun Spieler einen Migrationshintergrund.

Ein **Deutscher** bzw. eine **Deutsche** ist eine Person mit einer deutschen Staatsangehörigkeit, die man entweder durch Geburt oder durch Einbürgerung erwirbt. Das heißt, ein Mensch mit Migrationshintergrund ist nach der Einbürgerung auch eine Deutsche oder ein Deutscher. Fast ein Viertel der Deutschen stammt derzeit aus einer Einwandererfamilie.

(Autorentext)

M 11   Deutsche Staatsbürger werden – Einbürgerung

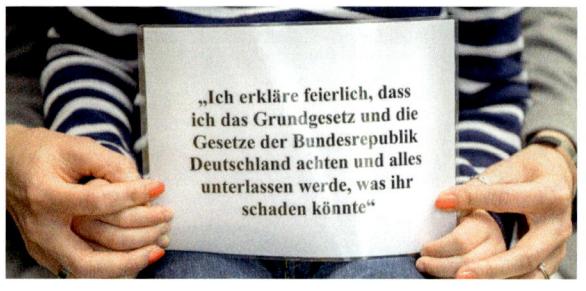

„Ich erkläre feierlich, dass ich das Grundgesetz und die Gesetze der Bundesrepublik Deutschland achte und alles unterlassen werde, was ihr schaden könnte"

Ausländer, die bei uns leben […], können die deutsche Staatsbürgerschaft erwerben. Dies nennt man „Einbürgerung" […]. Wer eingebürgert werden möchte, muss einige Voraussetzungen erfüllen. Davon können wir [hier] nur einige nennen: Der oder die Antragsteller/-in muss in der Regel mindestens acht Jahre in Deutschland leben. Er oder sie muss für sich sorgen können und darf keine Straftat begangen haben. […] In Deutschland geborene Kinder ausländischer Eltern erwerben mit der Geburt die deutsche Staatsangehörigkeit, wenn ein Elternteil seit acht Jahren in Deutschland wohnt.

(Christiane Toyka-Seid/Gerd Schneider: Einbürgerung, Großes Lexikon von hanisauland.de, Bundeszentrale für politische Bildung, Bonn; https://www.hanisauland.de/wissen/lexikon/e/grosses-lexikon/e/einbuergerung.html [10.02.205])

1 ▬▬ Erläutert, was man unter den Begriffen „Migration", „Flucht" und „Asyl" sowie „Einbürgerung" versteht und wann man als „Deutsche" bzw. „Deutscher" gilt (M 10 und M 11).

2 ▬▬ Findet euch zu zweit zusammen und versucht mit eurem Wissen aus M 10 und M 11, zu den einzelnen Bildern (M 9) eine „Migrationsgeschichte" zu erzählen.

M 12   Familien mit Migrationshintergrund – eine Statistik

Gut 43 Prozent der Familien in Deutschland mit minderjährigen Kindern sind eingewandert oder haben eine sogenannte einseitige Einwanderungsgeschichte [nach 1950], das heißt, ein Elternteil in der Familie ist nicht in Deutschland geboren. Umgekehrt sind 57 Prozent der Familien in Deutschland ohne jüngere Zuwanderungsgeschichte. [...]

(Text und Grafik aus: Bundesministerium für Familie, Senioren, Frauen und Jugend [Hg.]: Familienreport 2024, Berlin, S. 40 f.; https://www.bmfsfj.de/resource/blob/239468/a09d21ecd295be-59a9aced5b10d7c5b7/familienreport-2024-data.pdf [10.02.2025])

1 Erklärt, was dieses Schaubild über die Häufigkeit von Familien mit Migrationsgeschichte aussagt. Nehmt dazu auch den Text zu Hilfe. (Schaut ggf. noch einmal bei der Methode „Prozentzahlen" auf Seite 77 nach, wie Prozentzahlen zu lesen sind.)

2 Klärt auch, wann von einer „einseitigen" Einwanderungsgeschichte gesprochen wird.

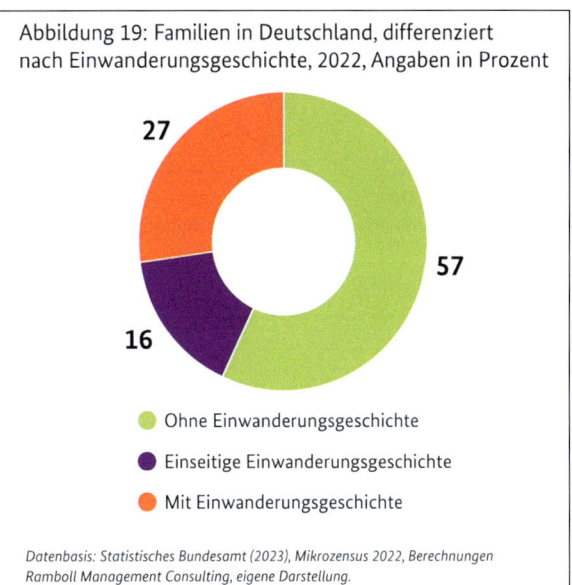

Abbildung 19: Familien in Deutschland, differenziert nach Einwanderungsgeschichte, 2022, Angaben in Prozent

- ● Ohne Einwanderungsgeschichte
- ● Einseitige Einwanderungsgeschichte
- ● Mit Einwanderungsgeschichte

Datenbasis: Statistisches Bundesamt (2023), Mikrozensus 2022, Berechnungen Ramboll Management Consulting, eigene Darstellung.

M13 Auf „Spurensuche" – Eine Ahnentafel erstellen

Wir schlagen euch vor, „Migrationsgeschichten" in eurer Klasse zu erforschen!
Viele Familien, die in eurer Stadt oder Gemeinde wohnen, sind schon lange hier ansässig. Aber auch wer hier ansässig ist, hat häufig Vorfahren oder andere Verwandte, die von anderen Orten, Regionen oder Ländern hergezogen sind oder die woanders hin ausgewandert sind. Und viele von uns haben auch Verwandte in anderen Ländern. Wie ist es in euren Familien? Sicher werdet ihr überrascht sein, in wie viele Länder oder Regionen eure familiären Beziehungen reichen.

Um das herauszufinden, könntet ihr jeweils eine Ahnentafel für eure Familie erstellen, der man entnehmen kann, wo z.B. die Großeltern, Eltern oder andere Verwandte geboren sind und wo sie gewohnt haben oder jetzt wohnen. Du oder deine Lehrerin bzw. dein Lehrer sollte am besten vorab deine Eltern darüber informieren, warum ihr die Ahnentafel erstellen wollt. Denn ihr werdet sie sicher auch befragen müssen.
Du musst einige Kästchen aufmalen, mit Namen von Mitgliedern deiner Familie ausfüllen und sie in etwa so anordnen wie in dem Musterbild auf Seite 182 oben. Du kannst dort auch den Geburtsort und den aktuellen oder auch frühere Wohnorte eintragen.
Wenn deine Familie groß ist, brauchst du auch ein großes Blatt Papier! Die Abbildung auf Seite 182 oben ist nur ein Muster. Deine Ahnentafel sieht vielleicht anders aus, weil du viel mehr (oder keine) Cousins und Cousinen hast. Vielleicht ist auch deine Mama nicht deine leibliche Mutter, oder deine Familie ist etwas komplizierter aufgebaut? Versuche, alle wichtigen Personen in deine Ahnentafel aufzunehmen!

Es kann jeder mitmachen, der möchte! Wer nicht möchte, könnte vielleicht Migrationsgeschichten von bekannten Sportlerinnen/Sportlern oder Popstars erforschen.

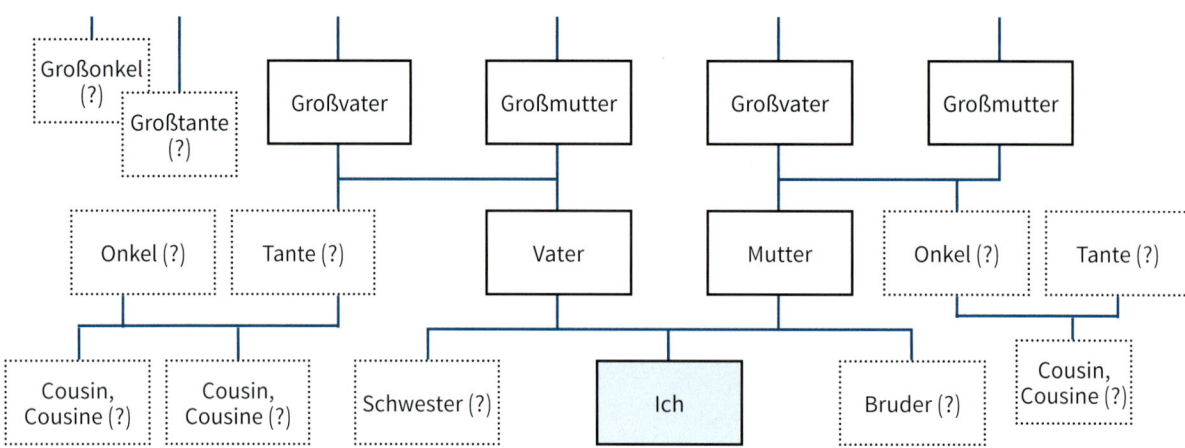

(Nach einer Idee von migrationsgeschichte.ch: Erkunden: Die Ahnentafel, Chur; https://migrationsgeschichte.ch/unterricht/jede-familie-hat-ihre-eigene-migrationsgeschichte?teaserHome=2107&teaserIndex=0&firstId=2000 [10.02.2025])

So könnt ihr die Ahnentafeln auswerten: Jede/jeder trägt in Kärtchen nach dem folgenden Muster die jeweiligen Länder/Regionen/Städte ein:

Ich:	**Eltern:**	**Großeltern:**	**Verwandte:**
Geboren in:	Geboren in:	Geboren in:	Geboren in:
Wohne jetzt in:	Wohnen jetzt in:	Wohnen jetzt in:	Wohnen jetzt in:
Andere Wohnorte:	Andere Wohnorte:	Andere Wohnorte:	Andere Wohnorte:

Wer etwas darüber weiß und davon erzählen möchte, kann auch etwas über die Gründe der Ortswechsel notieren.

Ihr sammelt (vielleicht mithilfe eurer Lehrkraft) alle Kärtchen und fertigt eine Übersicht darüber an, in welchen Regionen, Ländern und Kontinenten eure und die Familien eurer Mitschülerinnen und Mitschüler leben oder lebten.

M14 Projektvorschlag: Unterschiedliche Nationen in unserer Klasse

- Berichtet über die Länder/Regionen, die in der Übersicht (M13) auftauchen, z. B. über Klima, Tiere, Esskultur, Musik, Besonderheiten.
- Welche Sprachen werden dort ge- ₅ sprochen?
- Bestimmt gibt es in eurer Klasse auch Kinder, die zwei- oder mehrsprachig aufgewachsen sind. Welche Sprachen sind in eurer Klasse ₁₀ vertreten? Die Kinder könnten z. B. einmal als „Dolmetscher" auftreten, einen Text in einer anderen Sprache vorlesen oder ein Lied singen.
- Einige könnten auch z. B. über Schwierigkeiten berichten, wenn man plötzlich in einem fremden Land eine völlig neue Sprache erlernen, aber trotzdem schon am Unterricht teilnehmen und Hausaufgaben machen muss.
- Veranstaltet ein „internationales" Klassenfest und ladet dazu eure Eltern und Geschwister ein. Erstellt einen Plan, wie ein solches Fest aussehen könnte. ₁₅

(Autorentext)

2. Welche Rechte und Pflichten haben Kinder und Eltern?

In M 4 habt ihr die Aufgaben kennengelernt, die Familien in unserer Gesellschaft erfüllen. Dazu gehört als die vielleicht wichtigste Aufgabe der Eltern die **Sorge** für ihre Kinder und ihre Erziehung. Der Auszug aus dem Grundgesetz der Bundesrepublik Deutschland (unten, im Kasten) zeigt, dass der Staat die Erfüllung dieser Aufgabe unterstützt. Er **erwartet** sie aber auch von den Eltern, das heißt, er macht sie zur **Pflicht der Eltern**, und er kontrolliert, ob sie diese Pflicht erfüllen.

Das tut er auch deswegen, weil es Fälle

> Das **Grundgesetz** (es wird oft mit GG abgekürzt) ist die Verfassung der Bundesrepublik Deutschland. Das Grundgesetz gibt es seit der Staatsgründung der Bundesrepublik Deutschland im Jahr 1949. In ihm stehen die allerwichtigsten „Spielregeln" für das Zusammenleben der Menschen in Deutschland. Alle Behörden, Gerichte, alle Bürgerinnen und Bürger müssen sich daran halten. Kein Gesetz, das in unserem Land gilt, darf dem Grundgesetz widersprechen.
> (Christiane Toyka-Seid/Gerd Schneider, in: hanisauland. de, Großes Lexikon, Bundeszentrale für politische Bildung, Bonn; https://www.hanisauland.de/wissen/lexikon/grosses-lexikon/g/grundgesetz.html [20.06.2024])

gibt, in denen Eltern die Sorge um ihre Kinder vernachlässigen oder sich ihrer Pflicht ganz entziehen. Über einen solchen (schwerwiegenden) Fall der Vernachlässigung berichtet M 15.

In Artikel 6 des Grundgesetzes heißt es:
(1) Ehe und Familie stehen unter dem besonderen Schutze der staatlichen Ordnung.
(2) Pflege und Erziehung der Kinder sind das natürliche Recht der Eltern und die zuvörderst ihnen obliegende Pflicht. Über ihre Betätigung wacht die staatliche Gemeinschaft.

M 15 Wenn die Familie versagt – ein schwerer Fall von Vernachlässigung

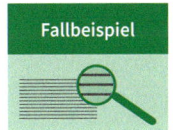
Fallbeispiel

Verwahrlosung – Kinder lebten über Monate allein in Berliner Wohnung
Berlin (dpa) – Eine 46-jährige Berlinerin soll ihre vier Kinder seit dem vergangenen Sommer in der völlig verwahrlosten Wohnung über Wochen allein gelassen haben. Ihr zwölfjähriger Sohn habe sich verzweifelt an das Jugendamt gewandt und um Hilfe ge-
5 beten, teilte die Polizei am Freitag mit. Seit fast einem Jahr müsse er seine drei kleineren Geschwister im Alter von 8, 9 und 11 Jahren alleine versorgen, da die Mutter bei ihrem Freund lebe. Er fühle sich mit der Situation völlig überfordert, sagte der Junge. Es sei ihm außerdem peinlich, dass die Wohnung so verwahrlost sei.
Wovon sich die Geschwister ernährt haben, war zunächst unklar. „Die allein erziehende
10 Mutter hat sich nicht um die Wohnung gekümmert", sagte die Jugendamtsdirektorin von Pankow, Judith Pfennig. [...]
In der Vierzimmerwohnung seien die Möbel bereits von Spinnweben überzogen gewesen, erklärte die Polizei. [...] Die Küche sei offensichtlich seit Monaten nicht mehr benutzt worden, so die Polizei. Selbst das schmutzige Geschirr war voller Spinnweben.
15 Kindgerechte Nahrung war nirgends zu finden. Die Toilette war völlig verdreckt [...], der gesamte Fußboden der Wohnung von Müll, verschmutzter Wäsche und Lebensmittelresten übersät. [...]

Die Familie war dem Jugendamt [...] bekannt, sagte Pfennig. Weder den Amtsmitarbeitern noch den Lehrern sei aber die Verwahrlosung aufgefallen. „Die Kinder gingen regelmäßig zur Schule, waren nicht unterernährt und auch bei kaltem Wetter ausreichend 20 gekleidet", sagte Pfennig. Die Kinder hätten sich wohl auf irgendeine Art ernähren können. Möglicherweise habe es doch einen Kontakt zu der Mutter gegeben. [...]
In Berlin gab es in jüngster Vergangenheit mehrere schlimme Fälle von Kindesmisshandlung und Vernachlässigung. [...].

(© dpa; gekürzt)

Was geht euch durch den Kopf, nachdem ihr das Fallbeispiel gelesen habt? Äußert euren ersten Eindruck.

M 16   Rechte und Pflichten von Kindern und Eltern

M 16a   Welche Rechte haben Kinder?

In der UN-Konvention (s. Kapitel 11, S. 255 f.) über die Rechte des Kindes ist eine Vielzahl von Rechten aufgeführt. Im Folgenden einige Auszüge [...]:

a) Das Recht, ohne Not heranzuwachsen: Jedes Kind hat ein Recht auf ausreichende Nahrung. Es hat ein Recht auf Kleidung, Schulbildung und ein Dach über dem Kopf. Die Eltern müssen für diese Dinge sorgen, bis das Kind erwachsen ist.

b) Das Recht, mit Vater und Mutter zusammen zu sein: Kinder haben (auch nach einer Scheidung) ein Recht darauf, mit beiden Elternteilen Kontakt zu haben.

c) Das Recht auf Bildung: Kinder haben das Recht, so viel zu lernen, wie sie können. Jedes Kind darf zur Schule gehen.

d) Das Recht, optimal gefördert zu werden: Behinderte Kinder haben die gleichen Rechte wie alle anderen Kinder. Oft brauchen sie besondere Pflege, Zuwendung und Unterstützung. Benötigen die Eltern hierzu finanzielle Hilfe, wird dies vom Staat auf Antrag übernommen.

e) Das Recht, nicht geschlagen oder misshandelt zu werden: Gewalt gegen Kinder ist verboten. Kinder dürfen nicht geschlagen, eingesperrt oder misshandelt werden. Dies gilt übrigens auch für seelische und sexuelle Gewalt.

f) Das Recht auf Spiel und Freizeit: Kinder haben das Recht auf Ruhe und Freizeit, auf Spiel und Erholung. Dafür müssen geeignete Möglichkeiten (Spielplätze, Sportanlagen usw.) bereitgestellt werden.

g) Das Recht, nicht ausgebeutet zu werden: Kinder dürfen nicht zu Arbeiten gezwungen werden, die gefährlich oder gesundheitsschädlich sind.

h) Das Recht auf private Bereiche: Kinder haben ein Recht darauf, dass ihr eigener Bereich respektiert wird.

i) Ökologische Kinderrechte: Kinder haben das Recht, gesund aufzuwachsen.

M16b Welche Rechte und Pflichten haben Eltern?

Die Rechte und Pflichten von Eltern sind grundsätzlich im Bürgerlichen Gesetzbuch (BGB) [siehe Seite 78] beschrieben:

(1) „Die Eltern haben die Pflicht und das Recht, für das minderjährige Kind zu sorgen. Die elterliche Sorge umfasst die Sorge für die Person des Kindes (Personensorge) und das Vermögen des Kindes (Vermögenssorge).

(2) Bei der Pflege und Erziehung berücksichtigen die Eltern die wachsende Fähigkeit und das wachsende Bedürfnis des Kindes zu selbstständigem, verantwortungsbewusstem Handeln.

(3) Sie besprechen mit dem Kind, soweit es nach dessen Entwicklungsstand angezeigt ist, Fragen der elterlichen Sorge und streben Einvernehmen an.

(4) Zum Wohle des Kindes gehört in der Regel der Umgang mit beiden Elternteilen. Gleiches gilt für den Umgang mit anderen Personen, zu denen das Kind Bindungen besitzt, wenn ihre Aufrechterhaltung für seine Entwicklung förderlich ist." (§ 1626 BGB)

Welche Pflichten der Eltern ergeben sich aus der Personensorge?

(5) Nach § 1631 BGB umfasst die Personensorge die Pflicht und das Recht, das Kind zu pflegen, zu erziehen, zu beaufsichtigen und seinen Aufenthalt zu bestimmen.

(6) Dabei haben die Kinder ein Recht auf gewaltfreie Erziehung. Dies bedeutet, dass körperliche Bestrafungen, seelische Verletzungen und andere entwürdigende Maßnahmen unzulässig sind.

Welche Pflichten ergeben sich hinsichtlich der Beaufsichtigung des Kindes?

(7) Die Aufsicht des Kindes muss zuverlässig, nachvollziehbar und altersentsprechend gewährleistet sein. Dem Kind sind notwendige Ge- und Verbote zu vermitteln. Dabei werden gesetzte Grenzen vom Kind nur ernst genommen, wenn auf ihre Einhaltung geachtet wird.

(8) Zu schützen ist das Kind vor Gefahren und Gefährdungen. Der Säugling sollte beispielsweise nicht unbeaufsichtigt auf einem Wickeltisch liegen. In Reichweite des Kleinkindes sollten keine verletzungsgefährdenden oder giftigen Gegenstände liegen.

(9) Entsprechend seinem Alter ist das Kind auf Gefahren hinzuweisen und angemessen anzuleiten. Dies trifft beispielsweise im Straßenverkehr, an Gewässern, Baustellen oder fremden Orten zu.

(10) Weiterhin ist das Kind vor Gefährdungen zu schützen, die es selbst noch nicht einschätzen kann. Hierzu zählen unter anderem der Aufenthalt an kinder- und jugendgefährdenden Orten, der Umgang mit nicht altersentsprechenden Medien etc.

(Bayerischer Erziehungsratgeber BAER online: Kinderrechte/Elternpflichten, © 2024 Bayreuth; https://www.baer.bayern.de/erziehung-medien/erziehung/kinder-jugendliche-schuetzen/kinderrechte/#sec7 [20.06.2024])

1 Teilt euch auf vier Gruppen auf: Gelb, Violett, Blau und Grün. Versucht alle Rechte und Pflichten, die in eurer Farbe geschrieben sind, zu erklären (M16a, M16b), und nennt jeweils ein konkretes Beispiel.

2 Stellt eure Ergebnisse den Klassenmitgliedern in einem Kurzvortrag vor. Methodische Hinweise dazu findet ihr auf Seite 262.

3 Stellt fest, welche Pflichten die Mutter in dem Beispiel (M15) vernachlässigt hat und welche Rechte der Kinder dadurch verletzt wurden.

4 Welche Pflichten haben eigentlich Kinder? Davon ist in M16 nicht ausdrücklich die Rede. Überlegt, welche Pflichten von Kindern sich aus den letzten vier farbigen Kästchen in M16b erschließen lassen.

M17 Hier wird geholfen!

1. Das Jugendamt

Ein Jugendamt gibt es in allen Städten und Landkreisen. Es ist eine Behörde, die für die öffentliche Kinder- und Jugendhilfe zuständig ist. Das Jugendamt kümmert sich, wenn es in der Familie große Probleme gibt, die ohne Hilfe von außen nicht gelöst werden können. Wenn Pflegekinder in einer Familie leben, ist das Jugendamt Ansprechpartner. ₅ Es berät, wenn es um Heimerziehung geht, und es kümmert sich um Hilfsangebote für Mütter und Kinder. Wenn es nötig ist, kann das Jugendamt zum Wohl des Kindes eingreifen. Die Jugendämter haben auch die Aufsicht über private Tagesstätten, Kindergärten und Horte.

(Christiane Toyka-Seid/Gerd Schneider, in: hanisauland.de, Großes Lexikon, Bundeszentrale für politische Bildung, Bonn; https://www.hanisauland.de/wissen/lexikon/grosses-lexikon/j/jugendamt.html [20.06.2024])

2. Nummer gegen Kummer

Das Kinder- und Jugendtelefon der „Nummer gegen Kummer" besteht seit 1980 und ist damit eines der ältesten telefonischen Beratungsangebote der Welt. Seit 1997 besteht die bundesweit einheitliche Rufnum- ₁₅ mer 0800 – 1110 333. Zusätzlich sind wir als sogenannte Child Helpline seit 2008 über die EU-Rufnummer **116 111** erreichbar. Child Helplines mit der einheitlichen kostenfreien Telefonnummer **116 111**, bei denen Kinder und Jugendliche über ihre Sor- ₂₀ gen sprechen können, gibt es derzeit übrigens in insgesamt 28 europäischen Ländern. Seit 2003 gibt es zusätzlich auch eine Online-Beratung.

(Nummer gegen Kummer e. V. online, © 2024 Wuppertal; https://www.nummergegenkummer.de/kinder-und-jugendberatung/kinder-und-jugendtelefon/ [20.06.2024])

3. Der Kinderschutzbund

Kinder sind Kinder – und keine kleinen Erwachsenen. Sie brauchen besondere ₂₅ Fürsorge und Unterstützung. Die allgemeinen Menschenrechte reichen dafür nicht aus. Deshalb sind in der UN-Kinderrechtskonvention eigene Kinderrechte festgeschrieben. Darin werden Jungen und Mädchen sowohl Schutzrechte als auch Förder- und Beteiligungsrechte zugesprochen. ₃₀ Als Landesverband NRW des Kinderschutzbundes setzen wir uns dafür ein, diese verbrieften Kinderrechte mit Leben zu füllen. Sie sollen nicht nur auf dem Papier stehen, sondern im Alltag spürbar sein, und bilden das Fundament unserer Arbeit. [...] Als Kinderschutzbund machen wir uns bundesweit seit vielen Jahren dafür stark, dass die Kinderrechte ins Grundgesetz aufgenommen werden. ₃₅

(Der Kinderschutzbund – Landesverband Nordrhein-Westfalen online: Kinderrechte umsetzen, © 2024 Wuppertal; https://www.kinderschutzbund-nrw.de/kinderrechte/ [20.06.2024])

 Erklärt, welche Aufgaben das Jugendamt erfüllt.

2.1, 2.2

2 Geht auf eine der hier angegebenen Internetseiten und bereitet einen Kurzvortrag (zur Methode siehe Hinweise auf Seite 262) zu der jeweiligen Organisation vor.

M 18 Typisch Eltern ...

Dass Eltern häufig andere Vorstellungen vom Verhalten ihrer Kinder haben, beruht meistens nicht darauf, dass sie einfach „dagegen" sind, sondern dass sie ihre Pflicht zur Erziehung wahrnehmen müssen. Dabei müssen sie sich an bestimmten Wertvorstellungen und Zielen orientieren. Die beiden folgenden Materialien können euch dabei helfen, solche Erziehungsziele besser zu verstehen und euch bewusst zu machen, inwieweit eure eigenen Vorstellungen davon abweichen.

„Typische" Sätze von Eltern

1. „Iss nicht zu viel Schokolade auf einmal!"
2. „Nein, das neue Handy kaufen wir dir nicht. Du kannst dein Taschengeld dafür sparen."
3. „Wasch dir vor dem Essen die Hände!"
4. „Pass in der Schule gut auf!"
5. „Beeil dich, wir kommen sonst zu spät!"
6. „Bohr nicht in der Nase!"
7. „Lass dir nicht immer alles gefallen!"
8. „Erst die Arbeit, dann das Vergnügen."
9. „Mach deinen Platz frei, wenn ältere Leute in den Bus einsteigen und sonst stehen müssten."
10. „Jetzt halt mir doch bitte mal die Tür auf!"
11. „Zieh dir eine saubere Hose an!"
12. „Pass bitte auf deine kleine Schwester auf, solange ich kurz im Keller bin."
13. „Geh langsamer, dein Bruder kann noch nicht so schnell!"
14. „Sag es mir lieber gleich, es kommt sowieso raus!"

Erziehungsziele

A) Höflichkeit und gutes Benehmen

B) ordentlich und gewissenhaft arbeiten

C) Bildung

D) Ausdauer

E) Hilfsbereitschaft

F) Durchsetzungsfähigkeit

G) Toleranz

H) Sparsamkeit

I) Pünktlichkeit

J) gesunde Lebensweise

K) Verantwortungsbewusstsein

L) Ehrlichkeit

(Autorentext)

1 Ordnet jedem Elternsatz ein Erziehungsziel zu, das mit diesem Satz erreicht werden soll. Manchmal ist auch mehr als ein Ziel möglich.

2 Wählt vier Erziehungsziele aus, die euch besonders wichtig sind. Begründet eure Auswahl.

3 Tauscht euch nun jeweils mit eurer Nachbarin/eurem Nachbarn aus und einigt euch auf die drei wichtigsten Ziele. Begründet eure Auswahl in der Klasse.

4 Welche Sätze hört ihr oft von euren Eltern? Schreibt sie auf und überlegt, welches Erziehungsziel eure Eltern damit wohl verfolgen.

5 V Lasst die Aufgabe 2 von euren Eltern und Großeltern bearbeiten. Stellt ihr Unterschiede in der Gewichtung der Erziehungsziele fest?

M19 Wie würdet ihr reagieren? – Rollentausch im Rollenspiel

Stellt euch vor, ihr nehmt in eurer Familie nicht mehr die Rolle des Kindes ein, sondern die der Eltern. Als Eltern seid ihr für die Erziehung eurer Kinder verantwortlich und müsst dabei einige schwierige Entscheidungen treffen. Wählt eine der drei folgenden Situationen aus und spielt eine mögliche Lösung des Konflikts in einem Rollenspiel durch. Beachtet dabei die methodischen Hinweise auf Seite 189.

Fallbeispiel

Situation 1: In eurer Familie ist von Anfang an klar vereinbart worden, dass die Kinder in ihren Zimmern selbst Ordnung halten. Euch fällt nun immer öfter auf, dass eure Kinder Marleen und Leon diese Aufgabe nicht erfüllen. Das Chaos breitet sich in den Kinderzimmern aus.

Situation 2: Beim 60. Geburtstag von Opa Heinrich sitzt die gesamte Familie zusammen. Eure zwölfjährige Tochter Luisa fällt immer wieder negativ auf. Sie kippelt und sitzt während des Essens nicht ruhig am Tisch. Außerdem fällt sie den Erwachsenen ständig ins Wort. _5_

Situation 3: Euer Sohn Linus ist ein absoluter Basketball-Fan und verbringt jede freie Minute auf dem Basketballplatz zwei Straßen weiter. Ihr habt mit ihm ausgemacht, dass _10_ er im Sommer spätestens um 18.30 Uhr wieder zu Hause sein soll, damit alle zusammen Abendbrot essen können. Heute kommt er zum dritten Mal in dieser Woche zu spät, und zwar gleich 20 Minuten.

Als Eltern stehen euch zum Beispiel folgende Erziehungsmittel zur Verfügung:
- Strafen
- Loben
- Vorbild sein
- Belehren
- Überzeugen
- Befehlen
- …

_15_

_20_

(Autorentext)

Methode — Rollenspiel – Kompromisse finden

Ein Rollenspiel besteht im Allgemeinen aus drei Phasen:
1. der Vorbereitung (mit Verteilung der Rollen),
2. dem eigentlichen Spiel,
3. der Besprechung des Spiels (Art der Durchführung, Ergebnisse).

1. Die Vorbereitung

Zuerst müsst ihr die Situation auswählen, die ihr als Rollenspiel darstellen wollt. Danach verteilt ihr die Rollen (wie im Theater oder Film), legt also fest, wer wen darstellt. Den Text, der gesprochen werden soll, solltet ihr mit den Darstellerinnen und Darstellern besprechen. Eine gute Möglichkeit ist auch, Rollenkarten zu entwerfen. Auf diesen Karten steht jeweils, um welche Rolle es sich handelt und welchen Standpunkt die jeweilige Person vertritt. Der Darsteller oder die Darstellerin, der/die die Rollenkarte bekommt, muss sich dann den genauen Text überlegen, den er oder sie sprechen will. Ihr könnt den Text aber auch vorher genau aufschreiben.

Falls ihr möchtet und es vom Platz her möglich ist, könnt ihr auch eine kleine Bühne für euer Spiel herrichten.

Alle Klassenmitglieder, die nicht darstellen, sind Zuschauerinnen und Zuschauer und machen sich Notizen für die spätere Besprechung der Rollenspiele. Als Hilfe könnten sie einen Beobachtungsbogen nach dem folgenden Muster erhalten (den müsstet ihr dann rechtzeitig vor dem Rollenspiel anfertigen und austeilen):

Beobachtungsbogen			
	Spielszene 1	Spielszene 2	Spielszene 3
1. Um welchen Konflikt geht es?			
2. Welche Ursachen hat der Konflikt?			
3. a) Wer argumentiert gegen wen? **b)** Wer verbündet sich mit wem?			
4. Wie wird der Konflikt ausgetragen – sachlich? gefühlsbetont? mit Streit?			
5. Wie wird argumentiert? Wie begründet die jeweilige Seite ihre Meinung?			
6. Wird der Konflikt gelöst? Wenn ja, wie?			

2. Das eigentliche Spiel

Nacheinander werden die Rollenspiele durchgeführt (in unserem Beispiel die drei Situationen aus M 13). Die Zuschauerinnen und Zuschauer sehen aufmerksam zu und machen sich Notizen oder füllen den Beobachtungsbogen aus.

3. Die Besprechung des Spiels

Als Abschluss und zur Auswertung werden die einzelnen Spielszenen besprochen. Dabei geht es vor allem um das Verhalten der Spielenden und um die Argumente, die sie vorgebracht haben. Beurteilt auch, ob und wie der Konflikt jeweils gelöst wurde und was ihr daraus für die Zukunft lernen könnt.

(Autorentext)

3. Wer macht was? – Aufgabenverteilung in der Familie

M20 Verschiedene Aufgaben – Wer macht wohl was?

1 Beschreibt die Bilder. Welche Aufgaben und Tätigkeiten werden jeweils dargestellt?

2 In einer wissenschaftlich angelegten Studie in Deutschland werden Menschen jährlich über ihr Familienleben befragt; unter anderem wird auch die Frage gestellt, wer in der Partnerschaft welche Aufgaben erledigt. Was glaubt ihr, zu welchen Ergebnissen die Studie gekommen ist? Entscheidet euch für jedes Bild, ob diese Aufgabe wohl eher von Männern oder eher von Frauen erledigt wurde. Die Lösung findet ihr unten auf der Seite.

3 Führt mögliche Gründe dafür an, wie es zu dieser Aufgabenverteilung kommen kann.

Aktuelle Ergebnisse laut Studie „FReDA – Beziehungen und Familienleben in Deutschland", 14. Befragung; https://www.beziehungen-familienleben.de/ergebnisse/wie-teilen-sich-maenner-und-frauen-die-arbeit-im-haushalt/ [20.06.2024]:
Häufige Hausarbeiten wie Waschen, Kochen oder Putzen werden bei etwa zwei Drittel der Paare von der Frau erledigt (65 %) und nur zu etwa einem Drittel von beiden gleich oft (32 %). Nur bei 4 % der Paare übernehmen diese Arbeiten häufiger die Männer. Der Aufgabenbereich Reparaturen am Haus, in der Wohnung und am Auto wird in mehr als 80 % der Partnerschaften öfter vom Mann als von der Frau erledigt.

M21 Bei den Hoffekamps: Eine Patchwork-Familie verteilt die Aufgaben

Fallbeispiel

Langsam spielt sich das Leben im Hause Hoffekamp ein. Lisa und ihre Mutter Mona haben ihre Umzugskisten ausgepackt, und die Kinder der frischgebackenen Patchwork-Familie kennen sich nun schon etwas besser. Nach dem Abendbrot sitzen alle zusammen: Mutter Mona, Vater Jens und die Kinder Lisa, Chris und Alex.

5 *Mona:* Ich finde, bis jetzt läuft das Zusammenleben doch ganz gut. Damit das aber so bleibt, sollten wir uns absprechen, wer welche Aufgaben im Haushalt übernimmt.
Jens: Ja, das finde ich auch wichtig. Chris und Alex haben bis jetzt recht wenig im Haushalt gemacht. Ich finde aber, dass sie jetzt alt genug sind, um etwas mehr mitzuhelfen. Welche Aufgaben würdet ihr denn gern übernehmen?
10 *Chris:* Hmmh, Lust habe ich ja keine. Aber wenn es unbedingt sein muss, könnte ich das Staubsaugen übernehmen. Ich hab's ja eher so mit der Technik. Auf gar keinen Fall putze ich die Fenster oder die Außentreppe. Da könnten mich die anderen aus der Nachbarschaft ja sehen, und das wäre voll peinlich! Nicht auszudenken, was die denken, 15 wenn ich da mit pinkfarbenen Putzhandschuhen stehe!
Alex: Um das Staubsaugen streite ich mich bestimmt nicht mit dir, das ist mir viel zu laut und zu anstrengend mit dem Herumschieben der Möbel. Da nehme ich doch lieber das Staubwischen, das gefällt mir, weil ich Dinge 20 gern ordentlich und genau erledige. Außerdem kann ich das Wohnzimmer dabei auch immer wieder etwas anders dekorieren. So macht mir das vielleicht sogar Spaß.
Mona: Das ist ja schon mal super, aber wir haben noch viele andere Aufgaben zu verteilen. Ich glaube, es wird 25 Zeit für einen Arbeitsplan für unseren Haushalt ...

(Autorentext)

M22 Hausarbeitsplan für Hoffekamps

Was muss erledigt werden?	Mutter Mona	Vater Jens	Lisa	Chris	Alex
Einkaufen					
Müll rausbringen					
Wäsche waschen					
Staubsaugen					
...					

 **1** Erstellt einen Hausarbeitsplan für Familie Hoffekamp, in welchem ihr festhaltet, wer welche Aufgaben erledigen soll.

2 Stellt eure Aufgabenverteilung der Klasse vor. Erklärt auch, wie ihr vorgegangen seid: Wie habt ihr entschieden, wer was in der Familie macht?

3 Chris und Alex sind Namensabkürzungen, die sowohl für Mädchen als auch für Jungen verwendet werden können. Ist Chris eine Christina oder ein Christoph? Und ist Alex eine Alexandra oder ein Alexander? Begründet eure Vermutungen.

4 Gibt es Tätigkeiten im Haushalt, die besser von Jungen oder besser von Mädchen erledigt werden sollten? Bezieht Stellung und nennt mindestens drei Argumente.

 Pro und Kontra

5 Sollten Kinder eurer Meinung nach im Haushalt mithelfen? Begründet eure Position.

M 23 Was ist „typisch Mädchen"?

1 Beschreibt den Comic. Was könnte die Leserin bzw. den Leser hier überraschen?

2 Überlegt gemeinsam, auf welches Problem der Zeichner des Comics hinweisen möchte.

M 24 Was bedeutet „geschlechtsspezifische Erziehung?"

Häufig werden Mädchen und Jungen – bewusst oder unbewusst – unterschiedlich erzogen. Das liegt daran, dass Eltern die Interessen von Jungen und Mädchen manchmal verschieden bewerten. Was sie bei einem kleinen Jungen für „normal" halten, z.B. dass er unruhiger und wagemutiger ist oder sich öfter mal mit anderen Kindern rauft, wird einem kleinen Mädchen häufiger untersagt: „Achtung, du tust dir weh!" oder „Sei lieber vorsichtig!" Das spiegelt sich häufig auch im Spielzeug, das Kinder bekommen, wider: Während Jungen häufig sportliche oder technische Spiele geschenkt bekommen, erhalten Mädchen eher eine Puppe zum Anziehen und Frisieren oder eine Spielzeugküche. So entsteht der Eindruck, dass Jungen von Natur aus technisch begabter, kräftiger, mutiger usw. sind, während Mädchen typischerweise ruhig, einfühlsam, ordentlich usw. sein sollen.

(Autorentext)

M 25 Typisch Mädchen – typisch Junge?

Mädchen mögen Glitzer, Pink und Pferde. Jungs finden Videospiele und Superhelden cool. Schluss mit solchen Vorurteilen – das ist doch totaler Quatsch!

Spielzeug und Klamotten sind für Mädchen meist rosa und für Jungen blau. Ein Junge, der gern näht oder strickt, wird vielleicht von anderen Jungs deswegen geärgert. Man-
5 che Mädchen sind nicht so gut in Mathe, weil sie denken, dass Mädchen sowieso nicht gut rechnen können. Das ist ungerecht und totaler Blödsinn! Wenn andere sagen: „Das ist doch nur was für Mädchen oder nur für Jungen!", dann glaubt man das auch. Es fällt dann schwer, an die eigenen Fähigkeiten zu glauben.

In der UN-Kinderrechtskonvention [s. Seite 255 f.] steht, dass alle Kinder gleich sind,
10 egal wie sie aussehen und welches Geschlecht sie haben (Artikel 2). Ob in der Schule, in deiner Freizeit oder beim Sport – es ist wichtig, dass Mädchen und Jungen überall die gleichen Chancen haben! Denn jedes Kind ist einzigartig. Wer und wie du bist, was du gern machst, macht dich und deine Persönlichkeit aus. Darum glaube nicht an Vorurteile und mach das, was dir Spaß macht!

(Typisch Mädchen – typisch Junge?! – Ein Beitrag von kindersache.de, der Homepage des Deutschen Kinderhilfswerkes, 16.02.2017; https://www.kindersache.de/bereiche/kinderrechte/thema-des-monats/typisch-maedchen-typisch-junge [20.06.2024])

1 Erklärt in eigenen Worten, was man unter geschlechtsspezifischer Erziehung versteht. Lest dazu M 24.

2 Erläutert anhand von M 24 und M 25, welche Folgen eine geschlechtsspezifische Erziehung haben kann.

3 Habt ihr es selbst (zu Hause oder in der Schule) schon einmal erlebt, dass ihr anders behandelt wurdet, weil ihr ein Junge bzw. ein Mädchen seid? Berichtet von euren Erfahrungen.

4 Typisch Junge, typisch Mädchen? Gibt es das überhaupt? Nehmt Stellung!

Was ihr jetzt wissen und können solltet:

✓ M S U H den Begriff „Familie" erläutern;
✓ M S U H „Familien" von anderen Lebensformen unterscheiden;
✓ M S U H Aufgaben von Familien für jede Einzelne/jeden Einzelnen und die Gesellschaft erklären können;
✓ M S U H den Wandel der Familie und anderer Lebensformen darstellen;
✓ M S U H Chancen und Problemlagen von unterschiedlichen Formen des Zusammenlebens beurteilen;
✓ M S U H Rechte und Pflichten von Kindern und Eltern beschreiben;
✓ M S U H Ergebnisse in einem Kurzvortrag vorstellen;
✓ M S U H anhand von Fallbeispielen wesentliche Bedürfnisse und Rollen von Familienmitgliedern beschreiben;
✓ M S U H anhand von Fallbeispielen aus Familien das Verhalten der Beteiligten beurteilen;
✓ M S U H Aufgaben und Angebote des Jugendamtes und anderer Anlaufstellen kennen und beschreiben;
✓ M S U H Aussagen von Eltern im Hinblick auf deren Erziehungsziele untersuchen und beurteilen;
✓ M S U H ein Rollenspiel planen, durchführen und reflektieren;
✓ M S U H im Rollenspiel einen Konflikt innerhalb einer Familie lösen;
✓ M S U H einen Arbeitsplan für einen Haushalt erstellen;
✓ M S U H unterschiedliche Rollenerwartungen an Jungen und Mädchen beschreiben und ihre Folgen beurteilen

Was ihr wisst – was ihr könnt – wie ihr es seht

M S U H   **1. Ein Haus – verschiedene Lebensformen**

Stellt fest, welche Lebensformen im abgebildeten Wohnhaus vertreten sind. Notiert auch, welche der Lebensformen zu den Familien gezählt werden.

M S U H   **2. Richtig oder falsch?**

Begründe jeweils deine Antwort.

1. Das Wort Familie stammt vom lateinischen Wort für „Hausgenossenschaft" ab.
2. Eine alleinerziehende Mutter und ihre Tochter sind keine Familie.
3. Der internationale Tag der Familie ist alle fünf Jahre am 28. Februar.
4. Familien sind nur für Kleinkinder wichtig.
5. Früher galt man bereits mit sieben Jahren als erwachsen.
6. In einer Patchworkfamilie leben Kinder, die gemeinsame leibliche Eltern haben.
7. Eltern haben die Pflicht, das Zimmer ihrer Kinder aufzuräumen.
8. Als Kind habe ich das Recht auf Spiel und Freizeit.
9. Als Kind habe ich das Recht darauf, nicht geschlagen zu werden.
10. Dass Frauen im Haushalt mehr machen müssen als Männer, ist in einem Gesetz festgelegt.

3. Ist Mithelfen im Haushalt wichtig oder „uncool"? M S U H

Entwerft Rollenkarten für ein Rollenspiel: Es geht um einen Streit zwischen Eltern und Kindern über die Mitarbeit im Haushalt. Die Eltern (Mutter/Vater) und die Kinder (Sohn/Tochter) entwerfen je eine Rollenkarte für die **Position**, die sie vertreten wollen. Verwendet dabei Argumente, die Eltern und Kinder bei einem solchen Streit häufig anwenden. Ihr könnt dabei auf eigene Erfahrungen zurückgreifen.

Auf einer zweiten Rollenkarte notiert ihr **Vorschläge**, die ihr als Mutter, Vater, Sohn oder Tochter zur Lösung oder Vermeidung dieses immer wiederkehrenden Konflikts machen wollt. Ziel dieses Rollenspiels ist es nämlich auch, Vorschläge für Regelungen zu entwerfen, die Streit um die Hausarbeit vermeiden helfen.

Rollenkarte Vater/Mutter

Zum Beispiel:

Vater/Mutter ist berufstätig und ehrenamtlich in der Kommunalpolitik/im Sportverein engagiert. Er/sie ist der Meinung, dass es ohne die Mithilfe der Kinder im Haushalt nicht geht. Er/sie meint außerdem, dass man durch Hausarbeit viel lernen kann.

Argument 1: …

Argument 2: …

Argument 3: …

Argument 4: …

Vorschläge zur „Streitvermeidung"
Vater/Mutter

???

Rollenkarte Sohn/Tochter

Zum Beispiel:

Der Sohn/die Tochter hält Hausarbeit absolut für „Elternsache". Er/sie habe in der Schule und in der Freizeit (Sport, Musik, Freundinnen/Freunde) viel zu tun und wenig Zeit. Außerdem lerne er/sie Hausarbeiten noch früh genug. Und seine/ihre Freundinnen/Freunde müssen zu Hause auch nicht helfen.

Argument 1: …

Argument 2: …

Argument 3: …

Argument 4: …

Vorschläge zur „Streitvermeidung"
Sohn/Tochter

???

Wenn ihr noch mehr lernen wollt ...

D1   Familien mit Kindern in den Jahren 2012 und 2022

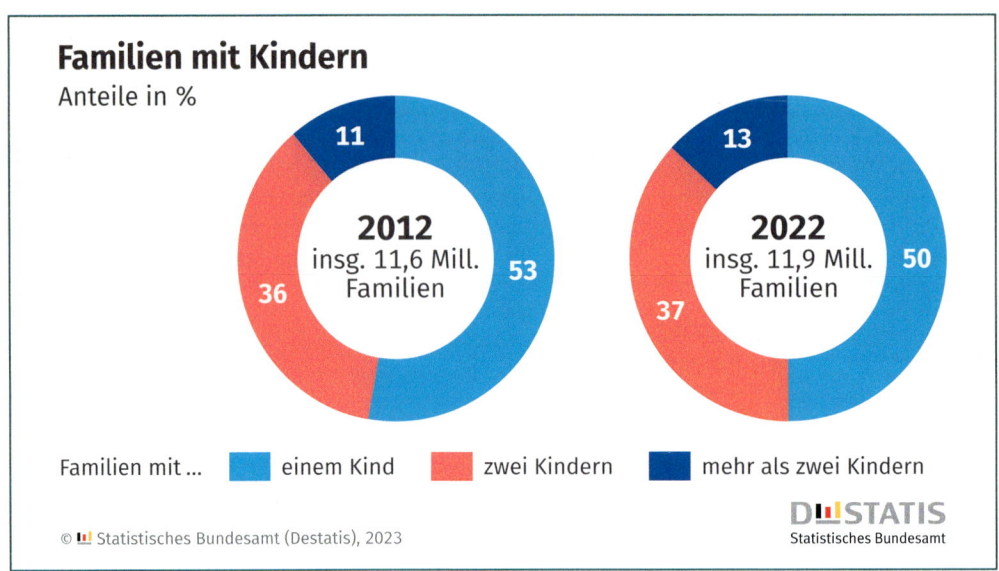

Familien mit Kindern
Anteile in %

2012
insg. 11,6 Mill.
Familien

11
36
53

2022
insg. 11,9 Mill.
Familien

13
37
50

Familien mit ...   ■ einem Kind   ■ zwei Kindern   ■ mehr als zwei Kindern

© Statistisches Bundesamt (Destatis), 2023

D STATIS
Statistisches Bundesamt

4.1   Analysiert die Grafik und orientiert euch bei der Bearbeitung an der Methodenbeschreibung auf Seite 253. Stellt eure Ergebnisse medienunterstützt in der Klasse vor.

D2   Recht ist Recht!

a) Hallo! Es ist mir ein bisschen unangenehm und ich möchte ja auch nicht, dass meine
Mutter Ärger bekommt, aber ich stelle meine Frage jetzt trotzdem: Darf meine Mutter
mich einen ganzen Nachmittag lang allein lassen, obwohl ich erst 13 Jahre alt bin?
b) Guten Tag! Ich habe da eine dringende Frage: Meine Mutter und ich leben allein
und sie schafft es oft nicht, einkaufen zu gehen oder mir beim Putzen der Wohnung zu ₅
helfen. Sie liegt eigentlich fast den ganzen Tag im Bett. Ich glaube, ich möchte mich ans
Jugendamt wenden, aber ich habe Angst, dass ich dann in ein Heim muss. Ist das so?
(Autorentext)

Stell dir vor, du hilfst in einer Beratungshotline für Kinder aus und dir werden diese
beiden Fragen gestellt. Formuliere eine möglichst genaue und rechtlich richtige Antwort.

D3   1870: Ein Tag bei der Bergarbeiterfamilie Stahl

**Wie hat wohl der Alltag einer Bergarbeiterfamilie im Ruhrgebiet um das Jahr
1870 ausgesehen? [...]**
Damals lebten die meisten Arbeiter in Werkssiedlungen. Die Chefs der Bergwerke hatten nämlich Wohnungen für die Bergmänner und ihre Familien bauen lassen. Das war
notwendig geworden, weil viele Familien in so schlimmen hygienischen Verhältnis- ₅

sen gelebt hatten, dass Krankheiten und Epidemien unter den Arbeitern ausgebrochen waren. Allerdings wurden dadurch die Bergleute noch abhängiger von ihren Chefs, denn der Bergwerksbesitzer war nicht mehr nur Arbeitgeber, sondern auch Vermieter. Leider waren diese Werkssiedlungen für viele aber die einzig bezahlbare Unterkunft.

Die Familie Stahl

Auch Kumpel (anderes Wort für Bergarbeiter) Heinrich Stahl lebte mit seiner Frau Berta und vier Kindern in einer solchen Reihenhaussiedlung. Zum Haus gehörte ein kleiner rechteckiger Garten, der gerade groß genug für eine Ziege, eine Gans und drei Hühner war. Familie Stahl hatte auch ein kleines Gemüsebeet. Das war wichtig, denn Lebensmittel waren teuer.

Im Haus gab es ein großes Zimmer, das gleichzeitig Küche, Wohn- und Badezimmer war. Dann gab es noch zwei fensterlose Kammern, dort musste die sechsköpfige Familie schlafen. Schon um vier Uhr morgens war die Nacht zu Ende. Vater Heinrich und der 16-jährige Klaus mussten ins Kohlebergwerk, wo sie in Schichten unter Tage hart arbeiten mussten.

Nachdem die Männer das Haus verlassen hatten, versorgte Berta die Tiere und weckte die jüngeren Kinder. Es gab Malzkaffee, Ziegenmilch und Schmalzbrote zum Frühstück.

Dann gingen die drei Kleineren in die Schule. Dort lernten sie ein bisschen Schreiben und Lesen.

Für Berta stand Wäsche waschen, kochen und putzen auf dem Programm. Wenn um 18 Uhr die Männer hungrig und dreckig von der Arbeit kamen, hatte sie bereits mehrere Wassereimer ins Haus geschleppt. Vater und Sohn schrubbten sich eilig den Dreck vom Körper. Die kleineren Kinder saßen schon ungeduldig bei Schmalzbrot, Kartoffeln und Ziegenmilch um den Tisch.

Nach dem Abendessen mussten noch die Kartoffeln für den nächsten Morgen geschält werden. Erst dann durften die Kinder ins Bett. Die Erwachsenen konnten sich nun die Ereignisse des Tages erzählen. Aber oftmals schliefen sie vor Erschöpfung dabei ein.

Um 1900 arbeiteten viele Kinder in Kohlebergwerken. Heute ist das bei uns verboten, in Südamerika gibt es diese Form der Kinderarbeit aber immer noch.

(Tessloff Verlag, Was ist was: 1870: Ein Tag bei einer Bergarbeiterfamilie, © 2024 Nürnberg; https://www.tessloff.com/was-ist-was/geschichte/deutschland/id-1870-ein-tag-bei-einer-bergarbeiterfamilie.html [20.06.2024])

1 Beschreibt den Tagesablauf der Familie Stahl, der als Beispiel für viele Arbeiterfamilien im Jahr 1870 im Ruhrgebiet gelten kann.

2 Vergleicht den Tagesablauf eurer eigenen Familie mit dem von Familie Stahl. Notiert Gemeinsamkeiten und Unterschiede.

Einwohnermeldeamt

9

Politik in der Gemeinde – Können Kinder mitbestimmen?

Darum wird es gehen

Jede und jeder von euch lebt in einer Stadt, ob sie nun groß ist oder klein. Der Verband von Menschen, die hier zusammenleben, wird politisch als „Gemeinde" oder auch als „Kommune" bezeichnet. Kommune ist eine Ableitung von dem lateinischen Wort „communis", das bedeutet so viel wie gemeinschaftlich oder allgemein.

Jeder Mensch ist auf Einrichtungen und Leistungen angewiesen, die er allein nicht erstellen kann. Das sind zum Beispiel Straßen, Schulen, Busverbindungen, Freibäder oder Krankenhäuser. Diese werden von der Allgemeinheit getragen, das heißt, dafür ist die Kommune, die Stadt zuständig.

*Im **ersten Abschnitt** des Kapitels soll euch zunächst bewusst werden, welche kommunalen Einrichtungen es in eurer Gemeinde gibt.*

*Mithilfe der weiteren Materialien (**zweiter Abschnitt**) werdet ihr erkennen, wer dafür verantwortlich und zuständig ist, dass die Bürgerinnen und Bürger, Kinder und Jugendliche öffentliche Einrichtungen nutzen können. Dabei spielt der Stadtrat eine bedeutende Rolle. Eine besondere Bedeutung in der Politik der Gemeinde kommt auch dem Bürgermeister oder der Bürgermeisterin zu. In der Stadtverwaltung arbeiten Menschen an Plänen für die Kommunalpolitik und sind für verschiedene Anliegen von Bürgern zuständig.*

*Im **dritten Abschnitt** erfahrt ihr, wie Kinder und Jugendliche selbst ihre Interessen in die Kommunalpolitik einbringen können. Denn auch Kinder haben das Recht zur Beteiligung, wenn es um ihre Interessen in der Gemeinde geht.*

*Die Einwohner einer Stadt haben immer sehr viele Wünsche an die Kommunalpolitikerinnen und -politiker, und auch diese selbst möchten für die Bürgerinnen und Bürger möglichst viel erreichen. Doch für die Verwirklichung aller Wünsche gibt es eine hohe Hürde: das knappe Geld der Kommunen. Darum geht es im **letzten Abschnitt** dieses Kapitels.*

1. Wofür eine Stadt sorgen muss

M1   Ein normaler Tagesablauf in Lisas Leben

Lisa, 12 Jahre alt, fährt jeden Morgen um sieben Uhr mit dem Bus zur Schule.
5 Zunächst aber muss sie von zu Hause zehn Minuten zur Bushaltestelle gehen. Dabei trifft sie jeden
10 Tag ihre Freundin Maike, die ebenfalls per Bus zur Schule fährt. Der Weg, den die beiden täglich
15 zum Bus nehmen, ist in einem sehr schlechten Zustand. Bei Regenwetter müssen sie ständig aufpassen, dass sie nicht in Pfützen treten. „Dieser Weg müsste endlich einmal ausgebessert werden, genauso wie die Straße vor unserem Haus", schimpft Maike. Der Bus fährt am Tierheim des Tierschutzvereins der Stadt vorbei, wo Lisa einmal in der Woche einen Hund aus-
20 führt.

Lisa geht gern zur Schule. Das Gebäude ist noch ziemlich neu, die Klassen sind hell und freundlich. Es gibt auch ein Schülercafé, in dem ein Pächter unter anderem Brötchen, Croissants, Getränke und auch Hefte und Buntstifte verkauft.

Als Lisa nach sechs Stunden Unterricht nach Hause kommt und die Haustür öffnet, sieht
25 sie im Briefkasten Post liegen, die sie gleich ihrer Mutter gibt. „Ah, ein Brief von der Stadt", sagt diese, „wahrscheinlich ist das der Bescheid über die Wassergebühren, über deren Erhöhung sich gestern schon die Nachbarin empört hat". Am Nachmittag erledigt Lisa schnell ihre Hausaufgaben, damit sie mit ihrem Fahrrad bald zum Spielplatz fahren kann, wo sie sich an Klettergerüsten und mit Ballspielen austobt. Auf dem Rückweg
30 leiht sie noch ein spannendes Buch in der Bücherei der katholischen Kirche aus, die jeder besuchen kann, der an Büchern, CDs oder Computerspielen interessiert ist.

Bevor es Abend wird, fährt sie noch mit ihrer Mutter zu einem Kaufhaus, um ein Geschenk für den Geburtstag ihrer Freundin Maike zu besorgen. Für Maike, die den Nachmittag auf dem Reiterhof verbracht hat, soll es eine Überraschung sein. Auf dem
35 Rückweg muss Lisas Mutter einen großen Umweg nehmen. Der Verkehr wird von der Polizei umgeleitet, weil einige Feuerwehrfahrzeuge im Einsatz sind, um einen Brand zu löschen. Im Stau geht es nur langsam vorwärts, sodass die Mutter am Rathaus vorbei fahrend erzählen kann, dass ihr Onkel Frank dort in der Stadtverwaltung arbeitet. Zu Hause angekommen bittet die Mutter Lisa noch, obwohl es schon recht spät geworden
40 ist, ihr Zimmer aufzuräumen und den Müll zur Mülltonne zu bringen, die am nächsten Tag von der Müllabfuhr geleert wird. Müde geht Lisa zu Bett und freut sich auf die Geburtstagsfeier mit Maike am nächsten Tag, denn ein spannender Film im Kino steht dabei auf dem Programm.

(Autorentext)

M 2   Die Aufgabenbereiche einer Stadt

(Autorentext)

---

* Die Stadt versorgt die Bürgerinnen und Bürger zum Beispiel mit Wasser, Strom und Gas und sie entsorgt Müll und Abwasser.

Bearbeitet in **Partnerarbeit** folgende Aufgaben:

1 Benennt alle in Lisas Tagesablauf angesprochenen Gebäude, Orte, Räume, Wege und Gegenstände, die sie selbst nutzt oder die andere Menschen in der Stadt nutzen (M 1). Schreibt diese untereinander in euer Heft.

2 Markiert im Heft, für welche dieser Einrichtungen und Gegenstände eurer Meinung nach die Stadt, also die Kommune, sorgt. Begründet, warum einige davon eine Angelegenheit der Stadt sind, einige aber nicht.

3 Überlegt gemeinsam und benennt die euch bekannten Einrichtungen und Leistungen, die eure Kommune ihren Bürgerinnen und Bürgern zur Verfügung stellt.

4 Ordnet die Einrichtungen der Stadt, die ihr bei den Aufgaben 2 und 3 genannt habt, den Aufgabenbereichen einer Stadt zu (Schaubild M 2).

5 Stellt euch vor, dass einige Einrichtungen und Leistungen, die ihr bei Aufgabe 3 genannt habt, in eurer Kommune nicht existieren würden. Beschreibt, wie sich euer eigenes Leben und das der anderen Einwohnerinnen und Einwohner dadurch verändern würde (in der Schule, bei der Arbeit oder in der Freizeit).

Das Wort **Kommune** geht zurück auf das lateinische Wort „communis": gemeinsam, gemein-schaftlich, allgemein, öffentlich.

Fallbeispiel

Ein Fallbeispiel: Jugendliche wünschen sich ein neues Jugendmobil

Ein konkretes Beispiel soll zeigen, wie Kinder und Jugendliche die Politik vor Ort beeinflussen können. Die Stadt Büren hatte schon vor vielen Jahren eine sinnvolle Anschaffung für Jugendliche gemacht: Sie hatte das „Jugendmobil" gekauft, einen Kleintransporter mit acht Sitzplätzen, mit dem Jugendliche verschiedene Veranstaltungen und Ereignisse besuchen konnten. Die Fahrten wurden von Angestellten der städtischen Jugendpflege organisiert und durchgeführt. Doch nach einigen Jahren drohte das Auto „den Geist aufzugeben". Die Jugendlichen wünschten sich deshalb ein neues Fahrzeug, wie ihr folgender Brief an den Bürgermeister zeigt.

(Die folgenden Texte beruhen auf einem tatsächlichen Vorgang. Sie dokumentieren diesen aber nicht vollständig, sondern geben ihn in einer abgewandelten und verkürzten Form wieder.)

M3   Die Jugendlichen schreiben einen Brief an den Bürgermeister

Sehr geehrter Herr Bürgermeister,
wir, die Jugendlichen vom Jugendzentrum „Treffpunkt 34", wenden uns an Sie, weil wir uns ein neues Jugendmobil wünschen. Denn das jetzige Fahrzeug hat bald ausgedient, es ist schon mehr als 250.000 km gefahren. Die Pannen häufen sich, und der Leiter unseres Treffpunktes, Herr Hansmeyer, meint, dass es die nächste TÜV-Prüfung nicht bestehen wird.

Wir können uns nicht mehr vorstellen, auf das Jugendmobil zu verzichten. Es ist für uns sehr wichtig, weil wir damit bequem und günstig dahin fahren können, wo für uns Jugendliche etwas los ist. Wir sind zum Beispiel an den Wochenenden zu einer Eislaufhalle und auch zu einem Treffen mit anderen Jugendlichen in unserer Partnerstadt in Belgien gefahren. Wir konnten Musikveranstaltungen mit attraktiven Bands besuchen und sind auch zu Ferienfreizeiten in Spanien und Polen gefahren. Wie Sie sehen, wären unsere Freizeitmöglichkeiten ohne das Jugendmobil viel eingeschränkter.

Wir wissen, dass die Anschaffung eines neuen Fahrzeugs einiges kostet. Wir wollen aber nicht nur fordern, sondern auch selbst einen Beitrag dazu leisten, nämlich 3500 Euro. Das Geld haben wir eingenommen, als wir zum Beispiel bei einem Open-Air-Filmabend der Stadt Eis und Popcorn und beim Familientag des Kreises Getränke verkauft haben. Bei einem Jubiläumsfest haben wir die Betreuung von Kindern übernommen. Und wir haben Spenden bekommen von Leuten, die ein neues Jugendmobil auch wichtig finden.

Wir bitten Sie deshalb, sich dafür einzusetzen, dass die Jugendlichen bald ein neues Fahrzeug bekommen. Die beigefügte Liste, auf der sehr viele Jugendliche unterschrieben haben, zeigt das große Interesse. Auch Herr Hansmeyer, der schon viele Fahrten organisiert und mitgemacht hat, unterstützt unser Anliegen.

Mit freundlichen Grüßen
die Jugendlichen vom Treffpunkt 34

(Autorentext)

1 Erläutert die unterschiedlichen Gründe, die die Jugendlichen in ihrem Brief an den Bürgermeister für die Anschaffung eines neuen Jugendmobils vorbringen.

2 Benennt, welches mögliche Problem die Jugendlichen für den Kauf eines neuen Fahrzeuges sehen und wie sie es entkräften wollen.

Zwei Wochen später antwortet der Bürgermeister den Jugendlichen:

M 4   Die Antwort des Bürgermeisters

Liebe Jugendliche, liebe Jungen und Mädchen,
ich kann euer Anliegen gut verstehen. Ich kann die Gründe nachvollziehen, warum ihr euch ein neues Jugendmobil wünscht. Das alte ist in die Jahre gekommen und scheint wirklich bald seinen Dienst zu versagen. Ich sehe auch ein, dass ihr in Zukunft nicht auf ein solches Fahrzeug verzichten wollt. Ich stehe ganz auf eurer Seite.
Allerdings kann ich als Bürgermeister nicht allein entscheiden, ob ihr ein neues Jugendmobil bekommt. Weil es sich um eine Anschaffung der Stadt handelt, muss vielmehr der Stadtrat darüber entscheiden. Ich werde die Ratsmitglieder informieren und in der nächsten Sitzung darüber diskutieren und entscheiden lassen. Damit sie eine Grundlage für ihre Meinungsbildung haben, werde ich das Jugendamt in der Stadtverwaltung bitten, eine entsprechende Vorlage mit den Gründen und den Kosten einer Anschaffung für die Ratsmitglieder zu erarbeiten und ihnen zur Verfügung zu stellen.

Mit freundlichen Grüßen
Burkhard Schwuchow
Bürgermeister
(Autorentext)

1 Erläutert, wie der Bürgermeister zu dem Anliegen der Jugendlichen steht (M 4).

2 Erklärt, warum der Bürgermeister über die Anschaffung des gewünschten Jugendmobils noch keine Entscheidung trifft.

In der Sitzung des **Stadtrates**, die sechs Wochen später stattfindet, kommt es zu einer Diskussion über die Anschaffung eines neuen Jugendmobils. Der Bürgermeister leitet die Ratssitzung. Nicht alle Ratsmitglieder unterstützen das Anliegen der Jugendlichen, wie M 5 zeigt.

M5   Stimmen gegen das Jugendmobil

A) Die finanzielle Lage der Stadt ist sehr angespannt. Die Ratsmitglieder aller Parteien haben vereinbart, in Zukunft streng zu sparen und die Ausgaben zu kürzen. Daran müssen wir uns jetzt auch halten.

B) Die Jugendlichen können doch auch mit ihren Eltern oder älteren Geschwistern zu Konzerten fahren und zu Sportveranstaltungen mit ihrem Sportverein. Dafür können sie doch auch in einen Sportverein eintreten.

C) Wenn wir jetzt so einer teuren Anschaffung für Jugendliche zustimmen, dann kommt demnächst eine Seniorengruppe und will auch Geld haben. Wie sollen wir dann deren Wunsch ablehnen?

D) Es sind ja gar nicht so viele Jugendliche, die etwas von dem Jugendmobil haben. Statt nur für sie so viel Geld auszugeben, wäre es besser, das Geld für einen neuen Sportplatz zurückzustellen. Davon haben dann alle Kinder und Jugendlichen etwas, und die Erwachsenen auch.

E) Die Anschaffung des Jugendmobils ist keine Pflichtaufgabe für die Stadt, anders als zum Beispiel die Einrichtung eines Kindergartens.

F) Die Stadt müsste für das Jugendmobil 35.000 Euro ausgeben – das ist zu viel Geld.

G) Ich weiß von meinem Sohn, dass das Mobil auch für eine Fahrt eingesetzt wurde, die unsere Stadt nicht unterstützen sollte, nämlich für den Besuch eines Bundesligaspiels. Dafür muss kein Auto aus Steuergeldern angeschafft werden.

(Autorentext)

Fishbowl-Diskussion

1. Eine Gruppe von Schülerinnen und Schülern diskutiert vor oder in der Mitte der Klasse über ein Problem (vgl. Skizze).

2. Die anderen Schülerinnen und Schüler beobachten die Diskussionsgruppe. Diese Gruppe wird also ähnlich wie Fische in einem Aquarium beobachtet – daher kommt der Name der Methode.

3. Ein zusätzlicher Platz in der Diskussionsgruppe kann unbesetzt bleiben. Hier kann jemand aus der Beobachtergruppe Platz nehmen, wenn er einen Beitrag leisten möchte oder die möglicherweise stockende Diskussion voranbringen möchte.

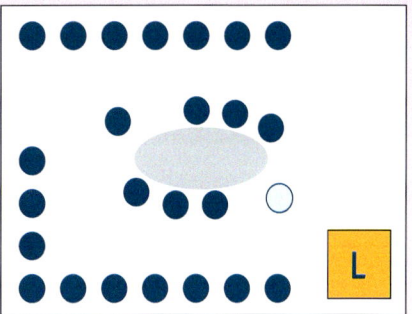

4. Ein Schüler, eine Schülerin oder die Lehrkraft leitet die Diskussion. Aufgaben und Regeln für die Moderation sind:
   - das Wort erteilen;
   - alle Meinungen zulassen;
   - sich mit keinem der Diskutierenden verbünden;
   - niemanden bevorzugen oder benachteiligen;
   - für Ruhe sorgen, wenn es zu laut wird;
   - die Diskussion abschließen und Ergebnisse zusammenfassen.

5. Die Beobachter geben nach der Diskussion eine Rückmeldung über das Verhalten der Diskussionsgruppe: Schauen die Gesprächspartnerinnen und -partner sich an? Reden sie verständlich? Lassen sie andere ausreden? Bringen sie überzeugende Argumente vor? Gehen sie auf Argumente des Vorredners bzw. der Vorrednerin ein? Bleiben sie beim Thema? Respektieren sie andere Meinungen?

6. Die an der Diskussion nicht beteiligten Schülerinnen und Schüler notieren vorgebrachte Argumente bzw. Gesichtspunkte.

(Autorentext)

---

1 In der Sitzung des Stadtrates über ein neues Jugendmobil gab es auch Gegenstimmen (M 5). Tragt ihre Argumente zusammen.

2 Diskutiert die Argumente, die für oder gegen die Anschaffung eines neuen Fahrzeugs für die Jugendlichen sprechen. Berücksichtigt dabei die Argumente der Jugendlichen (M 3) und die in M 5 genannten. Das kann nach der Methode der „Fishbowl-Diskussion" geschehen. Ihr könnt auch die methodischen Hinweise zur Pro-Kontra-Diskussion auf Seite 238 hinzuziehen. Auch wenn ihr alle für den Kauf eines neuen Jugendmobils sein solltet, müssten einige von euch bereit sein, die Gegenseite zu vertreten.

3 Bewertet nach der Diskussion jeweils die zwei Argumente, die euch am meisten bzw. am wenigsten überzeugt haben.

4 a) Nehmt Stellung dazu, wie die Diskussion verlaufen ist.
b) Entwickelt Regeln für eine erfolgreiche Diskussion.

Der Rat der Stadt Büren hat sich schließlich mit großer Mehrheit für die Anschaffung eines Jugendmobils entschieden. Die Stadtverwaltung wurde beauftragt, das günstigste Angebot zu ermitteln und das Fahrzeug anzuschaffen. Das Mobil wurde endlich zur großen Freude der Jugendlichen den Mitarbeitern in der städtischen Jugendpflege übergeben (siehe Foto).

2. Verantwortlich für die Kommunalpolitik – Bürgermeister/-in, Stadtrat und Stadtverwaltung

In diesem Unterabschnitt erfahrt ihr, von wem die Kommunalpolitik gestaltet wird und wie das geschieht. Am besten erarbeitet ihr ihn in **arbeitsteiliger Gruppenarbeit**, denn die folgenden Materialien (M 6 – M 8) enthalten recht umfangreiche Informationen.
Es geht um drei Themen:
● den Bürgermeister/die Bürgermeisterin (M 6),
● den Stadtrat (M 7),
● die Stadtverwaltung (M 8).
Findet euch zu dritt zu einem der Themen zusammen; zu jedem Material sollte es etwa gleich viele Gruppen geben.

Im Anschluss an die Gruppenarbeit könnt ihr selbst einmal die Bürgermeisterin oder den Bürgermeister, den Stadtrat und die Stadtverwaltung eurer Gemeinde besuchen und erkunden. In der folgenden Methodenbeschreibung findet ihr dazu nützliche Hinweise.

Methode	**Erkundung**

Grundsätzlich gilt, dass eine Erkundung gut geplant sein muss und nach ihrer Durchführung ausgewertet wird. Beachtet deshalb folgende Regeln:

1. Einigt euch darauf, was ihr erkunden wollt (Stadtrat, Bürgermeister/-in, Stadtverwaltung).
2. Sammelt die Themen, die ihr im Rahmen der Erkundung ansprechen wollt und worüber ihr etwas erfahren möchtet (das kann gut in Gruppenarbeit geschehen).
3. Vor der Erkundung müssen alle organisatorischen Fragen geklärt werden: Welcher Termin soll für den Besuch festgelegt werden? Wie lange soll der Besuch dauern? Wie ist das Ziel (z. B. das Rathaus) am besten zu erreichen?
4. Legt fest, wer von euch für welche Aufgaben bei der Erkundung zuständig ist (Fragen stellen, Antworten notieren oder aufnehmen, einen Fragebogen ausfüllen, eine Tonaufnahme machen, ein Video drehen, Fotos machen usw.). Denkt daran, dass die Ergebnisse für die Auswertung festgehalten werden müssen.
5. Wertet nach der Erkundung die Ergebnisse in der Klasse inhaltlich aus, indem ihr euch über den Besuch austauscht. Präsentiert die Ergebnisse zum Beispiel auf DIN-A3-Blättern oder Plakaten im Klassenraum oder an einer anderen geeigneten Stelle in der Schule. Ihr könnt auch eine Power-Point-Präsentation anfertigen. Gestaltet die Ergebnisse möglichst informativ, übersichtlich und interessant. Eine weitere Möglichkeit wäre, über die Erkundung einen Bericht für die Schülerzeitung oder die Lokalzeitung zu schreiben.
6. Diskutiert auch, ob die Erkundung zufriedenstellend verlaufen ist. Haben sich eure Erwartungen erfüllt? Gab es Schwierigkeiten? Hättet ihr etwas anders machen können?

(Autorentext)

Gruppe 1: Der Bürgermeister/die Bürgermeisterin

Aufgabe für die Gruppenarbeit:

Der Bürgermeister oder die Bürgermeisterin nimmt eine besondere politische Stellung in einer Stadt ein. Gestaltet nach dem Lesen von M 6 gemeinsam ein Plakat mit den Informationen, die ihr wie in der Skizze rechts sammeln könnt:

1 Beschreibt in den drei Kreisausschnitten stichwortartig, wie Bürgermeister/Bürgermeisterin, Bürgerinnen/Bürger, Stadtrat und Stadtverwaltung jeweils zusammenhängen.

2 Haltet in dem Feld in der Mitte des Kreises die weiteren Informationen über den Bürgermeister oder die Bürgermeisterin fest. Legt dazu das Plakat mit der Skizze in die Mitte eurer Gruppe.

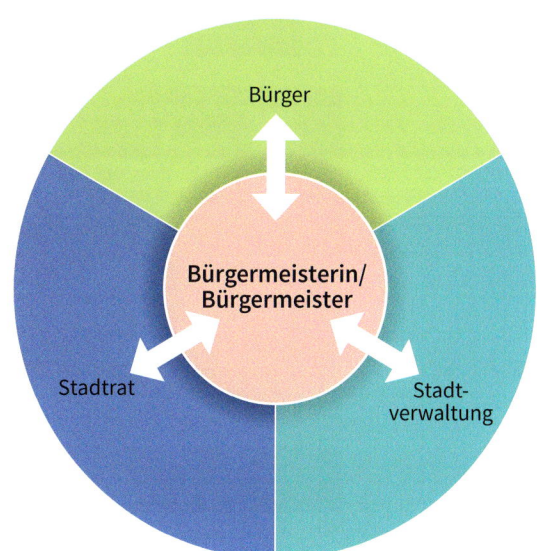

M 6 Der Bürgermeister/die Bürgermeisterin – das wichtigste politische Amt in der Kommunalpolitik

Der Bürgermeister/die Bürgermeisterin ist wohl für die meisten **Bürgerinnen und Bürger** die bekannteste Person im politischen Geschehen der Stadt. Er/sie ist für alle Einwohner, für Vereine, Schulen und Unternehmen ein wichtiger Ansprechpartner, wenn diese glauben, dass er/sie etwas für sie tun kann. So wie es auch bei den Jugend-
5 lichen der Fall war, die sich ein neues Jugendmobil wünschten. Auch die Parteien (SPD, CDU, Grüne usw.) und andere möchten mithilfe des Bürgermeisters ihre Interessen durchsetzen. Der Bürgermeister/die Bürgermeisterin ist das politische „Oberhaupt" der Stadt. Dazu wird er oder sie von den Bürgerinnen und Bürgern für fünf Jahre gewählt. (Vergleicht hierzu auch das Differenzierungsmaterial D 1.) Die Wähler entscheiden sich
10 für den Kandidaten oder die Kandidatin, von dem oder der sie annehmen, dass er/sie am besten für eine gute Zukunft der Stadt sorgt. Die Menschen wünschen sich eine Stadt, in der sie gern leben, die ihnen genügend bezahlbare Wohnungen, gute Busverbindungen, moderne Schulen und viele, gut erreichbare Ärzte und Krankenhäuser bietet. Auch auf attraktive Einkaufs- und Freizeitmöglichkeiten möchten sie nicht verzichten. Der
15 Bürgermeister oder die Bürgermeisterin greift solche Wünsche und Ideen auf und entwickelt Pläne, die zu einem guten Leben in der Stadt beitragen. Er oder sie trägt also eine große Verantwortung, die mit sehr viel Arbeit verbunden ist.

Vorsitzender des Stadtrates und Vorgesetzter der Stadtverwaltung

Der Bürgermeister oder die Bürgermeisterin kann diese umfangreiche Arbeit nicht
20 allein bewältigen. Es wäre auch undemokratisch und ungerecht, wenn er oder sie allein bestimmen würde, was für die Stadt getan wird und wofür sie Geld ausgibt. Alle Entscheidungen darüber treffen vielmehr die Mitglieder des **Stadtrates**, welche die Bürger gewählt haben. Der Bürgermeister oder die Bürgermeisterin kann die im Stadtrat vertretenen Politiker der verschiedenen Parteien und ihre Meinungen nicht übergehen. (So
25 war es auch bei der Entscheidung über das Jugendmobil.) Allerdings nimmt der Bürgermeister oder die Bürgermeisterin im Rat eine sehr bedeutende Rolle ein, denn er/sie ist dessen Vorsitzender. Er/sie bereitet die Stadtratssitzungen vor und bestimmt die Tages-

ordnungspunkte, über die diskutiert und entschieden wird. Er/sie informiert den Rat über wichtige städtische Angelegenheiten, leitet die Diskussionen und lässt schließlich abstimmen. Als Vorsitzender des Stadtrates ist er/sie auch selbst dessen Mitglied und 30 kann sich an Diskussionen und Abstimmungen beteiligen. Darüber hinaus hat der Bürgermeister/die Bürgermeisterin eine weitere wichtige Aufgabe: Damit die Ratsmitglieder genau wissen, wofür oder wogegen sie sich entscheiden sollen, lässt der Bürgermeister für sie vor den Ratssitzungen Vorlagen erarbeiten, um sie über die Tagesordnungspunkte zu informieren. Der Stadtrat muss, damit er gute Entscheidungen treffen 35 kann (zum Beispiel über den Bau eines Theaters oder einer Sporthalle), über die Vorhaben sehr gut informiert sein. Die Mitglieder des Rates wollen wissen, wie viel Geld ein Projekt (beispielsweise eine neue Sporthalle) kostet und wie genau die Pläne dafür aussehen. Mit der Zusammenstellung dieser Informationen beauftragt der Bürgermeister/ die Bürgermeisterin die **Stadtverwaltung**. Hier sind seine/ihre wichtigsten Mitarbeiter 40 beschäftigt, deren Vorgesetzter er oder sie ist.

Der Bürgermeister/die Bürgermeisterin – das „Gesicht der Stadt"

Der Bürgermeister/die Bürger- 45 meisterin ist die Vertretung der Stadt nach außen, er/sie handelt sozusagen stellvertretend für die Stadt. Zum Beispiel unterschreibt er oder sie Kaufverträ- 50 ge für Grundstücke, gratuliert erfolgreichen Sportlern zu ihren Erfolgen, hält Reden bei Jubiläen oder eröffnet Ausstellungen.

(Autorentext)

Gruppe 2: Der Stadtrat

Aufgabe für die Gruppenarbeit:

Die Mitglieder des Stadtrates entscheiden über alle wichtigen kommunalpolitischen Angelegenheiten. Gestaltet nach dem Lesen von M 7 gemeinsam ein Plakat mit den Informationen, die ihr wie in der Skizze sammeln könnt:

1 Beschreibt in den drei Kreisausschnitten stichwortartig, wie der Stadtrat mit den Bürgerinnen und Bürgern, dem Bürgermeister/der Bürgermeisterin und der Stadtverwaltung jeweils zusammenhängt.

2 Haltet in dem Feld in der Mitte des Kreises die weiteren Informationen über den Stadtrat fest. Legt dazu das Plakat mit der Skizze in die Mitte eurer Gruppe.

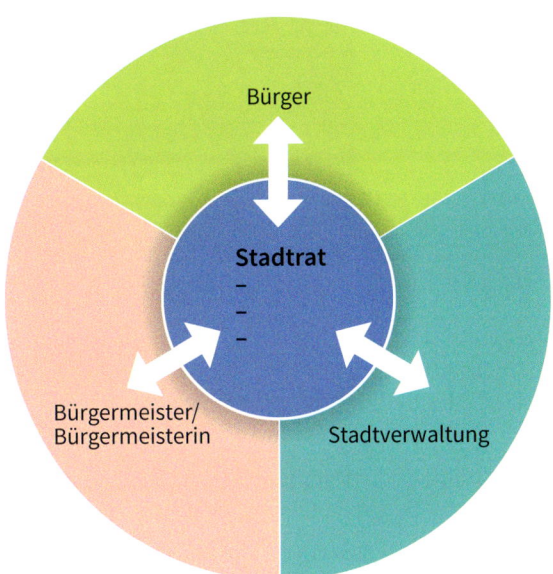

Der Stadtrat spielt zusammen mit dem Bürgermeister oder der Bürgermeisterin eine entscheidende Rolle in der Politik einer Stadt. In ihm vertreten mehrere Mitglieder, auch Stadträte genannt, die Interessen ihrer Wähler. Sie haben das Ziel, für ihre Stadt eine gute Politik zu machen. Einen näheren Einblick in deren Arbeit gewährt das folgende Interview mit einem Stadtrat.

M 7 Ein Mitglied des Stadtrates erklärt seine Arbeit

Frage: Seit wann gehören Sie dem Stadtrat an?
Antwort: Vor drei Jahren haben mich die **Bürgerinnen und Bürger** in meinem Wahlkreis in den Stadtrat gewählt. In zwei Jahren wird dann wieder neu gewählt. Wenn die Bürger mit
5 mir zufrieden sind, werden sie mich vielleicht wiederwählen. (Vergleicht hierzu das Differenzierungsmaterial D 3.)

Frage: Sie müssen also etwas für die Bürger tun?
Antwort: Oh ja, ich muss ihre Interessen vertreten. Sie kommen zu mir, wenn sie sich zum Beispiel durch zu viel Verkehrslärm gestört fühlen oder
10 wenn Eltern einen neuen Spielplatz für ihre Kinder wünschen. Gestern waren Bürger bei mir, die unbedingt eine zusätzliche Straßenbeleuchtung haben wollen. Auch Kinder und Jugendliche äußern ihre Wünsche. Oft besuche ich Feste oder Vereinsveranstaltungen, bei denen ich von den Sorgen der Bürgerinnen und Bürger höre. Manchmal lese ich auch Leserbriefe in der Zeitung, in denen Menschen sich beschweren. Es ist nicht
15 immer einfach, es allen recht zu machen und alle Wünsche zu erfüllen. Allein kann ich das ohnehin nicht, das geht nur zusammen mit allen anderen Mitgliedern im Stadtrat.
Frage: Wie viele Kollegen haben Sie im Stadtrat?
Antwort: Noch 37 weitere Ratsfrauen und Ratsherren sind mit mir im Stadtrat vertreten. Dazu kommt dann noch der **Bürgermeister**, der auch zum Stadtrat gehört. Er hat
20 den Vorsitz. Das ist ein ziemlich kleiner Stadtrat. In größeren Städten gibt es natürlich auch größere Stadträte. In einer Stadt mit 50.000 – 100.000 Einwohnern zum Beispiel hat er 50 Mitglieder.

Frage: Wie viel Zeit verbringen Sie mit der Politik?

Antwort: Politik betreibe ich in meiner Freizeit. Da kommen schon viele Stunden zusammen. Dafür erhalte ich nur eine kleine Aufwandsentschädigung, keine Bezahlung. 25
Das bedeutet, ich mache ehrenamtlich Politik. Wir Stadtratsmitglieder treffen uns zwar
nur einmal im Monat zu einer Ratssitzung, aber das ist noch längst nicht alles. Wir teilen
uns die viele Arbeit, die wir mit zahlreichen Angelegenheiten der Stadt haben, wir machen sozusagen Gruppenarbeit. Die Gruppen heißen bei uns Ausschüsse. Darin arbeiten
wir intensiv an einem Thema oder Problem. Ich bin im Bauausschuss und im Verkehrs- 30
ausschuss. Die jeweiligen Ausschussmitglieder sind dann sozusagen die Experten, die
sich besonders gut bei ihrem Thema auskennen. Im Bauausschuss ist das zum Beispiel
der Bau einer Sporthalle. Der Ausschuss empfiehlt dem Stadtrat, wie er entscheiden
sollte, zum Beispiel ob oder wo die Sporthalle gebaut wird. Der Stadtrat kann, muss sich
aber nicht an die Empfehlung halten. Entscheidungen, die nicht mit großen Kosten ver- 35
bunden sind, kann ein Ausschuss auch selbst anstelle des Rates treffen.

Frage: Wie kommen Sie an die nötigen Informationen und Kenntnisse, damit Sie eine
bestimmte Meinung vertreten und die richtige Entscheidung treffen können?

Antwort: Dabei hilft uns die **Stadtverwaltung**. Sie erstellt für uns die nötigen Informationen und Vorlagen, die wir gründlich durcharbeiten müssen, um richtige Entschei- 40
dungen zu fällen.

Frage: Streiten die Ratsmitglieder sich auch manchmal?

Antwort: Es kommt darauf an. Natürlich sind wir nicht immer einer Meinung. Die
Vorhaben, über die wir entscheiden, sind manchmal sehr teuer, da müssen wir genau
überlegen, wofür das Geld in der Stadt ausgegeben werden soll. Die einen wollen das 45
Geld für einen neuen Kunstrasenplatz des Sportvereins, die anderen für ein neues
Feuerwehrfahrzeug verwenden. Da gibt es einfach verschiedene Meinungen, jeder will
sich durchsetzen. Das liegt nicht zuletzt auch daran, dass die Ratsherren und -frauen
verschiedenen Parteien angehören. Einige gehören der CDU an, andere der SPD, manche den Grünen, der FDP oder anderen Parteien. Dadurch gibt es schon verschiedene 50
Meinungen. Aber wir bleiben immer fair und akzeptieren am Ende die mit Mehrheit
getroffene Entscheidung. Das nennt man demokratisch.

(Autorentext)

Gruppe 3: Die Stadtverwaltung

Aufgabe für die Gruppenarbeit:

Die Stadtverwaltung hat wichtige Aufgaben in der Gemeinde. Gestaltet nach dem Lesen von M 8 a gemeinsam ein Plakat mit den Informationen, die ihr wie in der Skizze sammeln könnt:

1 Beschreibt in den drei Kreisausschnitten stichwortartig, wie die Stadtverwaltung mit den Bürgerinnen und Bürgern, dem Bürgermeister/der Bürgermeisterin und dem Stadtrat jeweils verbunden ist.

2 Haltet in dem Feld in der Mitte des Kreises die weiteren Informationen über die Stadtverwaltung fest. Legt dazu das Plakat mit der Skizze in die Mitte eurer Gruppe.

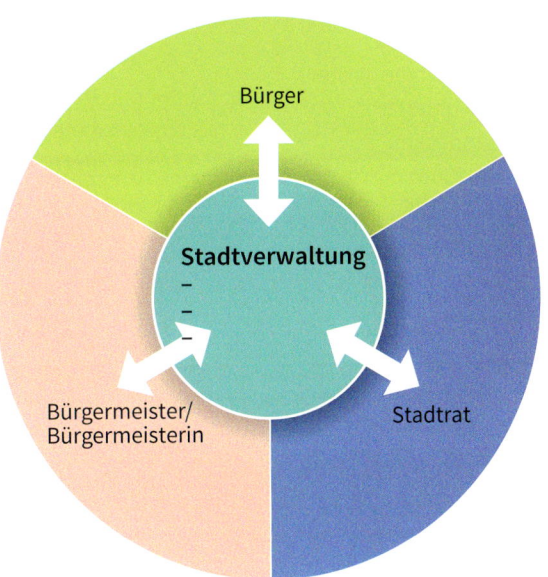

M 8 a Die Stadtverwaltung – eine wichtige Einrichtung für die Bürgerinnen und Bürger

Die Stadtverwaltung befindet sich in der Regel im Rathaus; sie kann aber auch in anderen Gebäuden der Stadt untergebracht sein. Der **Bürgermeister oder die Bürgermeisterin** ist der Chef der Menschen, die hier arbeiten. Diese sind speziell für ihre Verwaltungstätigkeit ausgebildet.

So können beispielsweise Ingenieure im Bauamt, Sozialarbeiter im Jugendtreff oder Informatikerinnen in der Datenverarbeitung beschäftigt sein. Sie haben immer mit der Bearbeitung von kommunalpolitischen Angelegenheiten zu tun. So erarbeiten sie zum Beispiel Unterlagen für den **Bürgermeister** und den **Stadtrat**, die diese benötigen, um Entscheidungen wie zum Beispiel über den Bau einer Sporthalle treffen zu können. Die Angestellten stellen beispielsweise Kostenberechnungen an oder zeichnen Baupläne. Neben der Vorbereitung von Ratsbeschlüssen hat die Verwaltung auch für deren richtige Ausführung zu sorgen. Sie beauftragt zum Beispiel die Baufirmen und überwacht die Bauarbeiten für eine vom Rat beschlossene Sporthalle.

Die Stadtverwaltung ist aber auch eine wichtige Einrichtung für alle **Bürgerinnen und Bürger**. Sie registriert alle Menschen, die dauerhaft in der Stadt leben. Sie kümmert sich darum, dass jeder seine Pflichten als Einwohner der Stadt erfüllt. Sie zieht von Hundebesitzerinnen und -besitzern Hundesteuer ein und verlangt Abgaben für die Müllabfuhr und Abwasserbeseitigung. Auch Unternehmen müssen Steuern an die Stadt zahlen, wofür sie von der Verwaltung einen Bescheid bekommen. Ebenso leis-

Wegweiser Rathaus

Erdgeschoss

Büro Bürgermeister

Einwohneramt

Standesamt

Fundbüro

Gleichstellungsbeauftragte

Sitzungsraum

Bürgerbüro

1. Obergeschoss

Amt für Soziales

Amt für öffentliche Ordnung

Tourismus

Schule, Jugend, Familie

Sportamt

Amt für Umwelt und Grünflächen

Bauen/Planen

Stadtplanungsamt

Steuern und Abgaben

Wirtschaftsförderung

tet die Verwaltung viele Dienste für die Bürger. Sie ist dafür zuständig, dass das öffentliche Leben in einer Stadt ohne Störungen 30 abläuft, dass beispielsweise die Haushalte mit Wasser versorgt werden, der Müll regelmäßig abgefahren wird, die Schülerinnen und Schüler mit Bussen zur Schule kommen und bei Bränden eine Feuerwehr schnell am Einsatzort ist. Städtische Bedienstete säubern die Parkanlagen von Müll. Die Verwaltung sorgt auch dafür, 35 dass Bedürftige eine Wohnung und Sozialhilfe für ihren Lebensunterhalt bekommen.

Die Stadtverwaltung ist zusammenfassend gesagt an der Ausführung aller Aufgaben einer Stadt beteiligt (diese habt ihr schon bei der Bearbeitung von M2 kennengelernt). Die Verwaltung ist in 40 verschiedene Ämter aufgeteilt. Zum Beispiel gibt es das Ordnungsamt, das Einwohnermeldeamt oder das Amt für Soziales und Wohnen. Im Eingang des Verwaltungsgebäudes hängt oft ein Wegweiser, der darüber informiert, wo im Haus welches Amt zu finden ist (siehe Beispiel links). Schnell und unkompliziert können 45 sich die Bürgerinnen und Bürger auch über die Homepage ihrer Stadt mit der Verwaltung in Verbindung setzen. Hier erfahren sie, für welche Angelegenheiten welches Amt zuständig ist. Manche Dinge, zum Beispiel die Beantragung eines Ausweises, lassen sich hier auch schnell online erledigen.

(Autorentext)   50

M8b Welches Amt ist zuständig?

Ich brauche einen neuen Personalausweis.

Wir wollen Spielgeräte auf dem Pausenhof unserer Schule aufstellen.

Mein Freund hat seinen Geldbeutel verloren.

Das Ehepaar Neumann möchte eine Garage für sein Auto bauen lassen.

Familie Özdemir hat einen Hund angeschafft. Die Hundesteuer ist fällig.

Frau Temme ist arbeitslos und weiß nicht, wie sie ihre Miete bezahlen soll.

Herr Toni will eine Pizzeria eröffnen.

Der Nachbar mäht um 13.30 Uhr den Rasen, das Baby kann wegen des Lärms nicht schlafen.

Mateo möchte seinen alten PC entsorgen.

Die Biotonne ist zu klein für die Grünabfälle, wir brauchen deshalb eine größere Tonne.

(Autorentext)

1 In M 8 b werden verschiedene Anliegen von Bürgerinnen und Bürgern genannt, die diese bei der Stadtverwaltung zu erledigen haben. Ordnet sie den Ämtern zu, die in dem in M 8 a abgebildeten Wegweiser aufgeführt sind.

2 Geht auf die Internetseite eurer Stadt. Verschafft euch dort einen genauen Überblick, um zu sehen, wie man mit der Stadtverwaltung Kontakt aufnehmen kann. Erklärt, an welches Amt bzw. welche Stelle die Bürgerinnen und Bürger sich mit ihren in M 8 b genannten Anliegen wenden müssten.

 2.1, 2.2

M 9   Zusammenfassender Überblick: So funktioniert die Kommunalpolitik

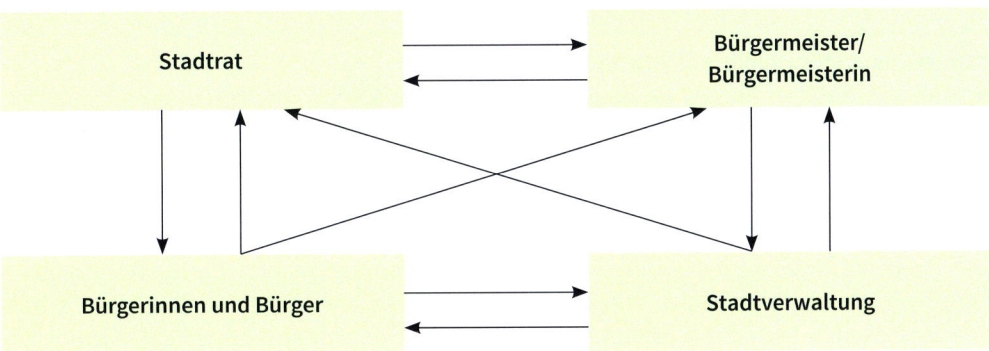

1 Die Träger der Kommunalpolitik sind in M 9 durch Pfeile miteinander verbunden dargestellt. Übertragt das Schaubild in euer Heft. Ordnet den Pfeilen die folgenden Aussagen richtig zu und tragt sie entsprechend in das Schaubild ein:

> „wählen" (2 x) – leitet – kontrolliert – sitzt vor – unterstützt – wenden sich an – wichtige Einrichtung für – erarbeitet Vorlagen – Beschlüsse für

2 Diskutiert, ob es in dem Gefüge der Kommunalpolitik einen Baustein gibt, der als der wichtigste anzusehen ist.

3. Wie können Kinder Politik machen?

Am Beispiel des Jugendmobils (M 3 – M 5) ist deutlich geworden, dass Jugendliche durchaus etwas erreichen können, wenn sie sich zu Wort melden und sich mit ihrem Anliegen z. B. an den Bürgermeister oder die Bürgermeisterin wenden. In diesem Fall war ein konkreter Wunsch einiger Jugendlicher der Ausgangspunkt für ihren Erfolg. Aber noch besser ist es für Kinder und Jugendliche, wenn sie **dauerhaft** mit ihren Wünschen und Anliegen in der Kommunalpolitik vertreten sind. Als Beispiel dafür lernt ihr das Kinderparlament in Erkrath kennen. Neben Kinderparlamenten gibt es auch noch weitere Formen der Beteiligung, zum Beispiel Kinderbüros.

Fallbeispiel

M10 Kinderparlamente – das Beispiel Erkrath

Kinder haben ein Recht auf Mitbestimmung und darauf, sich an den Fragen zu beteiligen, die ihr Leben und Aufwachsen beeinflussen. Schließlich sind sie Expertinnen und Experten in eigener
5 Sache. Denn genau wie Erwachsene wollen auch

Kinder mitreden und entscheiden können, wenn es um sie geht. Und sie können es! Das Recht auf Beteiligung ist in Artikel 12 der UN-Kinderrechtskonvention festgeschrieben. Egal, ob es darum geht, wie ein Spielplatz gebaut wird, wie ein sicherer Schulweg auszusehen hat oder was den Straßenverkehr kinderfreundlich macht – Kinder in
10 Erkrath können und sollen an der gesellschaftlichen Entwicklung teilhaben. Dazu gibt es seit dem Herbst 2018 das Kinderparlament.

(Stadt Erkrath online: Kinderparlament, Erkrath; https://www.erkrath.de/kinderparlament [20.06.2024])

1 Erläutert, wie die Verantwortlichen der Stadt Erkrath begründen, dass Kinder in ihrer Stadt in einem Parlament mitbestimmen sollen, was in der Kommune geschieht.

2.1, 2.2

2 Recherchiert, was in dem Artikel 12 der UN-Kinderrechtskonvention steht, und erklärt, was damit gemeint ist. Weil die Sprache, in der die Konvention geschrieben ist, manchmal nicht einfach zu verstehen ist, findet ihr unter dem Webcode eine Verständnishilfe.

WES-129794-015

Die Mitglieder des Kinderparlaments werden in jedem Jahr neu gewählt. Vertreten sind die Klassen 3 und 4 der Grundschulen und die Klassen 5 bis 7 der weiterführenden Schulen. Die Wahlen erfolgen in geheimer Abstimmung in den einzelnen Klassen. Jede Klasse kann ein Mitglied für das Kinderparlament und eine Vertreterin bzw. einen Vertreter benennen.
Von der Arbeit des derzeitigen Parlaments wird in einer Zeitung, der Rheinischen Post, berichtet (M 11).

M 11   Neues Kinderparlament hat bereits jede Menge Pläne

Zusätzliche Zebrastreifen, mobile Fußballtore und Tierschutz stehen unter anderem auf der Liste der Nachwuchsparlamentarier. Im Dezember wird wieder getagt.
5 Die Mitglieder des neugewählten Kinderparlaments haben sich zu ihrer ersten Sitzung in der Stadthalle getroffen. Nach Begrüßung durch Bürgermeister Christoph Schultz und einleitenden Worten von Koordinatorin Gabriele Mahnert sammelten die 58 gewählten
10 Vertreterinnen und Vertreter der Schulklassen 3 bis 7 Ideen für die gemeinsame Arbeit im kommenden Jahr. Anschließend fanden sich die Kinder in vier Arbeitskreisen zusammen. Ein Jahr lang beschäftigen sich die Kinder nun mit Verkehr, Umwelt, Öffentlichkeitsarbeit sowie Spiel-/Sportplätzen und Schulhöfen, um das Leben von
15 Kindern in Erkrath zu verbessern. Viele junge Parlamentsmitglieder waren bereits mit konkreten Absichten und Zielen zur ersten Sitzung gekommen, die dann auf großen Schautafeln gesammelt wurden.
Mithilfe von Klebepunkten stimmten die Kinder über diese Anliegen ab und ordneten sie den Arbeitskreisen zu. Der Arbeitskreis Verkehr möchte sich für zusätzliche Zebra-
20 streifen einsetzen, bei der Rheinbahn nach Fahrplaninformationsanzeigen für die Haltestellen im Stadtgebiet fragen und dafür sorgen, dass Geschwindigkeitsbeschränkungen (Spielstraße und Zone 30) eingehalten werden. Der beliebte Arbeitskreis Spiel-/Sportplätze und Schulhöfe möchte mobile Fußballtore für die Realschule Erkrath anschaffen, Wasserspender in Sporthallen installieren lassen und prüfen, ob man auf dem Schulhof
25 des Gymnasiums am Neandertal einen überdachten Aufenthaltsbereich schaffen kann. Der Arbeitskreis Umwelt möchte sich für die Rechte und Belange von Tieren einsetzen und dem Thema Müll und Müllentsorgung Aufmerksamkeit widmen. Der Arbeitskreis Öffentlichkeitsarbeit will einen Film oder ein regelmäßiges Videoformat für den Blog des Kinderparlamentes auf kipa-erkrath.de produzieren. Engagierte Parlamentarierin-
30 nen regten zudem einen Comic über die Arbeit des Kinderparlaments an, um die Bekanntheit der Interessenvertretung zu steigern.
Die Arbeitskreise kommen monatlich im Rathaus zusammen, um an eigenen Projekten und Vorschlägen für die Politik zu arbeiten. Die Sitzungen stehen allen interessierten Kindern und Jugendlichen offen, die eigene Ideen und Anregungen einbringen möchten.
35 […]
Das Erkrather Kinderparlament besteht seit 2018 und wird jährlich von allen Schülern der Klassen 3 bis 7 gewählt. Dieses Jahr [2023] gehören dem Parlament 76 Mitglieder an. Weitere Informationen zur Arbeit des Kinderparlamentes finden Interessierte unter www.erkrath.de/kinderparlament.

(Rheinische Post online, 23.11.2023, Düsseldorf; https://rp-online.de/nrw/staedte/erkrath/erkrath-neues-kinderparlament-hat-bereits-jede-menge-plaene_aid-101840149 [21.06.2024])

1 Arbeitet aus M 11 und den Vorbemerkungen dazu Informationen darüber heraus, wer in dem Kinderparlament sitzt und wie man Mitglied werden kann.

2 Erstellt ein Schaubild zu den vier Arbeitskreisen, in denen die Schülerinnen und Schüler arbeiten, und ordnet ihnen die konkreten Ideen zu, die umgesetzt werden sollen.

3 Beschreibt die Arbeitsweise der Arbeitskreise.

4 Erstellt ein Lernplakat zum Thema „Kinderparlamente" (methodische Hinweise findet ihr auf Seite 228). Verwendet dabei die bereits erarbeiteten Ergebnisse und ergänzt sie unter Nutzung der Links, die unter dem Webcode zu finden sind.

2.1, 2.2, 4.1, 4.2

WES-129794-016

M 12 Eine kinder- und jugendpolitische Landkarte

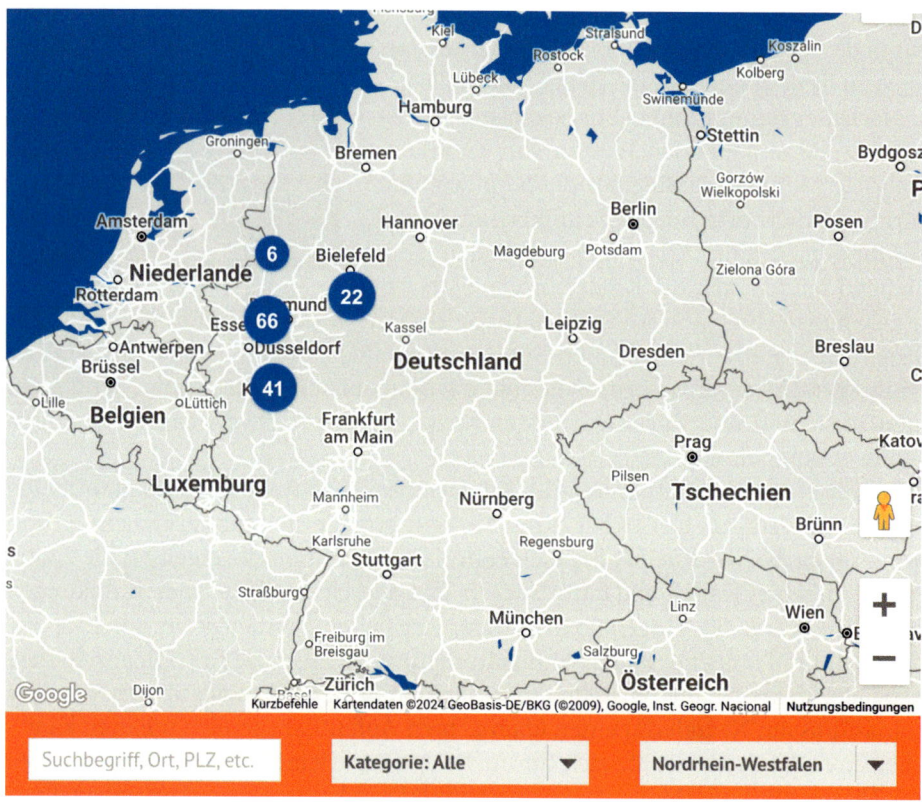

Die kinderpolitische Landkarte des Deutschen Kinderhilfswerkes bietet eine Übersicht über direkte und stellvertretende Kinder- und Jugend-Interessenvertretungen an. Angaben können für die Bundesländer im Einzelnen, aber auch für einzelne Städte recherchiert werden.

2.1, 2.2

Praxis

1 Stellt fest, ob es in eurer Stadt politische Mitwirkungsmöglichkeiten für Kinder gibt.
Wenn ja, stellt sie vor.
Wenn nein, prüft z. B. beim Bürgermeister oder bei der Bürgermeisterin Möglichkeiten, sie zu schaffen.

2 Angenommen, ihr wäret Mitglieder in einem Kinderparlament eurer Stadt. Welche Wünsche würdet ihr äußern? Findet euch zu viert zusammen, erstellt eine Wunschliste und stellt sie in der Klasse vor.

4. „Das können wir uns nicht leisten!" – Einnahmen und Ausgaben der Gemeinden

M13a Entscheidungen müssen getroffen werden

Eine Stadt möchte für ihre Bürgerinnen und Bürger stets so attraktiv wie möglich sein. Die Menschen wollen sich dort wohlfühlen. Sie möchten viele Freizeit- und Sportmöglichkeiten haben, Ärzte und
5 Krankenhäuser für den Notfall in ihrer Nähe, Straßen in einem guten Zustand, und die Eltern verlangen bestens ausgestattete Schulen für ihre Kinder. Doch die Verwirklichung der vielen Wünsche kostet auch sehr viel Geld.
10 Eine Stadt hat neben ihren Ausgaben durchaus auch Einnahmen. Doch häufig ist zu lesen, dass die Ausgaben von Städten viel höher als ihre Einnahmen sind, dass diese Städte also Schulden haben.

> **Die Stadt Bonn hat hohe Steuereinnahmen, gibt aber zu viel aus.**
>
> Harald Schoelen von der Hochschule Niederrhein hat den Bonner Haushalt […] analysiert. Im Vergleich zu anderen NRW-Kommunen, so der Experte, hat die Stadt satte Einnahmen – aber sie gibt zu viel Geld aus.
>
> (Martin Wein, General-Anzeiger online, 27.12.2023, Bonn; https://ga.de/bonn/stadt-bonn/steuern-in-bonn-in-der-analyse-zu-hohe-ausgaben-der-verwaltung_aid-101655933 [21.06.2024])

Deshalb ergreifen sie verschiedene Maßnahmen, um ihre Einnahmen und Ausgaben
15 wieder in ein Gleichgewicht zu bringen. Diese Maßnahmen können jedoch manchmal sehr unbeliebt sein.

(Autorentext)

M13b Einnahmen und Ausgaben von Städten – eine schwierige Angelegenheit

Fallbeispiel

> **Höherer Eintritt für Schwimmbäder!** Die Heiz- und Personalkosten sind gestiegen!

> In Neustadt sollen im Herbst und Winter die **Straßenlaternen** zwischen 00:30 und 03:30 Uhr **abgeschaltet** werden. Die Stadt hofft auf Einsparungen bei den Energiekosten von 125.000 €.

> **Ab dem 1.1.2025 müssen in Grünstadt Gebühren und Steuern erhöht werden,** z. B. die Gebühren für Abwasserbeseitigung, die Hundesteuer und die Vergnügungssteuern für Spielhallenbesitzer. Die Stadt rechnet mit Mehreinnahmen von 800.000 €.

Feuerwehr muss bei Fahrzeugen sparen!
Die Feuerwehrleute bekommen jetzt zwar die Überstunden bezahlt, dafür kann der Fuhrpark aber nicht erweitert werden.

Die Stadt hat ihre **Einnahmen durch Bußgelder** deutlich erhöht. Es flossen über 4 Millionen € in die Stadtkasse.

Die Stadt muss in diesem Jahr leider einen hohen **Kredit bei der Bank** aufnehmen, um die Lücke zwischen Einnahmen und Ausgaben auszugleichen. Das führt natürlich zu neuen Ausgaben für Zinsen.

In diesem Jahr erhält die Stadt vom Land NRW für besondere Bauprojekte, z. B. für die Sanierung des Anna-Gymnasiums, **Fördermittel** von mehreren 10.000 €.

„**Grundsteuer:** Das ist eine Steuer, die Eigentümer von Grundstücken an ihre Stadt zahlen müssen. Ihre Höhe wird vom Rat beschlossen. Hausbesitzer/-innen, die Wohnungen vermieten, beteiligen die Mieter/-innen an den Kosten.

Der Kämmerer im Stadtrat plant eine drastische **Erhöhung der Grundsteuer** für Hausbesitzer.

(Autorentext)

1 Stellt das Problem einer Stadt dar, wenn sie einen Haushaltsplan aufstellen muss (M 13a).

2 Legt in eurem Heft in Tabellenform eine Übersicht über Einnahmen und Ausgaben an. Tragt die Einnahmemöglichkeiten und die Ausgaben einer Stadt ein, die ihr den Beispielen in M 13b entnehmen könnt.

Einnahmen	Ausgaben
Eintrittsgelder	Heiz- und Personalkosten
…	…

Blick-winkel

3 Wählt eine Maßnahme zur Verbesserung der Einnahmen aus den Beispielen aus (z. B. die Erhöhung der Eintrittspreise für ein Schwimmbad) und diskutiert sie. Beachtet dabei, dass die Bürgerinnen und Bürger einer Stadt unterschiedliche Interessen haben, z. B. Kinder, Autofahrerinnen, Schüler, Hausbesitzerinnen, Hundebesitzer usw.

Was ihr jetzt wissen und können solltet:

✓ M**S**U**H** den Begriff „Kommunalpolitik" erklären;

✓ M**S**U**H** die unterschiedlichen Aufgaben von Stadtrat und Stadtverwaltung kennen und erläutern;

✓ M**S**U**H** die vielfältigen Aufgaben eines Bürgermeisters/einer Bürgermeisterin erläutern;

✓ M**S**U**H** Personen und Amtsinhaber kennen, die die Politik in der eigenen Stadt beeinflussen und bestimmen;

✓ M**S**U**H** erkennen, dass die Bürgerinnen und Bürger durch Wahlen die Kommunalpolitik mitbestimmen können;

✓ **M**S**U**H** Regeln einhalten, die für eine gelungene Diskussion im Unterricht zu beachten sind;

✓ **MSUH** eine Erkundung vorbereiten, durchführen und auswerten;

✓ **MSUH** Möglichkeiten und Wege kennen, wie Bürgerinnen und Bürger sich mit ihren Anliegen und Interessen an ihre Stadt wenden können;

✓ M**SU**H erkennen und verstehen, dass eine Stadt nicht alle Wünsche ihrer Bürgerinnen und Bürger erfüllen kann und die Verwirklichung bestimmter Interessen zurückstellen muss, weil ihre finanziellen Mittel knapp sind;

✓ M**SU**H eine eigene Meinung dazu bilden, welche Interessen der Bürgerinnen und Bürger gegenüber anderen berücksichtigt werden sollten;

✓ M**SUH** erkennen, was die Stadt für die Gestaltung des öffentlichen Lebensumfeldes von Kindern schon leistet und was sie möglicherweise noch tun könnte;

✓ M**SUH** Möglichkeiten kennen und wahrnehmen, wie Kinder auf die Gestaltung ihres Lebensumfeldes in ihrer Stadt Einfluss nehmen können;

✓ M**SUH** Interessen von Kindern erfassen, formulieren und diese gegenüber Personen, die in der Kommunalpolitik Verantwortung tragen, vorbringen

Was ihr wisst – was ihr könnt – wie ihr es seht

M S U H   ## 1. Wofür eine Stadt zuständig ist

Ist eine Stadt für die folgenden Angelegenheiten zuständig? Entscheidet:

	Ja	Nein
Müllentsorgung	?	?
Suche entlaufener Hunde	?	?
Bau von Lebensmittelgeschäften	?	?
Entfernung von Plakaten an Litfaßsäulen	?	?
Umleitung des Verkehrs bei einem Unfall	?	?
Fahrt von Kindern zur Schule	?	?
Bestellung von Schulbüchern	?	?
Einstellung von Erzieherinnen und Erziehern	?	?
Ausweise ausstellen	?	?
Klassenfahrten bezahlen	?	?

M S U H   ## 2. Lösungswort gesucht

Übertragt das Schema (unten) in euer Heft und tragt den richtigen Begriff in das entsprechende Kästchen ein (in der Reihenfolge von oben nach unten):

a) In diesem Gebäude hat die Bürgermeisterin oder der Bürgermeister sein Büro.
b) Bezeichnung dafür, dass ein Ratsmitglied für seine politische Tätigkeit kein Gehalt bekommt, sondern nur eine Aufwandsentschädigung.
c) Eine Gruppe von Mitgliedern im Stadtrat, die sich mit einem speziellen kommunalen Themenbereich beschäftigt und dem gesamten Rat Lösungen vorschlägt.
d) In manchen Städten eine Einrichtung speziell für Kinder, an die sie sich mit ihren Wünschen wenden können (ü = ue).
e) Eine Steuer, die manche Bürgerinnen und Bürger an ihre Stadt zahlen müssen.
f) Wenn der Stadtrat mehrheitlich abstimmt und alle Ratsmitglieder das Abstimmungsergebnis akzeptieren, auch wenn sie nicht zur Mehrheit gehören, dann nennt man dieses Verhalten wie?
g) Der Begriff für die Politik, die sich um die Gestaltung des öffentlichen Lebensumfeldes der Bürgerinnen und Bürger kümmert, lautet wie?
h) Sie arbeitet für die Bürgermeisterin oder den Bürgermeister und ist auch für die Bürgerinnen und Bürger da.

Das **Lösungswort** ergibt sich senkrecht in den gelb markierten Feldern.

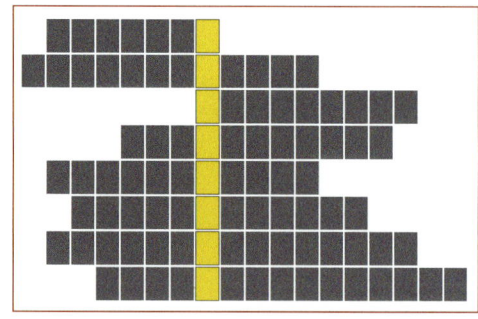

3. Guter Bürgermeister?

M S U H

Diskutiert die folgende Aussage. Sammelt mit eurem Sitznachbarn/eurer Sitznachbarin Pro- und Kontra-Argumente für die Diskussion.

„Es werden zwar nicht alle Wünsche unserer Bürgerinnen und Bürger erfüllt, dennoch haben wir einen guten Bürgermeister! In der Politik kann man es nicht allen recht machen.“

4. Was stimmt?

M S U H

Welche Antwort ist richtig? Notiert sie in eurem Heft.

A Der Bürgermeister bzw. die Bürgermeisterin wird gewählt

a) vom Stadtrat

b) von den Bürgerinnen und Bürgern

c) von der Stadtverwaltung

C Der Bürgermeister bzw. die Bürgermeisterin ist der Leiter

a) der Stadtverwaltung

b) der Schulen in einer Stadt

c) einer Partei im Stadtrat

B Im Rat einer Stadt entscheidet bei Beschlüssen

a) die Mehrheit der Ratsmitglieder

b) immer die beliebteste Partei

c) meistens der Bürgermeister bzw. die Bürger- meisterin

D Ein Mitglied des Stadtrates arbeitet

a) in der Stadtverwaltung

b) für die Interessen der Bürgerinnen und Bürger

c) gar nicht

5. Zuordnungen

M S U H

Überlegt: Welcher Begriff auf der linken Seite könnte dem Begriff auf der rechten Seite entsprechen? Ordnet die entsprechenden Begriffe im Heft einander zu.

Kinderparlament	Ausschüsse
Arbeitskreise im Kinderparlament	Stadtrat
Sekretariat in der Schule	Bürgerinnen/Bürger
Schülerinnen/Schüler	Stadtverwaltung

Wenn ihr noch mehr lernen wollt …

D1   Kommunalwahlen entscheiden über Stadtrat und Bürgermeister/-in

Wahlen sind wichtig

Stadtrat und Bürgermeisterin bzw. Bürgermeister bestimmen die Politik, die für die Bürgerinnen und Bürger in einer Stadt gemacht wird. Dabei müssen sie darauf achten, dass sie deren Interessen und das Wohl der Stadt bei ihren Entscheidungen möglichst gut berücksichtigen. Denn wenn sie das nicht tun, werden sie bei der nächsten Wahl ₅ vielleicht nicht mehr wiedergewählt. Die Amtsinhaber müssen sich die Berechtigung für ihre Politik von den Bürgerinnen und Bürgern durch die Wahlen bestätigen lassen. Ohne Wahl kann niemand (wieder) Bürgermeister/-in oder Stadtrat werden. Diese werden alle fünf Jahre von den Bürgerinnen und Bürgern gewählt. Die Kandidaten für die Wahl werden von Parteien aufgestellt. Aber auch unabhängig von den Parteien können ₁₀ sich Kandidaten zur Wahl stellen. Um gewählt zu werden, kündigen sie an, was sie in den nächsten fünf Jahren für die Stadt tun wollen. Wenn sie schon Bürgermeister/in oder Stadtrat sind und wiedergewählt werden wollen, heben sie zusätzlich das Positive in ihrer Politik der letzten Jahre hervor.

Die Wahl der Bürgermeisterin bzw. des Bürgermeisters   ₁₅

Dafür muss man mehr als die Hälfte der bei der Bürgermeisterwahl insgesamt abgegebenen Stimmen gewinnen. Schafft das kein Kandidat, findet zwei Wochen später eine zweite Wahl statt. Dann treten aber nur noch die beiden Kandidaten mit den meisten Stimmen aus dem ersten Wahlgang gegeneinander an. Der Gewinner bzw. die Gewinnerin des zweiten Wahlgangs ist für die nächsten fünf Jahre gewählt.   ₂₀

(Autorentext)

Die neu gewählte Bürgermeisterin Eliza Diekmann-Cloppenburg

2.1, 2.2

D2   Das Ergebnis der Bürgermeisterwahl in Coesfeld (2020)

Gerrit Tranel: 33,11 %
Eliza Diekmann-Cloppenburg: 66,89 %

	Anzahl	Anteil
Wahlberechtigte	30.339	
Wähler/-innen	19.092	62,93 %
Gültige Stimmen	18.925	
Gerrit Tranel	6.266	33,11 %
Eliza Diekmann-Cloppenburg	12.659	66,89 %

(Datenquelle: Stadt Coesfeld)

1 Erklärt, welche grundsätzliche Bedeutung die Wahlen in einer Stadt haben (D 1).

2 Erläutert, wann ein Bürgermeister bzw. eine Bürgermeisterin in sein/ihr Amt gewählt ist (D 2).

3 Ermittelt, mit welcher Stimmenmehrheit der Bürgermeister oder die Bürgermeisterin eurer Stadt gewählt worden ist. (Das ist in der Regel auf der Homepage der Stadt zu erfahren.)

D 3   Die Wahl des Stadtrates und die Sitzverteilung

Die Wahl zum Stadtrat ist etwas komplizierter als die Wahl des Bürgermeisters oder der Bürgermeisterin.

Ein Beispiel: Das Stadtgebiet wird in 20 Wahlbezirke eingeteilt. Hier kandidieren jeweils Kandidaten der unterschiedlichen Parteien. In unserem Beispiel nennen wir die Parteien A, B, C und D.

Am Wahlabend werden zunächst *alle Stimmen*, die die Wählerinnen und Wähler abgegeben haben, zusammengezählt – das sind 20.000. Davon entfallen auf

Partei A: 10.000 Stimmen,
Partei B: 5.000 Stimmen,
Partei C: 2.500 Stimmen,
Partei D: 2.500 Stimmen.

Entsprechend dieser Stimmen werden nun die Sitze des gesamten Stadtrates (das sind in unserem Beispiel insgesamt 40) auf die Parteien verteilt. Weil Partei A die Hälfte aller Stimmen gewonnen hat, bekommt sie auch die Hälfte der Sitze im Stadtrat, also 20. Partei B hat nur ein Viertel der Stimmen gewonnen und erhält somit auch nur ein Viertel aller Sitze im Stadtrat, nämlich 10. Die Parteien C und D bekommen nach dieser Regel nur jeweils 5 Sitze.

(Autorentext)

Für die Stadt Coesfeld sah das Ergebnis der letzten Kommunalwahl (2020) folgendermaßen aus:

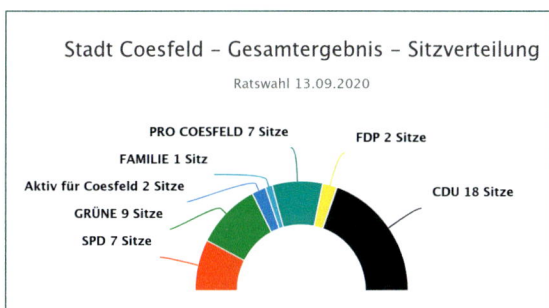

	Anzahl	Prozent
CDU	7.346	38,93 %
PRO COESFELD	3.008	15,94 %
SPD	2.804	14,86 %
GRÜNE	3.809	20,19 %
FDP	602	3,19 %
Aktiv für Coesfeld	818	4,34 %
FAMILIE	447	2,37 %
Einzelbewerber Kraska	34	0,18 %

1 Stellt dar, woraus sich die Zusammensetzung des Stadtrates nach Parteien ergibt. Erläutert dies auch am Beispiel Coesfeld.

2 Ermittelt, wie sich der Rat eurer Stadt zusammensetzt. Welche Parteien sind wie stark vertreten?

 2.1, 2.2

10

Zukunftsaufgabe Umweltschutz: Rettet die Erde! – Aber wie?

Darum wird es gehen

Unsere Erde, der „blaue Planet", ist in unserem Universum einzigartig. Derzeit gibt es außer ihr keinen weiteren Planeten, auf dem Menschen dauerhaft leben können. Grund genug also, mit der Welt, auf und in der wir leben – unserer „Umwelt" – sorgsam umzugehen. Dies gilt für die heute lebenden Menschen, aber auch für alle künftigen Erdbewohner. Deshalb ist es wichtig, sich für den Erhalt einer lebenswerten, sauberen Umwelt einzusetzen und Fehler im Umgang mit ihr zu vermeiden.

In der Realität sieht es zum Teil aber ganz anders aus. Ihr habt bestimmt schon einmal vom Klimawandel gehört oder mitbekommen, dass die Verschmutzung der Weltmeere durch Plastikmüll ein großes Problem ist.

*Im **ersten Abschnitt** werdet ihr darüber nachdenken, wie sich unsere Erde in Zukunft entwickeln kann und – hier ist eure Meinung gefragt – sollte. Mithilfe der Szenario-Methode setzt ihr euch mit unterschiedlichen möglichen Entwicklungen der Erde auseinander.*

*Im **zweiten Abschnitt** geht es dann um das Thema Plastikmüll in den Meeren. Ihr erarbeitet zunächst Ursachen und Folgen der Verschmutzung und überlegt dann ganz konkret, was jeder Einzelne tun kann, um diese Umweltbelastung zu reduzieren.*

*Danach geht es im **dritten Abschnitt** um die Frage, was die Politik gegen das Problem tun kann. Ihr beschäftigt euch mit einem Gesetz zum Recyceln (Wiederverwerten) von Verpackungen und sollt versuchen zu bewerten, ob dieses Gesetz wohl dazu geeignet sein kann, das Plastikproblem zu lösen.*

*Im **vierten Abschnitt** sollt ihr euch mit der Bewegung „Fridays for Future" und ihren Demonstrationen auseinandersetzen. Das soll in einer Pro- und Kontra-Diskussion zu der Frage geschehen, ob es in Ordnung ist, die Schule zu schwänzen, um für mehr Klimaschutz zu demonstrieren.*

1. Eine Reise ins Jahr 2050 – Wie sieht die Erde in Zukunft aus?

Zum Einstieg:

M1   „Liebe Enkelkinder" – Alexander Gersts Botschaft aus dem All

Alexander Gerst war 2018 Kommandant auf der Internationalen Raumstation (ISS). Kurz vor seiner Rückkehr aus dem All im Dezember 2018 hat er sich mit einer Botschaft an seine künftigen Enkelkinder gewandt.

„Liebe Enkelkinder, ihr seid noch nicht auf der Welt und ich weiß nicht, ob ich euch jemals treffen werde. Deswegen habe ich beschlossen, euch diese Nachricht hier aufzuzeichnen. Ich bin nämlich gerade auf der Internationalen Raumstation im Cupola Aussichtsmodul und schaue auf euren wunderschönen Planeten runter. Obwohl ich bis jetzt schon fast ein Jahr im All verbracht habe und an jedem einzelnen Tag da runtergeschaut habe, kann ich mich einfach nicht daran sattsehen. […] 10

Und wenn ich so auf den Planeten herunterschaue, dann denke ich, dass ich mich bei euch wohl leider entschuldigen muss. Im Moment sieht es so aus, als ob wir, meine Generation, euch den Planeten nicht gerade im besten Zustand hinterlassen werden.

Im Nachhinein sagen natürlich immer viele Leute, sie hätten davon nichts gewusst. Aber in Wirklichkeit ist uns Menschen schon sehr klar, dass wir im Moment den Planeten mit Kohlendioxid verpesten, dass wir das Klima zum Kippen bringen, dass wir Wälder roden, dass wir die Meere mit Müll verschmutzen, dass wir die limitierten Ressourcen viel zu schnell verbrauchen. Und dass wir zum Großteil sinnlose Kriege führen. Jeder von uns muss sich da natürlich an die eigene Nase fassen und sich überlegen, wohin das gerade führt. Ich hoffe sehr für euch, dass wir noch die Kurve kriegen. […] 20

Ich bin mir sicher, dass ihr die Dinge inzwischen sehr viel besser versteht als meine Generation. Nun, wer weiß, vielleicht lernen wir ja auch noch etwas dazu. Dass im Blick von außen, immerhin, dieses zerbrechliche Raumschiff Erde sehr viel kleiner ist, als die meisten Menschen sich das vorstellen können. […] Dass es sich lohnt, mit seinen Nachbarn gut auszukommen. Dass Träume wertvoller sind als Geld und dass man ihnen 25 eine Chance geben muss. Dass Jungen und Mädchen Dinge genauso gut können. […] Und dass ein Tag, an dem man etwas Neues entdeckt hat, über seinen Horizont hinaus geschaut hat, ein guter Tag ist. […]"

(Alexander Gerst, Internationale Raumstation, Kommandant der Expedition 57, 25.11.2018, 400 km über der Erdoberfläche. Quelle: Youtube/20.12.2018; https://www.youtube.com/watch?v=4UfpkRFPIJk; European Space Agency, ESA)

WES-129794-017

Unter diesem Link könnt ihr euch die Botschaft in einem Video anschauen und anhören.

---

1 Beschreibt, in welcher Situation Alexander Gerst seine Botschaft verfasst hat. Überlegt gemeinsam, was ihn dazu veranlasst haben könnte, diese Botschaft zu formulieren.

2 Erklärt, wofür er sich bei seinen (künftigen) Enkelkindern entschuldigen möchte.

3 Erläutert die Ratschläge, die er ihnen mit auf den Weg gibt.

Alexander Gerst würde sich bestimmt über eine Antwort von euch auf seine Botschaft freuen. Am Ende dieses Kapitels sollt ihr eine solche Antwort in Form eines Videos erstellen. Dazu müsst ihr euch aber erst einmal näher mit dem Thema Klima- bzw. Umweltschutz befassen, um zu echten Expertinnen und Experten auf dem Gebiet zu werden. Die Informationen auf den folgenden Seiten helfen euch dabei.

In seiner Botschaft (M1) spricht Alexander Gerst davon, dass „wir das Klima zum Kippen bringen" (Z. 16). Er meint damit den sogenannten Klimawandel, der eine riesige Herausforderung für die Menschen heute und in der Zukunft ist.

M2   Wie der Mensch das Klima verändert

Wenn Wissenschaftler/-innen heute vor Klimaveränderungen warnen, sprechen sie von der Klimaerwärmung, die vom Menschen verursacht wird. Wir sind verantwortlich dafür, dass sich das Klima immer schneller verändert und die Erde sich aufheizt. Das passiert, weil wir für unser Leben immer mehr Energie brauchen.

5 Die Energie erzeugen wir vor allem aus Kohle, Erdöl oder Erdgas. Diese Rohstoffe nennt man „fossile Energieträger". Wenn wir sie einsetzen, entsteht ein Problem: Bei der Verbrennung wird Kohlendioxid (CO_2) freigesetzt, ein Gas, das die Erwärmung der Erde beschleunigt.

(Wie der Mensch das Klima verändert – 1. Wir verbrauchen zu viel Energie!, hanisauland.de, Bundeszentrale für politische Bildung, Bonn; https://www.hanisauland.de/wissen/spezial/politik/klimaschutz/klimaschutz-kapitel-3.html/klimaschutz-kapitel-3-0.html [21.06.2024])

Wahrscheinlich hast du schon vom Treibhauseffekt gehört. Der natürliche Treibhaus-
10 effekt ist sinnvoll, denn er macht das Leben auf der Erde überhaupt erst möglich. Ohne ihn wäre die Erde so kalt, dass das Leben hier keine Chance hätte.

In der Atmosphäre, das ist die Lufthülle, die die Erde umgibt, wirken verschiedene Gase wie die Glasscheiben eines Treibhauses: Sie lassen die Sonnenstrahlen herein und halten einen Teil der Wärme im Inneren fest. So gesehen übernimmt der natürliche Treibhaus-
15 effekt die Aufgabe einer Klimaanlage.

Leider ist diese durch unseren gestiegenen Energieverbrauch aus dem Gleichgewicht geraten. Der Mensch pustet so viele Schadstoffe in die Atmosphäre, dass sie immer undurchlässiger wird und überschüssige Wärme deshalb nicht mehr ins All entweichen kann.

(Wie der Mensch das Klima verändert – 2. Der Treibhauseffekt, hanisauland.de, Bundeszentrale für politische Bildung, Bonn; https://www.hanisauland.de/wissen/spezial/politik/klimaschutz/klimaschutz-kapitel-3.html/klimaschutz-kapitel-3-1.html [21.06.2024])

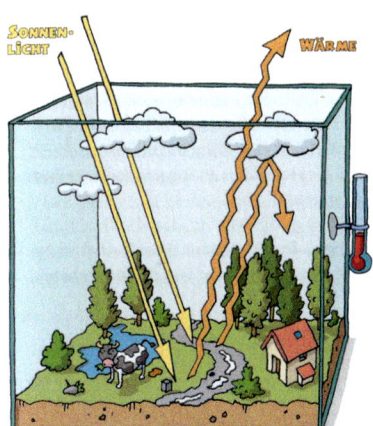 

Illustration: Globale Erwärmung; links: natürlicher Energiekreislauf, rechts: vom Menschen verursachter „Treibhauseffekt"

2.1, 2.2

Erstellt in Gruppen mithilfe der nachfolgenden methodischen Tipps Lernplakate zum Thema „Klimawandel". Bezieht euch dabei auf M 2, recherchiert aber auch weitere Informationen im Internet. Die beiden Webcodes helfen euch dabei.

WES-129794-018

WES-129794-019

Methode   Ein Lernplakat erstellen

Ein Lernplakat hält Wissenswertes in strukturierter und übersichtlicher Form fest. Im Gegensatz zu einem Tafelbild bleibt es für längere Zeit sichtbar (hängt z. B. im Klassenraum aus) und ruft das Dargestellte allen immer wieder in Erinnerung.

Damit das funktioniert, müsst ihr beim Erstellen des Plakats einiges beachten:

1. Schreibt nur das Wichtigste auf – und zwar leserlich und fehlerlos!
2. Schreibt möglichst keine Sätze, sondern nur Stichworte oder Halbsätze.
3. Gestaltet Hervorhebungen durch unterschiedliche Farben, besondere Formen (Kreise, Rechtecke, Dreiecke usw.) und unterschiedliche Schriften/Schriftgrößen.
4. Unterstützt die Aussagen auf dem Plakat durch Bilder und Zeichnungen.
5. Achtet auf einen übersichtlichen Aufbau.

Es ist sinnvoll, das Lernplakat zunächst als kleine Skizze zu planen und dabei die Größenverhältnisse zu beachten. Zeigt die Skizze auch anderen und bittet sie um Verbesserungsvorschläge, bevor ihr das Plakat ausarbeitet.

Ihr könnt das Lernplakat auch gut in einer Gruppenarbeit anfertigen.

Hier ein Beispiel für den Aufbau eines Lernplakats zum Thema „Klimawandel":

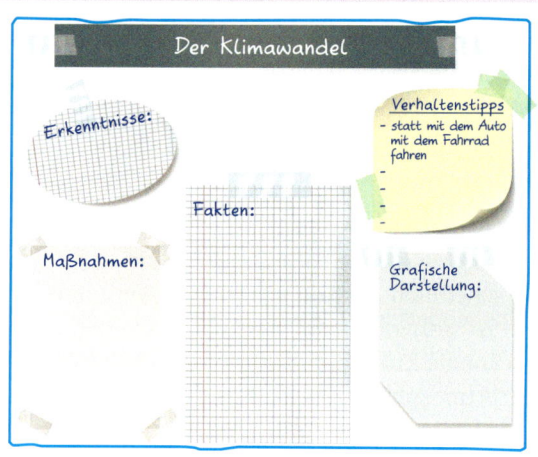

(Autorentext)

M 3   Wie sieht die Welt im Jahr 2050 aus?

Willkommen im Jahr 2050! Die Welt, wie ihr sie früher einmal gekannt habt, existiert nicht mehr. Die Temperatur ist weltweit um etwa sieben Grad Celsius erhöht. Dadurch sind viele Regionen der Erde nicht mehr zu bewohnen. Wo einst saftige Wälder und Wiesen standen, gibt es nur noch Wüste. Viele Pflanzenarten und Tiere, die früher unseren blauen Planeten bevölkert haben, sind ausgestorben. Und da das Eis an den Polen mehr und mehr schmilzt, ist auch der Meeresspiegel deutlich gestiegen. Dadurch wurden kleinere Inselstaaten überschwemmt und auch in vielen Küstenregionen kann man nicht mehr sicher leben. Die Luft zum Atmen ist schlecht. Gerade in den Städten stinkt

₁₅ es permanent nach Autoabgasen. In vielen Teilen der Erde sind die Trinkwasserquellen knapp geworden. Durch die hohen Temperaturen und die geringen Niederschläge gibt es auch weniger Nahrungsmittel. Immer mehr Menschen hungern oder leiden Durst. Das veranlasst viele dazu, ihre Heimat zu verlassen, damit sie woanders besser leben können. Das führt zu noch mehr Streit und Krieg.

(Autorentext)

1 Beschreibt die Welt im Jahr 2050, so wie sie in M 3 dargestellt wird.

2 Überlegt gemeinsam, wie sich das Leben in dieser Welt von eurem heutigen Leben unterscheiden würde.

3 Bei M 3 handelt es sich um ein sogenanntes Negativszenario. Erklärt mithilfe der nachfolgenden Methodenbeschreibung, was damit gemeint ist.

4 Erstellt ein positives Szenario. Werdet kreativ und stellt euch eine Welt vor, in der ihr gerne leben wollt. Dabei ist es aber wichtig, dass eure Beschreibung realistisch bleibt.

Szenario-Methode

Methode

Niemand kann in die Zukunft schauen. Dennoch ist es wichtig, darüber nachzudenken, wie sich bestimmte Dinge in der Zukunft entwickeln könnten. Dazu stellt man sich zwei unterschiedliche, aber mögliche Entwicklungen vor, wobei eine sehr positiv ist, während die andere sehr negativ ist. So können wir uns bewusst machen, wie wir die Zukunft durch unsere Entscheidungen heute beeinflussen können. Dabei helfen die Szenario-Methode bzw. der Szenario-Trichter.
Wie man bei dieser Methode genau vorgeht, lässt sich gut am Beispiel des Klimawandels beschreiben. Da es um den Klimaschutz aktuell (noch) nicht so gut bestellt ist, besteht die Gefahr, dass sich das Klima weiter verschlechtert, was dramatische Folgen für das Leben auf der Erde haben kann (**Negativ-szenario**). Ein solches Negativszenario ist in M 3 beschrieben. Durch unsere Entscheidungen, z. B. mehr für den Klimaschutz zu tun, können wir die Zukunft aber auch zum Besseren wenden und dafür sorgen, dass es allen Menschen auf der Erde besser geht (**Positivszenario**). Beim **Trendszenario** geht man davon aus, dass sich die Zukunft genauso wie die ak-

tuelle Situation darstellt (dass sich also der „Trend" fortsetzt).
Bei der Szenario-Methode entwickelt man also zwei Extrembeispiele, einmal eine möglichst negative und einmal eine möglichst positive Entwicklung. Die tat-

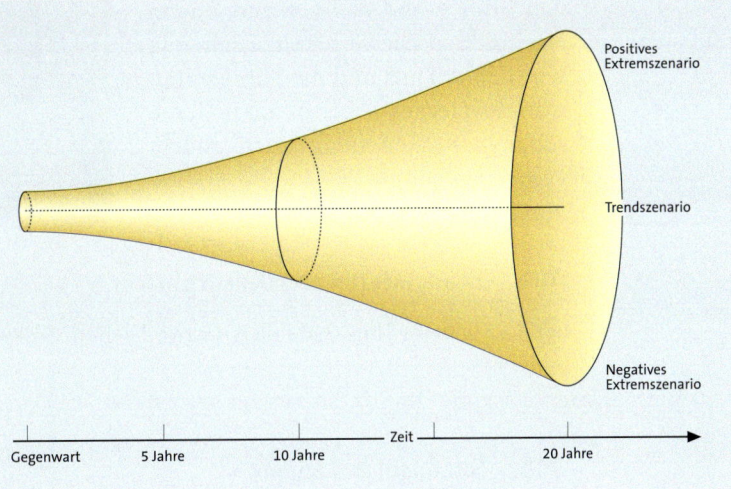

sächliche Entwicklung wird wahrscheinlich irgendwo dazwischen liegen. Je weiter man vom aktuellen Zeitpunkt in die Zukunft schaut, desto größer werden auch die Ungewissheiten. Dies wird durch den Trichter dargestellt. Wie bereits gesagt: Niemand kann in die Zukunft schauen.

(Autorentext)

2. Die „Plastik-Katastrophe" – Wie können wir die Umwelt schützen?

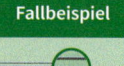

Fallbeispiel

M4   Verpackungen – geht es auch ohne?

Tim, ein Schüler aus der Klasse 6a, hat Geburtstag. Er hat viele Schülerinnen und Schüler aus der Klasse eingeladen und zusammen feiern
5 sie bei ihm zu Hause eine fröhliche Geburtstagsparty mit vielen Geschenken für Tim und einem Haufen leckerer Naschereien. Als am Abend alle Gäste wieder gegangen sind,
10 wird Tim von seiner Mutter gebeten, ihr dabei zu helfen, die vielen Geschenk- und Süßigkeitenverpackungen, die zum Teil schon zerrissen und zerknickt sind, in die Mülltonnen zu
15 tun. Nachdem sie fertig sind, schaut Tim etwas nachdenklich auf die nun deutlich volleren Tonnen: „Puh! So viel Müll – und das von nur einem Nachmittag! Die Geschenke sahen ja
20 wirklich toll aus und die Süßigkeiten waren so lecker! Aber ob man all die schönen Sachen nicht auch anders verpacken könnte …?"

(Autorentext)

1 Erklärt, was Tim nachdenklich macht.

2 Könnt ihr Tims Gedanken nachvollziehen? Diskutiert in der Klasse.

M5   Strandgut mal anders

Der Wind weht durch die Haare, Möwen fliegen kreischend durch die Lüfte und der Sand knirscht unter den Füßen. Wenn man die Nase in den Wind hält, riecht die frische Luft nach Salz. Genau: Wir befinden uns an der nordfriesischen Küste! Sofort sehen wir vor unserem inneren Auge Bilder wogender Wellen und breiter Sandstrände, bedeckt
5 von Muscheln und Seetang – das Idealbild einer unberührten Natur, in der noch alles in Ordnung zu sein scheint.
Doch so ist es leider in der Realität oft nicht. 24 Kilogramm Plastik kauft jeder Deutsche durchschnittlich pro Jahr. Plastiktüten, leere Kanister und Flaschen sammeln sich an immer mehr Küsten an. Besonders schlimm ist das Müllproblem dort, wo sich viele
10 Touristen aufhalten und Abfälle an den Stränden liegen lassen. […]

Doch nicht nur die Küsten, auch die Ozeane sind von der Plastikflut betroffen. Von Mülldeponien und über Flüs-
15 se werden die Abfälle ins Meer gespült. Teilweise bildet das Plastik sogar riesengroße „Plastikteppiche". Der größte Teppich treibt im Pazifik *(zwi-*
20 *schen Hawaii und Kalifornien)* und ist mit einer Fläche von 3.400.000 Quadratkilometern so groß wie Mitteleuropa! Ein Grund für diese riesengro-
25 ßen Ansammlungen: Plastik verrottet nur sehr langsam. Ei- ne Plastikflasche braucht zum

Beispiel 450 Jahre und eine Angelschnur sogar bis zu 600 Jahre, bis sie vollständig verrottet sind – zum Vergleich: Ein Papiertaschentuch hält sich gerade einmal zwei Wochen.
30 So wird das Plastik schnell zum Problem für zahlreiche Meeresbewohner. Seevögel und Schildkröten verheddern sich leicht in Abfällen, wenn sie nach Nahrung suchen. Fische und andere Lebewesen, zum Beispiel Würmer oder Muscheln, verwechseln die kleinen Plastikteilchen mit Futter und fressen sie. Dadurch können die Tiere krank werden oder sogar sterben.
35 Doch nicht nur für die Küs- ten, Ozeane und seine Be- wohner wird das Plastik zu- nehmend zum Problem. Auch wir Menschen sind unmittel-
40 bar betroffen. Denn wenn wir Fisch essen, gelangen winzige Plastikteilchen (sogenanntes Mikroplastik) wieder zurück in unsere Mägen. [...]
45 Der größte Teil des Plastik- mülls stammt aus der Fische- rei und von den vielen Schif- fen, die jeden Tag die Ozeane befahren. Doch auch jeder
50 Einzelne von uns kann dazu

beitragen, das Plastikmüll-Problem in den Griff zu kriegen. [...]

(Solvejg Hoffmann: Strandgut mal anders, 24.06.2015, in: GEOlino.de, Hamburg; https://www.geo.de/geolino/natur-und-umwelt/strandgut-mal-anders-30168434.html [21.06.2024])

1 In der Abschnittsüberschrift ist von der „Plastik-Katastrophe" die Rede. Erklärt anhand von M 5, was damit gemeint ist. Berücksichtigt dabei die im Text genannten Folgen von Plastikmüll im Meer.

2 Zeichnet ein Schaubild, das darstellt, auf welchem Weg Plastik (zum Beispiel als Tüte oder Flasche) in die Nahrung der Menschen gelangen kann.

Bis hierhin habt ihr gelernt, welche schlimmen Folgen die Verschmutzung der Weltmeere durch Plastik für Mensch und Natur haben kann. Nun soll es darum gehen zu schauen, wie ihr ganz konkret im Alltag Plastik vermeiden könnt, um Ressourcen zu schonen und einen Beitrag zum Umweltschutz zu leisten. Dazu ist es aber wichtig, zunächst festzustellen, wann und wie oft man eigentlich Plastik nutzt. Dabei hilft euch ein Plastik-Tagebuch.

M6　Mein Plastik-Tagebuch

Wochentag	Ich nutze oder kaufe …	Möglichkeiten, weniger Plastik zu verwenden
✓ Montag	✓ Getränk im Tetrapak in der Mittagspause am Schulkiosk ✓ Zahnbürste, Zahnputzbecher	✓ Getränk von zu Hause in Mehrwegflasche mitnehmen
	???	???

(Autorentext)

1 Notiert in eurem Heft eine Woche lang, wie oft ihr Dinge benutzt (Lebensmittel, Hygieneartikel, Schulmittel usw.), die in Plastik verpackt sind oder aus Plastik bestehen. Nutzt dazu die Vorlage in M6. (Diese Methode kennt ihr so ähnlich bereits aus Kapitel 7.)

2 Entwickelt dann Ideen, wie ihr euren eigenen Plastikverbrauch verringern könnt. Überlegt zunächst alleine, tauscht euch dann mit dem Nachbarn bzw. der Nachbarin aus und verwendet dabei auch M7. Diskutiert abschließend eure Vorschläge in der Klasse.

3 Plastikmüll zu begrenzen ist aber nicht nur ein „privates" Problem. Was kann oder muss generell getan werden, um dieses Problem wirksam zu bekämpfen? Wendet bei dieser Frage die folgende Methode an.

Methode　　Zukunftswerkstatt

Eine Zukunftswerkstatt ist eine Methode, mit der Lösungen für Probleme gefunden oder auch Vorstellungen entwickelt werden können, wie man sich eine bestimmte Situation in der Zukunft wünscht. Meist arbeitet man dafür in kleineren Gruppen zusammen. Ein Beispiel für ein Problem, das in einer Zukunftswerkstatt bearbeitet werden kann, ist die große Menge an Plastikmüll, die eine Gefahr für die Umwelt darstellt.
So geht man bei der Methode vor:

1. Zuerst wird das Problem bzw. die Frage, mit der man sich beschäftigen will, konkret formuliert. Beispiele: „Plastikmüll verschmutzt unsere Umwelt." „Zu viele Waren sind in Plastik verpackt oder werden in Plastiktüten transportiert." Alle Kritikpunkte oder Fragen dürfen geäußert werden, ohne dass darüber diskutiert wird oder diese bewertet werden.

2. Anschließend werden Ideen und Vorschläge gesammelt, wie das Problem gelöst oder die Frage beantwortet werden könnte. Beispiele: „Wie könnte eine Zukunft ohne Verpackungsmüll aussehen?" „Welche Alternativen zu Plastik gibt es, um Waren zu transportieren und zu verpacken?" Dabei sind der Fantasie keine Grenzen gesetzt; auch Vorschläge, die unrealistisch scheinen, sind erlaubt.

3. Im letzten Schritt geht es darum, die gesammelten Ideen zu überprüfen und gemeinsam zu überlegen, welche am sinnvollsten sind und an welchen weitergearbeitet werden sollte. Für die ausgewählte(n) Idee(n) werden dann konkrete Handlungsschritte entwickelt, in denen festgelegt wird, was von wem getan werden könnte, um die Idee umzusetzen.

(Autorentext)

M7 Mehrweg & Co. – Vorschläge gegen die Verpackungsflut

1. Unverpacktläden erkunden: Nachhaltig einkaufen ohne Müllberge

Entdecke Unverpacktläden als Möglichkeit, Verpackungsmüll zu reduzieren. Hier kannst du Lebensmittel und Produkte ohne überflüssige Einwegverpackungen erwerben. Bring einfach deine eigenen wiederverwendbaren Behälter mit und fülle deine Vorräte nach Bedarf auf.

2. Mehrweg statt Einweg: Der Schlüssel zur Müllreduktion

Vermeide Einwegartikel und bevorzuge wiederverwendbare Alternativen, zum Beispiel Stofftaschen, Trinkflaschen, Becher und Lebensmittelbehälter aus nachhaltigen Materialien.

3. Unterwegs Plastikmüll vermeiden: Nachhaltigkeit für unterwegs

Auch unterwegs kannst du häufig auf Plastikmüll verzichten. Nimm eine wiederverwendbare Trinkflasche mit und packe Snacks in wiederverschließbare Behälter. Vermeide Einwegbesteck und -geschirr.

4. Plastikfrei einkaufen: Bewusste Entscheidungen treffen

- Nimm Mehrwegbeutel mit, wenn du zum Einkaufen gehst, oder verstaue einen Beutel in deinem täglich genutzten Rucksack oder in deiner Tasche.
- Kaufe Wurst und Käse an der Frischetheke statt abgepackt. Immer mehr Supermärkte erlauben auch das Abfüllen in mitgebrachte Behälter.
- Gib losem Obst und Gemüse den Vorzug und nutze ein mitgebrachtes Gemüsenetz.

5. Plastikfrei zu Hause: Nachhaltigkeit im Alltag leben

Mittlerweile gibt es viele plastikfreie Aufbewahrungsalternativen. Vor allem mit Glas und Edelstahl gehst du zudem sicher, dass keine bedenklichen Stoffe in deine Lebensmittel gelangen.

(Autorentext)

3. Die „Plastik-Katastrophe" – Was kann die Politik dagegen tun?

Am 24.04.2024 haben die Mitgliedsstaaten der Europäischen Union (darunter natürlich auch Deutschland) beschlossen, dass der Verpackungsmüll deutlich reduziert werden soll, vor allem auch die Einwegverpackungen aus Plastik.

M8 Plastik muss recycelbar sein!

Die EU sagt dem Einweg-Plastik den Kampf an: Von 2030 an soll jede Verpackung recycelbar sein. Viele kleine Packungen wie Ketchup-Tütchen soll es dann nicht mehr geben. Zudem setzt die EU künftig auf Mehrwegsysteme. 5

Das Ketchup zu den Pommes, das Shampoo im Hotel, das vorgeschnittene Obst im Supermarkt – all das muss in Zukunft ohne Einweg-Plastikverpackung auskommen. Denn ab 2030 soll jede Verpackung in der EU recycelbar sein – mit wenigen 10 Ausnahmen, etwa bei Medikamentenverpackungen. Das entsprechende Gesetz wurde von den Abgeordneten des EU-Parlaments mehrheitlich beschlossen.

Auch unbehandeltes Obst und Gemüse unter anderthalb Kilogramm darf dann nicht 15 mehr in einer Plastikhülle erhältlich sein. Weitere Beispiele: Die Plastik-Tragetaschen im Supermarkt fallen weg und am Flughafen darf kein Koffer und keine Tasche für den Transport mit Plastik umwickelt werden. [...]

Um das Recyceln voranzutreiben und die Menge an Verpackungsmüll zu senken, sollen bis 2030 zudem alle EU-Mitglieder auf Mehrwegsysteme umsteigen – also auf ähnliche 20 Verfahren, wie sie in Deutschland bei den Pfandflaschen bereits gängig sind. [...]

Mit dem Verbot von Einweg-Plastik bei Verpackungen will die EU ihrem Ziel näherkommen, bis 2040 mindestens 15 Prozent an Verpackungsmüll einzusparen – verglichen mit dem Basiswert aus dem Jahr 2018.

Immerhin kommen auf jede Bürgerin und jeden Bürger in der EU pro Jahr durchschnitt- 25 lich 190 Kilogramm Verpackungsmüll. Ohne zusätzliche Maßnahmen könnte die Zahl Experten zufolge bis 2030 auf mehr als 200 Kilogramm steigen.

Die Deutschen liegen sogar noch über diesem Durchschnittswert: In der Bundesrepublik fallen pro Einwohnerin und Einwohner jährlich im Durchschnitt etwa 225 Kilogramm [etwa so viel, wie drei Waschmaschinen wiegen] an Verpackungsabfall an. 30

(Einweg-Plastik-Verpackungen ab 2030 tabu, tagesschau.de mit Informationen von Paul Vorreiter, ARD Brüssel, 24.04.2024, Hamburg; https://www.tagesschau.de/ausland/europa/eu-verpackungsmuell-plastik-100.html [25.06.2024])

▬▬ Erklärt das Gesetz, das die Europäische Union beschlossen hat, und geht dabei auf folgende Fragen ein:
- Welches Ziel verfolgt die EU?
- Wie will sie dieses Ziel erreichen?
- Welche Gründe werden für dieses Vorhaben genannt?

M9 Denkt an die zukünftigen Generationen! – Was bedeutet „Nachhaltigkeit"?

[...] Heutzutage versteht man unter Nachhaltigkeit [bzw. einer nachhaltigen Entwicklung], dass auf die nachfolgenden Generationen [...] Rücksicht genommen wird. Auch sie werden Rohstoffe und Bodenschätze wie zum Beispiel Holz, Wasser, Erdöl oder Kohle brauchen. Es gilt also [...] der Leitsatz, dass wir nicht mehr von den Vorräten der
5 Erde verbrauchen dürfen, als nachwachsen kann. Aber wir müssen auch dafür sorgen, dass unsere Umwelt nicht durch Fabrikabgase, Schmutzwasser oder Gifte geschädigt wird. [...]

(Christiane Toyka-Seid/Gerd Schneider: Nachhaltigkeit, hanisauland.de, Großes Lexikon, Bundeszentrale für politische Bildung, Bonn; https://www.hanisauland.de/wissen/lexikon/grosses-lexikon/n/nachhaltigkeit.html [25.06.2024])

1 Erklärt eurer Sitznachbarin oder eurem Sitznachbarn, was man unter Nachhaltigkeit bzw. einer nachhaltigen Entwicklung versteht.

2 Ihr sollt selbst Stellung zu diesem Gesetz beziehen, das vorschreibt, jede Verpackung ab 2030 recycelbar zu machen. Dazu solltet ihr vorher aber folgende Fragen beantworten, damit ihr eure Position auch gut begründen könnt:
a) **Nachhaltigkeit:** Sorgt eurer Meinung nach das Gesetz für mehr Nachhaltigkeit?
b) **Kosten:** Das Recyceln von Kunststoff wird mit Kosten verbunden sein, die die Unternehmen auf die Preise der Güter aufschlagen könnten. Die Verbraucherinnen und Verbraucher müssten dann mehr für ihre Waren bezahlen. Haltet ihr das für ein Problem?
c) **Wirksamkeit:** Lässt sich das Ziel, den Verpackungsmüll zu reduzieren, mit dem Gesetz erreichen?

3 Bewertet nun das Gesetz der EU und berücksichtigt dabei die Ergebnisse aus Aufgabe 2.

4. Schule schwänzen für den Klimaschutz?

M 10   Die Bewegung „Fridays for Future"

Fridays for Future (abgekürzt FFF, auf Deutsch: „Freitage für die Zukunft") ist der Name einer Bewegung von Schülerinnen, Schülern und anderen jungen Menschen, die sich weltweit für den Klimaschutz einsetzen. Jeden Freitag wird weltweit dafür gestreikt, dass die Klimaziele eingehalten werden, die die Staaten im UN-Weltklima-Abkommen 2015 (Pariser Abkommen) beschlossen haben. Dort wurden vor allem Grenzwerte für 5 die Luftverschmutzung und den Temperaturanstieg festgelegt. Der Anfang der FFF-Bewegung geht zurück auf die Schülerin Greta Thunberg aus Schweden. Sie streikte 2018 zunächst alleine viele Wochen lang vor dem schwedischen Parlament. Dann schlossen sich ihr immer mehr Schülerinnen und Schüler auf der ganzen Welt an.
Damit ihre Forderungen ernst genommen werden, streiken Schülerinnen und Schüler 10 während der Schulzeit. In Deutschland besteht Schulpflicht, das bedeutet, dass Schülerinnen und Schüler am Unterricht teilnehmen müssen. Es gilt aber auch [das Recht auf] die Versammlungsfreiheit. Es stellt sich deshalb die Frage, ob für Schülerinnen und Schüler die Teilnahme an diesen Streiks verboten ist. Das wird unterschiedlich beurteilt. Noch gibt es dazu kein Urteil eines hohen deutschen Gerichts. [...]   15

(Gerd Schneider/Christiane Toyka-Seid: Fridays for Future, kurz&knapp – Das junge Politik-Lexikon von www.hanisauland. de, Bundeszentrale für politische Bildung, Bonn 2024; https://www.bpb.de/kurz-knapp/lexika/das-junge-politik-lexikon/ 320328/fridays-for-future/ [26.06.2024])

> Stellt in einem Kurzvortrag das Anliegen von Fridays for Future und eine ihrer Maßnahmen vor. Ergänzt die in M 10 enthaltenen Informationen durch Ergebnisse, die ihr bei einer Recherche (https://fridaysforfuture.de/) zusätzlich gefunden habt.

Zu der Frage „Schule schwänzen für den Klimaschutz?" gab es eine lebhafte Diskussion und Schülerinnen und Schüler, Eltern sowie Politikerinnen und Politiker haben ihre Pro- oder Kontra-Argumente vorgetragen. In M 11 sind einige zusammengetragen.

M 11 Schule schwänzen für den Klimaschutz? – Pro und Kontra

A
„Es gibt genug schwarze Schafe unter den Schülerinnen und Schülern, die nur auf die Straße gehen, weil für sie damit Mathe ausfällt."

B
„Über Erwachsene, die streiken, sagt niemand, dass sie nur die Arbeit schwänzen."

C
„Endlich interessieren sich die Kinder mal für ein gesellschaftliches Problem!"

E
„In Deutschland gilt die Schulpflicht!"

D
„Auch Bildung ist Zukunft!"

G
„Wer etwas bewegen möchte, muss auch ein Risiko eingehen. Und für seine Überzeugungen eintreten."

H
„Die Schülerdemonstrationen drohen zum Ritual zu werden. Das erste Schulschwänzen war noch nötig, um wahrgenommen zu werden, aber beim vierten oder fünften Mal wirkt es nicht mehr überzeugend."

F
„Es ist natürlich wichtig und richtig, dass Schülerinnen und Schüler ihre Stimme einsetzen, sich demokratisch beteiligen und demonstrieren – allerdings nicht während der Schulzeit."

J
„Würden sie nicht die Schule schwänzen, wäre die Aufmerksamkeit auf allen Seiten viel geringer."

K
„Dem Klima ist es doch egal, ob dafür Freitagvormittag oder Samstagnachmittag demonstriert wird."

I
„Ihr zerstört meine Zukunft, was macht da schon ein verpasster Schultag?"

Autorentext

1 Ordnet die hier abgedruckten Argumente zunächst nach Pro- und Kontra-Argumenten, zum Beispiel in einer Tabelle.

2 Wie steht ihr zu der Frage, ob es in Ordnung ist, für mehr Klimaschutz die Schule zu schwänzen? Führt mithilfe der Methodenhinweise auf Seite 238 und unter Berücksichtigung von M 11 eine Pro-Kontra-Diskussion durch.

3 V Entwerft in kleinen Gruppen (3 bis 4 Personen) eine Antwort auf Alexander Gersts Botschaft (M 1, S. 226). Damit diese ihn auch im All erreichen kann, nehmt ihr am besten ein kurzes Video auf. Beantwortet folgende Fragen in der Videobotschaft:
- Wie habt ihr seine Botschaft verstanden? Was denkt ihr darüber?
- Wie seht ihr die aktuelle Situation in Bezug auf Umwelt- und Klimaschutz?
- Welche Wünsche und Ideen habt ihr für das Leben auf der Erde in der Zukunft?

 4.2, 4.2

Methode   Pro-Kontra-Diskussion

Eine Pro-Kontra-Diskussion ist eine spannende Methode, um miteinander über strittige Fragen zu diskutieren. Dabei muss man sich aber an bestimmte Regeln halten, damit der Streit – der gehört in der Politik dazu und muss ja auch gar nichts Negatives sein – in geordneten Bahnen verläuft. Ausgangspunkt ist immer eine Streitfrage, zum Beispiel: „Ist es in Ordnung, die Schule zu schwänzen, um für den Klimaschutz zu demonstrieren?"

Vorbereitung:

Führt eine Probeabstimmung durch. Bildet Gruppen:
* Pro-Gruppe („Ich finde es in Ordnung, für den Klimaschutz die Schule zu schwänzen!")
* Kontra-Gruppe („Ich finde es nicht in Ordnung, …")
* Unentschlossene („Ich bin mir noch unsicher!")

Findet euch dann in den Gruppen zusammen und erarbeitet Argumente, die eure Position stützen. Gehört ihr zu den Unentschlossenen, erarbeitet ihr zunächst beide Positionen. Natürlich ist es für die Pro- und die Kontra-Gruppe auch wichtig, die Argumente der anderen Gruppe zu kennen, um später besser darauf reagieren zu können. Innerhalb der Gruppen solltet ihr noch kleinere Teams bilden (ca. vier Personen), damit ihr konzentriert arbeiten könnt. Bevor die Debatte losgeht, räumt ihr am besten die Tische und Stühle aus der Mitte des Klassenraums weg. Nun stellt ihr euch so auf, dass sich die Pro- und die Kontra-Gruppe gegenüberstehen. Die Unentschlossenen stehen noch am Kopf der beiden Gruppen. Vorab werden auch Gesprächsregeln festgelegt, z. B.:
* Ausreden lassen!
* Fair bleiben!
* Nicht beleidigen!
* Keine grundlosen Behauptungen aufstellen! Nicht lügen!
* …

Durchführung:

1. Der Moderator oder die Moderatorin, das ist meistens euer Lehrer oder eure Lehrerin, eröffnet die Debatte, indem die Streitfrage vorgelesen wird.
2. Der Moderator oder die Moderatorin erteilt dem ersten Mitglied der Pro-Gruppe das Wort. Dieses trägt seine Position vor. Dafür wurde vorher eine verbindliche Zeitangabe festgelegt (z. B. eine Minute).

3. Nun ist die Kontra-Gruppe an der Reihe, indem ein Mitglied seine Position vorträgt. Dabei ist es besonders gut, wenn man auf das Argument des Vorredners eingehen kann.
4. Abwechselnd tragen nun die Gruppenmitglieder ihre Positionen vor. Während der Debatte ist es jederzeit erlaubt, die Position zu ändern. So können sich auch die Unentschlossenen noch in die Debatte einbringen.
5. Die Debatte endet mit einer Abstimmung über die Streitfrage.

Auswertung:

Gebt euch gegenseitig Rückmeldungen zum Gesprächsverhalten und zum Inhalt der Argumentation: Wer konnte besonders gut überzeugen?
Sprecht auch darüber, was nicht so gut gelaufen ist und was ihr bei der nächsten Diskussion verändern wollt. Wenn ihr eure Position während der Diskussion geändert habt, ist es für die anderen spannend zu erfahren, was euch dazu veranlasst hat. Berichtet also davon.

(Autorentext)

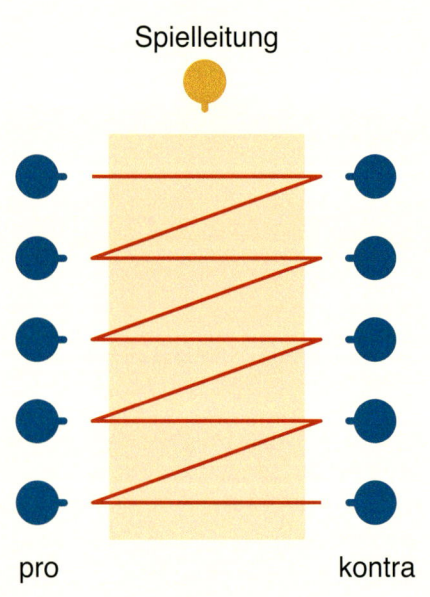

Spielleitung

pro   kontra

Was ihr jetzt wissen und könnet solltet:

✓ M**S**UH mithilfe der Szenario-Methode unterschiedliche Entwicklungen der Erde entwerfen;

✓ M**S**UH erklären, warum unsere Umwelt geschützt werden muss;

✓ MS**U**H beschreiben und erläutern, was der Klimawandel bedeutet;

✓ M**S**UH mithilfe eines Lernplakats Informationen geordnet erfassen und weitergeben;

✓ M**SU**H den eigenen Lebensraum auf Möglichkeiten des Umweltschutzes hin überprüfen und entsprechende Maßnahmen entwickeln und durchführen;

✓ M**S**UH eigenes Verhalten auf Umweltfreundlichkeit bzw. Nachhaltigkeit hin überprüfen und beurteilen;

✓ M**S**UH im Rahmen einer Zukunftswerkstatt Ideen entwickeln, wie eine Welt mit weniger (Plastik-)Verpackungen aussehen könnte;

✓ M**S**UH beschreiben und erläutern, welche Folgen die Verschmutzung der Weltmeere mit Plastikmüll hat;

✓ M**SU**H Maßnahmen zum Schutz der Umwelt kennen und anhand vorgegebener Kriterien beurteilen;

✓ M**S**UH eine Pro-Kontra-Diskussion durchführen

Was ihr wisst – was ihr könnt – wie ihr es seht

M S U H

1. Klimawandel und Nachhaltigkeit – was bedeutet das jeweils?

Wählt einen der beiden Begriffe aus und erklärt ihn in eigenen Worten:

Klimawandel	Nachhaltigkeit

M S U H

2. Wie gelangt das Plastik ins Meer?

1 Beschreibt die Grafik. Erklärt dann in einem kurzen Text, wie das Plastik ins Meer gelangt.

2 Erläutert anhand der Grafik, was jede und jeder Einzelne gegen die Verschmutzung der Meere durch Plastik tun kann.

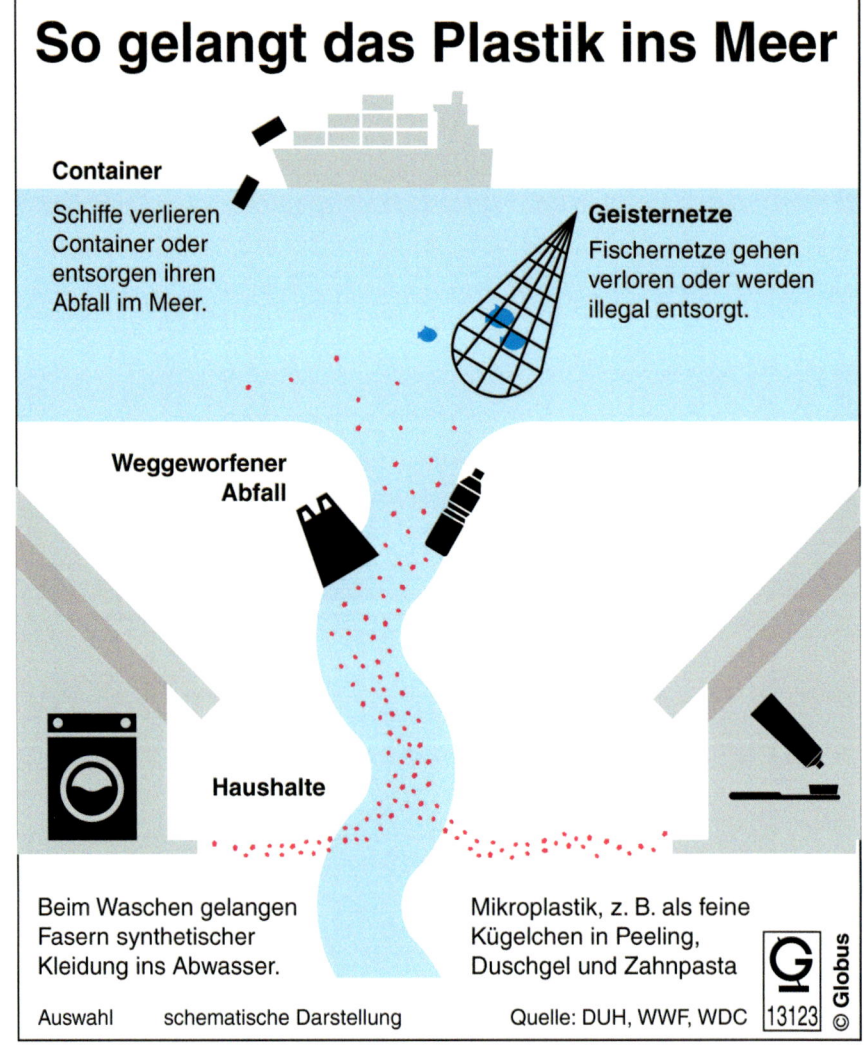

So gelangt das Plastik ins Meer

Container
Schiffe verlieren Container oder entsorgen ihren Abfall im Meer.

Geisternetze
Fischernetze gehen verloren oder werden illegal entsorgt.

Weggeworfener Abfall

Haushalte

Beim Waschen gelangen Fasern synthetischer Kleidung ins Abwasser.

Mikroplastik, z. B. als feine Kügelchen in Peeling, Duschgel und Zahnpasta

Auswahl   schematische Darstellung   Quelle: DUH, WWF, WDC

13123 © Globus

3. So kommt es zur Erderwärmung   Ⓜ︎ⓈⓊⒽ

1 ▮▮ Erklärt den Zusammenhang zwischen dem Treibhauseffekt und der Erderwärmung (vgl. auch M 2).

2 ▮▮ Analysiert die folgende Grafik und nutzt dazu die methodischen Hinweise auf S. 253. Zur Klärung des Begriffes „Industrialisierung" bzw. „vorindustriell" könnt ihr euch unter https://www.hanisauland.de/wissen/lexikon/grosses-lexikon/i/industrialisierung.html informieren.

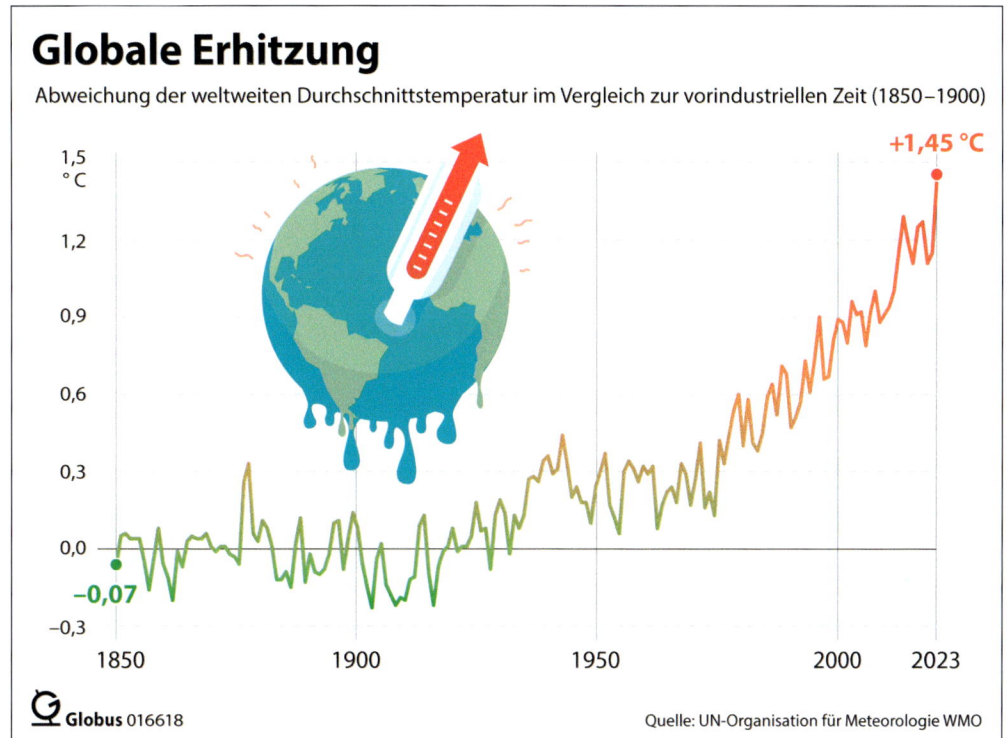

Globale Erhitzung

Abweichung der weltweiten Durchschnittstemperatur im Vergleich zur vorindustriellen Zeit (1850–1900)

+1,45 °C

−0,07

1,5 °C · 1,2 · 0,9 · 0,6 · 0,3 · 0,0 · −0,3

1850 · 1900 · 1950 · 2000 · 2023

Ⓖ **Globus** 016618   Quelle: UN-Organisation für Meteorologie WMO

4. Lernplakat: Verschmutzung der Weltmeere mit Plastik   Ⓜ︎ⓈⓊⒽ

▮▮ Erstellt zum Thema „Verschmutzung der Meere durch Plastik" ein Lernplakat. Nutzt dazu die Informationen aus den Unterabschnitten 2 und 3 sowie aus den Aufgaben 1 und 2 auf Seite 240. Hilfen erhaltet ihr außerdem in der Methodenbeschreibung auf Seite 228.

5. Umweltschutz – nur für Erwachsene?   Ⓜ︎ⓈⓊⒽ

> **„Umweltschutz ist nur eine Aufgabe für Erwachsene!"**

▮▮ Was würdet ihr auf diese Behauptung antworten? Begründet eure Meinung.

Wenn ihr noch mehr lernen wollt ...

D1 „Wir sind ein Teil der Erde"

Auszüge aus einer Rede, die Häuptling Seattle 1855 an den Präsidenten der Vereinigten Staaten von Amerika gerichtet haben soll:

Jeder Teil dieser Erde ist meinem Volk heilig.
[...] Glänzendes Wasser, das sich in Bächen und Flüssen bewegt, ist nicht nur unser Wasser. [...] Die Flüsse sind unsere Brüder – sie stillen unseren Durst. Die Flüsse tragen unsere Kanus und nähren unsere Kinder. [...]
[...] Der Indianer mag das sanfte Geräusch des Windes, der über eine Teichfläche streicht – und den Geruch des Windes, gereinigt vom Mittagsregen oder schwer vom Duft der Kiefern. Die Luft ist kostbar für den roten Mann – denn alle Dinge teilen denselben Atem. [...] Lehrt eure Kinder, was wir unseren Kindern lehren: Die Erde ist unsere Mutter. Was die Erde befällt, befällt auch die Söhne der Erde. Wenn Menschen auf die Erde spucken, bespeien sie sich selbst. Denn das wissen wir, die Erde gehört nicht den Menschen, der Mensch gehört zur Erde.

(© Dedo Weigert Film GmbH, München)

1 Erklärt mit eigenen Worten, wie Häuptling Seattle das Verhältnis seines Indianervolkes zur Natur beschreibt. Vergleicht seine Sichtweise mit der von Alexander Gerst, so wie er sie in seiner Botschaft aus dem All dargelegt hat (M1, S. 226).

2 Erläutert, was der Häuptling mit dem letzten Satz meinen könnte.

D 2   Wasserverschmutzung vermeiden!

Bei uns kommt das Wasser heute wie selbstverständlich aus dem Wasserhahn. Kaum jemand denkt noch darüber nach, welchen Weg das Wasser durch Luft und Boden hinter sich hat und wohin es fließt, nachdem es im Ausguss verschwunden ist. Fäkalien [Kot und Urin], Abfälle und scharfe Reiniger werden gedankenlos mit Wasser fortgespült, aber das Prinzip ist immer noch das gleiche: Wenn wir trinken, waschen, Rasen sprengen oder ein Schaumbad nehmen, entnehmen wir das Wasser nur eine Zeit lang dem Wasserkreislauf, benutzen es und geben es in den Wasserkreis zurück. Wasser wird nicht **ver**braucht, es wird **ge**braucht. Und unser Gebrauch hinterlässt viele Spuren.

(htm://kids.greenpeace.de/GP_DOK_3P/PUB_KIND/C=7K10B.htm)

D 3   Achtung, Fehlverhalten!

1 Erklärt, was damit gemeint sein könnte, dass Wasser nur ge- und nicht verbraucht wird, so wie es in D 2 steht. Weiterführende Informationen erhaltet ihr unter dem Webcode 020.

2 Erläutert, inwiefern die in D 3 dargestellten Verhaltensweisen nicht nachhaltig sind.

3 Formuliert ausgehend von Aufgabe 2 Verhaltensempfehlungen für den richtigen Umgang mit Wasser.

4 Erstellt ein Lernplakat zum Thema „Wasser – der richtige Umgang mit dem kostbaren Stoff". Die Informationen auf dieser Seite helfen euch dabei. Zusätzlich solltet ihr aber auch im Internet recherchieren und auf das in Webcode 021 hinterlegte Material zurückgreifen.

WES-129794-020

WES-129794-021

11

Zukunftsaufgabe Kinderarmut – Wie kann sie wirksam bekämpft werden?

Darum wird es gehen

In die Schule gehen, ein Dach über dem Kopf haben, über genug Geld verfügen, um ausreichend zu essen und zu trinken. Das ist für viele Kinder auf der Welt nicht selbstverständlich. In diesem Kapitel werdet ihr euch mit dem Thema Kinderarmut beschäftigen.

Die Vereinten Nationen (s. dazu Seite 259) haben im September 2015 ein Programm für eine bessere Welt beschlossen, die „Sustainable Development Goals" (Ziele für eine nachhaltige Entwicklung). Die 17 Ziele sollen weltweit bis 2030 erreicht werden, und alle Staaten sollen sich bemühen, sie so weit wie möglich umzusetzen. In diesem Kapitel wird es vor allem um die Ziele 1 („Keine Armut") und 4 („Hochwertige Bildung") gehen. Wenn ihr aber noch mehr über alle 17 Ziele erfahren möchtet, könnt ihr euch im Internet informieren (z. B. mit dem Suchbegriff „Ziele für eine nachhaltige Entwicklung").

*Im **ersten Abschnitt** werdet ihr die Lebenssituationen von Kindern in einigen Ländern dieser Welt vergleichen und einen „Perspektivwechsel" vornehmen.*

*Der **zweite Abschnitt** widmet sich dann konkret dem Thema Kinderarmut, sowohl in Entwicklungsländern – was genau man darunter versteht, erarbeitet ihr auch – als auch in Deutschland.*

*Dass der regelmäßige Besuch einer Schule für viele Kinder auf der Welt keine Selbstverständlichkeit ist, lernt ihr im **dritten Abschnitt**. Hier befasst ihr euch auch mit einem konkreten Lösungsvorschlag für das Problem der Kinderarmut und lernt Malala Yousafzai kennen, ein mutiges Mädchen, das seinen Kampf für das Recht auf Bildung fast mit dem Leben bezahlt hätte.*

*Im **vierten Abschnitt** geht es dann etwas allgemeiner darum, welche Rechte Kinder haben und wie diese aktiv geschützt werden können. Ihr erfahrt dann auch, was ihr selbst tun könnt, um Kinderrechte bekannt zu machen und zu schützen.*

1. „Perspektivwechsel": Wie sieht das Leben von Kindern in unterschiedlichen Ländern aus?

Zum Einstieg:

Die Fotos auf der Auftaktseite zeigen euch Szenen aus dem Alltag von Kindern dieser Welt. Wie ihr sehen könnt, sind die Lebenssituationen sehr unterschiedlich. Schaut euch die Fotos genau an, beschreibt sie und stellt Vermutungen darüber an, in welcher Situation sich die Kinder gerade befinden.

In den folgenden Materialien werden euch fünf Kinder vorgestellt, die ihre Lebenssituation und ihren Tagesablauf beschreiben. Zu diesen Kindern könnt ihr euch jeweils ein Video anschauen (siehe Webcode auf Seite 248), in dem sie sich selbst vorstellen und etwas aus ihrem Leben zeigen. Ihr könnt sie gut entsprechend in fünf Gruppen bearbeiten. Methodische Hinweise für eine erfolgreiche Gruppenarbeit findet ihr auf Seite 96.
Die Aufgaben zu den Materialien findet ihr auf Seite 249. Für die Bearbeitung der ersten Aufgabe erhaltet ihr sicherlich eine Kopie einer Weltkarte von eurem Lehrer oder eurer Lehrerin. Stellt nach der Arbeit in eurer Gruppe das Land und die Lebenssituation „eures" Kindes den anderen Gruppen oder der Klasse vor.

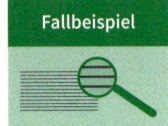

Fallbeispiel

M 1   Samson aus Kenia

Samson ist zwölf Jahre alt. Sein Schulweg ist mühsam, die Straßen sind schlecht und oft schlammig. Samson lebt in einer armen Gegend Kenias, aber er fühlt sich hier zu Hause. Angst machen ihm Kriminalität und die Gefahr terroristischer Anschläge. Er erinnert sich an einen Anschlag auf ein Einkaufszentrum in der Hauptstadt Nairobi. Er weiß: „Es hätte auch mich und meine Familie treffen können." Nichts wünscht sich Samson mehr ₅ als Sicherheit und Frieden auf der Welt.

M2   Alphonsine aus der Elfenbeinküste

Alphonsine ist zwölf Jahre alt. Sie ist Waise und lebt in einem Dorf in der Republik Elfenbeinküste. Seit ihre Mutter gestorben ist, lebt sie bei entfernten Verwandten. Bei ihnen muss Alphonsine viel und hart arbeiten. Sie darf auch nicht mehr in den Unterricht. Morgens hat sie Haushaltspflichten, dann muss sie ihrer Tante helfen, die Essen an der
5 Schule verkauft, und nachmittags schuftet sie auf einer Kakaoplantage. Sie weiß, dass aus dem Kakao Schokolade gemacht wird, hat diese Leckerei aber noch nie probiert. Sie träumt von einem besseren Leben.

M3   Rania aus Jordanien

Rania lebt in einem Lager für Geflüchtete in Jordanien. Sie ist zwölf Jahre alt und musste zusammen mit ihrer Familie vor dem Krieg in Syrien fliehen. Im Lager sind alle Menschen sehr arm. Die Umgebung ist steinig und trocken. Rania hat das Glück, dass sie im Camp eine Schule besuchen kann. Viele Kinder können das nicht, auch weil der Schul-
5 weg durch das große Lager gefährlich ist. Rania vermisst ihr Zuhause in Syrien sehr, aber sie schmiedet Zukunftspläne: Sie möchte gerne Bauingenieurin werden.

Fallbeispiel

M4   To aus Laos

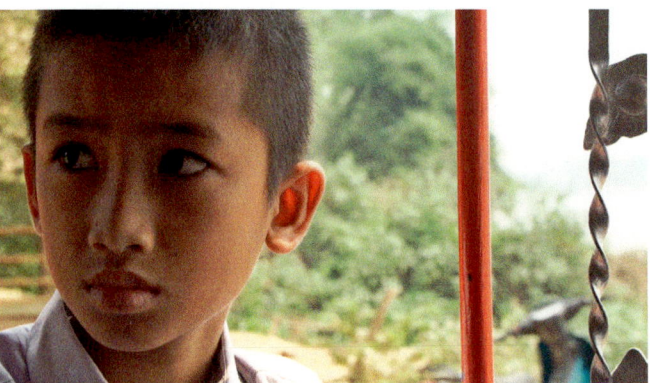

To ist zwölf Jahre alt und lebt in Laos. Seine Familie ist sehr groß, und alle leben zusammen: Eltern, Geschwister, Onkel, Tanten, Großeltern. Tos Schule liegt zwei Stunden entfernt, er fährt dorthin mit dem Bus. Dabei muss er oft umsteigen. Unter der Woche bleibt er in der Schule, dann hat er Heimweh. Auf dem Schulweg sieht er durch Brandrodung zerstörte Wälder. Die Gefahr, dass die Brände sich ausbreiten könnten, macht ihm 5 Angst. Später möchte To als Polizist die Drogenkriminalität bekämpfen.

Fallbeispiel

M5   Luniko aus Südafrika

Das **Virus HIV** schädigt die körpereigenen Abwehrkräfte, die auch Immunsystem genannt werden. Ohne Behandlung führt das nach einiger Zeit fast immer zu einer schweren Krankheit namens Aids. Mit einer HIV-Therapie lässt sich Aids aber verhindern, sodass Menschen mit HIV heute gut und lange leben können.

Luniko lebt in einem armen Wohnviertel in Südafrika. Er ist zwölf Jahre alt und HIV-positiv. Er muss täglich Medikamente nehmen. Sein Vater ist früh gestorben, seine Mutter hat wenig Geld. Luniko würde seine Mutter gerne unterstützen, er träumt davon, ihr ein schönes Haus zu kaufen. Darum will er in der Schule gute Noten bekommen. Lunikos Schulweg ist lang und führt durch gefährliche Straßen. Er hat Angst, überfallen zu 5 werden.

(M1–M5 aus: planet-schule.de: Kleine Helden, 01.01.2020, Südwestrundfunk, Stuttgart; https://www.planet-schule.de/ schwerpunkt/kleine-helden/index.html [26.06.2024])

2.1, 2.2

WES-129794-022

Hier findet ihr die jeweiligen Videos zu „euren" Kindern und auch die Filmskripte mit den Sprechtexten der Beteiligten, falls ihr für eure Bearbeitung noch einmal genau nachlesen wollt.

M 6   Die Staaten der Erde

© Bergmoser + Höller Verlag AG

603 655

Aufgaben für alle Gruppen:

1 Markiert in einer Kopie der Weltkarte das Land, in dem das Kind lebt, das ihr in eurer Gruppenarbeit kennengelernt habt. Was wisst ihr über dieses Land? Informiert euch! Hinweis: Eine Weltkarte als Kopiervorlage enthält der Band mit Materialien für Lehrerinnen und Lehrer.

2 Stellt die Merkmale heraus, die die Lebenssituation des Kindes kennzeichnen.

3 Überprüft, welche Bedürfnisse das Kind nicht oder nicht ausreichend befriedigen kann. (Schlagt dazu noch einmal in Kapitel 3, Seite 49, nach.)

4 In der Überschrift dieses Abschnittes ist von einem „Perspektivwechsel" die Rede. Das bedeutet, dass man sich in die Lage einer anderen Person hineinversetzt. Vergleicht die Lebenssituationen der fünf Kinder mit den Bedingungen, unter denen ihr lebt. Welche Unterschiede stellt ihr fest? Fallen euch Dinge in eurem Alltag auf, die ihr als selbstverständlich hinnehmt, die für die fünf Kinder aber gar nicht selbstverständlich sind?

Eine besondere Aktion!

Vielleicht gibt es in eurer Klasse oder eurer Schule Kinder, die aus den genannten oder auch aus anderen Ländern nach Deutschland gekommen sind.

Bittet sie, von „ihren" Ländern zu erzählen. Die Kinder könnten ihre Berichte besonders anschaulich machen, wenn sie zum Beispiel eigenes Bildmaterial mitbringen oder landestypische Kleidung zeigen, vielleicht auch landestypisches Essen mitbringen oder wenn ihr sogar gemeinsam kocht.

2. Kinderarmut weltweit und in Deutschland – Was sind die Folgen?

M 7   So leben viele Kinder in Entwicklungsländern

1 Beschreibt die Bilder. Was haben sie gemeinsam?

2 Stellt Vermutungen zu den Lebensbedingungen der abgebildeten Kinder an. Bezieht die Arbeitsergebnisse aus dem ersten Abschnitt mit in eure Überlegungen ein.

Im vorherigen Abschnitt habt ihr verschiedene Lebenssituationen von Kindern in Entwicklungsländern näher betrachtet. Dabei habt ihr festgestellt, dass ihr selbst unter anderen Bedingungen lebt als diese Kinder. Insbesondere die Armut vieler Kinder ist – ähnlich wie der Klimawandel (siehe Kapitel 10) – ein großes Problem, welches man nur in Zusammenarbeit mit anderen Staaten der Erde lösen kann. Welche Folgen Kinderarmut haben kann, erarbeitet ihr in diesem Abschnitt. Zunächst geht es aber um die Unterscheidung von Industrieländern und Entwicklungsländern. Diese ist wichtig, da man bei der Betrachtung von Kinderarmut vor allem auf Entwicklungsländer schaut.

M8 Unterscheidung: Industrieland, Entwicklungsland, Schwellenland

Die Lebensbedingungen sind auf der Welt zum Teil sehr verschieden. Das haben die Fallbeispiele im ersten Abschnitt dieses Kapitels gezeigt. Um diese unterschiedlichen Lebensbedingungen zu kennzeichnen, hat man eine Einteilung von Ländern vorgenommen, nämlich in Industrieländer, Entwicklungsländer und Schwellenländer.

M8a Industrieländer

In **Industrieländern** gibt es viele Fabriken und Industrieanlagen, zahlreiche und gute Verkehrswege (z. B. Autobahnen, öffentliche Verkehrsmittel wie Bahn und Bus), viele Läden und Geschäfte, eine
5 funktionierende Müllentsorgung und eine umfassende medizinische Versorgung durch Ärzte und Krankenhäuser. Es gibt dort wirtschaftlichen und technischen Fortschritt. Schulen und Universitäten stehen zur Verfügung, fast immer, ohne dass man
10 dafür bezahlen muss, und ein Großteil der Bevölkerung lebt in Wohlstand. Der Staat unterstützt Menschen, die in Not geraten sind. Zu diesen Ländern gehören alle Länder in West-Europa, die USA, Kanada, Japan, Australien und Neuseeland.

(Autorentext)

M8b Entwicklungsländer

Länder, in denen all diese Dinge oder Faktoren nicht oder nicht in ausreichendem Maße zu finden sind, bezeichnet man als **Entwicklungsländer**. Durch diesen Begriff wird deutlich, dass diese Länder sich
5 noch entwickeln müssen. Ein Großteil der Bevölkerung lebt dort auf dem Land, versorgt sich mühsam mithilfe von Landwirtschaft und verdient nur sehr wenig oder gar kein Geld. Häufig leiden diese Länder auch unter schlechten Klimabedingungen,
10 es regnet zum Beispiel sehr wenig und die Bauern können dadurch kaum etwas ernten. Viele Menschen leiden Hunger. Es gibt kaum Arbeitsplätze, weil es zum Beispiel keine großen Fabriken und Unternehmen gibt. Die Verkehrswege sind oft nur mangelhaft ausgebaut. Es fehlt eine umfassende medizinische Versorgung,
15 auch Schulen sind längst nicht überall vorhanden. Die Regierungen haben kaum Möglichkeiten, den Menschen in ihrer Not zu helfen. Zu den Entwicklungsländern gehören viele afrikanische Länder, zum Beispiel Angola, Äthiopien, Kamerun, Demokratische Republik Kongo, Mosambik, Niger, Ruanda, Sambia, Sudan, Togo, Uganda. Aber auch Staaten in Asien (Afghanistan, Bangladesch, Kambodscha, Pakistan, Nepal, Laos), in Süd-
20 amerika (Bolivien, Kolumbien, Peru, Venezuela) und in der Karibik (Haiti) gehören dazu.

(Autorentext)

M 8 c Schwellenländer

Als **Schwellenländer** bezeichnet man die Länder, die sich im Übergang („auf der Schwelle") vom Entwicklungsland zum Industrieland befinden. Zu diesen Ländern zählt man zum Beispiel China, Indien, 5 Brasilien, Mexiko, Argentinien, Saudi-Arabien, Südafrika und Südkorea.

(Autorentext)

1 Erschließt den Text zu zweit und in Arbeitsteilung. Erstellt jeweils eine Liste von Merkmalen der Industrieländer (M 8 a) bzw. der Entwicklungsländer (M 8 b).

2 Stellt euch die Ergebnisse gegenseitig vor. Stellt dann in einer Tabelle die unterschiedlichen Merkmale von Industrieländern und Entwicklungsländern heraus.

3 Erklärt gemeinsam, was ein Schwellenland ist (M 8 c).

4 Kennzeichnet in eurer Kopie der Weltkarte mit verschiedenen Farben die in M 8 genannten Industrieländer, Schwellenländer und Entwicklungsländer. Was fällt euch auf?

M 9 Kinderarmut weltweit

Nach Schätzungen von UNICEF leben etwa **eine Milliarde** Kinder weltweit in Armut, etwa 385 Millionen **sogar** in **extremer Armut (absolute Armut)**. Das ist etwa hundertmal die Einwohnerzahl von Berlin, Deutschlands größer Stadt. Wenn die Menschen z.B. in Entwicklungsländern nicht 5 mehr als 2,15 US-Dollar (das sind etwa 2 Euro) pro Tag zur Verfügung haben, gelten sie als extrem arm. Und da ist nicht das Taschengeld gemeint, sondern das Geld für Essen, Trinken, Kleidung, Wasser, heizen, Bildung – für alles! Man sagt dann, diese Menschen leben in **absoluter Armut**. 10
Den Kindern fehlt dann das, was sie zum Leben dringend brauchen:

- ein richtiges Dach über dem Kopf,
- einfachste sanitäre Einrichtungen,
- sauberes Trinkwasser und ausreichende Ernährung, 15
- Zugang zu Informationen (Radio, Fernsehen, Internet, Zeitungen etc.),
- ärztliche Versorgung,
- Schulbildung.

Häufig haben sie ihre Eltern verloren oder mussten ihr Heimatland verlassen und fliehen.

(Autorentext)

1 Erläutert, was man unter absoluter Armut versteht.

2 Stellt dar, wie sich die absolute Armut zeigt.

3 Überprüft, welche Bedürfnisse von armen Kindern nicht bzw. nur unzureichend erfüllt werden (siehe dazu die Bedürfnispyramide in Kapitel 3, Seite 49).

M10   Gibt es Kinderarmut auch in Deutschland?

Du glaubst, Armut ist nur ein Thema in Entwicklungsländern? Allein in Deutschland ist mindestens jedes fünfte Kind von Armut betroffen [Stand 2023]. Das sind fast drei Millionen Mädchen und Jungen unter 18 Jahren. Doch was heißt das genau? Und ab wann gelten Kinder in Deutschland als arm?

5 Es werden unterschiedliche Formen von Armut definiert – und zwar die absolute [und] die **relative Armut**. Kinder, die in Deutschland als armutsgefährdet eingestuft werden, fallen meist unter die relative Armut, weil sie und ihre Familien immer noch mehr Geld zur Verfügung haben als arme Menschen in Entwicklungsländern.

Die Armutsgrenze wird am Einkommen gemessen: Wer weniger als 60 Prozent des 10 mittleren Einkommens [der Menschen in der Bundesrepublik] zur Verfügung hat, gilt als armutsgefährdet. [...] Kinderarmut muss (also) nicht bedeuten, dass gehungert wird oder kein Obdach zur Verfügung steht. [...] Familien, die in Deutschland von Armut betroffen sind, haben eine gesicherte Existenz, leben aber oft nur mit dem Nötigsten. Täglich eine warme Mahlzeit ist für arme Kinder 15 in Deutschland nicht selbstverständlich. Die Kinder müssen auf vieles verzichten, was für andere Gleichaltrige selbstverständlich ist. [...] Kinder aus ärmeren Familien haben es in vielen Lebenslagen schwerer: Wenn sie zu Kinderge- 20 burtstagen eingeladen werden, können sie keine teuren Geschenke mitbringen wie die Klassenkameraden. Arme Kinder haben oft kein eigenes Smartphone und können keine angesagten Markenklamotten tragen. Im Winter frieren einige, 25 weil die Eltern keine warme Kleidung kaufen können. Taschengeld ist für sie nicht selbstverständlich und fürs Schwimmbad oder das Kino ist ebenfalls kein Geld da. Sport im Verein kostet Geld, genauso wie der Musikunterricht. In vielen 30 Fällen haben die Eltern kein Auto und können ihre Kinder gar nicht erst zum Training fahren. [...] Viele Kinder benötigen Hilfe bei den Hausaufgaben. Doch häufig können sich die Eltern nicht genug um die Bildung der eigenen Kinder 35 kümmern und sich auch keine Nachhilfe oder dergleichen leisten. Ohne guten Schulabschluss fällt es den Kindern schwer, einen Beruf zu erlernen, mit dem sie später selbst Geld verdienen können. [...] Eltern geben das vorhandene Geld 40 zu selten für gesunde Lebensmittel aus, da sie vergleichsweise teuer sind. Durch den Mangel an ausgewogener Ernährung, medizinischer Versorgung und ausreichender Bewegung leidet die Gesundheit der Kinder langfristig.

(Kinderarmut in Deutschland, aware, malteser.de, Malteser Hilfsdienst e. V., Köln; https://www.malteser.de/aware/hilfreich/kinderarmut-in-deutschland-alles-was-du-darueber-wissen-musst.html [26.06.2024])

> ⭐ **„Relative" Armut** wird in Beziehung (also in Relation – relativ) zum mittleren Einkommen gesehen. Wenn das mittlere Einkommen in einem Land niedrig ist, liegt die Armutsgrenze niedriger als in einem Land, in dem das mittlere Einkommen hoch ist.

Umfrage unter Lehrkräften
Zunahme von Kinderarmut beobachtet

Anteil der Lehrer/-innen, die im Vergleich zum Schuljahr 2021/22 häufiger beobachten, dass Schülerinnen und Schüler …

unzureichendes Schulmaterial haben — **37 %**

Sorgen um die **finanzielle Situation** ihrer Familie haben — **33**

ohne Frühstück in die Schule kommen — **30**

weniger an **außerschulischen Aktivitäten** teilnehmen — **29**

nicht an **mehrtägigen Ausflügen** teilnehmen — **24**

nicht an **Tagesausflügen** teilnehmen — **18**

das **Essensgeld** nicht oder unpünktlich bezahlen — **16**

Umfrage unter 1032 Lehrkräften an allgemein- und berufsbildenden Schulen, 13.–23. Juni 23

dpa•106110   Quelle: Das Deutsche Schulbarometer (Robert Bosch Stiftung)

1 Erläutert, worin sich die Kinderarmut in Deutschland von der z. B. in Afrika unterscheidet.

2 Wertet die Grafik in M 10 zu Beobachtungen von Lehrkräften zur Zunahme von Kinderarmut aus. Nutzt dazu die folgenden methodischen Hinweise.

3 Erläutert, welche Folgen Kinderarmut für die Betroffenen haben kann. Bezieht euch dabei auf den Text und auf die Ergebnisse zu Aufgabe 2.

4 Ein Schüler behauptet: „Solange man ein Dach über dem Kopf hat und nicht hungert, kann man auch nicht arm sein." Nehmt zu dieser Aussage Stellung.

Wie wertet man eine grafische Darstellung aus?

Methode

Im Kapitel 7 auf der Seite 143 habt ihr bereits erfahren, wie man aus Zahlenangaben eine grafische Darstellung, ein Schaubild herstellen kann. Hier soll es nun darum gehen, was man beachten muss, wenn man eine grafische Darstellung auswerten will.
So könnt ihr vorgehen:

1. Schritt: Der grafischen Darstellung die grundlegenden Angaben entnehmen:
- Um welches Thema handelt es sich?
- Wer hat die Grafik erstellt?
- Zu welchem Zeitpunkt ist sie entstanden?
- Welche Form wurde gewählt (Balken-, Säulen-, Kreisdiagramm etc.)?
- Welche Zahlenarten (Mengenangaben oder Prozentangaben) wurden verwendet?

2. Schritt: Nun gilt es herauszufinden, welche Informationen die Grafik vermittelt. Dabei sollte beachtet werden, wie die Aufgabenstellung bzw. der Arbeitsauftrag dazu genau lautet. Da man in der Regel nicht auf jede Zahl der Grafik eingehen kann, bietet es sich an, jeweils die höchsten und die niedrigsten Werte zu betrachten oder besondere Auffälligkeiten herauszuarbeiten.

3. Schritt: Jetzt muss ermittelt werden, ob die Informationen auch in einen sinnvollen Zusammenhang gestellt sind, damit man die richtigen Schlussfolgerungen daraus ziehen kann. Ein Beispiel: In eurer Klasse behauptet ein Mitschüler: „Jeder fünfte Mensch ist ein Chinese" und zählt ab: „Eins, zwei, drei, vier, fünf … Florian, du bist ein Chinese!" Ihr werdet darüber mit Sicherheit lachen, denn vermutlich wird es in eurer Klasse nicht so sein, dass jede fünfte Person ein Chinese oder eine Chinesin ist. Allerdings stimmt diese Behauptung tatsächlich, wenn man sie in einem anderen Zusammenhang sieht, nämlich auf die gesamte Weltbevölkerung bezogen: Die Gesamtbevölkerung auf der Erde betrug im Jahr 2023 rund 8 Milliarden Menschen. In China lebten davon ca. 1,4 Milliarden Menschen, das heißt, rund 20 %. Also: Im Durchschnitt ist jeder Fünfte ein Chinese.
Ein anderes Beispiel, diesmal bezogen auf die Grafik „Zunahme von Kinderarmut beobachtet" in M 10: Wenn 33 % der Lehrerinnen und Lehrer beobachten, dass Schülerinnen und Schüler „Sorgen um die finanzielle Situation ihrer Familie haben", und 30 % beobachten, dass diese „ohne Frühstück in die Schule kommen", bedeutet das nicht, dass es sich jeweils um andere Lehrerinnen und Lehrer handelt. Es können nämlich die Lehrerinnen und Lehrer **sowohl das eine als auch das andere** beobachtet haben. Man nennt dies „Mehrfachnennungen" (wenn sowohl das eine als auch das andere oder mehrere andere Dinge zutrifft bzw. zutreffen).

(Autorentext)

3. Zur Schule gehen – (k)eine Selbstverständlichkeit?

Ein Gedankenexperiment:

In Kapitel 5 und 6 dieses Buches habt ihr verschiedene Themen rund um eure Schule erarbeitet. Und jetzt stellt euch einmal vor, ihr hättet nie die Chance gehabt, zur Schule zu gehen. Was wäre in eurem Leben anders verlaufen? Wie würde sich euer Alltag von dem heutigen unterscheiden? Was würde euch fehlen, was eher nicht? Notiert eure Gedanken im Heft. Tauscht euch dann mit eurer Nachbarin oder eurem Nachbarn aus und besprecht die Ergebnisse abschließend in der Klasse.

Klassenarbeiten schreiben, Vokabeln lernen oder Hausaufgaben machen mag manchmal anstrengend sein. Dennoch ist unbestritten, dass jedes Kind die Möglichkeit haben muss, eine Schule zu besuchen, um Freundinnen und Freunde kennenzulernen, zu lernen und gut auf das spätere Leben als Erwachsene vorbereitet zu werden. Weil dieses Recht auf Bildung so wichtig für die Entwicklung junger Menschen ist, haben sich fast alle Staaten der Erde dazu entschlossen, diese in der **Kinderrechtekonvention** der Vereinten Nationen festzuhalten. Im Folgenden befasst ihr euch zunächst mit diesem Vertrag, bevor ihr euch anschaut, ob dieser überhaupt eingehalten wird.

> Die **Kinderrechtekonvention** enthält die wichtigsten Rechte für Kinder. Sie schreibt zum Beispiel vor, dass alle Kinder gleich behandelt werden. So haben alle Jungen und Mädchen auf der Welt die gleichen Rechte, egal ob sie arm oder reich sind, welche Hautfarbe sie haben, welcher Religion sie angehören oder ob sie eine Behinderung haben. […] Näheres dazu erfahrt ihr in Abschnitt 4 dieses Kapitels.]
>
> (Artikel Kinderrechtekonvention, http://www.kinderministerium.de/main-navigation/ministerium/lexikon/ [18.03.2019])

M11   Kinderrechtekonvention: Das Recht auf Bildung (Originaltext)

(1) Die Vertragsstaaten erkennen das Recht des Kindes auf Bildung an; um die Verwirklichung dieses Rechts auf der Grundlage der Chancengleichheit fortschreitend zu erreichen, werden sie insbesondere …

a) den Besuch der Grundschule für alle zur Pflicht und unentgeltlich machen;

b) die Entwicklung verschiedener Formen der weiterführenden Schulen allgemeinbildender und berufsbildender Art fördern, sie allen Kindern verfügbar und zugänglich machen und geeignete Maßnahmen wie die Einführung der Unentgeltlichkeit und die Bereitstellung finanzieller Unterstützung bei Bedürftigkeit treffen;

c) allen entsprechend ihren Fähigkeiten den Zugang zu den Hochschulen mit allen geeigneten Mitteln ermöglichen;

d) Bildungs- und Berufsberatung allen Kindern verfügbar und zugänglich machen;

e) Maßnahmen treffen, die den regelmäßigen Schulbesuch fördern, und den Anteil derjenigen, welche die Schule vorzeitig verlassen, verringern.

(2) Die Vertragsstaaten treffen alle geeigneten Maßnahmen, um sicherzustellen, dass die Disziplin in der Schule in einer Weise gewahrt wird, die der Menschenwürde des Kindes entspricht und im Einklang mit diesem Übereinkommen steht. […]

(Deutsches Kinderhilfswerk: Die UN-Konvention über die Rechte des Kindes, Artikel 28, 20.11.1989, Berlin; https://www.kinderrechte.de/kinderrechte/un-kinderrechtskonvention-im-wortlaut/#c3237 [26.06.2024])

M12   Kinderrechtekonvention: Das Recht auf Bildung (in leichter Sprache)

A) Jedes Kind soll eine Grundschule besuchen können, ohne dafür zu bezahlen.	B) Es soll verhindert werden, dass Schülerinnen und Schüler zu häufig fehlen oder die Schule abbrechen müssen.	C) Die Lehrerinnen und Lehrer sollen alles dafür tun, dass die Kinder möglichst viel lernen und, wenn sie wollen, eine Universität besuchen können, z. B. um Lehrer oder Ärztin zu werden.
D) In den höheren Klassen stehen Schülerinnen und Schüler bald vor der Frage: Was soll ich mal werden? Es gibt so viele interessante Berufe, von denen Kinder und auch ihre Eltern nichts wissen. Berufsberatung und Bildungsberatung sollen hier weiterhelfen.	E) Die Staaten, die den Vertrag unterschreiben, verpflichten sich, möglichst jedem Schüler und jeder Schülerin Bildung zu ermöglichen. Das tun sie, damit alle möglichst die gleichen Chancen im Leben haben. Dazu wollen sie Folgendes sicherstellen:	F) Kinder sollen aber nicht nur zur Grundschule gehen, sondern auch darüber hinaus an weiterführenden Schulen weiterlernen dürfen. Dazu müssen Familien unterstützt werden, wenn ihnen z. B. das Geld fehlt, um den Schulbus zu bezahlen oder Schulbücher zu kaufen.
G) Die Kinder sollen auch gern zur Schule gehen und müssen in der Schule anständig behandelt werden. Das heißt: Sie dürfen nicht geschlagen, nicht angeschrien und nicht gedemütigt werden. Auch in der Schule muss ein Kind geschützt werden. Kein Kind soll vor der Schule Angst haben.		

(Autorentext)

▬▬ Ordnet den einzelnen Abschnitten des Originaltextes (M 11) die entsprechenden Erklärungen aus M 12 zu.

M 13 Viele Kinder können keine Schule besuchen!

263 Millionen Kinder und Jugendliche zwischen 6 und 17 Jahren haben weltweit keinen Zugang zu Bildung. [...] Davon sind 63 Millionen im Grundschulalter (6 – 11 Jahre), 61 Millionen im unteren Sekundarschulalter (12 – 14 Jahre) und 139 Millionen im oberen Sekundarschulalter
5 (15 – 17 Jahre). [...] Wie bereits in den vergangenen Jahren leben die meisten Kinder und Jugendlichen ohne Schulzugang in Subsahara-Afrika (siehe Karte). 34 Millionen der 63 Millionen Kinder im Grundschulalter ohne Schulzugang stammen aus dieser Region.

(263 Millionen Kinder und Jugendliche weltweit gehen nicht zur Schule, Deutsche UNESCO-Kommission e. V., Pressemitteilung vom 01.03.2018, Bonn; https://www.unesco.de/bildung/bildungsagenda-2030/263-millionen-kinder-und-jugendliche-weltweit-gehen-nicht-zur-schule [26.06.2024])

1 Beantwortet mithilfe des Textes M 13 die folgenden Fragen:
  a) Wie viele Kinder im Alter zwischen 6 und 17 Jahren haben weltweit keinen Zugang zu Bildung?
  b) Wie alt sind Kinder im Grundschulalter, im unteren Sekundarschulalter und im oberen Sekundarschulalter?
  c) Wie viele Kinder im oberen Sekundarschulalter gehen nicht zu Schule?
  d) In welcher Region der Erde leben die meisten Kinder und Jugendlichen, die nicht zur Schule gehen können?

2 In der Kinderrechtekonvention steht, dass jedes Kind das Recht auf Bildung hat. Wurde dieses Ziel erreicht? Erläutert!

3 Überlegt mit eurem Sitznachbarn oder eurer Sitznachbarin, weshalb weiterhin so viele Kinder auf der Welt nicht zur Schule gehen können. Überprüft eure Vermutungen anschließend mithilfe der Informationen in M 14.

M 14 Warum können viele Kinder nicht in die Schule gehen?

Häufig sind die Schulen zu weit weg vom Wohnort der Kinder. Oder es kostet Geld, zur Schule zu gehen. Das können sich viele Eltern nicht leisten. Viele Kinder haben auch einfach keine Zeit für die Schule. Sie müssen arbeiten und Geld verdienen, weil ihre Fa-
5 milien arm sind. Manchmal gibt es Schulen, in denen diese Kinder abends lernen können. In manchen Gegenden dürfen Mädchen nicht in die Schule gehen. Das kann religiöse Gründe haben oder die Mädchen werden im Haushalt eingespannt. Es wird nicht für wichtig gehalten, dass sie etwas lernen.
10 Überall, wo Krieg herrscht oder Familien auf der Flucht sind, gibt es keinen regelmäßigen Unterricht. Deshalb bauen Hilfsorganisationen wie **Unicef** in Flüchtlingslagern kleine Hilfsschulen auf. Sie wollen den Kindern so ein Stück normalen Alltag wiedergeben – und die Möglichkeit zu lernen.

> ⭐ **Unicef:** Die Abkürzung steht für „United Nations International Children's Emergency Fund". Zu seinen Aufgaben gehört die weltweite Versorgung von Kindern und Müttern mit Nahrungsmitteln, Kleidung, Medikamenten und medizinischer Hilfe. Informationen zu dieser Organisation für Kinder und Jugendliche findet ihr auf dieser Internetseite von unicef: https://www.unicef.de/mitmachen/youth

(Das Recht auf Bildung (Artikel 28), hanisauland.de, Bundeszentrale für politische Bildung, Bonn; https://www.hanisauland.de/spezial/kinderrechte/kinderrechte-kapitel-6.html [26.06.2024])

Dass Kinderarmut und schlechte Bildungschancen weltweit bekämpft werden müssen, steht außer Frage. Gerade, da beides zusammenhängt: Ohne gute Schulbildung können Kinder später keinen guten Beruf erlernen und Geld verdienen. Sie bleiben damit in der Armut gefangen. Aber was kann man ganz konkret gegen Kinderarmut und schlechte Bildung tun? Wir stellen euch im folgenden Material ein Projekt des gemeinnützigen Kinderhilfswerkes „Plan international" vor, das es in dem afrikanischen Land Uganda durchgeführt hat (2021–2024).

Fallbeispiel

M 15   Ein Bildungsprojekt in Uganda

Lediglich 12 Prozent der Mädchen und 26 Prozent der Jungen in Uganda beenden die Grundschule nach den vorgeschriebenen sieben Jahren. Nicht selten findet der Unterricht im Freien statt, da die wenigen Klassenzimmer erhebliche bauliche Mängel aufweisen. Zu den Herausforderungen im Schulwesen zählen neben überfüllten Klassenzimmern auch schlechte Ausstattung, fehlendes und veraltetes Lehrmaterial sowie nur 5 unzureichend ausgebildete Lehrkräfte. In den meisten Schulen fehlen zudem Toiletten, die an die Bedürfnisse von Mädchen oder Kindern mit Behinderungen angepasst wären. Für Mädchen kommt erschwerend hinzu, dass sie aufgrund von Teenagerschwangerschaften oder Kinderheirat die Schule oft frühzeitig abbrechen müssen. [...]
Um die Klassengrößen zu verringern und eine sichere, lernfreundliche Umge- 10 bung zu schaffen, werden im Rahmen des Projekts sieben neue Klassenräume und Lehrer:innenzimmer an den Projektschulen gebaut. Insgesamt 24 Klassenzimmer werden mit je 30 Tischen und Stühlen ausgestattet. In jeder Schule errichtet Plan zudem zehn geschlechtsspezifische Toiletten für Mädchen und Jungen und zwei für Lehrer:innen. Zusätzlich werden Wasserauffangsysteme installiert und die Schulgelände umzäunt, um 15 den Kindern mehr Sicherheit zu bieten. Für die Pausen und den Sportunterricht stellt das Projekt pro Schule 60 Spiel- und Sportgeräte bereit. Außerdem werden 2.940 Lehrbücher für sieben verschiedene Fächer sowie 120 Lehrbücher zur Verbesserung des Lese- und Schreibunterrichts angeschafft. Alle Schüler:innen erhalten eine Büchertasche sowie die benötigten Lernmaterialien und Schulhefte. 20
[...] Um die Qualität des Unterrichts zu verbessern, bildet das Projekt Lehrer:innen in kinderfreundlichen, interaktiven Lehrmethoden fort. Außerdem wird die Einstellung von 18 neuen Lehrkräften (drei pro Schule) gefördert, so soll die Relation von Lehrkräften zu Schüler:innen verbessert werden. [...] Alle Lehrkräfte erhalten jährlich Unterrichtsmaterialien wie Textmarker, Kreide und Klassenbücher sowie Leitfäden zur Aus- 25 arbeitung des Lehrplans. [...]
Mädchen erleben in Uganda häufig geschlechtsspezifische Diskriminierung und Gewalt. Auch in der Schule ist Gewalt gegen Kinder verbreitet. Deshalb werden die Kinderschutzstrukturen in den Projektschulen gestärkt und 200 Lehrer:innen, Mitglieder von Kinderschutzkomitees und Distriktbeamt:innen in Kinderschutztrainings fortgebildet. 30

(Uganda – Kinder brauchen Bildung!, Stiftung Hilfe mit Plan, Hamburg; https://www.plan.de/stiftung/foerdern/aktuelle-projekte/uganda-kinder-brauchen-bildung/?sc=IDQ24100 [26.06.2024])

1▬ Beschreibt die Maßnahmen, die die Stiftung in dieser Region in Uganda durchführen will.

2▬ Inwiefern lässt sich durch ein solches Projekt Kinderarmut bekämpfen? Diskutiert darüber in der Klasse.

Im Folgenden lernt ihr Malala Yousafzai kennen, ein mutiges Mädchen aus Pakistan. Dort war und ist es nicht selbstverständlich, dass Mädchen zur Schule gehen. Malala hat sich für das Recht auf Bildung starkgemacht und wurde dafür von Terroristen verfolgt, angegriffen und bei einem Angriff schwer verletzt. Ihr wurde in einem Bus in den Kopf geschossen. Obwohl sie den Angriff nur knapp überlebt hat, kämpft sie heute weiter für das Recht auf Bildung. Dafür wurde sie auch mit dem Friedensnobelpreis ausgezeichnet. Das ist der weltweit wichtigste Preis, der an Personen vergeben wird, die sich für den Weltfrieden einsetzen. Malala ist mit 17 Jahren bis heute die jüngste Preisträgerin. In M16 findet ihr Auszüge aus ihrer Rede, die sie am Tag der Preisverleihung vor den Vereinten Nationen gehalten hat.

Terroristen wollen anderen Menschen Angst machen, indem sie Gewalt ausüben. Sie verüben Anschläge und wollen damit ihre Ziele leichter durchsetzen.

Die **Vereinten Nationen** (Abkürzung: VN oder UN) sind ein Zusammenschluss fast aller Länder der Welt. Im Moment haben die UN 193 Mitglieder, darunter auch Deutschland. Der Sitz der UN befindet sich in New York (USA). Die Vertreterinnen und Vertreter der Mitgliedsländer (Staaten) treffen sich dort regelmäßig, um über aktuelle Probleme in der Welt zu sprechen und gemeinsam Lösungen zu finden.

(kindersache.de: UNO – Die Vereinten Nationen, 28.08.2021, Deutsches Kinderhilfswerk e. V., Berlin; https://www.kindersache.de/bereiche/wissen/politik/uno-die-vereinten-nationen [26.06.2024]; leicht verändert)

M16 Die Rede von Malala Yousafzai vor den Vereinten Nationen in New York

„Es ist eine Ehre für mich, nach langer Zeit wieder sprechen zu können. [...] Ich bin hier, um meine Meinung zu sagen für das Recht auf Bildung für alle
5 Kinder. [...] Wir rufen alle Regierungen auf, Schulpflicht auf der ganzen Welt für alle Kinder zu gewährleisten. Wir rufen alle Regierungen auf, gegen Terrorismus und Gewalt zu kämpfen. Um
10 Kinder vor Brutalität und Schaden zu bewahren. Wir fordern die Industriestaaten auf, den Ausbau der Bildungsmöglichkeiten für Mädchen in den Entwicklungsländern zu unterstützen.
15 [...] Liebe Brüder und Schwestern, wir wollen Schulen und Bildung für eine glänzende Zukunft aller Kinder. Wir werden unsere Reise mit dem Ziel Frieden und Ausbildung fortsetzen. Niemand kann uns aufhalten. Wir werden für unsere Rechte sprechen und unsere Stimme wird sich verändern. Wir glauben an die Kraft und die
20 Stärke unserer Worte. Unsere Worte können die Welt verändern, weil wir uns zusammenschließen für die Sache der Bildung. [...]
Liebe Brüder und Schwestern, wir dürfen nicht vergessen, dass Millionen von Menschen unter Armut, Ungerechtigkeit und Mangel an Bildung leiden. Wir dürfen nicht vergessen, dass Millionen von Kindern keine Schule haben. Wir dürfen nicht vergessen, dass
25 unsere Schwestern und Brüder auf eine glänzende, friedliche Zukunft warten. Also lasst

Ein **Analphabet** ist ein Mensch, der entweder überhaupt nicht lesen und schreiben kann oder nur so schlecht, dass er im Alltag große Probleme hat.

uns einen weltweiten Kampf wagen, gegen Analphabetismus, Armut und Terrorismus, lasst uns unsere Bücher und Stifte holen, sie sind unsere stärksten Waffen. Ein Kind, ein Lehrer, ein Buch und ein Stift können die Welt verändern. Bildung ist die einzige Lösung. Bildung zuerst. Vielen Dank!" ₃₀

(Mitschrift der Rede von Malala Yousafzai am 12. Juli 2013, Vereinte Nationen in New York (deutsche Übersetzung), Übersetzung: Sabine Stampfel, Quelle: SWR Kindernetz, Stuttgart; https://www.kindernetz.de/infonetz/politik/frauenrechte/-/id=286214/property=download/nid=271614/6djvc8/SWRKindernetz-Rede-Malala.pdf [18.03.2019])

1 Stellt dar, welche Ziele Malala verfolgt. Was möchte sie erreichen?

2 Erklärt, welche Forderungen sie an die Regierungen der Länder der Welt stellt und wie sie diese Forderungen begründet.

3 „Ein Kind, ein Lehrer, ein Buch und ein Stift können die Welt verändern." (Z. 28 f.) Dieser Satz von Malala ist weltberühmt geworden. Versucht gemeinsam zu erklären, was damit gemeint ist.

4 Malala hat den Anschlag auf sie fast nicht überlebt, dennoch kämpft sie weiter für ihre Ziele. Könnt ihr das nachvollziehen oder findet ihr es unverantwortlich? Schreibt Malala einen Brief, in welchem ihr dem Mädchen mitteilt, was ihr von seinem Handeln haltet.

2.1, 2.2

5 V Bereitet zu zweit ein Referat vor, in welchem ihr über Malala Yousafzai informiert. Informationen dazu erhaltet ihr z. B. über die Links im Webcode.

WES-129794-023

Hier findet ihr den Link zum Video von Malalas Rede sowie Informationen zu Malala und ihrem Kampf für bessere Bildung.

4. Kinderrechte auf der ganzen Welt stärken – Was können wir tun?

Kinder haben Rechte! Im letzten Abschnitt dieses Kapitels soll es darum gehen, was wir alle, was auch ihr tun könnt, damit die Kinderrechte in den Entwicklungsländern und auch in Deutschland besser bekannt und umgesetzt werden.

M 17 Alle Kinder haben Rechte

Die Menschenrechte sind im Jahr 1950 formuliert worden und gelten weltweit. Im Laufe der Zeit ist man dann zu der Auffassung gekommen, dass die Rechte der **Kinder** einer besonderen Beachtung bedürfen. Daher haben sich Politiker und Experten im Jahr 1989 in der Organisation der Vereinten Nationen (**UN**; vergleiche dazu noch einmal die Sei-
5 te 255) zusammengefunden, um die Rechte der Kinder in einer besonderen Vereinbarung (auch Konvention genannt) festzulegen. Diese Vereinbarung heißt daher **Kinderrechte-konvention** (oder auch Kinderrechtskonvention). Sie enthält 54 Artikel (Abschnitte), in denen die Kinderrechte festgelegt werden. Mittlerweile haben 193 Staaten dieser Vereinbarung zugestimmt, das sind fast alle Länder der Welt. Die Staaten haben sich verpflich-
10 tet, zum Wohle der Kinder diese Rechte zu verwirklichen. Als Kind gilt man in dieser Vereinbarung bis zum 18. Lebensjahr. Unterstützt werden die Vereinten Nationen dabei von vielen anderen Organisationen, wie zum Beispiel ihrem Kinderhilfswerk **Unicef**.
Die Kinderrechtekonvention ist allerdings kein richtiges Gesetz; deshalb kann auch niemand bestraft werden, der die Kinderrechte nicht einhält. Trotzdem ist die Konvention
15 nicht nutzlos. Man kann die Länder, in denen die Rechte der Kinder verletzt werden, immer darauf hinweisen, dass sie der Konvention zugestimmt und sich damit verpflichtet haben, die Rechte der Kinder einzuhalten und zu schützen.
Die Kinderrechtekonvention gilt für etwa zwei Milliarden (in Zahlen: 2.000.000.000) Mädchen und Jungen.

(Autorentext)

 Was versteht man unter der Kinderrechtekonvention? Erklärt auch, was es bedeutet, dass es sich nicht um ein Gesetz handelt.

 Recherchiert im Internet weitere Kinderrechte und stellt sie euren Mitschülerinnen und Mitschülern in einem Vortrag vor. Verwendet dazu den Link im Webcode.

2.1, 2.2

WES-129794-024

M18 Kinder-Hilfsorganisationen unterstützen

Es gibt sehr viele Hilfsorganisationen, die sich für Kinderrechte einsetzen. Ein wichtiges Anliegen dieser Organisationen ist die Umsetzung der Kinderrechte in Entwicklungsländern.

WES-129794-025

Hier findet ihr Links verschiedener Hilfsorganisationen zum Thema Kinderrechte.

Neben den abgebildeten Organisationen bieten auch andere vielfältige Anregungen dafür an (auch für Schulklassen), wie ihr euch für Kinderrechte einsetzen könnt. Über ihre Internetseiten (siehe Webcode) könnt ihr dazu Informationen einholen. 5
(Autorentext)

1 Stellt in Partnerarbeit eurer Klasse zwei Hilfsorganisationen in einem Kurzvortrag näher vor. Dabei können euch die folgenden methodischen Hinweise helfen. Beachtet dabei in besonderem Maße die Hinweise zur Bedeutung des Schulbesuchs für Kinder.

2 Erarbeitet in eurer Klasse anhand der Placemat-Methode (siehe Kapitel 5, Seite 91) Vorschläge, was ihr tun könnt, um auf Kinderrechte aufmerksam zu machen und zu deren Verwirklichung beizutragen. Anregungen dazu findet ihr bei Unicef und anderen Organisationen.

Methode | **Einen Kurzvortrag halten**

Beachtet bei einem Kurzvortrag die folgenden acht „goldenen Regeln":

1. Schreibt euch vorab einen Stichwortzettel mit den wichtigsten Informationen.
2. Übt den Vortrag mehrmals (zu Hause oder vor Freundinnen und Freunden).
3. Informiert die Klasse als Erstes über die Gliederung des Vortrags (zum Beispiel auf einer Folie).
4. Orientiert euch an dem Stichwortzettel, bemüht euch jedoch, frei vorzutragen.
5. Sprecht verständlich und nicht zu leise. Ihr dürft ruhig mal eine Pause machen.

6. Haltet Blickkontakt zu euren Mitschülerinnen und Mitschülern.
7. Erhöht die Aufmerksamkeit eurer Mitschülerinnen und Mitschüler, indem ihr euren Vortrag lebendig gestaltet (zum Beispiel mit einem Schaubild, einer Folie, einem Plakat).
8. Bietet euren Mitschülerinnen und Mitschülern an, Fragen zu stellen (während und/oder am Ende des Kurzvortrags).

(Autorentext)

M19 „Fair" produzierte und gehandelte Güter nutzen

„Geiz ist geil" – diesen Spruch habt ihr sicherlich schon gehört, wenn es darum geht, möglichst wenig Geld für die benötigten Güter wie z. B. Lebensmittel, Kleidung und Elektrogeräte auszugeben. Man sollte sich allerdings darüber im Klaren sein, dass das eigene Kaufverhalten Ein-
5 fluss haben kann auf die Lebenssituation in Entwicklungsländern.

Am Beispiel der Schuhproduktion, die in großem
10 Maße in Indien und China erfolgt, macht die Abbildung deutlich, welche Anteile (Prozent) vom Preis die Beteiligten an der Schuh-
15 herstellung erhalten.

Es stellt sich die Frage, was man selbst tun kann, um

Lohn der Näherin: 0,4%
Produktion, Fabrik **4%**
Transport **5%**
Material **8%**
Marke **33%**
Schuhgeschäft **50%**

mit seinem Konsumverhalten zu einer Verbesserung der Lebensbedingungen derjenigen beizutragen, die die Güter herstellen. Ein wichtiger Schritt ist es, sich Informationen zu
20 beschaffen. Dabei spielt der Hinweis auf „fair" produzierte und gehandelte Güter eine wichtige Rolle. Davon spricht man immer dann, wenn Produkte ohne Anwendung von Ausbeutung, Zahlung schlechter Löhne und/oder harter Kinderarbeit zum Kauf angeboten werden. Die Eltern erhalten so ein „faires" Einkommen, das ihren Lebensunterhalt sichert und ihren Kindern einen Schulbesuch ermöglicht, statt sie zur Arbeit schicken
25 zu müssen.

Mittlerweile gibt es eine Vielzahl von Kennzeichnungen – oftmals auch als Siegel oder Label bezeichnet –, die aussagen, unter welchen Bedingungen die Güter hergestellt wurden. Man findet diese Güter in der Regel auch im Supermarkt und in den Bekleidungsgeschäften, aber auch in speziellen Läden. Sie sind häufig etwas teurer als vergleichbare
30 Güter.

Findet man diese Kennzeichnungen nicht, kann man in Geschäften danach fragen und erhält eine Auskunft, die man als Käuferin oder Käufer bei seiner Entscheidung berücksichtigen sollte. Hier einige Beispiele für solche Kennzeichnungen:

Fairtrade: Mit diesem Label sind Waren gekennzeichnet, die unter guten Arbeitsbedingungen hergestellt wurden (zum Beispiel ohne Kinderarbeit). Das Label besagt auch, dass Bauern für ihre Produkte ein gutes Einkommen erhalten.

GEPA: Dieses Logo findet man oft auf Lebensmitteln, zum Beispiel Kaffee, Tee, Kakao, Schokolade, Honig, Zucker und Getränken.

 **Cotton Made in Africa:** Dieser international anerkannte Standard für nachhaltige Baumwolle aus Afrika setzt sich seit 2005 für den Schutz der Umwelt, bessere Arbeits- und Lebensbedingungen für Kleinbauern und für die Arbeiter in den Entkörnungsbetrieben ein. Durch nachhaltiges Handeln sollen wertvolle Ressourcen geschützt und Lebensbedingungen verbessert werden.

 **Rainforest Alliance:** Dieses Siegel steht vor allem für die Förderung von nachhaltigem Anbau. Es verbessert die Lebensbedingungen der Bauern, regeneriert die natürlichen Ressourcen und ist unter anderem auf Kaffee, Tee, Kakao und Kakaoprodukten sowie Bananen zu finden.

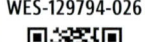

WES-129794-026

Hier findet ihr eine interessante Übersicht über viele Unternehmen und deren Umgang mit Kinderarbeit.

Eine weitere Möglichkeit besteht darin, sich zu fragen, ob man die Produkte, die man kaufen will, auch wirklich braucht. In Kapitel 3 habt ihr über die Bedürfnisse des Menschen vieles erfahren. Übermäßiger Konsum und der gleichzeitige Wunsch nach sehr günstigen Waren erschweren eine „faire" Herstellung. 35

(Autorentext)

1 Angenommen, der Turnschuh aus der Abbildung auf Seite 263 wird in Deutschland für 100 Euro verkauft. Ermittelt den Lohnanteil der Näherin in Euro. Zur Prozentrechnung könnt ihr noch einmal in Kapitel 4, Seite 77 nachschlagen.

2 Erklärt, was man unter „fair" hergestellten und gehandelten Gütern versteht.

3 Informieren – nachfragen – bewusst machen. Überlegt euch weitere Möglichkeiten, um etwas zu verändern.

M20 Einen Aktionstag planen und durchführen

Der 20. November jeden Jahres ist der „Tag der Kinderrechte".

In den Internetadressen im Webcode 025 (Seite 262) findet ihr vielfältige Anregungen und Tipps zur Planung und Durchführung eines Aktionstages. Hilfestellung bietet sicherlich auch eine Arbeitsgruppe der Kinderhilfsorganisationen in eurer Nähe.

(Autorentext)

 Informiert euch über die Möglichkeit, einen Aktionstag durchzuführen. Sprecht darüber zum Beispiel mit eurer SV.

Was ihr jetzt wissen und können solltet:

✓ **M**S**UH** unterschiedliche Lebenssituationen von Kindern in einzelnen Ländern der Welt beschreiben;

✓ **M**S**UH** die Unterscheidung zwischen Industrie-, Schwellen- und Entwicklungsländern erläutern;

✓ **M**S**UH** erklären, was unter Armut verstanden wird;

✓ **M**S**UH** eine grafische Darstellung zielgerichtet auswerten;

✓ **M**S**UH** das Problem der Kinderarmut auf der Welt und in Deutschland beschreiben und bewerten;

✓ **M**S**UH** das Recht auf Bildung erklären können;

✓ **M**S**UH** Ursachen dafür, dass viele Kinder auf der Welt keine Schule besuchen können, erläutern;

✓ **M**S**UH** Ansätze, um allen Kindern auf der Welt gute Bildung zu ermöglichen, bewerten;

✓ **M**S**UH** die Bedeutung von Kinderrechten erklären;

✓ **M**S**UH** einen Kurzvortrag vorbereiten und halten und dazu Informationen im Internet recherchieren;

✓ **M**S**UH** eine Entscheidung mithilfe der Placemat-Methode treffen;

✓ **M**S**UH** einen Aktionstag planen und durchführen;

✓ **M**S**UH** Ideen entwickeln und sich mit unterschiedlichen Auffassungen von Möglichkeiten einer besseren Umsetzung von Kinderrechten auseinandersetzen

Was ihr wisst – was ihr könnt – wie ihr es seht

M **S** U **H**   **1. Welche Lösung ist jeweils richtig?**

a) Alle Länder in West-Europa, die USA, Kanada, Japan, Australien und Neuseeland sind `???` .

b) Als `???` bezeichnet man Länder, die auf dem Übergang vom Entwicklungsland zum Industrieland sind.

c) Von absoluter Armut spricht man, wenn die Menschen in Entwicklungsländern nicht mehr als `???` US-Dollar (das ist etwa `???` Euro) pro Tag zur Verfügung haben.

d) Die `???` enthält die wichtigsten Rechte für Kinder.

e) Auf der Welt leben die meisten Kinder und Jugendlichen ohne Schulzugang in `???` .

f) `???` ist eine Hilfsorganisation der Vereinten Nationen, zu deren Aufgabe die weltweite Versorgung von Kindern und Müttern mit Nahrungsmitteln, Kleidung, Medikamenten und medizinischer Hilfe gehört.

M **S** U **H**   **2. Grafische Darstellungen auswerten: Hunger und Unterernährung in der Welt**

a) Hungernde Menschen auf der Welt

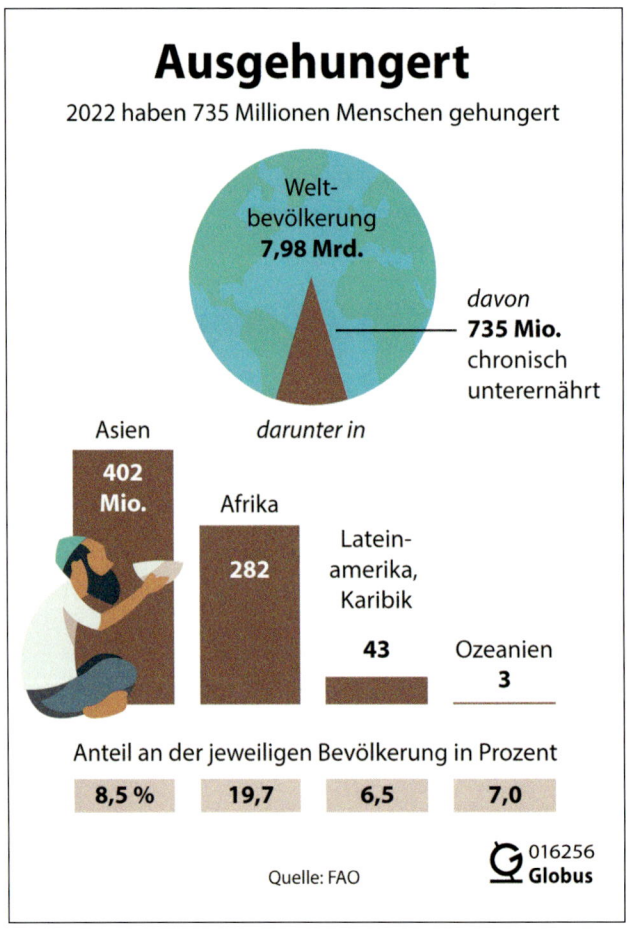

Ausgehungert

2022 haben 735 Millionen Menschen gehungert

Weltbevölkerung **7,98 Mrd.**

davon **735 Mio.** chronisch unterernährt

darunter in

Asien **402 Mio.**

Afrika **282**

Lateinamerika, Karibik **43**

Ozeanien **3**

Anteil an der jeweiligen Bevölkerung in Prozent

| 8,5 % | 19,7 | 6,5 | 7,0 |

Quelle: FAO

016256 Globus

b) Hungernde und schwer unterernährte Kinder

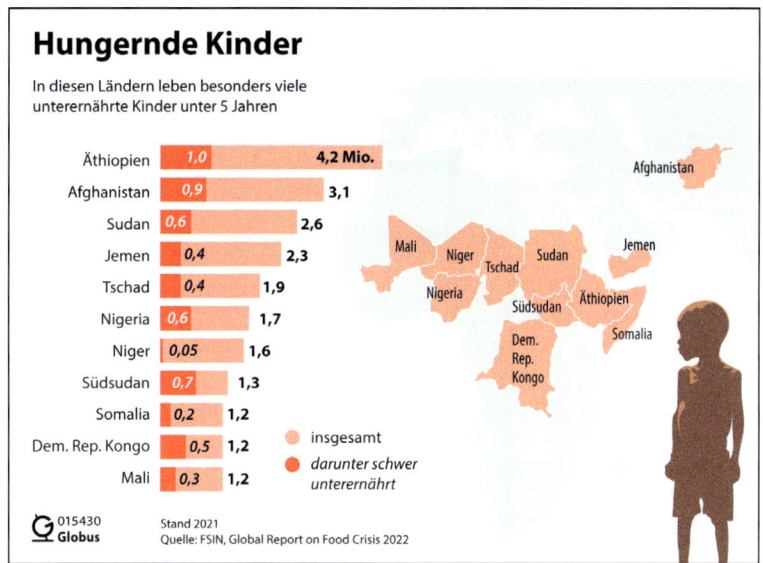

1 Entscheidet euch für eine der Grafiken und wertet sie aus. Orientiert euch dabei an den methodischen Vorschlägen auf der Seite 254.

2 Stellt eure Ergebnisse in der Klasse vor.

3. Eure Meinung ist gefragt! M S U H

a) Beschreibt, was auf dem Bild zu sehen ist.
b) Es handelt sich um eine Karikatur: Auf welches Problem will der Zeichner aufmerksam machen?
c) Welche Meinung habt ihr zu diesem Problem? Begründet eure Meinung.

Zeichnung: Kostas Koufogiorgos

4. Wir helfen! M S U H

Entscheidet euch für eine Aktion in der Klasse oder Schule mit dem Ziel, auf Kinderrechte aufmerksam zu machen. Plant sie und führt sie durch.

Wenn ihr noch mehr lernen wollt ...

D 1 Zum Rechnen und Nachdenken

In vielen Gebieten Indiens müssen Kinder arbeiten, damit die Familie überleben kann. Der 11-jährige Dayal lebt im Süden Indiens. Er faltet und
5 klebt Papiertüten aus Altpapier, deren Fertigung genau vorgegeben ist. Für jede gut gefertigte Tüte erhält er 5 Paisa (indische Währung), 100 Paisa ergeben eine Rupie. 100 Rupien sind
10 umgerechnet etwa 1,30 Euro (Stand April 2019). Sein Arbeitstag beginnt um 7 Uhr und endet um 22 Uhr. In dieser Zeit stellt er 400 Papiertüten her, die er an einen Aufkäufer verkauft.
15 Er arbeitet 6 Tage in der Woche.

Wichtig ist zu wissen, was man vom erarbeiteten Geld in Indien kaufen kann. Es kosten in etwa:

500 Gramm Reis:	12 Rupien
20	500 Gramm Gemüse:	12 Rupien
Öl zum Kochen:	5 Rupien
Miete pro Tag:	20 Rupien
Obst:	5 Rupien
Eine Tasse Tee:	5 Rupien

25 Diese Summe von 50 – 60 Rupien muss eine Familie täglich zur Verfügung haben, um das Überleben zu sichern. Zu bedenken ist dabei, dass man zum Leben natürlich noch andere Güter benötigt bzw. in Anspruch nehmen muss: Kleidung, Feuerholz, Seife, Benzin (für die Beleuchtung), Arztbesuche und einiges mehr.

(Autorentext)

1 Ermittelt, wie viel Geld (Rupien) Dayal täglich für die Herstellung der Papiertüten erhält.

2 Überprüft, welchen Anteil er dazu beiträgt, dass seine Familie überleben kann.

3 Wenn sich nicht alle aus eurer Klasse mit diesem Beispiel beschäftigt haben, erklärt es euren Mitschülerinnen und Mitschülern.

2.1, 2.2

D 2 Gegen welche Missachtung eines Kinderrechts wird hier demonstriert?

WES-129794-027

„Rote Hände" setzen ein Zeichen! Finde heraus, was dieses Zeichen bedeutet. Hilfestellung findest du u. a. unter den im Webcode genannten Internetadressen.

D 3 Ein Lückentext

Die einzutragenden Begriffe findest du in alphabetischer Reihenfolge unter dem Text.

Menschenrechte sind ??? . Damit dies in besonderem Maße deutlich wird, hat die UNO 1998 die sogenannte ??? verabschiedet. ??? alle Länder haben unterschrieben, sich an die dort festgelegten ??? zu halten. Wichtige Rechte von Kindern sind: das Recht auf ??? , auf ??? , auf ??? , auf schulische ??? .

5 Allerdings hat sich herausgestellt, dass in den ??? die Rechte der Kinder nur sehr ??? verwirklicht werden. Es gibt dort immer noch viele Kinder, die sterben oder krank sind, weil sie nicht genug oder nur sehr ??? Nahrung erhalten und die ??? Versorgung in den ??? Gebieten schlecht oder zu ??? ist.

Ein wesentlicher Grund für diese Situation ist die ??? Armut in diesen Ländern. Das 10 bedeutet, dass jede/jeder Einzelne täglich nur ca. ??? Euro für den Lebensunterhalt zur Verfügung hat. Das führt auch häufig dazu, dass die Kinder der Familien ??? müssen, um dazuzuverdienen. Dies hat wiederum zur Folge, dass die Kinder keine oder nur eine geringe ??? erhalten, was wiederum ein Grund ist, im späteren Leben nur schwer eine ??? zu bekommen.

15 In Deutschland, einem ??? , bezeichnet man die Situation von ca. 2 Millionen Kindern als ??? Armut. Das bedeutet „ ??? " Armut und sagt aus, dass in der Regel die Grundbedürfnisse wie z.B. ??? , ??? , ??? befriedigt werden können, sich die Kinder aber darüber hinaus – im Vergleich zu vielen anderen Kindern – wenig ??? können. Dies kann dazu führen, dass diese Kinder sich ??? fühlen und dies auch werden. Kinderar-20 beit gibt es für Kinder hier in der Regel auf ??? Basis.

Um die Bedingungen in Entwicklungsländern zu verbessern, gibt es Hilfsorganisationen wie z.B. ??? oder ??? . Aber alle Menschen können mithelfen, indem sie Produkte aus ??? Handel kaufen.

(Autorentext)

> **absolute – arbeiten – Arbeitsstelle – ausgegrenzt – Bildung – Bildung – einen – eingeschränkt – eintönige – Entwicklungsländern – Erholung – fairem – fast – freiwilliger – Gesundheit – Industrieland – Kinderrechte – Kinderrechtekonvention – Kleidung – ländlichen – Leben – leisten – medizinische – Nahrung – relative – schulische – terre des hommes – teuer – Unicef – Vereinbarungen – vergleichsweise – Wohnung**

D 4 Wer handelt richtig?

Analysiert diese Karikatur.
Nutzt dabei die methodischen
Hinweise in Kapitel 7, Seite 145.

ICH HELFE AUSGE-
BEUTETEN KINDERN
UND KAUFE IHRE
PRODUKTE

ICH HELFE, INDEM
ICH IHRE PRODUKTE
BOYKOTTIERE

Zeichnung: Jan Tomaschoff

Register

Bildquellenverzeichnis